Die politisch motivierte Tötung

AF827132

Frankfurter kriminalwissenschaftliche Studien

Herausgegeben von
Prof. Dr. Peter-Alexis Albrecht
Prof. Dr. Dirk Fabricius
Prof. Dr. Klaus Günther
Prof. Dr. Winfried Hassemer
Prof. Dr. Herbert Jäger
Prof. Dr. Walter Kargl
Prof. Dr. Klaus Lüderssen
Prof. Dr. Wolfgang Naucke
Prof. Dr. Ulfrid Neumann
Prof. Dr. Cornelius Prittwitz
Prof. Dr. Ernst Amadeus Wolff

Bd./Vol. 103

PETER LANG
Frankfurt am Main · Berlin · Bern · Bruxelles · New York · Oxford · Wien

Dirk Lange

Die politisch motivierte Tötung

PETER LANG
Europäischer Verlag der Wissenschaften

Bibliografische Information der Deutschen Nationalbibliothek
Die Deutsche Nationalbibliothek verzeichnet diese Publikation in der Deutschen Nationalbibliografie; detaillierte bibliografische Daten sind im Internet über <http://www.d-nb.de> abrufbar.

Zugl.: Frankfurt (Main), Univ., Diss., 2006

Gedruckt auf alterungsbeständigem,
säurefreiem Papier.

D 30
ISSN 0170-6918
ISBN 978-3-631-56656-5

© Peter Lang GmbH
Europäischer Verlag der Wissenschaften
Frankfurt am Main 2007
Alle Rechte vorbehalten.

Das Werk einschließlich aller seiner Teile ist urheberrechtlich geschützt. Jede Verwertung außerhalb der engen Grenzen des Urheberrechtsgesetzes ist ohne Zustimmung des Verlages unzulässig und strafbar. Das gilt insbesondere für Vervielfältigungen, Übersetzungen, Mikroverfilmungen und die Einspeicherung und Verarbeitung in elektronischen Systemen.

Printed in Germany 1 2 3 4 5 7

www.peterlang.de

Vorwort

Die vorliegende Arbeit wurde im Sommersemester 2006 von der juristischen Fakultät der Johann Wolfgang Goethe-Universität in Frankfurt am Main als Dissertation angenommen. Die Disputation fand im Dezember 2006 statt.

Zunächst möchte ich mich ganz herzlich bei meinem Doktorvater, Herrn Prof. Dr. Ulfrid Neumann, dafür bedanken, dass er am Entstehen der Arbeit stets engagiertes Interesse zeigte und mit konstruktiven Anregungen zum Gelingen dieser Arbeit beigetragen hat. Darüber hinaus danke ich Herrn Prof. Dr. Peter-Alexis Albrecht für die schnelle Erstellung des Zweitgutachtens. Mein Interesse am Strafrecht habe ich maßgeblich ihm zu verdanken.

Mein Dank gilt ferner Cornelius Birr und Christian Euler für die finale Durchsicht des Manuskripts sowie meinen Freunden aus Frankfurt und Osnabrück und meiner Familie, insbesondere meiner Schwester Britta.

Meinen Eltern ist diese Arbeit in Liebe und Dankbarkeit gewidmet. Ich hoffe, dass sie dazu beiträgt, ihren Eindruck zu festigen, dass nicht sämtliche Erziehungsbemühungen in den vergangenen Jahren vergeblich waren.

Frankfurt am Main, im Februar 2007 *Dirk Lange*

Maybe I just want to fly
I want to live, I don't want to die
Maybe I just want to breath
Maybe I just don't believe
Maybe you're the same as me
We see things they'll never see
You and I are gonna live forever

Noel Gallagher

Inhaltsverzeichnis

Dritter Teil

Vierter Teil

Abkürzungsverzeichnis

AE	Alternativentwurf
ARSP	Archiv für Rechts- und Sozialphilosophie
AT	Allgemeiner Teil
BayObLG	Bayerisches Oberstes Landesgericht
BGBl.	Bundesgesetzblatt (Teil I, II, III)
BGE	Entscheidungen des schweizerischen Bundesgerichts (Amtliche Sammlung)
BGH	Bundesgerichtshof
BGHSt	Entscheidungen des Bundesgerichtshofs in Strafsachen
BMI	Bundesministerium des Inneren
BMJ	Bundesministerium der Justiz
BRD	Bundesrepublik Deutschland
BT	Besonderer Teil
BT-Drs.	Bundestagsdrucksache
BVerfG	Bundesverfassungsgericht
BVerfGE	Entscheidungen des Bundesverfassungsgerichts
BVerfGG	Bundesverfassungsgerichtsgesetz
BVerwG	Bundesverwaltungsgericht
CCC	Constitutio Criminalis Carolina
DAG	Deutsches Auslieferungsgesetz
DAR	Deutsches Autorecht
DDR	Deutsche Demokratische Republik
DJ	Deutsche Justiz
DJT	Deutscher Juristentag
DÖV	Die Öffentliche Verwaltung
DriZ	Deutsche Richterzeitung
DRZ	Deutsche Rechts-Zeitschrift
E	Entwurf
ETA	Euskadi Ta Askatasuna (Baskische Freiheitskämpferorganisation)

GA	Goltdammers Archiv für Strafrecht
GG	Grundgesetz
GK	Grundkurs
GRGA	Gustav Radbruch Gesamtausgabe
GS	Der Gerichtssaal
GSSt	Großer Senat für Strafsachen
GVG	Gerichtsverfassungsgesetz
HdStR	Handbuch des Staatsrechts
HRR	Höchstrichterliche Rechtsprechung, Beilage zur Zeitschrift Juristische Rundschau
Hrsg.	Herausgeber
IMK	Konferenz der Innenminister und –senatoren des Bundes und der Länder
IRA	Irish Republican Army
IRG	Gesetz über die internationale Rechtshilfe in Strafsachen
IVR	Internationale Vereinigung für Rechtsphilosophie
JR	Juristische Rundschau
JuS	Juristische Schulung, Zeitschrift für Studium und Ausbildung
JW	Juristische Wochenschrift
JZ	Juristenzeitung
KG	Kammergericht
KPMD	Kriminalpolizeilicher Meldedienst
KPMD-PMK	Kriminalpolizeilicher Meldedienst – „Politisch motivierte Kriminalität“
LdR	Lexikon des Rechts
LH	Lehrhandbuch
LK	Leipziger Kommentar zum Strafgesetzbuch
MDR	Monatsschrift für deutsches Recht
MDR/H	bei Holtz in MDR
MK	Münchner Kommentar zum Strafgesetzbuch

NJW	Neue Juristische Wochenschrift
NK	Nomos-Kommentar zum Strafgesetzbuch
NorddStGB	Strafgesetzbuch für den Norddeutschen Bund von 1870
NS	Nationalsozialismus
NSDAP	Nationalsozialistische Partei Deutschlands
NStZ	Neue Zeitschrift für Strafrecht
NZWehrR	Neue Zeitschrift für Wehrrecht
OAS	Organisation Armée Secrète (Geheime Armeeorganisation)
OGH	Deutscher Oberster Gerichtshof für die britische Zone
OLG	Oberlandesgericht
PLO	Palestine Liberation Organization
PreußStGB	Preußisches Strafgesetzbuch von 1851
PSB	Erster periodischer Sicherheitsbericht der Bundesregierung
RAF	Rote Armee Fraktion
RG	Reichsgericht
RGBl.	Reichsgesetzblatt (Teil I und II)
RiStBV	Richtlinien über die Straf- und Bußgeldvorschriften
RStGB	Reichsstrafgesetzbuch
RuP	Recht und Politik, Vierteljahreshefte für Rechts- und Verwaltungspolitik
RZ	Rote Zellen
SA	Sonderausschuß
SBZ	Sowjetische Besatzungszone
SchweizStGB	Schweizerisches Strafgesetzbuch
SJZ	Süddeutsche Juristenzeitung
SK	Systematischer Kommentar zum Strafgesetzbuch
SS	Sturmstaffel
StGB	Strafgesetzbuch
StPO	Strafprozessordnung
StraFO	Strafverteidiger Forum
StV	Strafverteidiger

StVollStrO	Strafvollstreckungsordnung
UA	Urteilsanmerkung
USPD	Unabhängige Sozialdemokratische Partei Deutschlands
VN	Vereinte Nationen
WürttStGB	Strafgesetzbuch für das Königreich Württemberg von 1839
ZStW	Zeitschrift für die gesamte Strafrechtswissenschaft

Erster Teil

Zur Geschichte und Phänomenologie politisch motivierter Tötungen

I. Einleitung

Die vorliegende Arbeit beschäftigt sich mit der Frage, ob eine politisch motivierte Tötung als Mord aus niedrigen Beweggründen im Sinne des § 211 Abs. 2, 4. Variante StGB[1] einzustufen ist.

Obwohl neben den niedrigen Beweggründen bei politisch motivierten Tötungen grundsätzlich noch die Mordmerkmale *Gemeingefährlichkeit der Mittel*, *Heimtücke* und *zur Verdeckung einer anderen Straftat* in Betracht kommen, ist die Motivgeneralklausel der niedrigen Beweggründe bei der Unterscheidung zwischen Mord und Totschlag hier von entscheidender Bedeutung.
Das Vorliegen eines Mordmerkmals aus der 2. Gruppe, mithin einer besonders verwerflichen Tatausführungsmodalität, ist von Unwägbarkeiten und Zufällen abhängig[2]. Es gibt kein stringentes Element, das die Tötung generell zu einem Mord werden lässt, der Qualifikationstatbestand des § 211 Abs. 2, 2. Gruppe ist vielmehr nur dann erfüllt, wenn bestimmte äußere Umstände erfüllt sind, die zudem vom Vorsatz des Täters umfasst sind.
Fernab der Problematik des besonderen Vertrauensbruchs[3] beziehungsweise des tückisch-verschlagenen Vorgehens[4], hängt die Bejahung des Mordmerkmals der Heimtücke zunächst von der Arglosigkeit des Opfers ab. Ihr Vorliegen kann jedoch gerade bei Spitzenpolitikern und Staatsoberhäuptern angesichts einer permanenten Bedrohungskulisse, die sich etwa durch den Erhalt von Morddrohungen oder durch die obligatorische Begleitung von Personenschützern ergibt, zumindest zweifelhaft sein[5]. Es ist nur schwer vorstellbar, dass etwa Hans-

---

1 Paragraphen ohne Gesetzesangabe sind solche des StGB.

2 Vgl. dazu *Geilen*, Festschrift für Bockelmann, 1979, S. 613, [622].

3 Vgl. *Jakobs* JZ 1984, 996 ff; *Hassemer* JuS 1971, 630; *Otto* GK BT, § 4 Rn. 25; Schönke/Schröder-*Eser*, § 211 Rn. 26; *Schmidhäuser*, Gesinnungsmerkmale, S. 232 ff.; differenzierend NK-*Neumann*, § 211 Rn. 49.

4 Dazu *Lackner* NStZ 1981, 349.

5 *Geilen*, a.a.O., S. 615f.; *Papacharalambous*, Das Politische Delikt, S. 418; anders jedoch der BGH im Staschynskij-Fall: Der 3. Strafsenat bejahte die für die Heimtücke erforderliche Arglosigkeit der Opfer, obwohl diese – wie sie selbst wussten – als ukrainische Exil-

Martin Schleyer während seiner Entführung im Herbst 1977 durch ein RAF-Kommando, die mit der Erschießung seiner vier Begleiter begann, noch arglos war. Die Feststellung der Wehrlosigkeit gestaltet sich in vielen Fällen zudem schwierig, wenn das potenzielle Opfer von bewaffneten Sicherheitsbeamten geschützt wird[6].

Die Bejahung der Gemeingefährlichkeit der Mittel hängt im Rahmen politisch motivierter Tötungen hingegen häufig davon ab, ob sich der Tötungsvorsatz des Täters auch auf potenzielle Begleiter des Opfers oder zufällig am Tatort anwesende Passanten erstreckt[7]. Ist dies der Fall, so handelt der Täter aufgrund eines Gesamttötungsvorsatzes und gefährdet daher keine Unbeteiligten, sondern er tötet vielmehr die von ihm individualisierte und vom Vorsatz umfasste Personengruppe[8]. Die Gemeingefährlichkeit der Mittel ist daher in diesen Fällen zu verneinen. Bei dem Täter, der diesen erweiterten Personenkreis in die Gefahr des Todes bringt, weil ihm lediglich die Beherrschungsmöglichkeit seines Tatmittels entzogen ist, wird regelmäßig eine Strafbarkeit wegen Mordes gemäß § 211 Abs. 2, 7. Variante begründet sein[9].

---

politiker einer hohen Anschlagsgefahr ausgesetzt waren, BGHSt 18, 87, [88]: „*Ohne rechtliche Bedeutung ist es also, wenn jemand, wie B., allgemein Grund zur Vorsicht hat, deshalb eine Waffe bei sich trägt und sich bewachen lässt*".

Die Arglosigkeit verneint hat dagegen der gleiche Senat im Startbahn-West Urteil, weil das Opfer – ein Polizist – „*mit einem schweren oder doch erheblichen Angriff des Täters gegen die körperliche Unversehrtheit*" rechnen musste, BGH NStZ 93, S. 341, [342].

6 *Geilen*, a.a.O., S. 620.

7 *Rengier* StV 1986, 406 f.; *Papacharalambous*, a.a.O., S. 419; *Arzt*, BT LH 1 (1977), S. 41; SK-*Horn*, § 211 Rn. 48 f.; *Bockelmann*, BT II S. 137; *Maurach/Schroeder/Maiwald*, BT I, S. 37; *Geilen*, a.a.O., S. 621.

8 *Rengier*, aaO, 406 f.; *Papacharalambous*, a.a.O., S. 419; *Geilen* (a.a.O.), S. 621; *Bockelmann*, BT II S. 137; *Maurach/Schroeder/Maiwald*, aaO, S. 37.

9 *Geilen*, a.a.O., S. 621, nennt dieses Ergebnis zutreffend paradox, da es zwangsläufig auf eine Privilegierung des rücksichtsloseren Täters hinausläuft. Das Festhalten am Beherrschbarkeitskriterium führt jedoch zwingend zu diesem Ergebnis. Zur Vermeidung ungerechter Ergebnisse sei bei diesen Fällen auf die Möglichkeit des § 212 Abs. 2 StGB bei den Taten hinzuweisen, die trotz – oder gerade aufgrund – ihrer Rücksichtslosigkeit nicht nach § 211 geahndet werden können. § 212 Abs. 2 eröffnet auch im Bereich des Totschlags die Möglichkeit der Verurteilung zu einer lebenslangen Freiheitsstrafe. Regelmäßig wird bei einem derartigen Gesamttötungsvorsatz auch die besondere Schwere der Schuld im Sinne des § 57a Abs. 1 S.1 Nr.2 in Betracht kommen.

Dieser Weg korrigiert jedoch nur auf der Strafzumessungsebene ungerechte Ergebnisse, die deshalb entstehen, weil das Beherrschbarkeitskriterium als das sede materia der Gemeingefährlichkeitsbewertung angesehen wird. Mit *Geilen* kann man sich daher zutreffend fragen, ob nicht durch das Abstellen auf die „ungewollte Streuwirkung" der Waffe eine ebenso ungewollte Tötung zum Mord aufgewertet wird und dadurch letzten Endes die Grenzen zur Fahrlässigkeit verwischt werden, vgl. *Geilen*, a.a.O., S. 622; dazu auch *Papacharalambous*, a.a.O., S. 419.

Die Unzulänglichkeiten, politisch motivierte Tötungen nach § 211 zu ahnden, lassen sich auch für das Mordmerkmal der Verdeckungsabsicht belegen. Dieses Mordmerkmal kommt bei den politisch motivierten Delikten insbesondere im Rahmen von Entführungen in Betracht. Untersucht man jedoch den Hergang derartiger Entführungen, so stellt sich heraus, dass auch hier die Bejahung des Mordmerkmals von unsicheren Faktoren abhängt. Die Absicht, eine andere Straftat zu verdecken, liegt häufig entweder wegen der schon gelungenen Identifizierung der Täter oder wegen der getroffenen Schutzvorkehrungen – wie etwa beim maskierten Auftreten – nicht vor[10].

Eine generelle Einordnung der politischen Tötungsdelikte als Mord kann daher nicht über die 2. oder 3. Mordmerkmalsgruppe, sondern nur über die Motivgeneralklausel der sonstigen niedrigen Beweggründe erfolgen.
Dem Mordmerkmal der „niedrigen Beweggründe", das im Jahr 1941 in § 211 RStGB aufgenommen wurde[11], kommt daher bei der rechtlichen Würdigung politisch motivierter Straftaten eine entscheidende Bedeutung zu.
Die Einordnung und Ahndung der politisch motivierten Tötung, speziell im Hinblick auf die rechtliche Bewertung des Motivs, ist jedoch seit jeher umstritten[12]. Im Rahmen dieser jahrhundertelangen Diskussion richtete sich häufig das Hauptaugenmerk auf die Bewertung des klassischen *Tyrannenmordes*[13]. Die ethisch-moralischen Gesichtspunkte des Tyrannenmordes, die eher auf der Rechtfertigungs- beziehungsweise Schuldebene zu problematisieren sind, werden in dieser Untersuchung jedoch nur am Rand behandelt[14]. Das Ziel dieser Arbeit besteht vielmehr darin, herauszufinden, ob eine politische Motivation bei

---

10 Vgl. *Geilen*, a.a.O., S. 621; *Papacharalambous*, a.a.O., S. 418.

11 Durch § 2 des Gesetzes zur Änderung des Reichsstrafgesetzbuchs vom 4.9.1941 (RGBl I, 549) wurde der Mordtatbestand neu geregelt und enger gefasst. Zur Entwicklung dieses Mordmerkmals siehe unten Seite 85 ff.

12 Die ersten überlieferten Auseinandersetzungen mit der Problematik der politisch motivierten Tötungen finden sich bei *Aristoteles*, Politik Band V; *Plato*, Politik; *Lukian von Samosata*, Cicero: De officiis; *Plutarch*, Leben VI.

Eine ausführliche historische Darstellung politisch motivierter Tötungen mit weiteren Nachweisen findet sich bei *Liman*, Der politische Mord im Wandel der Geschichte, 1912, und *Ford*, Der politische Mord, 1992. Speziell für das 20. Jahrhundert: *Raith*, Politische Morde, 1996. Zur rechtlichen Würdigung vgl. *Geilen*: Das politische Attentat als „Mord"? – Tatbestandsprobleme des § 211 StGB im Spiegel des Terrorismus, in Festschrift für Bockelmann, 1979, S. 613-646.

13 Instruktiv zur Problematik des Tyrannenmordes *Jászi/Lewis*, Against the Tyrant: The Tradition and Theory of Tyrannicide, S. 3ff; zusammenfassend *Ford*, a.a.O., S. 71-79.

14 Umstritten ist insbesondere seit BVerfGE 32, 98, ob und inwieweit aus der in Art. 4 GG garantierten Glaubens- und Gewissensfreiheit ein Rechtfertigungs- oder Entschuldigungsgrund abgeleitet werden kann, vgl. Schönke/Schröder-*Eser*, § 211 Rn. 118f; *Roxin*, AT I Rn. 870 f. jeweils mit weiteren Nachweisen.

einem Tötungsdelikt als *niedrig* im Sinne des § 211 Abs. 2, 4. Variante eingestuft werden kann.
Im Rahmen dieser Untersuchung werden sowohl straf- als auch verfassungsrechtliche Probleme eine Rolle spielen, und im Ergebnis wird sich zeigen, dass ein pauschales Urteil dem Problem in Anbetracht der mannigfaltigen Fallgruppen nicht gerecht wird.

1. Zum Stand der Diskussion

In der Nachkriegszeit wurde die Problematik politisch motivierter Tötungen zum ersten Mal vor dem Hintergrund des neuen § 211 von *Stock*[15], *Zinn*[16], *Radbruch*[17] und *Jagusch*[18] in der damaligen Süddeutschen Juristen Zeitung in den Jahren 1947 bis 1949 aufgegriffen. Dreißig Jahre später setzte sich *Geilen*[19] mit der Thematik auseinander. Weitere Veröffentlichungen folgten jedoch erst Anfang der 90er durch *Zielke*[20] (1991) und *Brocker*[21] (1992). Zuletzt beschäftigte sich *von Selle*[22] im Jahr 2000 mit der Strafbarkeit des politisch motivierten Tötungsverbrechens. In den Kommentaren[23] zum Strafgesetzbuch, sowie in einigen Lehrbüchern zum besonderen Teil des Strafrechts[24] finden sich im Rahmen des § 211 Abs. 2 bei den niedrigen Beweggründen Abschnitte, die sich mit politischen Motiven auseinander setzen.

Die Ansichten über die rechtliche Würdigung sind unterschiedlich. Sie reichen von der generellen Einstufung politischer Motive als niedrig im Sinne des § 211 Abs. 2, 4. Variante bis hin zur grundsätzlichen Verneinung der niedrigen Beweggründe oder der eingeschränkten Anwendung des Widerstandsrechts aus Art. 20 Abs. 4 GG auf der Rechtfertigungsebene. Vielfach wird auch eine differenzierte Lösung anhand der unterschiedlichen Fallgruppen bevorzugt.

---

15 *Stock* SJZ 1947, Sp. 529.

16 *Zinn* SJZ 1948, Sp. 141.

17 *Radbruch* SJZ 1948, Sp. 311 = GRGA Band 9, S. 336.

18 *Jagusch* SJZ 1949, Sp. 324.

19 *Geilen*, a.a.O., S. 613f.

20 *Zielke* JR 1991, 136.

21 *Brocker* JR 1992, 13 und *Brocker* RuP 1992, 211.

22 *v. Selle* NJW 2000, 992.

23 Schönke/Schröder-*Eser*, § 211 Rn. 20; MK-*Schneider*, Rn. 83; LK-*Jähnke*, Rn. 29; NK-*Neumann*, Rn. 39; *Tröndle/Fischer*, Rn. 13; SK-*Horn* Rn. 16; Lackner/Kühl-*Kühl*, Rn. 5 a.

24 *Maurach/Schroeder/Maiwald*, BT I, § 2 III Rn. 38; *Otto*, Grundkurs BT, § 4 Rn. 16; *Arzt/Weber*, BT, § 2 Rn. 72; *Krey*, BT/1, Rn. 29, [Fn. 65]; *Schmidhäuser*, BT, Abschnitt 2, Rn. 31.

Eine umfassende monographische Auseinandersetzung mit diesem Thema fehlt jedoch bislang[25]. Die Arbeit könnte einen Beitrag zur Schließung dieser Lücke leisten.

2. Zum Gang der Untersuchung

Der **erste Teil** dieser Arbeit umfasst neben dieser Einführung in die Problematik (*erster Abschnitt*) auch einen historischen Überblick über die politisch motivierten Tötungsdelikte, bei dem der jeweilige strafrechtliche Hintergrund im Mittelpunkt steht (*Zweiter Abschnitt*). Der Schwerpunkt wird hier in der jüngeren Geschichte – insbesondere der Weimarer Republik – liegen, da hier einerseits erstmals die Dimension des Attentats als „politisches" Mittel in den Vordergrund rückte und weniger die Beseitigung einer ungeliebten Führungsperson ohne alternatives Machtkonzept im Mittelpunkt stand, andererseits die für diese Arbeit bedeutsamen Privilegierungstendenz der politischen Tat in dieser Periode ihren Höhepunkt erreichte.
Der nächste Abschnitt widmet sich der Definition des „Politischen" (*Dritter Abschnitt*). Auf der Basis des klassischen Politikbegriffs wird die Herleitung und Entwicklung des subjektivierten Politikbegriffes aufgezeigt und anschließend seine Übertragbarkeit auf das Strafrecht erörtert.
In diesem Rahmen wird der Begriff des „Politischen" im Verfassungs- und Strafrecht analysiert, das „Politische Delikt" einer näheren Betrachtung unterzogen und schließlich die Anwendbarkeit des subjektivierten Politikbegriffs im Hinblick auf strafrechtliche Problematiken untersucht.
Anschließend erfolgt eine Aufteilung der politisch motivierten Tötungen nach Fallgruppen (*Vierter Abschnitt)*.
Diese Gliederung unterscheidet vor dem Hintergrund des subjektivierten Politikbegriffs zunächst zwischen eigensüchtigen beziehungsweise gruppenegoistischen Motiven und einem Handeln im (vermeintlichen) Allgemeininteresse. Danach erfolgt eine genauere Differenzierung bestimmter Opfergruppen. Den Abschluss dieses Abschnittes bildet die Darstellung und rechtliche Einordnung von Fallkonstellationen, die typischerweise in die Nähe politisch motivierter Tötungsdelikte gerückt werden. Auf der Grundlage dieser Einteilung folgt die Eingrenzung der Fallgruppen für die Untersuchung.

Der **zweite Teil** dieser Arbeit beschäftigt sich mit dem Mordmerkmal der niedrigen Beweggründe. Im Anschluss an die Einleitung (*Erster Abschnitt*) erfolgt eine Analyse der historischen Entwicklung des Mordmerkmals der niedrigen

[25] Die umfassendste Darstellung existiert bisher von *Geilen*, a.a.O., die sich über 34 Seiten erstreckt, dabei aber auch ausführlich auf andere Mordmerkmale und einzelne Taten eingeht.

Beweggründe (*Zweiter Abschnitt*), bevor auf die Auslegung durch die Rechtsprechung – insbesondere vor dem Hintergrund des verfassungsrechtlichen Bestimmtheitsgrundsatzes – eingegangen wird (*Dritter Abschnitt*). Der folgende Abschnitt widmet sich den Kontroversen, den Rationalisierungsansätzen in der Literatur und den Grundlagen der Motivtheorie (*Vierter Abschnitt*).

Der **dritte Teil** beinhaltet die Darstellung und Analyse des Meinungsstands bezüglich der strafrechtlichen Einordnung politisch motivierter Tötungen vor dem Hintergrund des § 211 Abs. 2, 4. Variante. Der Einführung *(Erster Abschnitt)* folgt die Darstellung der einzelnen Ansichten und die Argumentationsüberprüfung *(Zweiter Abschnitt)*.

Den Abschluss der Arbeit, und damit den **vierten Teil**, bildet die Konzeption eines eigenen Lösungsvorschlags.

II. Die politisch motivierte Tötung im historischen Kontext

Am Anfang dieser Untersuchung erfolgt, gewissermaßen als Einführung in die Problematik, ein exemplarischer historischer Überblick über politisch motivierte Tötungen und Tötungsversuche. Hierbei steht weniger die Aufzählung einzelner Attentate als vielmehr das Motiv der Täter und die strafrechtlichen beziehungsweise gesellschaftlichen Sanktionen auf diese Taten im Vordergrund. Einige Anschläge, auf die im Rahmen dieses Abschnittes lediglich nur kurz eingegangen wird, werden in anderen Kapiteln wieder aufgegriffen, so dass der nun folgende Teil auch der Orientierung und Einordnung dient. Die historische Darstellung kann in diesem begrenzten Umfang nicht vollständig sein. Es handelt sich vielmehr um eine für diese Untersuchung relevante Auswahl an politischen Attentaten[26].

1. Antike

Die antike Welt war Schauplatz von politischen Tötungen, die noch heute unser Interesse finden[27]. Diese Taten wurden überwiegend im Nahen Osten und im Mittelmeerraum begangen und mit zunehmender Sorgfalt von Geschichtsschreibern aufgezeichnet. Zu den bekanntesten Fällen gehören die Taten von Jael und Joab in Israel, die Erdolchung Hipparchs durch Harmodios und Aristogeiton, ferner die Tötungen der Gracchen, des Pompeius und – wohl am berühmtesten – die gewaltsamen Tode von Caesar und Cicero zur Zeit der niedergehenden Römischen Republik[28].

Zahlreiche Kaiser und Thronanwärter der römischen Republik fielen in den folgenden Jahrhunderten ebenfalls Attentaten zum Opfer.

Bedeutend für diese Untersuchung ist vor allem die Herausbildung von politischen Motiven in dieser Zeit, so entwickelte sich bei den Griechen zum einen die Theorie des Tyrannenmordes aus weltlichen Beweggründen[29], bei den monotheistischen Juden zum anderen eine religiös motivierte Bereitschaft, weltliche Machthaber, denen Verrat am Gott Jehova vorgeworfen wurde, aus Überzeugung zu töten[30]. Hellenistische Machthaber hingegen wurden nicht wegen ihrer Gottlosigkeit beseitigt, sondern weil sie ihre Macht missbrauchten. Ziel der

---

[26] Eine umfangreiche Darstellung politisch motivierter Tötungen mit weiteren Nachweisen enthält *Ford*, Der politische Mord, 1992; ein Überblick bezüglich der bekanntesten politischen Attentate findet sich bei *Doubek*, Lexikon der Attentate, 2001.

[27] Speziell über politischen Attentate in der Antike: *Ford*, a.a.O., S. 25 ff.

[28] *Ford*, a.a.O., S. 80-116.

[29] Eine Umfassende Auseinandersetzung mit der Problematik bei *Jászi/Lewis*, Against the Tyrant: The Tradition and Theory of Tyrannicide, S. 3 ff; *Ford*, a.a.O., S. 71-79.

[30] *Ford*, a.a.O., S. 47.

Attentate war meistens die Erlösung der „Polis“ von einem unberechenbaren Despoten[31]. Es ist jedoch festzuhalten, dass in den Staaten Griechenlands sehr wenige politische Tötungen verübt wurden, die meisten überlieferten Fälle stammen aus den ausländischen Kolonien[32].
Auch in den ersten vier Jahrhunderten des Römischen Reichs gab es kaum Attentate[33]. Erst in den Wirren des Untergangs der Römischen Republik folgten politische Intrigen und Blutvergießen. Bedingt durch die Machtkonzentration im Kernland des Reiches und die Expansions- und Unterwerfungspolitik fanden viele Attentate in den von Rom entfernten Gegenden des Reiches statt, beispielsweise im Palästina der Zeloten und in der Festung Masada. In diesen Widerstandsgebieten fielen den Attentaten römische Beamte und jüdische „Kollaborateure“ zum Opfer[34].

In die Zeit der Antike fällt auch die erste grundlegende Auseinandersetzung mit der Legitimität von politischen Tötungen. Dies zeigen unter anderem die Begriffe *Tyrannenmord, Verbannung*, *Zelot* und der aus dem Arabischen stammenden Begriff *Attentat*[35], die alle aus dem Zeitalter der Antike stammen und nicht zuletzt auf die intensive Beschäftigung mit der moralisch-ethischen Seite politisch motivierter Taten seitens der großen Philosophen der Antike zurückzuführen sind[36].

Nicht immer reagierte der Athener Staat mit der vollen Härte auf politisch motivierte Taten. So wurden in der Athener Demokratie – im Gegensatz zu den theokratischen Monarchien – politische Feinde nicht immer liquidiert. Viele politisch Unerwünschte wurden lediglich im Rahmen einer milderen Maßnahme, dem Ostrazismus, des Landes verwiesen.
Auch der Umsturz der Tyrannei und der Tyrannenmord waren nicht strafbar. Die Bürger Athens hatten vielmehr einen Eid zu leisten, der sie verpflichtete, die

---

[31] Opfer dieser Attentate wurden sowohl Usurpatoren wie Phalaris von Akragas, Dionysios von Syrakus und Klearchos von Herakleia, aber auch legitime Herrscher, die ihr Amt missbrauchten, und zu Despoten wurden, vgl. *Ford*, a.a.O., S. 75.

[32] *Ford*, a.a.O., S. 26.

[33] *Ford*, a.a.O., S. 26.

[34] *Ford*, S. 26.

[35] Gemeint ist mit dem Wort „Attentat“ dabei der englische Begriff „assasination“, dessen Wortstamm mit dem veralteten deutschen Begriff Assassine (Meuchelmörder) identisch ist, *Brockhaus Enzyklopädie*, 2004, 2. Band ; das deutsche Wort „Attentat“ ist hingegen französischen Ursprungs, *Brockhaus Enzyklopädie*, a.a.O.

[36] Vgl. für den Tyrannenmord etwa *Aristoteles*, Politik Band V; *Plato*, Politik, 1999; *Lukian v. Samosata*, Cicero: De officiis; *Plutarch*, Leben VI; *Liman*, Der politische Mord im Wandel der Geschichte, 1912; *Heinzteler*, Das Bild des Tyrannen bei Platon, 1927.

Tyrannis zu stürzen[37]. Das viel zitierte Widerstandsrecht der alten Griechen war somit mehr eine Widerstandspflicht der Athener *polis*, die nicht zuletzt mazedonischen Putschversuchen vorbeugen sollte[38]. In der Befürwortung des Widerstandes gegen die *Tyrannis* und dem Ostrazismus eine grundsätzliche Befürwortung der Auflehnung gegen willkürliche Herrschaft zu sehen, geht jedoch zu weit. Die anfänglich noch mit den Religionsdelikten verschmolzenen und sich immer stärker ausweitenden Staatsschutzdelikte des Athener Staates zeugen vielmehr von dem Versuch der Durchsetzung des staatlichen Gewaltmonopols durch Abschreckung und Einschüchterung[39]. Die Zeit der so genannten Drakonischen Gesetzgebung brachte eine Überhöhung des Strafmaßes mit sich, die weit über die Notwendigkeit der Konsolidierung der elementaren staatlichen Ordnung durch die Pönalisierung der Systemabweichler hinausging[40]. Mit der zunehmenden Abkehr des Staatsschutzes von seinem religiösen Fundament und der damit einhergehenden Säkularisierung der Gesellschaft rückte zunehmend die „*Oktroyierung der politischen Gesellschaft*" in den Mittelpunkt staatlicher Kriminalpolitik[41]. Der Ostrazismus wurde immer häufiger nicht als mildere Bestrafung, sondern missbräuchlich und ohne Begründung als Ausweisungsmöglichkeit für potenzielle Staatsfeinde angewendet.

In der Römischen Republik dominierten zunächst quantitativ die Tatbestände, die für den Schutz der äußeren Sicherheit zuständig waren[42].
Erst im Laufe der Zeit manifestierte Rom „*das Bild des ordnungsstiftenden antiken Staates*" in aller Deutlichkeit[43].
Das politische Delikt wurde als vorsätzliche Beeinträchtigung der inneren Sicherheit (*perduellio*) scharf geahndet. Einer der weiten Interpretation zugänglichen – und damit der Willkür des Kaisers ausgesetzten – Tatbestandsseite und dem fehlenden Analogieverbot standen harte Strafen gegenüber.
Die Strafbarkeit richtete sich jeweils stark an den Vorstellungen und Ideen des *Princeps* aus[44]. Ein umfassender Schutz der staatlichen Ordnung wurde durch die Einbeziehung aller auch nur entfernt politisch relevanten Anklagen durch das *crimen majestatis* erlangt und durch die Möglichkeit der Bestrafung „ad

---

[37] Die Eidformel entstand um 500 nach der Tötung Ipparchus, dazu *Papacharalambous*, Das politische Delikt, S. 5 ff.

[38] *v. Hippel*, Zum Problem des Widerstandes gegen rechtswidrige Machtausübung, in: Arth. Kaufmann (Hrsg.), Widerstandsrecht, 1927, S. 419.

[39] *Papacharalambous*, a.a.O., S. 7.

[40] Dazu auch *Felchlin*, Das politische Delikt, S. 39 f.

[41] *Papacharalambous*, a.a.O., S. 7.

[42] *Schroeder*, Der Schutz von Staat und Verfassung im Strafrecht, S. 15; *Papacharalambous*, a.a.O., S. 9; *Felchlin*, a.a.O., S. 44.

[43] *Papacharalambous*, a.a.O., S. 8 ff.

[44] *Schroeder*, a.a.O., S. 17 f.; *Papacharalambous*, a.a.O., S. 10.

exemplum legis“ – und nicht nur „ex scriptura“ – zudem ein Täter- und Gesinnungsstrafrecht geschaffen[45]. Die Intention der späten römischen Gesetzgebung war weniger die Unterdrückung politisch Aufsässiger, als vielmehr die Ausweitung des Staatsschutzes auf alle Dimensionen des sozialen Lebens[46].
Eine Konsequenz dieser rigiden Kriminalpolitik war, dass die innere Tatseite, die über den kriminellen Vorsatz hinausgeht – etwa als zu respektierende abweichende Gewissensentscheidung – in dem starken, ordnungsstiftenden und absoluten Staat keinerlei Berücksichtigung fand[47].

2. Vom Mittelalter bis zur Französischen Revolution

Mit dem Aufstieg der zentraleuropäischen Mächte seit der Mitte des 11. Jahrhunderts verlagerte sich die politische Macht zunehmend von Vorderasien und Südeuropa hin zu den vielfältigen politischen Einheiten und Völkern im Inneren des europäischen Kontinents. Auch die Geschichte der politischen Attentate während des zweiten Jahrtausends beschränkt sich im Wesentlichen auf Europa[48]. Dabei fällt auf, dass es auf dem Höhepunkt der mittelalterlichen Zivilisation, aber auch in der Spätphase der alten Ordnung nur eine relativ geringe Anzahl von Attentaten gab[49].
Die dazwischen liegende Periode, die von religiösen Konflikten geprägt war, führte jedoch zu einer Vielzahl von politisch motivierten Gewalttaten.
In der Übergangszeit von der feudal-monarchistisch bis hin zur bürgerlich geprägten Gesellschaft war ebenfalls ein starker Anstieg der Attentate zu verzeichnen[50]. Im „hohen“ Mittelalter, insbesondere im 12. und 13. Jahrhundert, war in erster Linie die Kirche, aber auch der Feudalismus dafür verantwortlich, dass die Tötung als Mittel der Politik nicht sehr häufig auftrat[51]. Erst mit der Spaltung des westlichen Christentums Mitte des 16. Jahrhunderts und einer egoistischeren Machtpolitik der Fürsten war ein drastischer Anstieg politischer Attentate verbunden.
Ihren Höhepunkt fand diese Folge blutiger Ereignisse nach dem Aufkommen politischer und philosophischer Bestrebungen Ende des 18. Jahrhunderts. Strömungen wie der Nationalismus und der Egalitarismus bis hin zum Anarchismus

---

45 *Schroeder*, a.a.O., S. 18.
46 *Papacharalambous*, a.a.O., S. 11.
47 *Felchlin*, a.a.O., S. 47; *Papacharalambous*, a.a.O., S. 12; *Beckstein*, Der Gewissenstäter im Strafrecht und Strafprozessrecht, 1975, S. 5 ff.
48 *Ford*, a.a.O., S. 161 f.
49 *Ford*, a.a.O., S. 161
50 *Ford*, a.a.O., S. 161.
51 *Ford*, a.a.O., S. 161.

und Nihilismus, aber auch das zunehmende Auftreten religiöser Motive, brachten immer mehr politische Gewalttaten hervor[52].
In Erinnerung geblieben ist in diesem Zusammenhang die Tötung Marats 1793 durch Marie-Anne-Charlotte Corday d'Armont, die Hinrichtung Ludwig XVI. im selben Jahr und die tödlichen Anschläge auf König Gustav III. von Schweden und den russischen Zaren, Paul I., im Jahre 1801.

Die Zeit des Mittelalters war verbunden mit einer allmählichen Ausdifferenzierung des politischen Strafschutzes, der sich insbesondere auf die äußere Sicherheit konzentrierte[53]. Während die geschlossene sippenrechtliche Gesellschaft zur Frankenzeit noch nicht vom Staat überschattet wurde, begann zunächst eine Phase der archaischen Ausdifferenzierung, die jedoch zunehmend vom Einfluss der Kirche und der monarchistischen Gewalt zurückgedrängt wurde. Mit der Etablierung der absoluten Monarchien ging eine Untergliederung des politischen Strafschutzes und eine sukzessive Aufteilung des Majestätsverbrechens einher[54]. Das politische Motiv wurde jedoch kaum privilegierend berücksichtigt. Die objektive Ausrichtung des politischen Delikts ließ keine abweichende Gewissensentscheidung zu[55]. Die Verfolgung Andersdenkender – sei es durch die Kirche oder die weltlichen Herrscher – blieb vielmehr ein ganz wesentlicher Bestandteil der hierarchischen Gesellschaften bis weit hinein in die Zeit des Mittelalters.
Die objektive Konzeption des politischen Delikts änderte sich erst mit der Französischen Revolution, nachdem fortan der Delinquent auch unter dem Gesichtspunkt der subjektiven Strafunwürdigkeit betrachtet wurde. Erst die Überwindung des Absolutismus zugunsten einer sich ausformierenden politischen Gesellschaft machte diesen Schritt möglich[56].

3. Vom 19. Jahrhundert bis zum Beginn des Ersten Weltkriegs

Im 19. Jahrhundert wurden zahlreiche Anschläge auf Monarchen und Politiker verzeichnet, und jetzt vermehrt in allen Teilen der Welt. Die politisch motivierte Tötung, die lange Zeit als europäisches Phänomen wahrgenommen wurde, reifte

---

52 *Ford*, a.a.O., S. 162.

53 *Papacharalambous*, a.a.O., S. 13 ff.

54 *Papacharalambous*, a.a.O., S. 24; vgl. zum Ganzen auch *Beckstein*, a.a.O., S. 18 ff.

55 *Papacharalambous*, a.a.O., S. 17 und 24; *Beckstein*, a.a.O., S. 18 f. Schon die Rechtfertigung der altgermanischen Rache hatte nichts mit der Privilegierung der (individuellen) politischen Straftäter zu tun. Das Ehrgefühl war bei den Germanen gemeinschaftlich geformt. Die Sippengesellschaft duldete keine Gewissensabweichung im Sinne einer individuellen Überzeugung, vgl. *Beckstein*, a.a.O., S. 18; *Papacharalambous*, a.a.O., S. 17.

56 *Papacharalambous*, a.a.O., S. 25.

somit zum globalen Problem[57]. Während noch die Tötung des als russischen Spions und Fortschrittfeindes gebrandmarkten Schriftstellers August von Kotzebue durch den Studenten Carl Ludwig Sand 1819 in Deutschland für großes Aufsehen sorgte, erschütterten beispielsweise auch zahlreiche Anschläge in der zweiten Hälfte des 19. Jahrhunderts die jungen Staaten Lateinamerikas[58].
Einem der bedeutendsten Attentate fiel der amerikanische Präsident Abraham Lincoln im April 1865 zum Opfer. Er wurde von John Wilkes Booth während einer Theateraufführung erschossen.
Im Deutschen Reich wurden Attentate auf Bismarck (am 7.5.1866 durch Cohen-Blind und am 13.7.1874 durch Kullmann) und Kaiser Wilhelm I (am 11.5.1878 durch Hödel und am 2.6.1878 durch Nobiling) verübt.
In Russland wurde Zar Alexander II. im Jahr 1880 Opfer eines der zahlreichen auf ihn verübten Attentate. Auch Frankreich blieb von dieser Welle aus Gewalt nicht verschont. Auf Napoleon I. und Napoleon III. wurde mehrere Anschläge verübt. Der französische Präsident Carnot wurde am 24.6.1894 Opfer eines Anschlags.

Die Zeit vor dem Ausbruch des Ersten Weltkrieges war wiederum ein Höhepunkt politischer Gewalttaten. Die Tötungen des amerikanischen Präsidenten William McKinley 1901, König Karls I. von Portugal 1908, Spaniens liberalem Premierminister José Canalejas 1912 und König Georgs I. von Griechenland 1913 gehören zu den bekanntesten Attentaten jener Periode[59].
Das folgenreichste Attentat wurde auf den Habsburger Thronfolger Franz Ferdinand 1914 von serbischen Separatisten verübt. Die österreichisch-ungarische Monarchie machte dieses Attentat zu ihrem *casus belli* und die persönliche Entrüstung des Deutschen Kaisers spielte eine zentrale Rolle bei der Entscheidung Berlins, die Forderungen in Wien zu unterstützen, die schließlich im Ausbruch des Ersten Weltkrieges mündeten[60].

Nach der Französischen Revolution und den Bestrebungen des radikalen Liberalismus war das System des politischen Strafrechts weiter ausdifferenziert worden[61]. Die Folge war eine Entpersonifizierung des Staatsschutzes und eine stär-

---

57 *Ford*, a.a.O., S. 162.

58 Die Opfer dieser Anschläge waren: Santos Guardiola, Präsident von Honduras (1862), Garcìa Moreno, Präsident von Ecuador (1875), Menendez, der ehemalige Präsident von El Salvador (1890) und Präsident Barrios, der Diktator von Guatemala (1898).

59 Allein im Russischen Reich fanden nach einer Aufzählung von *Ford*, a.a.O., S. 345, zwischen 1901 und 1911 insgesamt 14 Attentate auf ranghohe Repräsentanten des Staates statt.

60 *Ford*, a.a.O., S. 350; *Doubek*, a.a.O., S. 108 ff.

61 *Papacharalambous*, a.a.O., S. 35.

kere Orientierung am Unrechtsgehalt[62]. Die abweichende Artikulation politischer Interessen wurde jedoch auch im radikalen Liberalismus nicht anerkannt. Der Beseitigung des ancien régime folgte nicht die Besinnung auf den Wertere-lativismus, in dem auch die Abweichung für sich Legitimität beanspruchen kann, sondern das revolutionäre politische System erblickte vielmehr in jeder Abweichung eine Gefährdung des Staates, auf die mit aller Härte reagiert wurde[63]. Das Blutvergießen unter Girondisten, Anarchisten und der Montagne in den Wirren nach der Französischen Revolution sind ein Beispiel für diesen *„etatistischen Akzent der Revolution“*, der sich im Bonapartismus fortsetzte[64].
Nur langsam setzten sich versubjektivierte Konzepte des politischen Delikts in Europa durch. Zunehmend trugen privilegierende Strafarten der politischen Motivation Rechnung.
In England wurde gegenüber Überzeugungstätern Zurückhaltung geübt und auch Italien und Frankreich gingen dazu über, die politische Motivation strafmildernd zu berücksichtigen.
In der ersten Phase des Deutschen Konstitutionalismus von 1815 – 1848 begann die Tendenz, ein noch im Hinblick auf die Strafartenebene teilweise an der überkommenen Ständeordnung orientiertes Sanktionenrecht, *„zugunsten der offenen Berücksichtigung der politischen Motivation zu unterhöhlen“*[65]. Dennoch war das Strafrecht noch weit von den späteren Privilegierungstendenzen der Weimarer Republik entfernt.

Erst in der zweiten Phase des Konstitutionalismus 1849 – 1919, wurde das politische Delikt allmählich – trotz einiger kriminalpolitischer Rückschritte – als eine aus *„edlen Motiven“* begangene Tat aufgefasst[66].
Der Weg dorthin war jedoch voller Rückschritte[67]. Nach den Attentaten auf Kaiser Wilhelm I, die auch Auslöser für die Sozialistengesetze waren, wurden die restriktiven Voraussetzungen der Bestimmtheit des Hochverrats selbst bei Vorbereitungsdelikten von der reichsgerichteten Judikatur umgangen[68]. Als Konsequenz aus dem russischen Anarchismus und der Tötung Carnots kam es

---

62 *Papacharalambous*, a.a.O., S. 36.

63 *Papacharalambous*, a.a.O., S. 36.

64 *Papacharalambous*, a.a.O., S. 36.

65 *Papacharalambous*, a.a.O., S. 62. So war etwa im Bayerischen Strafgesetzbuch von 1813 die Festungsstrafe als Standesprivileg ausgestaltet, vgl. *Papacharalambous*, a.a.O., S. 47 ff.

66 Vgl. *Wagner*, Politischer Terrorismus und Strafrecht im Deutschen Kaiserreich von 1871, 1981, S. 353 ff.; *Papacharalambous*, a.a.O., S. 45 ff.; *Blasius*, Geschichte der politischen Kriminalität in Deutschland 1800 – 1980, S. 58 ff.

67 Vgl. dazu *Papacharalambous*, a.a.O., S. 45 ff.

68 *Wagners*, a.a.O., S. 335 ff. verweist zudem auf die zahlreichen Aufhebungen der Differenzierung des Staatsschutzstrafrechts in der Periode bis 1881.

darüber hinaus zur Umsturzvorlage von 1894/1895, wonach pauschal Sozialdemokraten und Anarchisten verfolgt wurden[69]. Allmählich etablierte sich im Kaiserreich ein politisches Gesinnungsstrafrecht[70].

Erst mit Beginn des 20. Jahrhunderts plädierte *Mittermaier* für die „*Abschaffung der Festungshaft als Standesprivileg und für die Einführung einer nur die politischen Delinquenten betreffenden custodia honesta*“ und damit für den Privilegierungsgedanken beim politischen Delikt[71]. Die politische Tat wurde zunehmend von einem liberalen Standpunkt interpretiert, wobei den „*edlen Motiven*“ eine besondere Bedeutung zukam. *Papacharalambous* verweist darauf, dass „*die älteren Liberalen* [...] *das Zurückeichen des Strafrechts vom Bereich der politischen Kriminalität und ein Abstellen auf die Tätermotivation für dringend geboten hielten,* [...] *die Konservativen* [hingegen] *einseitig nur die Abschreckungsfunktion* [beschäftigte].[72]“

Die aufkommende liberale Neuinterpretation des politischen Delikts blieb jedoch auch vom Gesetzgeber nicht unberücksichtigt. Sah noch das Bayerische Strafgesetzbuch von 1813 die Festungsstrafe als Standesprivileg an, wurde – nicht zuletzt unter dem Eindruck der Paulskirchenversammlung – die Festungsstrafe im Strafgesetzbuch für das Königreich Württemberg seit 1849 nicht mehr standesrechtlich begründet. Mit dem Strafgesetzbuch für die Preußischen Staaten wurde das Standesprivileg endgültig beseitigt. War zunächst in der ursprünglichen Fassung von 1851 für die politischen Delikte eine custodia honesta[73] über

---

69 *Papacharalambous*, a.a.O., S. 47; *Blasius*, a.a.O., S. 65 ff. Der Text der Umsturzvorlage findet sich bei *Huber*, Dokumente zur deutschen Verfassungsgeschichte, 1986, Bd. 2, S. 541 f.

70 *Papacharalambous*, a.a.O., S. 47; *Blasius*, a.a.O., S. 65 ff.

71 *Papacharalambous*, a.a.O., S. 49. Dazu auch *Baltzer*, Die geschichtlichen Grundlagen der privilegierten Behandlung politischer Straftäter im Reichsstrafgesetzbuch von 1871, 1966, S. 106 ff.

72 *Papacharalambous*, a.a.O., S. 49.

73 Die custodia honesta war im Wege der „Einschließung“ zu vollziehen. Über die Ausgestaltung der verschiedenen Sanktionsmöglichkeiten heißt es im „*Bericht der Kommission für Prüfung des Entwurfs des Strafgesetzbuches für die Preußischen Staaten*“: „*Zu den §§ 10 und 11. Der Entwurf lässt* [...] *drei verschiedene Freiheitsstrafen zu: a) die Zuchthausstrafe, b) die Einschließung, c) die Gefängnisstrafe* [...]. *Die zum Zuchthaus verurteilten sind während der Strafzeit unfähig, ihr Vermögen zu verwalten und unter Lebenden darüber zu verfügen; bei der Einschließung und dem Gefängnis findet eine solche Beschränkung nicht statt* [...]. *Das Zuchthaus zieht unter allen Umständen den Verlust der bürgerlichen Ehre von Rechts wegen nach sich. Die Einschließung lässt die bürgerliche Ehre jederzeit ungekränkt* [...]. *Die Einschließung ist hiernach an sich die leichteste oder mildeste der drei Freiheitsstrafen – die so genannte custodia honesta* [...].“, in: Verhandlungen der Ersten und Zweiten Kammer über die Entwürfe des StGB für die Preußischen Staaten, 1851, S. 65 f.

das Standesprivileg hinaus vorgesehen, so wurde im Reichsstrafgesetzbuch von 1871 in § 20 die Nichtehrlosigkeit der Gesinnung Grund der Verhängung der neu eingeführten Festungshaft[74].
Zunächst fand im Rahmen der Gesinnungsprüfung (ehrlos/nicht ehrlos) eine Motivationsberücksichtigung auf der Rechtsfolgenseite statt, doch wurde die Anwendbarkeit dieses Privilegierungskonstrukts jedoch durch den E 1919 maßgeblich eingeschränkt[75]. Hoch- und Landesverratsdelikte wurden aus dem Anwendungsbereich der Gesinnungsprüfung herausgenommen, lediglich Delikte, die vornehmend den politischen Willensbildungsprozess betrafen[76], kamen fortan für eine Privilegierung in Betracht[77].

4. Weimarer Republik

Unmittelbar nach dem Ersten Weltkrieg brach in der Weimarer Republik eine Reihe politisch motivierter Anschläge aus, die maßgeblich zur Instabilität der Republik beitrugen. Obwohl es auch im Wilhelminischen Reich einige Anschläge gegeben hatte[78], stieg die Zahl der Attentate nach dem Zusammenbruch der alten Ordnung nach 1919 sprunghaft an. Innerhalb von nur vier Jahren (von Januar 1919 bis zum Juni 1922) ereigneten sich 376 politisch motivierte Tötungen[79].

---

74 Zum Ganzen: *Beckstein*, a.a.O., S. 31 ff.; *Baltzer*, a.a.O., S. 148 ff.; *Papacharalambous*, a.a.O., S. 50 f.
§ 20 RStGB von 1871 lautete: „Wo das Gesetz die Wahl zwischen Zuchthaus und Festungshaft gestattet, darf auf Zuchthaus nur dann erkannt werden, wenn festgestellt wird, dass die strafbar befundene Handlung aus einer ehrlosen Gesinnung entsprungen ist."

75 Abgesehen von diesen Einschränkungen, beruhte der E 1919 jedoch auf dem *„Geist der Entwürfe 1909, 1911"* (so *Papacharalambous*, a.a.O., S. 51): Die Sonderstrafart wurde im E 1919 folgendermaßen begründet: *„Der GE* [Gegenentwurf] *lehnt also, mit dem VE* [Vorentwurf] *die Forderung* [...] *ab, zwischen Zuchthaus und Gefängnis nicht in erster Linie nach der Schwere der Straftat, sondern nach der ethischen Qualität der Gesinnung zu unterscheiden* [...]. *In der Haft soll der Beurteilungsmaßstab der ethischen Qualität der Gesinnung nun wirklich zum Ausdruck kommen* [...]; [...] *für die Zulassung von Haft neben Zuchthaus [sollen] von vorneherein nur Verbrechen politischen Charakters in Betracht kommen"*, in: Gegenentwurf zum Vorentwurf eines deutschen StGB. Aufgestellt von *Kahl*, *v. Lilienthal*, *v. Liszt*, *Goldschmidt*, Begründung, 1911, S. 63-66.

76 Darunter fielen unter anderem: § 139 (Aufforderung zum Hochverrat), §§ 150, 151 (Reichstagsnötigung, Mitgliedernötigung), §§ 154 ff., 157 ff. (Delikte bei den Wahlen), §§ 185, 187 (Widerstand gegen die Staatsgewalt), § 232 ff. (Komplott).

77 *Beckstein*, a.a.O., S. 34 ff.; *Papacharalambous*, a.a.O., S. 51.

78 Unter anderem erfolglos auf Wilhelm II (1900, 1901) und erfolgreich auf Kaiserin Elisabeth (1898).

79 *Gumbel*, Vier Jahre politischer Mord, 1922: Von den 376 politisch motivierten Tötungen wurden 354 von der politischen Rechten verübt, vgl. dazu auch *Radruch*, Justiz, Heft 5, 1929, S. 125 ff.

Die Zeit der Attentate stand im Zusammenhang mit einer Zeit des Wandels für die Deutschen. Es gab den Aufstand im „roten Sachsen“ sowie im „schwarzbraunen Bayern“, eine galoppierende Inflation und die französische Intervention an der Ruhr[80]. Die Reparationszahlungen aus dem Versailler Vertrag bremsten die wirtschaftliche Entwicklung Deutschlands nach dem Ersten Weltkrieg. Die militärische Niederlage und die Auflösung des Kaiserreichs brachte jedoch noch eine Reihe weiterer traumatischer gesellschaftlicher Erlebnisse mit sich wie etwa das nunmehr zerstörte Vertrauen in die innere Ordnung. Die Vorstellung der lenkenden und beschützenden Kaiserherrschaft, die für viele Bürger nach wie vor das verklärte politische Ideal darstellte, war einer Republik gewichen, der breite Teile der Bevölkerung zumindest skeptisch gegenüberstanden[81].
Die meisten deutschen Attentäter gehörten der Rechten an. Sie kämpften gegen den internationalen Sozialismus und den klassischen Liberalismus. Sie stammten zum überwiegenden Teil aus den nie ganz demobilisierten Freikorpsverbänden, die sich zu nationalistischen paramilitärischen Organisationen zusammengeschlossen hatten. Die Erinnerung an die „Helden von 1813“, aber auch die Verbitterung über die „Verräter von 1918“ war ihr Bindeglied[82]. Die bekannteste Gruppe war die *Organisation Consul*, die 1920 aus der nach dem Kapp-Putsch aufgelösten Brigade Ehrhardt entstand. Es handelte sich hierbei um eine militärisch gegliederte, straff geführte Organisation, die sich anfangs überwiegend aus ehemaligen Offizieren zusammensetzte und die bereits 1921 aus mindestens 5000 Mitgliedern bestand[83]. Die Linke hatte ebenfalls Kampfgruppen, dennoch lehnten zumindest die Sozialdemokraten die Tötung als Mittel der Politik ab, während dies von Teilen der Kommunistischen Partei für legitim erachtet wurde[84].

In der langen Reihe der Anschläge stand zu Beginn die Tötung von Karl Liebknecht und Rosa Luxemburg, der Führer des Spartakusbundes und der Kommunistischen Partei, die während des Januaraufstandes 1919 in Berlin von rechtsgerichteten Freikorps-Leuten umgebracht wurden. Einen Monat später wurde Kurt Eisner, Mitglied der USPD und Ministerpräsident von Bayern in München erschossen[85]. Das Gericht hob dabei ausdrücklich die Ehrenhaftigkeit der Motive des Attentäters hervor und daher konnte *„von einer Aberkennung der bürgerlichen Ehrenrechte* [...] *natürlich keine Rede sein, weil die Handlungsweise* [...]

80 *Ford*, a.a.O., S. 371.

81 *Ford*, a.a.O., S. 369.

82 *Ford*, a.a.O., S. 372.

83 Zum Ganzen: *Krüger*, Die Brigade Ehrhardt, 1971; *Mauch*, Nationalistische Wehrorganisationen in der Weimarer Republik, 1982; *Finker*, Die militärischen Wehrverbände in der Weimarer Republik, ZfG 14 (1966), S. 357.

84 *Ford*, a.a.O., S.

85 Vgl. dazu *Hillmayr*, Roter und weißer Terror in Bayern nach 1918, 1974, S. 30 ff.

der glühendsten Liebe zu seinem Volk und Vaterland entsprang“[86]. Das Gericht verurteilte trotz dieser Einschätzung den Täter wegen Mordes zum Tode. Eine andere strafrechtliche Bewertung war aufgrund des Überlegungsmerkmals des damaligen § 211 RStGB nicht möglich[87].
Der Nachfolger Eisners, Erhard Auer, wurde mit zwei Kollegen im Landtagsgebäude von einem Arbeiter angegriffen, der Abgeordnete Ösel verstarb an den Folgen des Attentats[88]. Otto Neuring, sozialistischer Kriegsminister von Sachsen wurde im April 1919 von Soldaten getötet, die unter anderem gegen eine Soldkürzung protestierten. Im Herbst desselben Jahres wurde der ehemalige Führer der USPD, Hugo Haase, zum Opfer eines Attentats, das von rechtsgerichteten Arbeitern verübt wurde. 1921 wurde zunächst Karl Gareis, ein sozialistischer Landtagsabgeordneter aus Bayern, von einem Ex-Offizier und Mitglied der paramilitärischen Einwohnerwehr getötet, und später, am 26.8.1921, Matthias Erzberger, ehemaliger Finanzminister der Republik und Fraktionsvorsitzender der katholischen Zentrumspartei, der von zwei Mitgliedern der *Organisation Consul* während eines Spaziergangs erschossen wurde[89]. Ein weiterer Anschlag, der auf das Konto dieser Organisation geht, galt dem ehemaligen sozialdemokratischen Kanzler und amtierenden Oberbürgermeister von Kassel, Philipp Scheidemann, der jedoch unverletzt blieb[90].

Dem bekanntesten Attentat dieser Zeit fiel Walther Rathenau, der Außenminister der Republik, zum Opfer. Er wurde am 24.06.1922 von Mitgliedern der *Organisation Consul* auf dem Weg von seiner Wohnung ins Außenministerium getötet[91]. Die beiden Täter kamen bei der Verhaftung um; das Gericht konnte daher nur die Helfer vor dem Staatsgerichtshof zum Schutz der Republik anklagen. Dieser beschränkte sich jedoch lediglich auf die Rekonstruktion des Tatablaufs und klammerte die offensichtlichen Verbindungen der Täter zu Untergrundorganisationen bewusst aus[92]. Aufgrund mangelnder Beweise und der fehlenden Bereitschaft des Gerichts, weitere Ermittlungen anzustellen, gelang es dem Oberreichsanwalt nicht, den Angeklagten eine Verschwörung nachzuweisen. Die Urteile fielen verhältnismäßig milde aus und wurden dementsprechend

---

86 Zitiert nach *Guckenheimer*, Der Begriff der ehrlosen Gesinnung im Strafrecht, 1921, S. 77.

87 Dazu eingehend unten Seite 85 ff.

88 *Hillmayr*, a.a.O., S. 45 ff.

89 Vgl. dazu *Doubek*, a.a.O., S. 85 ff.

90 Scheidemann, der am 9.11.1919 die Republik ausgerufen hatte, konnte die Attentäter mit einer Pistole in die Flucht schlagen, vgl. *Doubek*, a.a.O., S. 309.

91 Dazu *Doubek*, a.a.O., S. 285f.

92 *Schulin*, Walther Rathenau, 1979, S. 95 ff.

von der rechten Presse als Erfolg bewertet[93]. Vieles deutet heute darauf hin, dass die *Organisation Consul* das Attentat plante und ausführen ließ[94].

Eine Woche nach der Tötung an Walther Rathenau wurde Maximilian Harden, ein prominenter und umstrittener jüdischer Publizist bei einem Anschlag durch die *Organisation Consul* schwer verletzt. Den Abschluss dieser Gewaltepoche bildete die Erschießung Heinz Orbis, eines profranzösischen Separatistenführers in Rheinland-Pfalz, durch bewaffnete Nationalisten[95].

Bedeutend für die Geschichte der politischen Attentate wurde die Weimarer Republik durch die bewusste Übernahme militärischer Modelle durch terroristische Gruppierungen[96]. Dies galt nicht nur bei der Organisation von Einheiten, die für den Straßenkampf ausgebildet wurden, sondern auch beim Einsatz von komplizierten Waffen, die eine Schulung in Taktik und Technologie erforderlich machten. Viele der Attentäter waren gleichzeitig Angehörige der Armee[97]. Es bestand erstmals in der Geschichte der Attentate ein komplexes Netzwerk von miteinander verbundenen paramilitärischen Einheiten, die bereit waren, ihnen zugewiesene Aufträge zu erfüllen[98].

Des Weiteren steckte hinter den Anschlägen ein anderes Konzept, als es bislang hervorgetreten war. Die Täter befanden sich nach eigenen Aussagen im „Krieg" mit einem ganzen politischen System[99]. Es stand weniger die Beseitigung einer einzelnen Person, als vielmehr die Umstürzung des gesamten gesellschaftlichen und politischen Systems im Vordergrund[100].

Ein weiteres neues Element war der bewusste Rückgriff auf *Prozesse* und *Hinrichtungen* seitens derjenigen, die das Recht auf politische Tötungen proklamierten. Sie setzten sich selbst damit in eine „ehrwürdige" Tradition, die einst mit dem Terminus „Tyrannenmord" bezeichnet wurde, und nunmehr von weiteren Rechtfertigungs- und Neutralisationsmechanismen begleitet wurde. Die Dehumanisation der Opfer ging einher mit dem Verständnis, legitimen Widerstand gegen ein von fremden Mächten oktroyiertes System zu leisten[101]. Der Rekurs auf die Sprache einer pervertierten Gerichtsbarkeit war in erster Linie eine Fort-

---

93 *Sabrow*, Der Rathenaumord, Rekonstruktion einer Verschwörung gegen die Republik von Weimar, 1994.

94 *Sabrow*, a.a.O., passim

95 *Ford*, a.a.O., S. 371.

96 *Ford*, a.a.O., S. 372 f.

97 *Ford*, a.a.O., S. 372.

98 *Ford*, a.a.O., S. 372.

99 *Sontheimer*, Antidemokratisches Denken in der Weimarer Republik, 1962, S. 60 ff.; *Ford*, a.a.O., S. 373.

100 *Sontheimer*, a.a.O., S. 65 ff.; *Ford*, a.a.O., S. 373.

101 *Ford*, a.a.O., S. 373.

führung der Tradition der Femegerichte, die im Mittelalter aufkamen[102]. Die Vernichtung von Menschenleben wurde als Wiederaufleben mittelalterlicher Rechtsprozeduren verstanden, die Todesurteile mithin im Namen eines höheren Rechts vollstreckt[103].
Neu war auch die Reaktion der Öffentlichkeit. Während Attentate von jeher zwar immer wieder vereinzelt Anhänger fanden, bestand doch bis dahin ein breiter gesellschaftlicher Konsens bezüglich der Ablehnung dieser Taten.
In der Weimarer Republik war dies anders[104]. Die offene Abscheu vor den „Pariser Friedensverbrechern“ war weit verbreitet, und sogar ausländische Regime weigerten sich, nationalistische Attentäter auszuliefern[105].

Die Reaktion des demokratischen Staates bestand zunächst in einem Versuch, die Vertreter der Republik durch eine Verordnung des Reichspräsidenten vom 29.8.1921 – und somit nur drei Tage nach dem gewaltsamen Tod Matthias Erzbergers – stärker zu schützen[106].
Nach dem tödlichen Attentat auf Rathenau erließ man am 26.6.1922 die „*Erste Verordnung zum Schutz der Republik*“[107], die den Wegfall des vorübergehend geschaffenen Behördenschutzes zur Folge hatte.
Zunehmend wurde der Republikschutz, der explizit auf die bestehenden – und die durch die Verfassung garantierten – Einrichtungen und Organe Bezug nahm, jedoch zugunsten eines formalen Verfassungsschutzes abgelöst, der nun auch einen ausgedehnten Lebensschutz für jedermann wie auch einen extensiven

---

102 Dazu *Nagel*, Fememorde und Fememordprozesse in der Weimarer Republik, 1991, passim.

103 *Nagel*, a.a.O., S. 41 ff.; *Ford*, a.a.O., S. 373.

104 *Ford*, a.a.O., S. 374.

105 Ungarn weigerte sich beispielsweise hartnäckig, die nationalistischen Mörder Matthias Erzbergers auszuliefern, vgl. *Ford*, a.a.O., S. 374.

106 In der Verordnung des Reichspräsidenten vom 29.8.1921 heißt es etwa in § 4 Abs. 1: „Versammlungen, Vereinigungen, Aufzüge und Kundgebungen können [...] verboten werden, wenn die Besorgnis begründet ist, dass in den Versammlungen usw. Erörterungen stattfinden, die [...] zu Gewalttaten gegen Vertreter der republikanischen Staatsform [...] aufreizen, solche Handlungen billigen oder verherrlichen [...].“

107 Dort heißt es: § 1I: „Versammlungen, Vereinigungen, Aufzüge und Kundgebungen können [...] verboten werden, wenn die Besorgnis begründet ist, dass in ihnen Erörterungen stattfinden, die [...] zu Gewalttaten gegen Mitglieder der jetzigen oder einer früheren republikanischen Regierung des Reiches oder eines Landes aufreizen, solche Handlungen billigen oder verherrlichen [...].“

§ 5: „Mit Gefängnis [...] wird [...] bestraft: 1. wer öffentlich Gewalttaten gegen [...] Mitglieder der jetzigen oder einer früheren republikanischen Regierung [...] verherrlicht oder billigt, oder wer solche Gewalttaten belohnt oder begünstigt. 2. wer zu Gewalttaten gegen Mitglieder der jetzigen oder einer früheren republikanischen Regierung [...] auffordert, aufwiegelt oder solche Gewalttaten mir einem anderen verabredet.“

Schutz vor Gewalttätigkeiten für jede politische Betätigung garantierte[108]. Auf den Verfassungsschutz folgte zum Ende der Republik (1931 – 1933) wiederum eine Periode des reinen Staatsschutzes, der fortan nicht mehr die Symbole der Republik, sondern vielmehr – von der konkreten Staatsform losgelöste – Begriffe, wie etwa das „Reich", in den Mittelpunkt der Betrachtung rückte[109]. Dies wird sowohl in der Verordnung des Reichspräsidenten zur Bekämpfung politischer Ausschreitungen vom 28.3.1931[110] deutlich, wonach politische Versammlungen verboten, staatliche Einrichtungen, Organe, Behörden und Beamte hingegen geschützt werden konnten, aber auch in der Verordnung des Reichspräsidenten vom 13.4.1932[111], wonach die SA und die SS aufgelöst wurden, um die Staatsautorität zu schützen. Durch die Verordnung des Reichspräsidenten für die öffentliche Sicherheit Groß-Berlins und Brandenburgs aus dem Jahr 1932 wurde ebenfalls der Staatsschutz gestärkt, indem wichtige Zuständigkeiten dem Militär übertragen und Grundrechte suspendiert wurden[112].

Am deutlichsten wird die Zuwendung zum reinen Staatsschutz jedoch an der Verordnung des Reichspräsidenten zur Erhaltung des inneren Friedens vom 19.12.1932, wonach der Republikschutz zugunsten der neu geschaffenen Rechtsgüter „Reich" und „Länder" aufgegeben wurde[113].

Trotz der häufig kriminellen Dimension des Politischen, das die Weimarer Republik von Anfang an in ihren demokratischen Grundfesten erschütterte, und auf die der Staat notgedrungen mit einem verschärften Strafrecht reagierte, konzentrierte sich jedoch die Behandlung des politischen Delikts auf die Tatmotivation und wirkte sich im Ergebnis privilegierend für den Delinquenten aus[114]. Der

---

[108] *Schroeder*, Der Schutz von Staat und Verfassung im Strafrecht, 1970, S. 128 ff; *Papacharalambous*, a.a.O., S. 52. Das „*Gesetz zum Schutz der Republik*" vom 25.3.1930 (RGBl., 1930, S. 91 f.) ist in Anhang I abgedruckt.

[109] Zu den konkreten Auswirkungen der einzelnen Paradigmenwechsel vgl. *Papacharalambous*, a.a.O., S. 52 ff.; *Schroeder*, a.a.O., S. 119 ff., 128 ff.; *Jasper*, Der Schutz der Republik, 1963, S. 285 ff.

[110] Dort heißt es in § 1 Abs. 1: „Öffentliche politische Versammlungen sowie alle Versammlungen und Aufzüge unter freiem Himmel [...] können verboten werden, wenn nach den Umständen zu besorgen ist, [...] Abs. 2. dass Organe, Einrichtungen, Behörden oder leitende Beamte des Staates beschimpft oder böswillig verächtlich gemacht werden."

[111] § 1 dieser Verordnung lautete: „Sämtliche militärähnlichen Organisationen der Nationalsozialistischen Deutschen Arbeiterpartei [...] werden mit sofortiger Wirkung aufgelöst."

[112] Vgl. *Papacharalambous*, a.a.O., S. 54.

[113] In der Verordnung heißt es in § 9: „Als § 134 a StGB wird folgende neue Vorschrift eingefügt: „§ 134 a: Wer öffentlich das Reich oder eines der Länder, ihre Verfassung, ihre Farben oder Flaggen oder die deutsche Wehrmacht beschimpft oder böswillig und mit Überlegung verächtlich macht, wird mit Gefängnis bestraft" [...]."

[114] Eingehend zu diesem Punkt: *Papacharalambous*, a.a.O., S. 58 ff.

Prozess politischer Willensbildung wurde durch die Republik respektiert und liberal gehandhabt[115].
Wie *Papacharalambous* feststellte, blieb jedoch die Versubjektivierung *„in einer uferlosen Berücksichtigung des „edlen Motivs“ stecken, ohne den Legitimitätsgehalt der Artikulation der abweichenden politischen Kommunikation in sich aufzunehmen*“[116]. Der fehlenden demokratischen Ausrichtung der Gesellschaft (und damit auch des politischen Systems) wurde kein starker Staat entgegengestellt, der Auflösungserscheinungen effektiv bekämpfte. Die Schwächung der Republik wurde vielmehr noch durch einen dem *„edlen Motiv*“ unkritisch gegenüberstehenden Justizapparat gefördert[117].

Die Privilegierung des Überzeugungstäters wurde positivrechtlich zunächst 1923 in § 52 der *„Grundsätze für den Vollzug der Freiheitsstrafen*“[118] kodifiziert, indem diesem Tätertyp alle Vergünstigungen gewährt wurden[119].
Der Radbruchsche Entwurf des § 71 E 1922[120] und der § 71 E 1925 sahen darüber hinaus eine Einschließung des Täters dann vor, wenn der *„ausschlaggebende Beweggrund des Täters*“ in seiner (nach seiner Überzeugung) Verpflichtung zur Tatbegehung bestand[121]. Radbruch vertrat die These, dass sich der Überzeugungstäter durch besondere psychologische Befunde von anderen Tätern unterscheide[122]. Das Versagen der Strafzwecke zwinge daher den Staat, eine Art (pri-

---

[115] *Papacharalambous*, a.a.O., S. 58.

[116] *Papacharalambous*, a.a.O., S. 58.

[117] Diese Beanstandung an der Berücksichtigung der *„edlen Motive*“ ist nicht als generelle Kritik an der Privilegierung des politischen Delinquenten zu verstehen. Es soll hiermit vielmehr auf die Problematik einer unkritischen – und einseitigen – Justiz, die letzten Endes auch dem Republikverfall Vorschub geleistet hat, aufmerksam gemacht werden.

[118] RGBl. II S. 263 ff.

[119] § 52 der „Grundsätze für den Vollzug von Freiheitsstrafen“ lautete: „Bestand bei einem Gefangenen [...] der ausschlaggebende Beweggrund zur Tat darin, dass er sich zu der Tat aufgrund seiner [...] politischen Überzeugung für verpflichtet hielt, so sind ihm die für die Straftat zulässigen Vergünstigungen ohne weiteres zu gewähren.“ Dazu Schünemann, Politisch motivierte Kriminalität, in de Boor, Politisch motivierte Kriminalität – echte Kriminalität?, S. 73; Papacharalambous, a.a.O., S. 59, sowie über den theoretischen Hintergrund: ders., a.a.O., S. 163.

[120] § 71 E 1922 lautete: „Anstelle von strengem Gefängnis tritt Einschließung [...], wenn der ausschlaggebende Beweggrund des Täters darin bestand, dass er sich zu der Tat aufgrund seiner [...] politischen Überzeugung für verpflichtet hielt.“

[121] § 71 (Einschließung) des E 1922 lautete: „Anstelle von strengem Gefängnis tritt Einschließung von gleicher Dauer, wenn der ausschlaggebende Beweggrund des Täters darin bestand, dass er sich zu der Tat auf Grund seiner sittlichen, religiösen oder politischen Überzeugung für verpflichtet hielt.“, vgl. dazu Beckstein, a.a.O., S. 38; Papacharalambous, a.a.O., S. 59.

[122] „Der Überzeugungsverbrecher hebt sich als scharf umrissener Typus von den gemeinen Verbrechern ab“, Radbruch ZStW 44 (1924), S. 34 = GRGA Band 8, S. 132.

vilegierende) Sicherheitsstrafe zu schaffen[123]. Mit diesen Forderungen war die Abkehr von der subjektiven Bewertung der Ehre des Täters, die § 20 RStGB voraussetzte, verbunden[124]. Auch der spätere Vorschlag *Baumanns* ging in diese Richtung[125]. In seinem Entwurf einer Nachfolgevorschrift für § 20 heißt es:

„*§ 30 Abs. 2 – Wenn das Gesetz Zuchthaus oder Festung androht, darf auf Zuchthaus nur erkannt werden, wenn die Straftat auf niedrigen Beweggründen beruht. Niedrige Beweggründe liegen nicht vor, wenn die Straftat aus politischer Überzeugung und ohne Verfolgung persönlicher Vorteile begangen wird*“[126].

Der § 72 des E 1927, der auf den Vorschlägen des 34. DJT beruhte, sah hingegen die Abkehr vom kriminologischen Tätertyp vor und forderte eine besondere Strafart für Täter, die „*ausschließlich aus achtenswerten Beweggründen*“ handelten, und damit eine Rückkehr zum § 20 RStGB[127].
Die Einfügung dieser auf der Sozialethik beruhenden Verwerflichkeitsklausel eröffnete jedoch später den Nationalsozialisten eine Einstiegsmöglichkeit für die Verwendung von ideologischen Generalklauseln bezüglich der Bewertung des politischen Delikts, welche die Weimarer Privilegierungstradition letzten Endes wieder konterkarierten.

Abgesehen von dem Verbot der paramilitärischen Verbände der NSDAP blieb die Weimarer Gesetzgebung politisch neutral. Die Gerichte blieben jedoch bei den politischen Tötungen hinter den rechtstaatlich-egalitären Ansprüchen der Legislative zurück.
Der damalige § 211 RStGB richtete den Mordtatbestand am Merkmal der „*Überlegung*“ aus, die Tatbestandsfassung war mithin viel stärker entpolitisiert

---

[123] Zu der Figur des Überzeugungstäters bei *Radbruch* vgl. auch Neumann KJ 2004, S. 440. Dazu auch unten Seite 167 ff.

[124] § 20 RStGB von 1871 lautete: „Wo das Gesetz die Wahl zwischen Zuchthaus und Festungshaft gestattet, darf auf Zuchthaus nur dann erkannt werden, wenn festgestellt wird, dass die strafbar befundene Handlung aus einer ehrlosen Gesinnung entsprungen ist.“; Dazu auch Beckstein, a.a.O., S. 38 ff.; Papacharalambous, a.a.O., S. 59 f.

[125] *Baumann*, § 30 Abs. 2 E StGB 1963.

[126] Schon *v. Liszt* stellte die rhetorische Frage nach der ethischen Einordnung der Gesinnung „*von einem überzeugungstreuen Anarchisten, der sein Leben in den Dienst seiner Idee gestellt habe*“, vgl. 26. DJT Band I, S. 259 [277 ff.]; zum Ganzen auch *Geilen*, a.a.O., S. 631.

[127] § 72 lautetet: „An die Stelle der angedrohten Zuchthaus- oder Gefängnisstrafe tritt Einschließung von gleicher Dauer, wenn der Täter ausschließlich aus achtenswerten Beweggründen gehandelt hat und die Tat nicht schon wegen der Art und Weise ihrer Ausführung oder wegen der vom Täter verschuldeten Folgen besonders verwerflich ist.“ Dazu auch Papacharalambous, a.a.O., S. 60; Beckstein, a.a.O., S. 48 ff.; Schünemann, a.a.O., S. 73 f.

als die Motivgeneralklausel der niedrigen Beweggründe[128]. Um die politische Dimension einer Tat zu erfassen, wurde die Regelung des § 211 RStGB, wie bereits angesprochen, von mehreren Strafgesetzen flankiert, um einen möglichst lückenlosen strafrechtlichen Schutz zu erreichen[129].

Die Krise der Republik beruhte jedoch nicht zuletzt auf dem Umgang der Gerichte mit politischen Anschlägen. Vor allem dem Reichsgericht und der Reichsanwaltschaft wurde politische Blindheit und Voreingenommenheit vorgeworfen, weil sie die Republik gegen Angriffe von links übermäßig und gegen Angriffe von rechts kaum verteidigten[130]. Instanzgerichte haben bei der richterlichen Würdigung der Fememorde von rechts immer wieder die Berufung auf Staatsnotwehr oder auf einen Irrtum über die Rechtswidrigkeit zugelassen[131]. Auch wenn das Reichsgericht beispielsweise bei der Tötung vermeintlicher Spione die Verhältnismäßigkeit verneinte[132] und meist zurückhaltender urteilte als die Vorinstanzen[133], ist dennoch zu konstatieren, dass das Reichsgericht in vielen Fällen *„auf dem rechten Auge blind“*[134] war und insbesondere die Urteile des beim Reichsgericht gebildeten Staatsgerichtshofs zum Schutz der Republik die politische Neutralität und die Verhältnismäßigkeit vermissen ließen[135].

So stellte beispielsweise der Statistiker *Gumbel* in seiner Bilanz „Vier Jahre politischer Mord“ aus dem Jahre 1922 fest, dass die 354 politischen Tötungen von rechts insgesamt einmal mit lebenslanger Haft sowie zusammen 90 Jahren und zwei Monaten Freiheitsentzug und 730 Mark Geldstrafe geahndet wurden. Für die 22 politischen Tötungen von links ergingen hingegen 10 Todesurteile, 3 lebenslängliche Zuchthausstrafen und insgesamt 248 Jahre und 9 Monate Freiheitsentzug.

Die Gesetze, um eine konsequente Ahndung von Attentaten zu ermöglichen, waren somit vorhanden, aber die Schwäche der Judikative führte dazu, dass diese Gesetze nur inkonsequent und einseitig angewandt wurden[136].

---

128 *Geilen*, a.a.O., S. 622; zum Merkmal der „Überlegung“ ausführlich unten Seite 85 ff.

129 *Geilen*, a.a.O., S. 622 Anm. 21.

130 *Rüping*, Strafrechtsgeschichte, 1991, S. 91.

131 *Gumbel*, „Verräter verfallen der Feme“, 1929, S. 265ff., 386ff.; *Rüping*, a.a.O., S. 92. Darüber hinaus gehende Forderungen, wie etwa den Notstand regelmäßig als Rechtfertigungsgrund heranzuziehen oder zumindest patriotische Motive als Entschuldigungsgrund zuzulassen (so etwa *Friedrich Grimm*, Politische Justiz, die Krankheit unserer Zeit, S. 56 ff.) wurden jedoch vom RG zurückgewiesen, vgl. *Geilen*, a.a.O., S. 627 f.; *Neusel*, Höchstrichterliche Strafgerichtsbarkeit in der Republik von Weimar, 1972, S. 62 ff.

132 RGSt 63, 215 [221], RGSt 64, 101 [104].

133 *Rüping*, a.a.O., S. 92.

134 *Rüping*, a.a.O., S. 91.

135 *Kirchheimer*, a.a.O., S. 318; *Rüping*, a.a.O., S. 91f.

136 *Kirchheimer*, Politische Justiz, 1965, S. 318; *Radbruch*, Der innere Weg, 1961, S. 112 = GRGA Band 16, S. 167; *Bracher*, Die Auflösung der Weimarer Republik, 1978, S. 174ff.

5. Vom Untergang der Weimarer Republik bis zum Ende des Zweiten Weltkriegs

Erwähnenswert sind aus dieser Epoche zunächst die Anschläge auf Kaiser Hirohito (1931) und weitere Repräsentanten des japanischen Staates[137]. Auch auf den designierten Präsidenten der Vereinigten Staaten Franklin D. Roosevelt wurde 1933 ein Attentat verübt. 1934 sorgte sowohl das Doppelattentat, dem Alexander I. von Jugoslawien und der französische Außenminister Jean Louis Barthou zum Opfer fielen, als auch die Erschießung des österreichischen Kanzlers Engelbert Dollfuß für Aufsehen[138].

Überschattet wurden die Dreißiger Jahre jedoch von den totalitären europäischen Großmächten Deutschland und Russland. Das sowjetische Regime ließ unter Stalin weltweit durch die Geheimpolizei GPU und danach die NKWD Menschen hinrichten, die eine vermeintliche Gefahr für Moskau darstellten[139]. Die Tötung Leo Trotzkis im Exil in Mexiko-Stadt 1940 war lediglich der bekannteste Fall. Die Nationalsozialisten hielten hingegen wenig von individuellen, demonstrativen Angriffen im Stil der *Organisation Consul* oder der russischen Attentatskommandos; sie bevorzugten Schlägertrupps, die mit ihren Gewalttaten ein kollektives Angstgefühl verbreiteten[140]. Zwischen 1930 und 1933 sorgte vor allem die *Sturmabteilung* (SA) durch Einschüchterung und Schwächung durch Gewalttaten sowie die gezielte Tötung von politischen Gegnern dafür, dass Hitlers Vision vom totalitären Staat umgesetzt wurde.

Nachdem Hitler an die Macht kam, wurden sowohl politische Gegner aus dem Lager der „Linken“, aber auch eigene Abweichler und Dissidenten eliminiert[141]. Hitler ließ Kollektivhinrichtungen durchführen, strafrechtliche Verfahren, wie sie etwa Stalin in den Verräterprozessen praktizierte, kamen erst bei den „Verrätern des 20. Juli“ richtig zum Einsatz.

Auch wenn derartige Strafprozesse relativ selten waren, so hatten die Nationalsozialisten, das den § 211 flankierende Beiwerk an Schutzvorschriften im Bereich der politischen Delikte weiter ausgebaut. Für politisch motivierte, das hieß

---

[137] Tsuyoshi Inukai, Premierminister von Japan, wurde 1932 getötet. Der ehemalige Premierminister Reejiro Wakatsuki überlebte 1933 einen Anschlag auf sein Leben. 1936 wurde mehrere gemäßigte Politiker, darunter der Finanzminister Takahashi und der frühere Premierminister Admiral Saito, bei einem gescheiterten Putschversuch getötet, vgl. *Ford*, a.a.O., S. 376.

[138] *Ford*, a.a.O., S. 377.

[139] *Ford*, a.a.O., S. 380.

[140] Vgl. *Papacharalambous*, a.a.O., S. 68 und *Ford*, a.a.O., S. 383f.

[141] Allein in der *„Nacht der langen Messer“* vom 30.6. auf den 1.7.1934, wurden alleine mehr als fünfzig SA-Führer, unter ihnen Ernst Röhm, durch die Schutzstaffel (SS) und die Geheime Staatspolizei (Gestapo) umgebracht, vgl. *Ford*, a.a.O., S. 384 und *Papacharalambous*, a.a.O., S. 68.

antinationalsozialistische Attentate, galt ab 1933 die Todesstrafe. Nach dem „*Gesetz zur Gewährleistung des Rechtsfriedens*" hatte das politische Motiv fortan strafschärfende Wirkung[142]. In den nationalsozialistischen Schutzgesetzen von 1933 war sogar der Fall einer Geiselnahme zu politischen Zwecken berücksichtigt[143].

Durch Gesetz vom 24.4.1934 wurde der *Volksgerichtshof* in Berlin errichtet, der die erstinstanzliche Zuständigkeit des Reichsgerichts in politischen Strafsachen erhielt.

Ziel war die Vernichtung des politischen Gegners. Die Perversion des Rechts wurde jedoch nicht nur in der erschreckenden Steigerung der verhängten und vollstreckten Todesstrafen durch den *Volksgerichtshof* deutlich,[144] sondern auch durch die durchgeführten Scheinprozesse durch eigens eingerichtete Sondergerichte.

Die Nationalsozialisten nahmen auch gravierende Änderungen am Besonderen Teil des Strafrechts vor. So nahm der Gesetzgeber beispielsweise in der Neufassung des Mordtatbestandes von 1941 Abstand vom Merkmal der Überlegenheit und bekannte sich zur Lehre vom Tätertyp[145].

Verschleppungen zur Nachtzeit und sich anschließende Folterungen und Verhöre und die abschließende Einweisung in Arbeits- und Konzentrationslager oder die direkte Tötung waren ständige Gefahren, denen sich die Bevölkerung ausgesetzt sah.

Die Vorstellung, als „Führermörder" zum Märtyrer der gerechten Sache zu werden, wurde von den Nationalsozialisten zunichte gemacht, indem politischen Gefangenen kein Auftritt vor Gericht ermöglicht wurde, keine Gelegenheit bestand, inhaltsschwere Briefe aus dem Gefängnis zu versenden; ihre Inhaftierung bedeutete vielmehr nur Qual und Einkerkerung, die oft mit einem brutalen, einsamen Tod in einem nicht gekennzeichneten Grab endete[146].

In die zweite Hälfte des Dritten Reiches fiel die planmäßige massenhafte Vernichtung von Menschenleben in den Konzentrationslagern, der Holocaust, und die rücksichtslose Expansions- und Kriegspolitik, die die Welt in die größte Katastrophe des 20. Jahrhunderts, den Zweiten Weltkrieg, stürzte.

Anschläge gegen die Repräsentanten dieser Schreckensherrschaft gab es verhältnismäßig selten. Reinhard Heydrich, einer der führenden und brutalsten

---

[142] Vgl. auch *Papacharalambous*, a.a.O., S. 64 ff.

[143] Vgl. die Verordnung des Reichspräsidenten zum Schutz von Volk und Staat (RGBl I 161) und das Gesetz zur Abwehr politischer Gewalttaten vom 04.04.1933.

[144] 1940: *53* Todesurteile; 1941 *102*; 1942 *1192*; 1943 *1662* 1944 *2097*, vgl. *Rüping*, Strafrechtsgeschichte, S. 104

[145] Durch § 2 des Gesetzes zur Änderung des Reichsstrafgesetzbuchs vom 4.9.1941 (RGBl I, 549) wurde der Mordtatbestand neu geregelt. Vgl. dazu ausführlich Seite 88 ff.

[146] *Ford*, a.a.O., S. 385.

Köpfe des Hitlerregimes, starb 1942 an den Folgen eines Attentats in Prag, und auch auf Hitler selbst wurden mehrere Anschläge verübt. 1939 schlug beispielsweise ein Bombenanschlag Georg Elsers im Münchner Bürgerbräukeller fehl, weil Hitler den Raum einige Minuten zuvor verließ[147].
Das bekannteste Attentat auf Hitler war jedoch die Verschwörung vom 20. Juli 1944[148]. Eine Gruppe hochrangiger Wehrmachtsoffiziere hatte ein Attentat auf Hitler geplant und für den Fall des Erfolges Vorbereitungen getroffen, die Macht zu übernehmen. Die Bombe, die von Oberst Claus Graf Schenk von Stauffenberg in Hitlers ostpreußischem Hauptquartier, der so genannten Wolfsschanze, zur Explosion gebracht wurde, tötete Hitler nicht, sondern verletzte ihn nur. Die misslungene Machtübernahme endete in derselben Nacht mit der Erschießung von Stauffenbergs und dreier anderer Offiziere im Innenhof des Kriegsministeriums in der Bendlerstraße in Berlin. Die weiteren Hinrichtungen zogen sich noch bis in das nächste Jahr hinein. Insgesamt wurden weit mehr als 200 Menschen direkt im Zusammenhang mit dieser Verschwörung in den kommenden Monaten hingerichtet[149]. Einer der Drahtzieher dieser Verschwörung, Generaloberst Ludwig Beck, machte deutlich, dass er die Rechtfertigung für dieses „*Unternehmen gegen ein verbrecherisches System*“ nicht im Ergebnis, sondern im Motiv verankerte[150]. Die Tat musste seiner Ansicht zufolge um des künftigen Überlebens willen „*aus dem deutschen Volk selbst kommen*“.

Die in der Weimarer Republik vorhandene Gegensätze zwischen der „*Ausdifferenzierung des politischen Strafschutzes und der Entfaltung der Tätigkeit der politischen Gesellschaft* [wurde in den totalitären Staaten] *nicht überwunden, sondern totalitär aufgehoben*“[151]. Die „*Eliminierung der politischen Gesellschaft*“ kam nicht zuletzt dadurch zustande, dass jede Artikulation politischer Interessen zum Staatsverbrechen aufgewertet wurde[152].
Die für totalitäre Staaten charakteristische *objektive* Konzeption der politischen Straftatbestände ließ eine täterfreundliche „Sonderbehandlung“ im Dritten Reich nicht zu. Im Gegenteil: Der aufgrund seiner Härte legitimatorisch nicht hinterfragbare totalitäre Staat versuchte jede abweichende Artikulation politischer Interessen im Keim zu beseitigen[153].

---

147 *Ford*, a.a.O., S. 396; zu weiteren Attentatsversuchen an Hitler: *Doubek*, a.a.O., S. 152.

148 *Ford*, a.a.O., S. 398 f.; *Doubek*, a.a.O., S. 167.

149 *Ford*, a.a.O., S. 399.

150 *Ford*, a.a.O., S. 398.

151 *Papacharalambous*, a.a.O., S. 72.

152 *Papacharalambous*, a.a.O., S. 73. Vgl. dazu auch *Merleau-Ponty*, Humanismus und Terror, 1976, Band 1, S. 68 ff.

153 Dazu *Papacharalambous*, a.a.O., S. 73.

6. Die Zeit nach dem Zweiten Weltkrieg

Nach der Zeit der „Säuberungen“ durch die Nationalsozialisten folgte nach dem Ende des Zweiten Weltkrieges und dem damit verbundenen Untergang des Dritten Reichs eine Welle der Entnazifizierung, bei der die Siegermächte auch einige hochrangige Repräsentanten des Hitlerregimes hinrichten ließen.
Die Fälle politisch motivierter Tötungen beschränkten sich bis zum 20. Jahrhundert auf eine relativ begrenzte Anzahl. Je weiter man jedoch in der Geschichte in Richtung Gegenwart vorrückt, desto stärker steigt die Zahl der Attentatsversuche. Nach dem Zweiten Weltkrieg stieg die Zahl der Attentate von Jahrzehnt zu Jahrzehnt stetig an und befindet sich heute auf einem historischen Höchststand.
Nach 1945 waren es weltweit zunächst nationale Befreiungsbewegungen, die durch gezielte Tötungen einen Machtumschwung herbeiführten wollten. Zu erwähnen sind in diesem Zusammenhang die separatistischen Bewegungen Mittel- und Südamerikas, die Palästinensische Befreiungsorganisation (PLO), die Irisch-Republikanische Armee (IRA) und die Organisation „Baskenland und Freiheit“ (Euskadi Ta Askatasuna), besser bekannt unter dem baskischen Akronym ETA, die teilweise bis heute noch für Blutvergießen sorgen.
Postkolonialer Terror regierte in Indien, Pakistan und Sri Lanka. In Indien wurde unter anderem Mahatma Gandhi, in Pakistan Ali Bhutto und auf Sri Lanka Solomon Bandaranaike getötet. Auch in Südostasien wurden in den ersten Jahren nach dem Zweiten Weltkrieg mehrere Attentate auf führende Politiker verübt.
Im amerikanischen Bundesstaat Texas fand am 22.11.1963 in Dallas das wohl bekannteste Attentat der Neuzeit statt. Die Schüsse, die Präsident John F. Kennedy töteten, sind noch heute nicht nur im kollektiven Bewusstsein der Amerikaner fest verankert. Im Jahre 1968 wurde sein Bruder, Präsidentschaftskandidat Robert F. Kennedy, Opfer eines Attentats, ebenso wie Martin Luther King jr., der im selben Jahr erschossen wurde.
Während Militärjuntas und rechtsgerichtete „Todeskommandos“ und neofaschistische Splittergruppen, wie etwa die italienische „Bewaffnete Revolutionäre Zelle“ oder die „Geheime Armeeorganisation“ (OAS) in Frankreich, politische Gegner eliminierten und Bombenanschläge auf zivile Ziele verübten, breitete sich in den sechziger Jahren eine neue Variante der anarchistischen Theorie aus, die neue Ausdrucksformen terroristischer Entschlossenheit hervorbrachte[154]. Ihre Wurzeln reichen von den Werken der russischen Anarchisten Bakunin und Netschajew über die französischen Résistance bis hin zu Carlos Marighellas „Handbuch der Stadtguerilla“ und der philosophischen Unterstützung von Intellektuellen wie Jean-Paul Sartre[155], aber auch Teilen der „Frankfurter Schule“[156].

[154] Dazu *Ford*, a.a.O., S. 433ff.

[155] Vgl. *Sartre*, Politische Schriften, Gesammelte Werke in Einzelausgaben, Bd. 6, 1995.

Die Anhänger, die überwiegend aus dem universitären Milieu stammten, konnten auf diesen gedanklichen Vorarbeiten aufbauen und sich zudem an den Taten Ernesto „Che" Guevaras orientieren, der seine Idee des „Neuen Menschen" zum leitenden Prinzip seines aktiven Widerstandes erhoben hatte[157].
In der Bundesrepublik wurde die Baader-Meinhof-Bande, später Rote Armee Fraktion (RAF), die Roten Zellen (RZ) und weitere Splittergruppen, in Italien die Roten Brigaden und in Japan die Rote Armee gegründet. Der extreme Rand dieser neuen Linken hatte die Organisation, Taktik und die Kommunikation mit den Medien und der Öffentlichkeit perfektioniert. Erstmals waren auch Frauen in den terroristischen Gruppen stark präsent. Die weltweite Verbindung bestand in der linken Terminologie, die mithin *„zur lingua franca des international organisierten Terrorismus"* wurde.[158]
In Deutschland brach 1977 die schlimmste Welle terroristischer Gewalt aus. Am 7. April wurde der Generalbundesanwalt Siegfried Buback, sein Fahrer und ein Leibwächter von dem RAF-Kommando „Ulrike Meinhof" erschossen. Am 30. Juli wurde Jürgen Ponto, der Vorstandsvorsitzende der Deutschen Bank erschossen. Hans-Martin Schleyer, Präsident der Deutschen Arbeitgeberverbände und des Bundesverbandes der Deutschen Industrie, wurde am 5. September entführt und am 19. Oktober tot aufgefunden, nachdem zuvor sein Chauffeur und drei Begleitpolizisten vom RAF-Kommando Siegfried Hausner erschossen wurden[159].
In Italien wurde am 16. März 1978 Aldo Moro, fünfmaliger Ministerpräsident und die angesehenste politische Persönlichkeit seines Landes, in Rom entführt und fünf seiner Begleiter ermordet. Wie bei der Schleyer-Entführung versuchten die Entführer, inhaftierte Kampfgenossen freizupressen, was aber – wie in Deutschland – an der Entschlossenheit der Regierung, nicht mit Terroristen zu verhandeln, scheiterte. Am 9. Mai wurde Moros Leichnam aufgefunden[160].
Im März 1981 wird der US-amerikanische Präsident Ronald Reagan angeschossen und verletzt. Zwei Monate später wird der hessische Wirtschaftminister Heinz-Herbert Karry von einem Kommando der Revolutionären Zellen getötet.
Nach wie vor Gegenstand von Spekulationen ist das Attentat auf Papst Johannes Paul II., das am 13. Mai 1981 auf dem Platz vor dem Petersdom von Ali Agca, einem 23jährigen Türken, verübt wurde[161].
Der afrikanische Kontinent wurde ebenfalls zum Schauplatz von Anschlägen. In den sechziger Jahren wurden bereits vereinzelt politisch motivierte Tötungen

---

[156] *Wiggershaus*, Die Frankfurter Schule. Geschichte - Theoretische Entwicklung - Politische Bedeutung, 2001.

[157] Dazu eingehend *Löwy*, La pensée de Che Guevara, 1970.

[158] *Ford*, S. 436.

[159] Vgl. dazu *Aust*, Der Baader Meinhof Komplex, S. 483 ff.

[160] *Ford*, a.a.O., S.

[161] *Doubek*, a.a.O., S. 175ff; *Ford*, a.a.O., S. 442.

verübt, so etwa in Tunesien, Burundi, Togo, Tansania, Südafrika und im Kongo. Im Oktober 1981 wurde der Präsident Ägyptens, Anwar as-Sadat getötet[162].
Im Nahen Osten sorgte vor allem die Auseinandersetzung zwischen Israel und den Palästinensern aber auch zwischen Israel und seinen Nachbarstaaten dafür, dass diese Region in den vergangenen Jahrzehnten zur einer der Hochburgen terroristischer Gewaltakte wurde und diesen Status auch heute noch innehat.
In der Bundesrepublik kam es im Zuge der Auseinandersetzungen um den Bau der Startbahn West am Frankfurter Flughafen zu schweren Auseinandersetzungen, in deren Verlauf auch Polizisten getötet wurden[163]. 1986 kamen bei einem Anschlag, dessen Drahtzieher die lybische Regierung war, auf die von amerikanischen Soldaten stark frequentierte Berliner Diskothek „La Belle" mehrere Menschen ums Leben. Im selben Jahr wurde der schwedische Ministerpräsident Olof Palme erschossen. Im November 1989 fiel der Vorstandssprecher der Deutschen Bank, Alfred Herrhausen, einem Anschlag zum Opfer[164]. Aus den neunziger Jahren bleiben vor allem die Attentate auf Oskar Lafontaine (April 1990) und Wolfgang Schäuble (Oktober 1990) und die tödlichen Schüsse auf Detlev Carsten Rohwedder (1991) und den israelischen Ministerpräsidenten Rabin (1995) in Erinnerung.
Am Anfang des neuen Jahrtausends schockierten die Anschläge vom 11. September 2001 die Welt. Auch die Städte Madrid (2003) und London (2005) wurden zum Ziel verheerender Anschlagsserien.
Tödliche Attentate im „klassischen" Sinn auf Politiker gab es zuletzt gegen den niederländischen Rechtspopulisten Pim Fortuyn (2002), den serbischen Ministerpräsidenten Zoran Dindić (2003) und die schwedische Außenministerin Anna Lindt (2003). Auch der niederländische Theaterregisseur und Kritiker Theo van Gogh (2004), die russische Journalistin Anna Politkowskaja (2006) und der ehemalige Offizier des russischen Geheimdienstes FSB, Alexander Litwinenko (2006) fielen Anschlägen zum Opfer.

In der Bundesrepublik wird bei der Behandlung der politischen Delinquenten nach dem Zweiten Weltkrieg eine Unterteilung in verschiedene Phasen deutlich. Kam in den Arbeiten der Großen Strafrechtskommission noch der Radbruchsche Überzeugungstäter zum Vorschein, so wurde jetzt eine grundsätzliche Privilegierung abgelehnt. Nur der individuelle Gewissenskampf sollte eine besondere Berücksichtigung rechtfertigen, nicht jedoch die „bloße" politische Überzeugung[165]. Das Hinwegsetzen des Täters über die Wertordnung der Rechtsgemeinschaft aufgrund seiner Überzeugung sollte danach nicht im System des objekti-

---

[162] *Doubek*, a.a.O., S. 301ff.

[163] Vgl. dazu BGH NStZ 93, 341ff.

[164] Ausführlich zur RAF: *Aust*, a.a.O..

[165] Die Unterscheidung zwischen dem Gewissens- und dem Überzeugungstäter geht auf *Welzel* zurück, vgl. Niederschrift der Großen Strafrechtskommission, Band 3, S. 61 ff.

ven Unrechts bezüglich der Verletzungen von individuellen Rechtsgütern berücksichtigt werden[166]. Der Privilegierungsgedanke im Sinne der besonderen Strafart wurde als unvereinbar mit dem „*Durchrationalisierungsgedanken der Mehrheitsdemokratie*“ angesehen und verworfen[167]. Das Abstellen auf die Sozialethik und die Hervorhebung der Generalprävention führten dazu, dass dem politischen Delinquenten – nicht zuletzt vor dem Hintergrund der „*wehrhaften Demokratie*“ – dieselbe Schuld wie dem „gemeinen Verbrecher“ zuteil wurde[168]. Des Weiteren stellte man auf die Rückfallsanfälligkeit der Überzeugungstäter[169] ab und wies auf das besondere Schutzbedürfnis des freiheitlichen Rechtsstaates hin[170].

Auch nach dem Entwurf 1962 schied jede Privilegierung des politisch motivierten Täters aus. Obwohl nach dem IV. Sonderausschuss von 1964 die §§ 43, 48 a in den Entwurf von 1962 integriert wurden und damit eine Einschließung für politisch motivierte Taten vorgesehen war, galt der politische Mord weitgehend als „*privilegierungsunfähig*“[171].
Während Baldus sich für die Einschließung des Überzeugungstäters in gewissen Fällen einsetzte, schloss sich die Große Strafrechtskommission den Ansichten von *Jescheck*[172] und *Welzel*[173] an, die eine Privilegierung des bloßen Überzeugungstäters ablehnten. Die 1964 von der Großen Strafrechtskommission verabschiedete Formulierung für die Straffolgen politisch motivierter Taten lautete:

„*§ 48 a Einschließung*

(I) Droht das Gesetz zeitiges Zuchthaus, Gefängnis oder Strafhaft an, so tritt an deren Stelle Einschließung von gleicher Dauer, wenn für den Täter der Beweggrund ausschlaggebend war, dass er sich aus sittlicher, religiöser oder politischer Überzeugung für verpflichtet hielt, die Tat zu begehen.

(II) Absatz I ist nicht anzuwenden, wenn

1) die Tat nach den Vorschriften über Mord oder Völkermord strafbar ist,

---

[166] Vgl. *Baumann*, Strafrecht BT, 1968, S. 353.

[167] *Papacharalambous*, a.a.O., S. 82.

[168] Vgl. Niederschrift der Großen Strafrechtskommission, Band 3, 1958, S. 61. Dazu auch *Papacharalambous*, a.a.O., S. 91. Zum Ganzen ausführlich unten Seite 234 ff.

[169] Vgl. Niederschrift der Großen Strafrechtskommission, Band 3, 1958, S. 62.

[170] Zum Ganzen vgl. *Papacharalambous*, a.a.O., S. 91.

[171] Dazu *Heinitz*, Der Überzeugungstäter im Strafrecht, S. 618 und *Papacharalambous*, a.a.O., S. 91.

[172] Niederschrift der Großen Strafrechtskommission, Band 1, S. 94.

[173] Niederschrift der Großen Strafrechtskommission, Band 3, S. 61 ff.

2) nach den Umständen, die zur Tat gehören oder ihr vorausgehen, oder dem Verhalten des Täters nach der Tat das Unrecht und die Schuld so schwer wiegen, dass die angedrohte Strafe angemessen ist, oder

3) der Täter durch die Tat Bestrebungen gegen den Bestand der Bundesrepublik Deutschland oder gegen Verfassungsgrundsätze im Sinne des § 380 verfolgt oder sich in ihren Dienst gestellt hat

und

nicht die Gesamtwürdigung der Persönlichkeit des Täters und der besonderen Umstände der Tat ergibt, dass die Einschließung als Strafe angemessen ist."[174]

Die Einschließung wurde somit lediglich zum Privilegierungsinstitut für Unangepasste und nicht mehr für politische Delinquenten im Sinne von „Staatsverbrechern"[175].

Im Alternativentwurf eines Strafgesetzbuches von 1969 zeichnete sich eine Wende ab, indem Straffreiheit für Täter gefordert wurde, die sich in moralischen Konfliktlagen befinden[176]. In § 58 AE 66 wurde in Abs. 1 ein „*Schuldspruch unter Strafverzicht*" vorgesehen, wenn die Tat „*einer außergewöhnlichen schweren Konfliktslage entsprungen ist*", was jedoch bei vollendeten vorsätzlichen Tötungsdelikten ausgeschlossen bleiben sollte[177].
Das Konstrukt der „*schweren Konfliktslage*" wurde im V. Sonderausschuss jedoch wieder aufgehoben und es zeichnete sich im Sonderausschuss hingegen sehr bald eine Tendenz in Richtung Einheitsstrafe ab[178]. Zunächst wurde die Aufhebung der Zuchthausstrafe beschlossen und in den Strafandrohungen des Besonderen Teils sollte fortan nur noch der Ausdruck „Freiheitsstrafe" verwendet werden[179]. Die Frage nach der Einschließung wurde zurückgestellt und sollte bis zur Reform des politischen Strafrechts verschoben werden[180].

---

174 § 48 a wurde in der 32. Sitzung des Ausschusses am 16.12.1964 verabschiedet, vgl. Protokolle S. 603.

175 Vgl. *Schafheutle*, in: Deutscher Bundestag, 4. Wahlperiode 1961 – 1965, Beratungen des Sonderausschusses (SA) Strafrecht, S. 537 ff.; *Güde*, ebda, S. 600; *Dreher*; ebda, S. 601; vgl. auch *Papacharalambous*, a.a.O., S. 92. Zum Ganzen auch *Heinitz*, a.a.O., S. 617 ff.

176 AE eines StGB, AT, 2. A., 1969, S. 114 f.

177 AE eines StGB, AT, 2. A., 1969, S. 77, 114 und 115; *Papacharalambous*, a.a.O., S. 92; *Beckstein*, a.a.O., S. 65 f.

178 Vgl. 4. Sitzung , 5. Wahlperiode, S. 27 ff. Dazu auch *Beckstein*, a.a.O., S. 66; *Papacharalambous*, a.a.O., S. 93 f.

179 Vgl. Anlage 1 der Besprechung vom 4.5.1966, Ziff. 1-3; *Beckstein*, a.a.O., S. 66.

180 Vgl. *Güde*, a.a.O., S. 500; *Beckstein*, a.a.O., S. 66 f.

In der 109. Sitzung des V. Sonderausschusses wurde schließlich die konsequente Durchführung der Einheitsstrafe1968 einstimmig beschlossen[181].
Die Nichtberücksichtigung des Überzeugungstäters beruhte jedoch entgegen der Darstellung von *Papacharalambous* nicht darauf, dass *„eine noch so eingeschränkte Auswirkung der Vorschrift* [des § 58 AE 66] *zugunsten des Überzeugungstäters unerwünscht*" erschien[182], sondern die Diskussion um die Sonderstellung des Überzeugungstäters blieb vielmehr *„im Gedränge der Zeitnot des Sonderausschusses völlig unverwertet*"[183].
Dies erscheint umso unverständlicher, als man sich zuvor noch darüber einig war, dass eine Sonderstrafe auch bei der Einheitsstrafe grundsätzlich möglich bleiben sollte[184] und *„die Privilegierung des Überzeugungstäters sogar für so wichtig gehalten worden war, dass man die Vorwegbehandlung vor der Strafrechtsreform* [einstimmig] *beschlossen hatte*"[185]. Ohne inhaltliche Erörterung wurde somit lediglich aufgrund des Zeitdrucks die Schaffung einer Sonderstrafe stillschweigend abgelehnt[186].

Die Diskussion um die Überzeugungs- und Gewissenstäter verlagerte sich – nicht zuletzt aufgrund der Reform des politischen Strafrechts durch das 8. Strafrechtsänderungsgesetz – nun auf eine andere strafrechtliche Ebene.
Stand zuvor noch die Strafart im Mittelpunkt der Debatte, so verschob sich die Privilegierungsfrage allmählich auf die Rechtswidrigkeits- und Schuldebene.

Zudem wurde zunehmend eine Verlagerung von den politischen Überzeugungstätern hin zu neuen Formen des Protests vollzogen. Dazu zählt die Frage der Wehr- und Ersatzdienstverweigerung genauso wie die religiös motivierte Zustimmungsverweigerung von Eltern zu lebensrettenden Operationen ihrer Kinder oder bezüglich deren Teilnahme am Sexualkunde- oder Schwimmunterricht[187]. In jüngster Zeit konzentrierte sich die Diskussion auf das Kopftuchverbot bei Lehrerinnen[188] und das religiös motivierte Schächten[189].

---

181 Vgl. V. Sonderausschuss, 109. Sitzung vom 25.9.1968, S. 2133 ff.

182 *Papacharalambous*, a.a.O., S. 93.

183 *Beckstein*, a.a.O., S. 68.

184 Vgl. *Güde*, V. Sonderausschuss, 67. Sitzung, S. 1300.

185 *Beckstein*, a.a.O., S. 68. Vgl. IV. Sonderausschuss, 32. Sitzung, S. 606.

186 Vgl. dazu Beckstein, a.a.O., S. 69, der ergänzend dazu ausführt: „Wie in manch anderem Punkt beschritt der Gesetzgeber den einfachsten Weg; ungeklärte Fragenkreise wurden dadurch „gelöst", dass sie bei der gesetzlichen Regelung nicht angerührt wurden."

187 Vgl. zu den einzelnen Themen auch BVerfGE 19, 135; 23, 127; 23, 191; 28, 243; 32, 40.

188 BVerfG NJW 2003, 3111.

189 BVerfGE 104, 337.

Bei diesen Fällen treten häufig (Straf)Normen in Konkurrenz mit der in Art. 4 GG gewährleisteten Glaubens- Gewissens- und Bekenntnisfreiheit. Dabei stellt sich die Frage nach der Abgrenzung zwischen dem Recht zur individuellen Entfaltung einerseits und der Einschränkung durch die Bindung an die Gemeinschaft andererseits.

Abgesehen von der Fernzielproblematik bei der Nötigung und den Fällen des Zivilen Ungehorsams, die vor allem in den Zeiten der Friedensbewegung intensiv erörtert wurden, findet die Figur des politischen Überzeugungstäters jedoch heute kaum noch Erwähnung.
Gerade im Bereich von politisch motivierten Tötungen erscheint eine Beschäftigung mit diesem Tätertyp jedoch geboten, da diese Taten seit jeher zu dem originären Anwendungsbereich der Überzeugungsdelinquenz zählen[190].

7. Zusammenfassung

Politisch motivierte Tötungen gehören seit jeher zur Geschichte. Dabei lässt sich zusammenfassend feststellen, dass eine große Häufigkeit von Attentaten im Allgemeinen nicht mit extremer Unterdrückung und sozialer Ungerechtigkeit einherging, sondern diese Zahl vielmehr dann stark zunahm, wenn autokratische Herrschaftsformen ihren Höhepunkt überschritten hatten. Insbesondere dann, *„wenn die Zeiten durch hastige Konzessionen und partielle Reformen von oben gekennzeichnet waren, wenn die Erregung in der Bevölkerung wuchs, hohe Erwartungen bestanden und ungeduldige Forderungen nach noch schnelleren Veränderungen laut wurden“*[191].

Bei der näheren Betrachtung historischer Attentate stellt sich abschließend die Frage, wie oft die politisch motivierte Tötung überhaupt „einen Sinn ergab“, mithin dadurch nicht nur kurz-, sondern auch langfristig Probleme gelöst wurden. Attentate, die Zwecke verfolgten, die wegen repressiver Praktiken und starrer Institutionen sonst nicht erreichbar waren, deren Verwirklichung viel mehr Opfer gekostet hätte als ein einzelnes Menschenleben, und die schließlich auch das gewünschte Ergebnis erzielten, gab es in der Geschichte kaum[192]. Bis auf ganz wenige historische Ausnahmen, bei denen das gewünschte Ziel durch

---

[190] Dazu ausführlich unten Seite 231 ff.

[191] *Ford*, a.a.O., S. 537.

[192] Ford, a.a.O., S. 531, resümiert: „Vergleicht man die offenkundigen Motive mit den tatsächlichen Ergebnissen, enthält die Geschichte der zahllosen Attentate so gut wie keinen Fall, bei dem die Ergebnisse mit den Zielen des Täters übereinstimmten, vorausgesetzt, dass diese Ziele überhaupt über das nichtswürdige Auslöschen eines Lebens hinausgingen.“

das Attentat erreicht wurde[193], war sogar häufig eine Verschlechterung der Positionen und Ziele, die den Attentäter zu der Tat drängten, zu beobachten[194].
Die strafrechtliche Bewertung der politisch motivierten Tötungen war dabei stets abhängig vom historischen Kontext. Bestimmte Epochen neigten eher zu einer entlastenden Berücksichtigung des politischen Motivs, andere werteten es hingegen als strafschärfend.

Die Privilegierung politischer Motivation beruhte in den meisten Fällen jedoch nicht auf der Anerkennung der „Artikulation" einer abweichenden politischen Willensäußerung im Sinne eines wertrelativistischen Zugeständnisses, sondern vielmehr auf dem Kalkül der Herrschenden, von bestimmten Taten politisch zu profitieren.
Die Nachsichtigkeit der Weimarer Justiz gegenüber den politisch motivierten Attentaten von „rechts" ist ein Beispiel dafür, wie die von den Tätern beabsichtigte Schwächung der Republik durch die Judikative nicht nur weitestgehend legitimiert, sondern auch noch bewusst verstärkt wurde.
Diese „Privilegierung", die zutreffender wohl als Kollaboration der Justiz mit den reaktionären „rechten" Kräften zur Schwächung der Republik bezeichnet werden muss, ist das abschreckendste Exempel für eine zielorientierte Sichtweise bei der strafrechtlichen „Ahndung" politisch motivierter Tötungen.

In der Bundesrepublik zeichnet sich hingegen eine Tendenz ab, das politische Motiv im Rahmen von Tötungshandlungen als niedrigen Beweggrund zu werten[195]. Die in Epochen auftretenden Schwankungen, die das politische Motiv mal als strafschärfend, mal als strafmildernd berücksichtigen, finden sich somit auch in der jüngsten deutschen Geschichte wieder.

Im Unterschied etwa zu den ethisch-moralischen Fragen im Zusammenhang mit Attentaten, welche vor allem die Philosophen in der Antike beschäftigten – oder der Diskussion um die privilegierende Berücksichtigung von politischen Überzeugungstätern, die lange Zeit die europäische Jurisprudenz beschäftigte – zeichnet sich heute eine zunehmende Eingrenzung und Simplifizierung der komplexen Materie ab.

---

[193] *Ford*, a.a.O., S. 538, zählt dazu den Attentatsversuch auf Kaiser Napoleon III, der direkt zum Kurswechsel des zweiten Bonaparte in Bezug auf Italien führte und die Tötung des ägyptischen Präsidenten Anwar as-Sadat durch moslemische Extremisten 1981, deren Folge eine – von den Terroristen gewünschte –Abkehr von der Entspannungspolitik war. Ähnliches ist noch heute bei der Reaktion Israels auf Anschlägen militanter palästinensischer Terrororganisationen zu beobachten.

[194] *Ford*, a.a.O., S. 537.

[195] Dazu ausführlich unten Seite 191 ff.

Eine inhaltliche Auseinandersetzung mit den Begriffen „politisch“, „Überzeugung“ und „Gewissen“ – oder gar der früheren Privilegierungstradition – findet bei der schematischen Subsumtion der „politischen“ Motivation unter die Motivgeneralklausel nicht mehr statt.
Die rechtsphilosophische Frage nach der privilegierenden Berücksichtigung politischer Motivation wird durch den Gesetzgeber und die Rechtsprechung (nicht nur im Rahmen von Tötungsdelikten) schlichtweg ausgeblendet und gerät vor dem Hintergrund einer formal-juristischen Betrachtungsweise zunehmend in Vergessenheit.

III. Der politische Beweggrund

1. Einleitung

Einen der theoretischen Ausgangspunkte der gesamten Untersuchung und somit zugleich das wissenschaftliche Fundament bildet die Definition des politischen Beweggrundes. Diese elementare Frage wird jedoch in den bisherigen Beiträgen zu diesem Thema nahezu gänzlich übergangen[196].

Die Gründe für dieses kollektive Auslassen der systematischen Grundlagen sind wohl der Platzbeschränkung geschuldet; eine angemessene Begriffserörterung würde den Rahmen eines juristischen Aufsatzes sprengen[197]. Der Leser findet den vielseitigen Begriff der Politik daher meist vorausgesetzt und unkommentiert in den entsprechenden juristischen Aufsätzen.

Der Begriff der Politik beziehungsweise des Politischen ist Gegenstand wissenschaftlicher Kontroversen[198]. Es existiert eine Vielzahl von Definitionsansätzen aus verschiedenen akademischen Disziplinen[199].

Es gibt nicht wenige Stimmen, die eine Definition dieses vielschichtigen Begriffs für unmöglich halten[200]. Dennoch ist die Beschäftigung mit den unterschiedlichen Politikbegriffen notwendige Voraussetzung, um überhaupt ein Urteil bezüglich der Definitionstauglichkeit und gegebenenfalls -ausgestaltung fällen zu können.

---

[196] *Stock* SJZ 1947, Sp. 529; *Zinn* SJZ 1948, Sp. 141; *Radbruch* SJZ 1948, Sp. 311 = GRGA Band 9, S. 336, *Jagusch* SJZ 1949, Sp. 324; *Geilen*, Festschrift für Bockelmann, S. 613; *Brocker* JR 1992, 13 und *v. Selle* NJW 2000, S. 992 operieren mit dem Begriff der Politik, ohne ihn zu präzisieren oder gar zu definieren. Lediglich *Zielke* JR 1991, 136 [136] widmet sich diesem Aspekt.

[197] Bei den bisherigen Untersuchungen handelt es sich – abgesehen von dem Aufsatz *Geilens* (a.a.O.), der 34 Seiten umfasst – ausschließlich um kurze und sehr kurze Beiträge, die sich daher zwangsläufig auf die Problematik der rechtlichen Würdigung, insbesondere die Streitdarstellung, konzentrieren.

[198] Ein Überblick über die historische Entwicklung, aber auch neuere Definitionsansätze findet sich bei *Felchlin*, Das politische Delikt, S. 79 ff.

[199] Neben der klassischen Politikwissenschaft ist der Politikbegriff auch Gegenstand von Erörterungen aus den Bereichen Soziologie, Psychologie und anderen Geisteswissenschaften, vgl. *Felchlin*, a.a.O., S. 80 ff. und *Papacharalambous*, Das politische Delikt im legalistischen Rechtsstaat, S. 103 ff; bedeutend für die Jurisprudenz ist der Politikbegriff vor allem im Bereich des Auslieferungsrechts und der inneren Sicherheit.

[200] *Felchlin*, a.a.O., S. 83, 87 m. w. N.; über die Definition des Politikbegriffs sagte *Carl Schmitt*, dies bedeute *„ein unermessliches Problem theoretisch (zu) encadrieren"*, *Carl Schmitt*, Der Begriff des Politischen, 1932, S. 96. *Le Courtois* resümierte zuvor ähnlich: *„la politique embrasse tout, elle peut tout transformer, elle est le contraire d'un critérium"*, *Le Courtois*, Des actes de gouvernement, Thèse Politiers 1899, S. 98.

Dabei besitzen die unterschiedlichen Politikbegriffe eine unterschiedliche Selektivität, sie heben jeweils einen Moment der politischen Wirklichkeit hervor und blenden damit andere Aspekte mehr oder minder aus[201].
Eine Annäherung an den Begriff des Politischen kann daher immer nur einen Teilaspekt beleuchten.

2. Der Begriff „Politisch motivierte Kriminalität"

Die Selektivität des Politikbegriffs wird auch bei der Definition der politisch motivierten Kriminalität seitens der Behörden deutlich. Beschränkte man sich bei den Sicherheitsbehörden lange Zeit auf die traditionelle Definition der Staatsschutzdelikte als Gefährdung der Staatseinrichtungen durch Umsturzversuche, wie etwa in der Polizeilichen Kriminalstatistik Staatsschutz (PKS-S), so wurde diese Anschauung spätestens mit dem Erstarken rechtsextremer und fremdenfeindlicher Gewalt seit der Wiedervereinigung als zu eng empfunden[202]. Vor dem Hintergrund der Notwendigkeit einer einheitlichen Kategorisierung, welche durch die unterschiedliche Erfassung politischer Kriminalität in den einzelnen Bundesländern erforderlich wurde, erfolgte zunächst 1996 eine neue Zählweise (KPMD-S[203]), mit der auch zwischen links- und rechtsextremistischen Straftaten sowie Straftaten ausländischer extremistischer Organisationen unterschieden werden konnte[204]. Diese Daten wurden Grundlage der *„Jahreslageberichte Staatsschutzkriminalität"* des Bundeskriminalamtes[205]. Ende des Jahres 2000 sprachen sich auf der Ebene der Innenbehörden Bund und Länder für eine Neuregelung des bis dato geltenden kriminalpolizeilichen Meldedienstes aus. Auf der Konferenz der Innenminister und –senatoren des Bundes und der Länder (IMK) im Mai 2001 einigten sich beide Seiten auf die Einführung des neuen Kriminalpolizeilichen Meldedienstes „Politisch motivierte Kriminalität" (KPMD-PMK). Basierend auf dem Bericht der *„Kommission Staatsschutz zum Definitionssystem Politisch motivierte Kriminalität"* vom März 2001 wurden die Kriterien zur Erfassung von politisch motivierten Straftaten wesentlich verändert.
Der politisch motivierten Kriminalität werden seither Straftaten zugeordnet, wenn *„in Würdigung der Umstände der Tat und/oder der Einstellung des Täters Anhaltspunkte dafür vorliegen, dass sie*

201 *Rohe*, Handlexikon zur Politikwissenschaft, S. 350.

202 Vgl. dazu ausführlich: Erster Periodischer Sicherheitsbericht der Bundesregierung (PSB), 2001, S. 262 ff.

203 Kriminalpolizeilicher Meldedienst Staatsschutzkriminalität.

204 Vgl. PSB, a.a.O., S. 265.

205 Vgl. PSB, a.a.O., S. 265 f.

1. den demokratischen Willensbildungsprozess beeinflussen sollen, der Erreichung oder Verhinderung politischer Ziele dienen oder sich gegen die Realisierung politischer Entscheidungen richten,
2. sich gegen die freiheitliche demokratische Grundordnung bzw. eines ihrer Wesensmerkmale, den Bestand und die Sicherheit des Bundes oder eines Landes richten, oder
3. eine ungesetzliche Beeinträchtigung der Amtsführung von Mitgliedern der Verfassungsorgane des Bundes oder eines Landes zum Ziel haben
4. durch Anwendung von Gewalt oder darauf gerichtete Vorbereitungshandlungen auswärtige Belange der Bundesrepublik Deutschland gefährden,
5. gegen eine Person gerichtet sind, wegen ihrer politischen Einstellung, Nationalität, Volkszugehörigkeit, Rasse, Herkunft oder aufgrund ihres äußeren Erscheinungsbildes, ihrer Behinderung, ihrer sexuellen Orientierung oder ihres gesellschaftlichen Status und die Tathandlung damit im Kausalzusammenhang steht bzw. sich in diesem Zusammenhang gegen ein Objekt richtet.“[206]

Darüber hinaus werden auch die Tatbestände gemäß §§ 80-83, 84-86 a, 87-91, 91- 100 a, 102-104 a, 105-108 e, 109-109 h, 129 a, 129 b, 234 a und 241 a erfasst, weil sie Staatsschutzdelikte sind, selbst wenn im Einzelfall eine politische Motivation nicht festgestellt werden kann.
Bezüglich der Änderungen des Anwendungsbereichs der Straftatbestände, die seit der Neuerfassung 2001 zur politisch motivierten Gewaltkriminalität gezählt werden, führt das Bundesinnenministerium aus:

„Im Rahmen der Umgestaltung des Meldedienstes erwies sich die bundeseinheitliche Ergänzung der Zuordnung von Straftatbeständen zum Bereich der "Politisch motivierten Gewaltkriminalität" als erforderlich. Dieser Bereich umfasst nunmehr folgende Straftatbestände:

Tötungsdelikte einschließlich Versuche	*§§*	*211 ff*	*StGB*
Körperverletzungen	*§§*	*223 ff*	*StGB*
Brandstiftungen	*§§*	*306 ff*	*StGB*
Herbeiführen einer Sprengstoffexplosion	*§*	*308*	*StGB*
Landfriedensbruch	*§*	*125*	*StGB*
Gefährliche Eingriffe in den Bahn-, Luft-, Schiffs- und Straßenverkehr	*§§*	*315 ff*	*StGB*

[206] Beschluss der IMK vom 10.05.2001.

Freiheitsberaubung	*§§ 234, 239 ff StGB*
Raub	*§§ 249 ff StGB*
Erpressung	*§§ 253, 255 ff StGB*
Widerstandsdelikte	*§§ 113 ff StGB*
Sexualdelikte	*§§ 177, 178 ff StGB*

Die erfassten Sachverhalte werden im Rahmen einer mehrdimensionalen Betrachtung unter verschiedenen Gesichtspunkten bewertet. Hierbei werden insbesondere Feststellungen zur Qualität des Delikts, zur objektiven thematischen Zuordnung der Tat, zum subjektiven Tathintergrund, zur möglichen internationalen Dimension der Tat und zu einer ggf. zu verzeichnenden, extremistischen Ausprägung der Tat getroffen. Diese differenzierte Darstellung ermöglicht eine konkret bedarfsorientierte Auswertung der Daten und bildet damit die Grundlage für den zielgerichteten Einsatz geeigneter repressiver und präventiver Bekämpfungsmaßnahmen.".[207]

Die Neudefinition des Begriffs der politisch motivierten Kriminalität stieß jedoch nicht nur auf Zustimmung[208]. Insbesondere die in Anlehnung an die im angelsächsischen Raum seit längerem gängige Kategorie der „Hate Crimes"[209], die in der Formulierung

[207] Diese Zusammenfassung findet sich auf den Internetseiten des BMI im Bereich der politisch motivierten Kriminalität.

[208] Vgl. etwa den Extremismusbericht des Innenministeriums von Mecklenburg-Vorpommern 2001, S. 1: „Da in der Vergangenheit nur die zweifelsfrei politisch motivierten Propagandadelikte in die Statistik einflossen, der Bereich der Propagandadelikte jedoch den zahlenmäßig größten Anteil am Fallaufkommen der politisch motivierten Kriminalität stellt, ergibt sich hieraus ein für das Jahr 2001 insgesamt vergrößertes Fallaufkommen. Diese Entwicklung ist jedoch ausschließlich auf das neue Meldeverfahren zurückzuführen und lässt keine Rückschlüsse auf die tatsächliche Entwicklung des Fallaufkommens zu." Wie Sellkens und Wilde zutreffend feststellen, stellt damit das Innenministerium von Mecklenburg-Vorpommern de facto „den Kern der Definition von politisch motivierten Delikten im KPMD-PMK komplett in Frage", Sellkens/Wilde, Rechtsextremistische Straftaten – Ein Schattenbericht, S. 10. Kritisch auch der Staatssekretär des Inneren des Landes Brandenburg, Lancelle, der in der brandenburgischen „Bilanz zur Extremismusbekämpfung 2001" anmerkt: „Eine wesentliche Neuerung ist, dass die Propagandadelikte in ihrer Gesamtheit in die Meldepflicht genommen wurde; selbst dann, wenn keine explizite politische Motivation für die Begehung der Tat vorliegt", Bilanz zur Extremismusbekämpfung 2001, Ministerium des Inneren, Land Brandenburg, 05.02.2002, S. 5. Zum Ganzen Sellkens/Wilde, a.a.O., S. 10 f.

[209] Vgl. dazu auch den Bericht der Kommission „Staatsschutz" zum Definitionssystem „Politisch motivierte Kriminalität", Meckenheim, 14.03.2001.

„[...] *gegen eine Person gerichtet sind, wegen ihrer politischen Einstellung, Nationalität, Volkszugehörigkeit, Rasse, Herkunft oder aufgrund ihres äußeren Erscheinungsbildes, ihrer Behinderung, ihrer sexuellen Orientierung oder ihres gesellschaftlichen Status und die Tathandlung damit im Kausalzusammenhang steht bzw. sich in diesem Zusammenhang gegen ein Objekt richtet.*“

zum Ausdruck kommt, wurde als zu weitgehend empfunden[210].
Dies wird nicht zuletzt im Bereich der politisch motivierten Gewaltkriminalität deutlich, wenn die Kommission „Staatsschutz“ ausführt:
Auch „*der Angriff* [...] *Unbekannter auf einen deutschen Obdachlosen stellt eine (zu vermutende) politisch motivierte Tat dar und wird als solche im Rahmen der KPMD-PMK erfasst*“[211].
Die Definition der KPMD-PMK geht damit über das eigene Ziel weit hinaus. Dies beruht auf der empfunden Notwendigkeit, alle nur im Entferntesten durch die Öffentlichkeit als „politisch“ einzustufende Taten zu erfassen[212]. Die notwendige Vereinheitlichung der Erfassung politisch motivierter Kriminalität führte somit geradewegs zu einer Ausweitung des Erfassungsbereichs, die den Begriff des Politischen konturenlos verschwimmen lässt. Darüber hinaus stellt in systematischer Hinsicht die Einbettung der adjektivierten Formen „*politischer*“ beziehungsweise „*politischen*“ in den Politik-Definitionsansatz (vgl. Nr. 1 und Nr. 5 der KMPD-PMK Definition) eine Tautologie dar, da sich beide Begriffe von einem gemeinsamen Wortstamm ableiten.
Es bedarf daher eines anderen Definitionsansatzes, um den Begriff der „politisch motivierten Tötung“ nicht zu weit auszudehnen. Im Folgenden wird deshalb – ausgehend von der klassischen Dreiteilung des Politikbegriffs – versucht, eine Definition zu erarbeiten, die einerseits dem vielseitigen Phänomen der politisch motivierten Tötungen gerecht wird und andererseits den Begriff des Politischen nicht über Gebühr ausdehnt und damit den eigentlichen Bezugspunkt verliert.

---

210 Dazu *Sellkens/Wilde*, a.a.O., S. 7.

211 Kommission „Staatsschutz“, Zusatzinformation zum neuen Kriminalpolizeilichen Meldedienst „Politisch motivierte Kriminalität“.

212 Dieser Druck wurde auch durch die Medien erhöht. Am 14. September 2000 wurde in der Frankfurter Rundschau und dem Tagesspiegel eine Übersicht von 93 Fällen veröffentlicht, bei denen seit 1990 Menschen unterschiedlichster Herkunft und Staatsangehörigkeit aus rechtsextremen, rassistischen oder fremdenfeindlichen Motiven getötet worden waren. Bis dato hatte die rot-grüne Bundesregierung jedoch lediglich 24 Tote als Opfer rechter Gewalt anerkannt, vgl. Dokumentation: Den Opfern einen Namen geben, in: Frankfurter Rundschau vom 14.09.2000; zum Ganzen *Sellkens/Wilde*, a.a.O., S. 13 f.

3. Die klassische Konzeption der Dreiteilung des Politikbegriffs

Trotz der angesprochenen Probleme, den Begriff der Politik prägnant unter der Berücksichtigung aller Aspekte zu definieren, hat sich in der Politikwissenschaft im Laufe der Zeit eine Aufteilung des modernen, säkularen Politikbegriffs – dessen theoretische Grundlage einerseits die Lehre von der Staatsraison von Machiavelli[213] und andererseits die modernen Naturrechtslehren von Locke[214] und Pufendorf[215] darstellt - in drei Dimensionen durchgesetzt.

Dabei orientiert man sich an der Dreigliederung des Politikbegriffs im Englischen:

Dieser teilt sich auf in *polity*, das den Handlungsrahmen, die Form politischen Wirkens beschreibt[216]. Darunter ist der gesellschaftliche Bereich gemeint, der sich auf den Staat, die Regierung, das System bezieht. Dieser Handlungsrahmen, der nicht nur durch die Verfassung eingegrenzt und umschrieben wird, ist als die Form zu verstehen, unter der gesellschaftliche Handlungen Staatsbezug erhalten[217].

Politics ist hingegen der Prozess der Politik, der Kampf um Macht, die Sammlung um Zustimmung und Einwilligung, mithin die Art und Weise, in der polity verwirklicht wird[218].

Den letzten Aspekt umschreibt der Begriff *policy*, der sich auf den Inhalt, die gesellschaftlichen Werte, Ziele und Interessen bezieht[219], die Politik anstrebt und verwirklichen will.

Auf dieser Dreiteilung beruht auch die tradierte Formel des Politikbegriffs, die sich häufig in allgemeinen Nachschlagewerken, aber auch in den Lehrbüchern der Politikwissenschaft findet, und unter Politik *„allgemein die Gesamtheit der Verfahren und Handlungen von Einzelnen, Institutionen und Organisationen, die öffentliche Belange durch Entscheidungen regeln*[220] " versteht.

Eine Aufschlüsselung dieser Definition lässt wiederum ein prozessuales Element (*„Verfahren und Handlungen*" und *„durch Entscheidung*"), ein personales beziehungsweise institutionelles und damit formales Element (*„von Einzelnen,*

---

213 Die Staatslehre Machiavellis zusammengefasst bei *Münkler*, Demaskierung der Macht, 2004.

214 Eine Darstellung dieser Naturrechtslehre findet sich bei: Klassiker des politischen Denkens – Bd. 2, von John Locke bis Max Weber.

215 Dazu *Behme*, Samuel von Pufendorf: Naturrecht und Staat, 1995.

216 *Rohe*, Politik, Begriffe und Wirklichkeiten, 1994, S. 61ff.; *ders.*, in: Handlexikon zur Politikwissenschaft, S. 350 f.; weitere Definitionsansätzen bei *Felchlin*, a.a.O., S. 79 ff; *Grewe*, Zum Begriff der politischen Partei, in: Recht und Gerechtigkeit, Festgabe für Erich Kaufmann, 1950, S. 70ff.

217 *Rohe*, Politik, Begriffe und Wirklichkeiten, S. 64.

218 *Rohe*, a.a.O., S. 62.

219 *Rohe*, a.a.O., S. 61.

220 Brockhaus Enzyklopädie in 24 Bänden, 2004, Band 17.

Institutionen und Organisationen") und ein inhaltliches Element (*„öffentliche Belange")* erkennen.
Zusammenfassend lässt sich somit festhalten, dass der Begriff der Politik in seiner klassischen Definition aus drei Elementen besteht, die jeweils verschiedene Ebenen von Politik beschreiben.
Auch wenn bezüglich dieser Dreiteilung überwiegend Einigkeit besteht, so gehen die Meinungen im Hinblick auf die einzelnen Ausformungen und Aspekte jedoch auseinander[221].

4. Der subjektivierte Begriff des Politischen

Entscheidend für die vorliegende Untersuchung kann jedoch nur ein moderner Politikbegriff sein, der einerseits auf die Bedürfnisse des Strafrechts zugeschnitten ist, sich andererseits aber auch nicht einer psychologisierenden und subjektivierenden Betrachtungsweise verschließt[222].
Fraglich ist daher, ob sich die abstrakte Aufteilung der klassischen Politikdefinition auf die Ebene von Beweggründen – und damit die Causa menschlichen Verhaltens – übertragen lässt.
Schwierigkeiten bereitet dabei insbesondere das prozessuale Politikelement, das die Mechanismen politischen Handelns beschreibt. Diese abstrakt-formale Ebene ist für die Erörterung von politischen Beweggründen unbrauchbar. Es ist vielmehr eine psychologische Sichtweise notwendig, die auf dem bekannten Politikbegriff aufbaut und ihn auf die Dimension menschlichen Denkens und Handelns transformiert.
Einen derartigen Ansatz eröffnet *Druwe*, der ebenfalls von einer Begriffstrias ausgeht[223].
Politik ist danach erstens auf bestimmte *Ziele* ausgerichtet und dient somit der Verwirklichung von *Werten* und *Zwecken.*
Begriffe wie Frieden, Freiheit, Gleichheit und Gerechtigkeit fallen unter diesen Aspekt[224]. Diese Ebene basiert auf der inhaltlichen Komponente der policy.
Diese Vorstellungen und Überzeugungen stehen zweitens in einem Bezug zum *Staat*. Politik richtet sich auf den Staat, dient dem Staat und kommt vom Staat.

---

221 Zu diesen bestimmten Ausschnitten und Aspekten auch *Sternberger*, Die drei Wurzeln der Politik, Schriften II1, 1978, S. 19ff.

222 Die Erörterung des Begriffs des „politischen Delikts" spielt dabei zunächst nur am Rande eine Rolle. Die Problematik des „politischen Delikts", die sich vor allem im Bereich des Auslieferungsrechts im Rahmen der §§ 3 ff. IRG und bei den Staatsschutzdelikten des Strafrechts stellt, wird später im Abschnitt über das Neutralitätsgebot des Staates von Interesse sein.

223 *Druwe*, in: Handbuch Politikwissenschaft, Görlitz/Prätorius (Hrsg.), 1987, S. 395; auch wiedergegeben bei *Zielke*, a.a.O., S. 136.

224 *Druwe*, a.a.O., S. 395.

Begriffe wie Macht, Herrschaft und Klassenkampf gehören zu diesem Bereich[225]. Dieser Staatsbezug leitet sich vom Begriff der polity ab, die Politik als abgegrenzten Bereich gesellschaftlichen Verhaltens auffasst, das in Verbindung zum Staat und seiner Organe und Institutionen steht.
Die dritte Ebene verdeutlicht, dass Politik eine *soziale* und *gesellschaftliche* Komponente besitzt.
In diesem Zusammenhang geht es um Konsensfindung, Regelformulierungen und Entscheidungen, aber auch um den persönlichen Einsatz für die Gemeinschaft[226].
Durch diesen Gesellschafts- und Sozialbezug ist die Abgrenzung zu egoistischem Handeln möglich, das ausschließlich der Verwirklichung und Durchsetzung eigener Interessen dient[227].
Die prozessuale Komponente, die organisatorisch den Ablauf, die Art und Weise politischen Handelns beschreibt, wurde somit in Ermangelung der Übertragbarkeit auf individuelles politisches Bewusstsein durch ein weiteres Abgrenzungskriterium ergänzt, welches den Gesellschafts- und Sozialbezug herstellt, und damit rein egoistische Verhaltensweisen von vorne herein nicht unter den Begriff des Politischen subsumiert.
Notwendig ist daher zumindest auch eine altruistische Motivation der Handelnden.

Basierend auf der traditionellen Dreiteilung des Politikbegriffs ist damit eine Definition des Politischen gewonnen, die eine Anwendung auf subjektiver Ebene erlaubt und ausreichend Abgrenzungskriterien bildet, die letztendlich auch einer Fallgruppenabgrenzung dienen kann[228].
Politisch im Sinne der subjektivierten Betrachtungsweise ist demnach ein Beweggrund dann, wenn er auf soziales oder gesellschaftliches Handeln gerichtet ist, das bestimmte Wertvorstellungen, Ziele oder Zwecke realisieren soll und dabei Staatsbezug besitzt[229].

5. Die Übertragbarkeit des subjektivierten Politikbegriffs auf das Strafrecht

Über die Eignung hinaus, Beweggründe als politisch einzustufen, müsste ein derartig modifizierter Politikbegriff auch auf das Strafrecht übertragbar sein. Ein

225 *Druwe*, a.a.O., S. 395.
226 *Druwe*, a.a.O., S. 395.
227 *Druwe*, a.a.O., S. 395.
228 Vgl. dazu Seite 197 ff.
229 *Druwe*, a.a.O., S. 395; *Zielke*, a.a.O., S. 136.

Verstoß gegen geschriebenes Recht oder straf- beziehungsweise verfassungsrechtliche Werteentscheidungen hätte die Unanwendbarkeit zur Folge.
Auch wenn es sich letzten Endes um eine normative Auslegungsfrage handelt, ob ein bestimmtes Motiv – sei es nun politisch oder nicht – als niedriger Beweggrund einzustufen ist, so darf die Anwendung eines Politikbegriffs jedoch keine fundamentalen verfassungs- und strafrechtliche Belange außer acht lassen. Die Wahrung der Einheitlichkeit und Widerspruchslosigkeit des Rechts, insbesondere in einem derart sensiblen Bereich wie dem des Strafrechts, muss daher bei der Definitionsbestimmung berücksichtigt werden. Der subjektivierte Politikbegriff muss sich auch an den politischen Wertungen im Verfassungs- und Strafrecht orientieren.

a) Der Begriff des Politischen im Verfassungsrecht

Das Grundgesetz verwendet das Wort „politisch" mehrfach, in verschiedenen Zusammenhängen[230]. Eine Erläuterung oder gar Definition des Politikbegriffs sucht man jedoch in der Verfassung vergebens.
Der Begriff des „Politischen" ist daher Gegenstand regulärer juristischer Interpretation. Dabei ist der positiv-rechtliche Normgehalt im konkreten Kontext entscheidend, da ein mehrfach verwendetes Wort im Grundgesetz verschiedene Bedeutungen annehmen kann[231].

Im Rahmen der Parteinahme im Streit um Macht und Gemeinwohl (Art. 3 Abs. 3, Art. 21 Abs. 1, Art. 116 Abs. 2 GG) entspricht das Wort „politisch" den Kategorien *Max Webers*, der den Machtaspekt der Politik hervorhob, indem er Politik als das *„Streben nach Machtanteil oder nach Beeinflussung der Machtverteilung, sei es zwischen Staaten, sei es innerhalb eines Staates zwischen den Menschengruppen, die er umschließt"*, bezeichnete[232]. Eine brauchbare Definition des Politischen kann jedoch aus diesem Teilausschnitt des Politischen nicht gewonnen werden.
Im Bereich des Asylrechts (Art. 16 Abs. 2 S. 2 GG) kennzeichnet das Merkmal des Politischen das Subjekt sowie den Grund und die Richtung der Verfolgung[233]. Eine Verfolgung wird dabei dann politisch, *„wenn sie dem Einzelnen in Anknüpfung an asylerhebliche Merkmale gezielt Rechtsverletzungen zufügt, die*

[230] Das Wort „politisch" kommt in Art. 3 Abs. 3, Art. 16 Abs. 2 S. 2, Art. 21 Abs. 1 S1, Art. 59 Abs. 2 S. 1 und Art. 116 Abs. 2 S. 1 GG, der Begriff „Politik" in Art. 65 S. 1 GG vor.
[231] Isensee/Kirchhof-*Isensee*, HdStR, § 162, Rn. 21, der auf die Homonyme „Volk", „Gesetz" und „verfassungsmäßige Ordnung" verweist.
[232] *Max Weber*, Politik als Beruf, in: ders., Gesammelte Schriften, 1921, S. 396 (397). Dazu auch Isensee/Kirchhof-*Isensee*, HdStR, § 162, Rn. 22, 9.
[233] Isensee/Kirchhof-*Isensee*, HdStR, § 162, Rn. 25.

ihn ihrer Intensität nach aus der übergreifenden Friedensordnung der staatlichen Einheit ausgrenzen“[234].

Der asylrechtliche Politikbegriff konvergiert dabei mit *Carl Schmitts* Verständnis des Politischen, der den Begriff des Politischen nicht vom Staat her definierte, sondern vielmehr eine tiefere Schicht suchte, die dem Staat vorausging. Danach ist „*die spezifisch politische Unterscheidung, auf welche sich die politischen Handlungen und Motive zurückführen lassen, die Unterscheidung von Freund und Feind*“[235]. Diese Dimension des Politischen ist jedoch im Hinblick auf die Suche nach einer allgemeinen verfassungsrechtlichen Definition wenig hilfreich, da lediglich ein abstrakter Teilaspekt des komplexen Begriffs herausgegriffen wird, der sich nicht verallgemeinern lässt.

Was die Selbstbehauptung des Staates im internationalen Umfeld (Art. 59 Abs. 2 S. 1 GG) und die Führung des Staates anbelangt (Art. 65 S. 1 GG), so lässt sich auch hier die Politik nicht auf einen einzelnen Staatszweck reduzieren, auch nicht auf ein Mittel zu seiner Verwirklichung[236]. Der Begriff der Politik ist abermals weit, offen und nicht präzise einzugrenzen[237].

Zusammenfassend lässt sich sagen, dass die Bedeutung des Politischen im Grundgesetz jeweils vom rechtlichen Kontext abhängig ist und sich daher aus der Verfassung selbst kein spezifischer Politikbegriff entnehmen lässt. Es finden sich in der verfassungsrechtlichen Auslegung verschiedene Gesichtspunkte und Elemente von Politik, die dazu führen, dass das „*sinnvariable Wort „politisch“ [...] heterogene Bedeutungen anzunehmen*“[238] vermag. Dies bedeutet für die vorliegende Untersuchung, dass zunächst keine verfassungsrechtlichen Bedenken gegen den subjektivierten Politikbegriff bestehen.

Die drei Elemente dieses Politikverständnisses finden sich vielmehr auch in der verfassungsrechtlichen Literatur wieder[239]. Dabei finden der Staatsbezug („*ist das Politische im Staatsleben zu Hause...*“), die normativ-inhaltliche Komponente („*eines bestimmten vorgefaßten Zieles, Zweckes, Programmes oder einer Wertung.*“) und deren Wirkungsrichtung, das Gemeinwesen („*auf die Polis, auf*

[234] BVerfGE 80, 315, [334f].

[235] *Carl Schmitt,* Der Begriff des Politischen, 1932, S. 20 ff. Dazu Isensee/Kirchhof-*Isensee,* HdStR, § 162, Rn. 26, 11.

[236] Isensee/Kirchhof-*Isensee*, HdStR, § 162, Rn. 28.

[237] Vgl. *Böckenförde*, Die Organisationsgewalt im Bereich der Regierung, 1964, S. 206; *Junker*, Die Richtlinienkompetenz des Bundeskanzlers, 1965, S. 2, 46, 54; *Badura*, Staatsrecht, 1986, S. 343; AK-*Schneider*, GG, Art. 65, Rn. 3.

[238] Isensee/Kirchhof-*Isensee*, HdStR, § 162, Rn. 1.

[239] *Stern*, Staatsrecht, § 1 V 2, S. 18 f.

das Gemeinwesen, die öffentlichen Angelegenheiten, die Allgemeinheit bezogen")[240], explizit Erwähnung.

b) Der Begriff des Politischen im Strafrecht

Der Begriff der Politik kommt im Strafgesetzbuch selbst nicht vor.
In adjektivierter Form (politische/politischen) gibt es ihn jedoch mehrfach[241]. Diese grammatikalische Form existiert des Weiteren in den Richtlinien über die Straf- und Bußgeldvorschriften (RiStBV)[242], der Strafvollstreckungsordnung (StVollStrO)[243] sowie in diversen weiteren Gesetzen[244].
Eine Legaldefinition hingegen fehlt, und auch die Kommentare zum Strafgesetzbuch entbehren überwiegend einer Begriffsbestimmung des Politischen.
Lenckner versucht in seiner Kommentierung zu § 188 (üble Nachrede und Verleumdung gegen Personen des politischen Lebens) eine Abgrenzung der Opfergruppe „*Politiker*" von Personen des „*öffentlichen Lebens*" herauszuarbeiten[245]. Danach sei eine bloße Wahrnehmung öffentlicher Aufgaben nicht ausreichend, um in den Schutzbereich des § 188 zu gelangen. Vielmehr sei notwendig, dass sich die Personen „*für eine gewisse Dauer mit den grundsätzlichen, den Staat, seine Verfassung, Gesetzgebung, Verwaltung, internationale Beziehungen usw. unmittelbar berührenden Angelegenheiten befassen und aufgrund der ausgeübten Funktion das politische Leben maßgeblich beeinflussen.*"[246] Ein ähnlicher Definitions- und Abgrenzungsansatz findet sich in den Urteilen und Kommentierungen, auf die *Lenckner* verweist[247].
Abgesehen von der Betonung des Staatsbezuges, beinhaltet der Versuch der Definition des Politikers jedoch keine weiteren Inhalte, die einen eigenständigen strafrechtlichen Politikbegriff erkennen lassen.
Im Gegenteil, zur Erläuterung des Subjekts „Politiker" stellt die Einbettung der adjektivierten Form „*politische*" in den Definitionsansatz vielmehr eine Tautologie dar, da sich beide Begriffe von einem gemeinsamen Wortstamm ableiten. Ein derartiger Ansatz ist daher wenig hilfreich.

Schneider widmet sich der Definition des Politischen bei seiner Kommentierung zu den politisch motivierten Tötungen im Rahmen des § 211, indem er betont,

---

[240] Alle drei Zitate aus *Stern*, Staatsrecht, § 1 V 2, S. 19.

[241] Vgl. §§ 5 Nr. 6, 129 Abs. 2 Nr. 1, 129a Abs. 2 Nr. 5, 188, 194 IV, 234a Abs. 1, 241a.

[242] Vgl. 192a, 229 RiStBV.

[243] Vgl. § 81 StVollStrO.

[244] Vgl. § 6 IRG, sowie verschiedene Vorschriften des Ausländerrechts.

[245] Schönke/Schröder-*Lenckner*, § 188, Rn. 2.

[246] Schönke/Schröder-*Lenckner*, § 188, Rn. 2.

[247] RG 58, 415; BGH 4, 339; Bay 82, 56; 89, 50, LK-*Herdegen*, Rn. 2; *Lackner/Kühl*, Rn. 2; SK-*Rudolphi*, Rn. 3; *Tröndle*, Rn. 2; NK-*Zaczyk*, § 187a, Rn. 3.

dass sich die Sachverhalte dadurch auszeichnen, *„dass der Täter auf das soziale oder gesellschaftliche Zusammenleben einwirken will, um dadurch bestimmte Wertvorstellungen und Ziele zu verwirklichen“*[248]. Als Referenz dient in erster Linie *Zielke*[249], da die von Schneider erwähnten übrigen Autoren lediglich *Zielkes* Definitionsansatz weitgehend übernommen haben[250]. Der von *Schneider* gewählte – und von *Zielke* eingeführte – Politikbegriff stimmt mit dem subjektivierten Politikbegriff, der dieser Untersuchung zugrunde liegt, im Wesentlichen überein. Lediglich die Komponente des Staatsbezugs fehlt bei *Schneider*.

Abgesehen von diesen beiden Vorstößen, den Begriff des Politischen im Strafrecht Inhalte zu verleihen, bleibt jedoch festzuhalten, dass ein spezifischer Politikbegriff – im Sinne einer anerkannten und üblichen Definition – auch im Strafrecht nicht existiert.

c) Der Begriff des Politischen im Ausländerrecht

Eine Definition des Politischen könnte sich jedoch aus den Vorschriften über das politische Delikt ergeben. Das Ausländerrecht, insbesondere das Auslieferungsrecht, kennt den Begriff der politischen Straftat, des politischen Delikts[251]. Es geht dabei um die Problematik, ob ein in die Bundesrepublik Deutschland geflüchteter Ausländer an sein Heimatland ausgeliefert werden darf, wenn er sich dort zuvor politisch regimekritisch betätigt hat.
In Ermangelung einer heute geltenden Legaldefinition existieren mehrere Ansätze, das politische Delikt zu definieren[252]. Unterscheidungen zwischen objektiven

---

248 MK-*Schneider*, StGB, § 211, Rn. 83.

249 MK-*Schneider*, a.a.O., Rn. 83.

250 *Schneider* führt dabei in Fußnote 246 zu § 211 des Weiteren *Brocker* und *v. Selle* auf. *Brocker* verweist jedoch lediglich auf *Zielke*: *„so die zutreffende Definition von Zielke, JR 1991, 136“*, und *v. Selle* legt seinem Aufsatz einen weiten Begriff des Politischen zugrunde *„im Sinne einer leitenden und gestaltenden Selbstbestimmung und Selbstverwirklichung der Gemeinschaft im Hinblick auf die existentielle Grundlage ihres Soziallebens“*. *V. Selle* versteht den Begriff der Politik amoralisch: *„schließt* [...] *Phänomene wie die NS-Rassenpolitik ein“* und endet mit der lapidaren, und systematisch mehr als bedenklichen Feststellung, dass *„durch definitorische Festlegungen keine Sachfragen entschieden werden können“*, *v. Selle*, NJW 2000, S. 992, [992].

251 Zum Ganzen: *Felchlin*, Das politische Delikt, S. 79ff.; *Papacharalambous*, Das politische Delikt im legalistischen Rechtsstaat, S. 103 ff.

252 § 6 des Gesetz über die internationale Rechtshilfe in Strafsachen (IRG), Nachfolger des § 3 DAG definiert die politische Tat jedoch nicht. Aus den Protokollen des Bundestages ist ersichtlich, dass dieses Unterlassen bewusst auf Gründen der Flexibilität beruht, um im nicht-vertraglichen Rechtshilfebereich zu Ergebnissen kommen zu können, die vom deutschen Standpunkt aus erwünscht sind, vgl. BT-Drs. 9/1338, S. 39; Schomburg/Lagodny-*Schomburg*, IRG, § 6, Rn. 19.

und subjektiven Ansätzen, Vereinigungstheorien, dem absoluten und relativen politischen Delikt, sorgen jedoch dafür, dass eine klare Definition nicht existiert[253].
Entscheidend für diese Untersuchung ist, ob die subjektivierte Politikdefinition auch im Bereich des „politischen Delikts" zu finden ist, und ob eine Ergänzung oder Modifizierung des gewonnenen Politikbegriffs unter Umständen notwendig sein wird.

aa) Die objektiven Theorien zum politischen Delikt

Für die objektiven Theorien spielt das angegriffene Rechtsgut die ausschlaggebende Rolle. Danach gelten solche Delikte als politische Delikte, die sich gegen die Staatsorganisation richten[254]. Das Tätermotiv spielt dabei keine Rolle. In der Tradition dieser objektiven Theorie stand auch § 3 des früher geltenden Deutschen Auslieferungsgesetzes (DAG) von 1930. Dieser beinhaltete eine Legaldefinition der politischen Straftat. Dort hieß es: *„politische Taten sind strafbare Angriffe, die sich unmittelbar gegen den Bestand oder die Sicherheit des Staates, gegen das Oberhaupt oder gegen ein Mitglied der Regierung des Staates als solches, gegen eine verfassungsmäßige Körperschaft, gegen die staatsbürgerlichen Rechte bei Wahlen oder Abstimmungen oder gegen die guten Beziehungen zum Ausland richten*".
Dieser Definition lässt sich das objektive Element des Staatsbezugs entnehmen, das insbesondere die staatlichen Organe an sich und deren Repräsentanten umfasst. Des Weiteren werden die Grundsätze der demokratisch verfassten Ordnung im Bereich der plebiszitären Elemente erwähnt, welche die objektivprozessuale Dimension betonen.

Nicht nur bei dieser Ausformung der objektiven Theorie fällt auf, dass sie in ihrer Abstraktheit nicht geeignet ist, das Gesamtproblem politischer Straftaten zu erfassen[255]. Sie delegitimiert nicht nur jede politische Abweichung, die nicht den Staat angreift, sondern sie wird auch dadurch einseitig, weil sie solchen Staatsauffassungen entspricht, die das politische Leben verstaatlichen[256].
Für eine differenzierte Betrachtungsweise, die versucht, auch der politischen Tatmotivation Rechnung zu tragen, sind die rein objektiven Theorien somit nicht geeignet.

---

[253] Der Beck'schen Kurzkommentar über die *Internationale Rechtshilfe in Strafsachen* konstatiert nüchtern im Rahmen des § 6 über die Definition der politischen Straftat: *„derzeit zerfließt der Begriff der politischen Straftat konturenlos"*, *Schomburg/Lagodny*, Kommentar zum Gesetz über die internationale Rechtshilfe in Strafsachen (IRG), § 6, Rn. 20.

[254] Vgl. dazu *Papacharalambous*, a.a.O., S. 137 ff. und *Felchlin*, a.a.O., S. 93.

[255] *Papacharalambous*, a.a.O., S. 148; *Felchlin*, a.a.O., S. 106.

[256] *Papacharalambous*, a.a.O., S. 148; *Felchlin*, a.a.O., S. 106.

bb) Die subjektiven Theorien zum politischen Delikt

Die subjektiven Theorien versuchen, das politische Motiv (Motivtheorie) beziehungsweise den politischen Zweck (Zwecktheorie) zu berücksichtigen.

Die Vertreter der Motivtheorie sehen das Wesen des politischen Delikts in der politischen Tatmotivation, den Beweggründen, mithin der Gefühlslage des Täters sowie dem Grad ihrer politischen Färbung[257].

Der praktische Nachteil dieser Theorie besteht im Wesen des Motivs. Es handelt sich um den inneren Geisteszustand eines Menschen, der sich nur aufgrund von äußeren Begleitumständen deuten lässt. Eine objektive Verifizierung ist in aller Regel nicht möglich. Die Schwierigkeiten in der Anwendung stellen somit zugleich das Manko der Motivtheorie dar[258].

Die Zwecktheorie, die eine Konkretisierung der Motivtheorie darstellt, stellt hingegen den Tatzweck, die Absicht des Täters in den Vordergrund[259]. Danach ist eine Tat dann als politisch einzustufen, wenn sie einen Angriff auf die politische oder soziale Ordnung eines Landes bezweckt[260].

Auch im Betonen der Absichten werden jedoch die grundsätzlichen Schwächen der subjektiven Theorie nicht überwunden, die sich vor allem in der praktischen Anwendung im Zusammenhang mit Beweisschwierigkeiten ergeben.

cc) Die Vereinigungstheorien zum politischen Delikt

Die Unzulänglichkeiten der beiden Ansätze verdeutlichen die Problematik eines monokausalen Erklärungsmodells. Der überwiegende Teil der Rechtswissenschaft definiert das politische Delikt daher im Wege einer Synthese aus objektiven und subjektiven Merkmalen[261].

Mag der Schwerpunkt häufig im Bereich des Subjektiven, hierbei wiederum bei der Betonung der Zwecktheorie, liegen, so wird dennoch ein objektiver Bezug gefordert. Dieser besteht aus dem angesprochenen Staatsbezug, der extensiv

---

257 *Papacharalambous*, a.a.O., S. 149; *Felchlin*, a.a.O., S. 107, der auch auf die Unterscheidung der französischen Autoren zwischen Motiven, den „*causes efficientes de l'activité*", und der bestimmenden Ursache, der „*cause finale*", mithin dem Ziel und der Absicht, „*but et intention*", hinweist.

258 Vgl. abermals *Felchlin*, a.a.O., S. 110 und *Papacharalambous*, a.a.O., S. 149.

259 *Felchlin*, a.a.O., S. 111; *Papacharalambous*, a.a.O., S. 150.

260 *Felchlin*, a.a.O., S. 111.

261 *Felchlin*, a.a.O., S. 112 m. w. N.; *Papadatos*, Le délit politique, 1954, S. 74 m. w. N.; Das Bundesverfassungsgericht hatte 1977 die Definition des politischen Delikts ausdrücklich offen gelassen: „*wie immer man den Begriff des politischen Delikts im Auslieferungsrecht bestimmen mag*", BVerfGE 46, 214, [221].

Mittlerweile ist die Rechtsprechung unübersichtlich und betont jeweils unterschiedliche Aspekte, ohne sich einer grundlegenden Definition zu widmen, vgl. etwa BGH NJW 78, 2458; OLGSt IRG § 6 Nr. 1., dazu auch *Kimminich*, AnwBl. 1985, 416, [419].

auszulegen ist. Um einen konturenlosen und ausufernden Begriff des politischen Delikts zu verhindern, wird als weiteres Korrektiv die altruistische Seite des Handelns hervorgehoben[262].
Die drei Aspekte des Politischen, die bereits aus der Definition des subjektivierten Politikbegriffs bekannt sind, werden hier erneut deutlich. Aus der objektiven Theorie über das politische Delikt resultiert der *Staatsbezug*, die subjektiven Theorien heben die angestrebten *Ziele* und *Zwecke* beziehungsweise Absichten und Motive hervor, und es wird ebenfalls sichergestellt, dass es sich nicht um eine rein egoistische Handlungsweise handelt.

Die Erörterungen über das politische Delikt stützen demnach den subjektivierten Politikbegriff.
Ein Wertungswiderspruch ist nicht ersichtlich, im Gegenteil: die drei Ebenen politischen Denkens und Handelns finden sich in den Ansichten der Mehrheit der Literatur und der Rechtssprechung.

d) Zusammenfassung

Der subjektivierte Politikbegriff, der einen Beweggrund dann als politisch bezeichnet, wenn er *auf soziales oder gesellschaftliches Handeln gerichtet* ist, das *bestimmte Wertvorstellungen, Ziele oder Zwecke realisieren* soll und dabei *Staatsbezug* besitzt, verstößt nicht gegen geschriebenes Recht oder straf- beziehungsweise verfassungsrechtliche Werteentscheidungen. Er findet sich vielmehr auch in der verfassungsrechtlichen Literatur, sowie in der Problematik des „politischen Delikts".
Auch der neue Definitionsansatz der „Politisch motivierten Kriminalität" (KPMD-PMK), der von den Sicherheitsbehörden verwendet wird – und zu Beginn dieses Abschnitts erörtert wurde – enthält Elemente der erarbeiteten Definition. Insbesondere der Bezug auf die Beeinflussung des Willensbildungsprozesses und die Erwähnung von Zielen (vgl. Nr. 1 der KPMD-PMK) und die Andeutung des Staatsbezuges (vgl. Nr. 2 bis 4 der KPMD-PMK) verdeutlichen die systematische Nähe der beiden Definitionsansätze.

Es bleibt daher festzuhalten, dass der subjektivierte Politikbegriff zur näheren Spezifizierung von Beweggründen im Bereich der politisch motivierten Tötungen vorzugswürdig erscheint und keine verfassungs- oder strafrechtlichen Bedenken gegen seine Anwendung sprechen.

---

[262] *Burckhardt*, Kommentar der schweizerischen Bundesverfassung, 1931, S. 125 ff.; *Felchlin*, a.a.O., S. 112.

IV. Fallgruppen der politisch motivierten Tötung

Im Bereich der politisch motivierten Tötungen sind verschiedene Fallkonstellationen denkbar, die ein pauschales Urteil bezüglich der rechtlichen Würdigung unmöglich machen[263]. Es ist daher zunächst eine nähere Betrachtung und Aufteilung nach Tatmotiven – vor dem Hintergrund des subjektivierten Politikbegriffs – notwendig.
Darüber hinaus ist jedoch auch die Auswahl der Opfer von entscheidender Bedeutung. Sie ist ein weiteres wichtiges Kriterium, um die Vielzahl von Fällen politisch motivierter Tötungen systematisch zu erfassen.

1. Die motivorientierte Aufteilung

Im Rahmen der Aufteilung politisch begründeterer Tötungen nach Motiven ist zwischen selbstsüchtigen beziehungsweise gruppenegoistischen Motiven einerseits und altruistischen Beweggründen andererseits zu unterscheiden.

a) Selbstsüchtige und gruppenegoistische Motive

Wie sich bei der Herausarbeitung des subjektivierten Politikbegriffs gezeigt hat, ist für politisches Handeln eine soziale beziehungsweise gesellschaftliche Komponente erforderlich, die bei rein egoistischen Verhaltensweisen fehlt[264]. Die Beseitigung des politischen Gegners, die ausschließlich auf persönlichen Machtinteressen beruht, ist daher nicht als politisch motivierte Tötung anzusehen.
Problematisch wird diese Unterscheidung bei Taten, die sowohl auf altruistischen als auch auf selbstsüchtigen oder gruppenegoistischen Motiven beruhen. Im Rahmen von Beweggründen wird sich jedoch selten eine einzelne und isolierbare Antriebsmotivation finden[265]. Die Motivlage ist häufig komplex, es existieren mehrere Impulse, die ein bestimmtes Verhalten auslösen. Es handelt

---

263 So auch Eser: die „nahe liegende Differenzierung zwischen achtenswertem „Tyrannenmord“ und verabscheuungswürdigem „Demokratenmord“ ist [...] zu vordergründig, um der Vielschichtigkeit von politischem Widerstand, idealistischem Gerechtigkeitsstreben und egoistischen Machtgelüsten gerecht werden zu können“, Schönke/Schröder-Eser, Rn. 20. Ebenso Neumann: „eine „pauschale Einordnung [wird] der Unterschiedlichkeit der Fallkonstellationen nicht gerecht“, NK-Neumann, Rn. 39.

264 Zum Ganzen siehe oben Seite 60 ff.

265 Dazu *Heine*, a.a.O., S. 40 ff. ; MK-*Schneider*, § 211 Rn. 77; Schönke/Schröder-Eser, Rn. 14; BGH NStZ 89, S.19.

sich in den meisten Fällen daher eher um ein Motivbündel, als um ein einzelnes Motiv[266].

Es erscheint nicht sachgerecht, der Tötung eines Herrschers zum Zwecke der eigenen Machtergreifung nur deshalb eine sozial-gesellschaftliche – und damit eine politische – Komponente zuzugestehen, weil sich der Ursupator aufgrund seiner egozentrischen Sichtweise mittelbar eine Verbesserung der gesellschaftlichen Verhältnisse verspricht. Die Überzeugung, das Land wirtschaftlich und gesellschaftlich besser voranzubringen, wird in den Fällen der geplanten Machtergreifung nicht selten anzutreffen sein. Der Unmut über soziale Verhältnisse, das Versagen der Herrschenden, wird daher häufig mit der Vermutung einhergehen, „selbst für bessere Verhältnisse zu sorgen". Eine derart gering ausgeprägte altruistische Komponente, die zudem in vielen Fällen auf einer egoistisch-verqueren Ansicht beruht, kann nicht das Privileg des „politischen Handelns" erhalten. Diese Fälle sind vielmehr nach dem die Tat prägenden Handlungsantrieb, der egoistischen Verwirklichung, zu beurteilen[267].

Daraus ergibt sich, dass in Fällen der Machteroberung und bei der Beseitigung von politischen Rivalen dann kein politisches Handeln vorliegt, wenn das bewusstseinsdominante Motiv selbstsüchtiger oder gruppenegoistischer Natur ist[268]. Ein politisches Handeln erfordert daher als *prägendes* Element ein altruistisches Motiv.

b) altruistische Motive

Innerhalb der verschiedenen altruistischen Motive, die Anlass für eine Tötungshandlung geben könnten, existieren zwei Gruppen.

Zum einen sind Fälle denkbar, bei denen der Täter im Bewusstsein eines tatsächlich vorhandenen Allgemeinwohlinteresses handelt, während er sich dieses Interesse im anderen Fall lediglich vorstellt, es tatsächlich jedoch nicht vorliegt[269].

---

[266] MK-Schneider, a.a.O. Rn. 77: „in der Rechtswirklichkeit treten nahezu regelmäßig Motivbündel auf. Hierbei handelt es sich um einen vielschichtigen Verbund der vom Täter während der Tat erlebten Beweggründe."

[267] Diese Einordnung bezieht sich nur auf den politischen Gehalt der Motivation, um politisches von unpolitischem Handeln unterscheiden zu können. Auf einer weiteren Ebene steht dann die Frage nach der rechtlichen Würdigung von Motivbündeln. Dazu ausführlich unten Seite 136 ff.

[268] Im Ergebnis auch *Zielke* JR 91, 136, [137].

[269] Diese Unterscheidung findet sich unter anderem bei NK-*Neumann*, § 211 Rn. 39; MK-*Schneider*, Rn. 84; *Zielke* JR 91, 136, [137]; Schönke/Schröder-*Eser*, Rn. 20.

aa) Das Handeln im Allgemeinwohlinteresse

Die Qualifikation des Handelns im Allgemeinwohlinteresse als „politisches Handeln" richtet sich wiederum nach dem subjektivierten Politikbegriff. Die sozial-gesellschaftliche Komponente ist dem Handeln im Allgemeinwohlinteresse immanent. Der Täter verübt die Tat gerade im Interesse der Gesellschaft. Darüber hinaus ist die Absicht notwendig, bestimmte Wertvorstellungen realisieren zu wollen[270]. Diese Komponente liegt dann vor, wenn mit der Tat die Verwirklichung von Zielen wie Freiheit, Frieden, Emanzipation oder Gerechtigkeit intendiert ist. Wenn diese Handlung ferner einen Staatsbezug aufweist, liegt eine politische Motivation vor.

bb) Das Handeln im vermeintlichen Allgemeinwohlinteresse

Das Handeln im lediglich vorgestellten, tatsächlich aber nicht vorhandenen Allgemeinwohlinteresse, verliert aufgrund der hier verwendeten subjektivierten Sichtweise des „Politischen" nicht seinen politischen Gehalt aufgrund einer Fehlvorstellung des Täters über tatsächliche Voraussetzungen.
Bezüglich der drei Politikelemente ist vielmehr auf die Ausführungen im Bereich des „Handelns im Allgemeinwohlinteresses" zu verweisen[271].
Ob durch den Tatsachenirrtum des Täters eine andere rechtliche Bewertung notwendig erscheint, wird Bestandteil späterer Erörterungen sein[272]. Festzuhalten ist hier, dass auch das Handeln im vermeintlichen Allgemeinwohlinteresse „politisch" im Sinne des subjektivierten Politikbegriffs ist.

2. Die opfergruppenorientierte Aufteilung

Über die Aufteilung nach Motiven hinaus erscheint für eine abschließende Aufzählung und Systematisierung politischer Tötungen zudem eine Differenzierung nach Opfergruppen notwendig.

a) Die Tötung von Repräsentanten des Staates

An erster Stelle sollen die Opfer der „klassischen" politischen Attentate, die Repräsentanten des Staates, genannt werden. Bereits früh wurde dabei erkannt, dass die bloße Unterscheidung zwischen *„achtenswertem Tyrannenmord"* und *„verabscheuungswürdigem Demokratenmord"*[273] der Vielzahl von denkbaren

---

[270] Siehe dazu oben Seite 60.
[271] Siehe dazu oben Seite 71 ff.
[272] Siehe dazu unten Seite 197 ff.
[273] Dieses Begriffspaar wird durchgängig erwähnt seit *Stock* SJZ 1947, 530.

Fällen nicht gerecht werden kann. Eine intensivere Betrachtung dieser heterogenen Opfergruppe ist daher notwendig.
Entscheidendes Element des subjektivierten Politikbegriffs bei der Abgrenzung zu bloßem nicht-politischen Handeln ist in diesem Zusammenhang der Staatsbezug[274].
Der moderne Staat übt seine Herrschaftsmacht auf mehreren Ebenen durch verschieden Organe aus. Die Gewaltenteilung spaltet die staatliche Machtausübung horizontal in Exekutive, Legislative und Judikative. Auf vertikaler Ebene existieren ebenfalls Macht- und Kompetenzverteilungen, die eine effektive Staatsverwaltung gewährleisten. Akteure staatlichen Handelns sind daher nicht nur monarchistische Herrscher, Diktatoren oder vom Volk gewählte Oberhäupter und Abgeordnete, sondern vielmehr auch Verwaltungs- und Justizbeamte, die dann Opfer politisch motivierter Tötung werden, wenn sie gerade die Nähe zum Staat zum Opfer werden lässt[275]. Entscheidend ist, dass sie der Täter nicht aufgrund bestimmter charakterlicher oder äußerlicher Merkmale ausgewählt hat, sondern sie vielmehr als Staatsdiener betrachtet und sie lediglich aufgrund dieser Funktion zu töten beabsichtigt. Darüber hinaus darf jedoch die gesellschaftliche Komponente des Handelns sowie die inhaltliche Ebene nicht vergessen werden. Die Tötung muss Ausdruck einer kritischen Haltung gegenüber der staatlichen Machtausübung sein, die unter Umständen auch zufällig – und damit auswechselbar – durch das Opfer ausgeübt wird.

b) Die Tötung von individuell ausgesuchten Personen des öffentlichen Lebens ohne direkten Staatsbezug

Die Fallgruppen politisch motivierter Tötungen werden durch die Opfergruppe der staatlichen Repräsentanten nur unzureichend abgedeckt.
Darüber hinaus gibt es Menschen, die aufgrund ihres gesellschaftspolitischen Engagements oder ihrer bloßen Nähe zu Macht und Politik zu Opfern von Anschlägen werden, deren Natur weitgehend als „politisch“ eingestuft wird. Zu denken ist in diesem Zusammenhang an Mitglieder von Personenvereinigungen, die sich im Interesse einer bestimmten Gruppe mit Fragen der Gesellschaft und des Staates auseinander setzen, dabei aber gerade keine staatliche Funktion wahrnehmen, wie etwa Mitglieder von politischen Parteien, Gewerkschaften oder gemeinnützigen Organisationen, die aufgrund ihres Engagements für den

---

[274] *Zielke* JR 1991, 136, [137].

[275] Nicht nur Richter und Staatsanwälte (Generalbundesanwalt Buback wurde 1977 von einem RAF-Kommando getötet und auf den BGH-Richter Buddenberg wurde 1972 ein Anschlag verübt), sondern auch Polizisten (BGH NStZ 1993, 341, [342] – Startbahn West Urteil) und Justizwachmänner, oder Verwaltungsangestellte können demnach Opfer politisch motivierter Tötungen sein.

Staat zum Opfer werden[276]. Politisch motiviert können ferner Anschläge auf Industrielle und Vertreter aus dem Bereich der Wirtschaft[277], Künstler[278] oder sonstige Personen der Öffentlichkeit sein.
Entscheidend ist wiederum nicht in erster Linie die ausgeübte Funktion, sondern vielmehr die vom Täter assoziierte Verknüpfung zwischen Opfer und staatlicher Nähe oder gesellschaftspolitischen Engagements.
Nur durch einen derart weiten Begriff des politischen Beweggrundes kann man der Bandbreite von politischem Widerstand und idealistischem Gerechtigkeitsstreben gerecht werden[279].

c) Terroristische Anschläge

In jüngster Zeit wurden zunehmend Anschläge verübt, die sich nicht gegen eine einzelne exponierte Persönlichkeit, sondern die Allgemeinheit als solche richteten. Einer klaren Einordnung dieser Anschläge in die Kategorie des Terrorismus' stehen jedoch unzählige Definitionsansätze entgegen, die den Begriff selbst im Unklaren lassen. Immer wieder wurde versucht, eine allgemeingültige Definition des Terrorismus' zu finden[280]. Dabei standen einerseits die Abgrenzung zu Freiheitskämpfern[281] und Extremisten[282] und andererseits die Unterscheidung zu bewaffneten Konflikten[283] im Vordergrund.
Die Vereinten Nationen haben sich in verschiedenen Resolutionen zum Begriff des Terrorismus' geäußert, ohne sich jedoch auf eine abschließende Definition festzulegen[284]. In jüngster Zeit konnten weder das *„Internationale Übereinkom-*

---

276 Hans Martin Schleyer war unter anderem Präsident des Arbeitgeberverbandes.

277 Alfred Herrhausen war Sprecher des Vorstandes der Deutschen Bank.

278 Theo van Gogh war Theaterregisseur und Kritiker.

279 Vgl. auch *Zielke* JR 1991, 136, [136f.]; *Brocker* RuP 1992, 211, [211]; *v Selle* NJW 2000, 992, [992, Anm. 1]; MK-*Schneider*, StGB, § 211, Rn. 83, [Anm. 246]

280 Einen Überblick enthält *Hoffman*, Terrorismus – Der unerklärte Krieg, 2002, S. 13 ff.

281 *Hoffman*, a.a.O., S. 52 ff.; *Sohm*, Die Instrumentalisierung des Völkerrechts zur Bekämpfung des internationalen Terrorismus, in: Humanitäres Völkerrecht, Nr. 04/1994, S. 164, [166 ff.]; *Herzog*, Terrorismus – Versuch einer Definition und Analyse der völkerrechtlichen Übereinkommen zu seiner Bekämpfung, 1991, S. 93 ff.

282 *Heintze*, Ächtung des Terrorismus durch das Völkerrecht, in: Frank/Hirschmann, Die weltweite Gefahr – Terrorismus als internationale Herausforderung, 2002, S. 76 ff.

283 *Bruha/Bortfeld*, Terrorismus und Selbstverteidigung - Voraussetzungen und Umfang erlaubter Selbstverteidigungsmaßnahmen nach den Anschlägen vom 11. September 2001, in: VN 05/2001, S. 161, [169 ff.].

284 *Friedlander*, Terrorism, in: R. Bernhardt (ed), Encyclopedia of Public International Law, Band 9 (1986), S. 371, [372 ff.]; *Schmalenbach*, Der internationale Terrorismus, in: NZWehrR 2000, S. 15, [16 ff.]; *Stein/Meiser*, Die Europäische Union und der Terrorismus, in: Die Friedens-Warte, Nr. 76 (2001), S. 33, [35 ff.].

men zur Bekämpfung terroristischer Bombenanschläge“[285] noch das „*Übereinkommen zur Bekämpfung der Finanzierung des Terrorismus*“[286] eine befriedigende Lösung des Definitionsproblems liefern[287].

Im März 2005 entwickelte der Generalsekretär der Vereinten Nationen, Kofi Annan, fünf Punkte gegen den Terrorismus und sprach sich darin für eine weltweite Allianz gegen den Terrorismus aus[288].
Annan verlangte eine einheitliche Definition des Terrorismus',

"*die deutlich macht, dass es sich bei all jenen Handlungen um Terrorismus handelt, die die Absicht haben, den Tod oder schwere körperliche Schäden bei Zivilisten und nicht Kämpfenden herbeizuführen, mit dem Ziel, die Bevölkerung einzuschüchtern oder eine Regierung oder eine internationale Organisation dazu zu zwingen, etwas zu tun oder zu unterlassen*"[289].

Bis zum heutigen Zeitpunkt konnte sich die Staatengemeinschaft jedoch noch nicht auf eine gemeinsame Definition verständigen.
Auf nationaler Ebene entwickelten die deutschen Sicherheitsbehörden eine Definition, um terroristische Straftaten – ähnlich wie beim Kriminalpolizeilichen Meldedienst „Politisch motivierte Kriminalität“ – einheitlich zu erfassen und zu behandeln.
Nach der jüngsten Definition, die sich im Verfassungsschutzbericht 2004 findet, wird als Terrorismus

„*der nachhaltig geführte Kampf für politische Ziele, die mit Hilfe von Anschlägen auf Leib, Leben und Eigentum anderer Menschen durchgesetzt werden sollen, insbesondere durch schwere Straftaten, wie sie in § 129 a Absatz 1 Strafgesetzbuch genannt sind, oder durch andere Straftaten, die zur Vorbereitung solcher Straftaten dienen*“[290]

---

285 Resolution der Generalversammlung vom 15.12.1997 RES/52/164.

286 Resolution der Generalversammlung vom 09.12.1999 RES/54/109.

287 Zum Ganzen auch *P.-A. Albrecht*, Kriminologie – Eine Grundlegung zum Strafrecht, 2005, § 44 A.

288 Rede und Abschlusserklärung des VN-Generalsekretärs *Annan* vom 11.03.2005 beim „*Internationalen Gipfeltreffen über Demokratie, Terrorismus und Sicherheit*“ in Madrid. Abrufbar unter http://www.un.org/secureworld/report.pdf.

289 „*The Panel calls for a definition of terrorism which would make it clear that any action constitutes terrorism if it is intended to cause death or serious bodily harm to civilians and non-combatants, with the purpose of intimidating a population or compelling a Government or an international organization to do or abstain from any act.*" *Der Generalsekretär fügte hinzu: „I believe this proposal has clear moral force, and I strongly urge world leaders to unite behind it.*“, *Annan*, a.a.O.

290 BMI, Verfassungsschutzbericht 2004, S. 130 [Fn. 81].

bezeichnet. Es ist davon auszugehen, dass eine internationale Definitionsfestlegung auch Einfluss auf den von den Verfassungsschutzbehörden verwendeten Ansatz haben wird, da die aktuelle Definition bereits Gegenstand vielfacher Umformulierungen war und keineswegs von einem gesicherten Terrorismusbegriff gesprochen werden kann[291].

Für die opfergruppenorientierte Einteilung der politisch motivierten Tötungen ist in diesem Zusammenhang bedeutend, gegen wen sich die terroristischen Taten richten. Bei den Anschlägen gegen die Repräsentanten des Staates und den individuell ausgesuchten Personen des öffentlichen Lebens ohne direkten Staatsbezug ergeben sich im Vergleich zu den nicht-terroristischen Tötungen keine Unterschiede. Beide sind, sofern sie auf gesellschaftliches Handeln bezogen sind und bestimmte Werte und Ziele verfolgen, den politisch motivierten Tötungen zuzurechnen.

Etwas anders gelagert sind die Fälle, in denen die Allgemeinheit das Ziel der Anschläge darstellt. Zu denken ist in diesem Zusammenhang unter anderen an die Anschläge vom 11. September 2001 in New York[292] und die Anschläge von Madrid und London, bei der jeweils so genannte „soft targets" das Ziel darstellten. Kennzeichnend bei dieser Art der Anschläge ist, dass sie sich nur mittelbar gegen den Staat richtet. Bezweckt wird in den meisten Fällen das Hervorrufen des Gefühls der Unsicherheit innerhalb der Bevölkerung, das sich wiederum mittelbar auf die Politik auswirkt und den Staat gegebenenfalls zu einem (außen-)politischen Handeln bewegen soll[293].

Das Verheerende dieser Anschläge ist die Allgegenwärtigkeit der Gefahr, der sich jeder Bürger ausgesetzt sieht. Das „klassische" Attentat – früher auch als „Berufsrisiko der Könige" bezeichnet[294] – hat mit dieser Art der Kriminalität nur wenig gemein. Die Gefahr des Anschlags wird somit vom „Berufsrisiko" einer kleinen ausgewählten Gruppe zum „Lebensrisiko" aller. Gerade aufgrund dieser

---

291 Vgl. die Definition des Verfassungsschutzberichts des Freistaats Sachsen aus dem Jahr 2003, S. 6: „Als Terrorismus werden schwerwiegende politisch motivierte Gewaltdelikte (so genannte Katalogtaten des § 129 a StGB) angesehen, die im Rahmen eines nachhaltig geführten Kampfes planmäßig begangen werden, in der Regel durch arbeitsteilig organisierte und verdeckt operierende Gruppen."

292 Anders hingegen ist der Anschlag auf das Pentagon in Washington zu beurteilen, da dort ein Regierungsgebäude – und nicht eine zivile Einrichtung wie das World Trade Center – Ziel des Anschlags war.

293 Dazu auch v. Selle: „Das Terroropfer wird nicht primär als Repräsentant einer politischen Richtung, sondern als beliebiger Angehöriger des bekämpften Gemeinwesens getötet, um das Vertrauen eines jeden Mitglieds der Gesellschaft in den Staat zu erschüttern und diesen dadurch zu destabilisieren", v. Selle NJW 2004, 992, [996].

294 *„Heutigentags gibt es selbst Könige, die die Möglichkeit ihrer Ermordung als "Berufsrisiko" ansehen"*, *Kropotkin*, Brief an Lenin von 1920, in: *ders.*, Unterredung mit Lenin sowie andere Schriften zur russischen Revolution, 1980.

zufälligen Opferauswahl bleibt dem terroristischen Anschlag – im Gegensatz zum „klassischen" Attentat – eine potenzielle Zustimmung per se versagt[295]. Aufgrund des mittelbaren Staatsbezuges und der intendierten Änderung der sozialen und gesellschaftlichen Strukturen sind jedoch auch die terroristischen Anschläge gegen Unbeteiligte als politisch motiviertes Tötungsdelikt zu qualifizieren.

d) Die mit (Eventual-)Vorsatz in Kauf genommene Tötung Unbeteiligter

Es kommt immer wieder vor, dass bei Anschlägen auch Unbeteiligte zu Opfern werden. Unbeteiligt in diesem Sinne sind nicht nur Personen, die in keiner persönlichen Beziehung zum eigentlichen Opfer stehen, sich lediglich zufällig in seiner räumlicher Nähe zum Zeitpunkt des Anschlags aufhalten, sondern auch Leibwächter, Chauffeure und sonstige Begleitpersonen des Opfers, die Aufgaben im Umkreis des Opfers wahrnehmen.

Ihnen allen ist gemein, dass sie selbst nicht primär das Anschlagsziel sind, sondern lediglich aufgrund ihrer räumlichen und/oder persönlichen Beziehung zu diesem selbst zum Opfer werden.

Im Hinblick auf das „Politische" des Motivs, spielt dabei keine Rolle, ob der Täter im Rahmen eines Gesamttötungsvorsatzes handelt, oder sich die Tat in verschiedene Teilabschnitte mit jeweils separat zu behandelnden Tatvorsätzen gliedert. Diese Unterscheidung ist unerheblich, solange aufgrund einer altruistischen Motivation die Umsetzung bestimmter Wertvorstellungen bezweckt wird. Den Staatsbezug stellt das eigentliche Zielobjekt her. Die Tötung weiterer Personen als „Nebenfolge" – sei sie nun erwünscht oder unerwünscht –, kann diesen Bezug nicht beseitigen.

Die genaue Betrachtung des Tötungsvorsatzes ist jedoch im Hinblick auf die Gemeingefährlichkeit der Mittel im Sinne des § 211 Abs. 2 X. Variante von entscheidender Bedeutung[296].

Dort ist zu prüfen, ob sich der Tötungsvorsatz des Täters auch auf potentielle Begleiter des Opfers oder zufällig am Tatort anwesende Passanten erstreckt. Wenn dies nämlich der Fall ist, so handelt der Täter aufgrund eines Gesamttötungsvorsatzes und gefährdet daher keine Unbeteiligten, sondern tötet vielmehr die von ihm individualisierte und vom Vorsatz umfasste Personengruppe[297]. Die Gemeingefährlichkeit der Mittel ist daher in diesen Fällen zu verneinen.

Bei dem Täter hingegen, der diesen erweiterten Personenkreis in die Gefahr des Todes bringt, weil ihm die Beherrschungsmöglichkeit seines Tatmittels entzo-

[295] Dazu auch *v. Selle*, a.a.O., S. 996.

[296] Siehe oben Seite 19 ff.

[297] *Geilen*, a.a.O., S. 621.

gen ist, wird jedoch regelmäßig eine Strafbarkeit wegen Mordes gemäß § 211 Abs. 2, X. Variante begründet sein.

3. Anderweitige Fallgruppen im politischen Kontext

Über diese Unterscheidung zwischen den beiden Opfergruppen hinaus, hat sich im Bereich der Literatur eine Reihe von Fällen gebildet, die immer wieder in die Nähe der politisch motivierten Tötungen gerückt, teilweise sogar als solche angesehen werden[298]. Die nähere Betrachtung dieser Fallgruppen bildet daher den Abschluss dieses Abschnittes.

a) Die Fälle der Aberkennung des personalen Eigenwerts des Opfers

Tötungen, die darauf beruhen, dass dem Opfer der personale Eigenwert aberkannt, es als „unwertiger" Mensch angesehen wird, werden häufig im Kontext der politisch motivierten Tötungen behandelt[299]. Einer näheren Betrachtung hält diese Einordnung jedoch nicht stand.

Die Grundsatzentscheidung unserer Verfassung zugunsten eines Menschenbildes personaler Würde und der Toleranz begründet den Anspruch eines jeden Menschen auf Achtung seines personalen Eigenwerts[300].
Tötungsbeweggründe, die diesen verfassungsrechtlich garantierten Anspruch negieren, und sich dabei an abstrakten persönlichen Merkmalen des Opfers, wie zum Beispiel der ethnischen Herkunft oder dem Geschlecht orientieren, sind

---

[298] Vgl. MK-*Schneider*, Rn. 83.

[299] Für Schneider erstrecken sich die Fälle politisch motivierter Tötungen „von rassistischen Tötungen über die egoistisch motivierte Ausschaltung von politischen Konkurrenten aus Machtkalkül bis hin zum „achtenswerten Tyrannenmord". MK-Schneider, StGB § 211, Rn. 83; LK-Jähnke, Rn. 29; speziell im Hinblick auf NS-Verbrechen, der Verweis auf Hanack JZ 1967, 229 ff. im Abschnitt über politische Beweggründe bei Schönke/Schröder-Eser, Rn. 20; T/F, Rn. 13, differenzierender NK-Neumann, Rn. 40. Vgl. dazu auch die Definition des Kriminalpolizeilichen Meldedienstes „Politisch motivierte Kriminalität", der zu politisch motivierten Taten auch solche rechnet, die „gegen eine Person gerichtet sind, wegen ihrer politischen Einstellung, Nationalität, Volkszugehörigkeit, Rasse, Herkunft oder aufgrund ihres äußeren Erscheinungsbildes, ihrer Behinderung, ihrer sexuellen Orientierung oder ihres gesellschaftlichen Status und die Tathandlung damit im Kausalzusammenhang steht bzw. sich in diesem Zusammenhang gegen ein Objekt richtet", Beschluss der IMK vom 10.05.2001.

[300] BVerfGE 4, 7, [15f.]; 6, 32, [41]; 7, 198, [205]; vgl. auch LK-*Jähnke*, Rn. 28; BGHSt 17, 28, [31].

Ausdruck einer rassistischen oder chauvinistischen Ideologie, nicht aber einer politischen Einstellung[301].
Mag auch in den meisten Fällen, in denen den Opfern der personale Eigenwert abgesprochen wird, eine Gesinnung vorliegen, die abstrakt mit einer politischen Richtung verbunden ist, so ist das Tötungsmotiv im konkreten Fall jedoch nicht Ausdruck einer politischen Überzeugung, sondern vielmehr das Resultat einer menschenverachtenden Ideologie[302].
Dies gilt auch für Tötungsdelikte an Minderheiten, die durch die Nationalsozialisten während des Dritten Reichs verübt wurden[303]. Die gezielte Vernichtung von als „unwert" erachteten Menschen unter Berufung auf die pseudowissenschaftliche Rassenlehre ist das grausamste und erschreckendste Beispiel für die pauschale Aberkennung des personalen Eigenwerts aufgrund einer menschenverachtenden Gesinnung.
Eine Einordnung in die Fallgruppen politisch motivierter Tötungen scheidet daher aus.
Begrifflich nicht genau trennend, zählt der BGH dagegen auch Fälle zu den politisch motivierten Tötungen, in denen *„dem Opfer allein wegen seiner Zugehörigkeit zu einer politischen, sozialen oder ethnischen Gruppe das Lebensrecht abgesprochen und es in entpersönlichter Weise quasi als Repräsentant einer Gruppe getötet werden soll"*[304].
Unter Zugrundelegung des subjektivierten Politikbegriffs und der erarbeiteten Abgrenzung zur ideologisch motivierten Aberkennung des personalen Eigenwerts ist diese vom BGH propagierte Ausweitung der „politischen" Motivation jedoch abzulehnen.

b) Die religiös motivierten Tötungen

In den letzten Jahren ist ein starker Anstieg religiös motivierter Anschläge zu verzeichnen[305]. Es stellt sich daher die Frage nach der strafrechtlichen Einord-

[301] So auch NK-Neumann, Rn. 40: „so werden Mordtaten im neonazistischen Spektrum typischerweise eher den Motiven „Rassenhass" und „Ausländerfeindlichkeit" als einer bestimmten politischen Überzeugung zugerechnet."

[302] Schönke/Schröder-Eser, StGB, § 211, Rn. 20; MK-Schneider, Rn. 83 [Anm. 246], kumulativ hingegen vorkommend bei BGHSt 2, 251, [254]: „überdies aus niedrigem Beweggrunde getötet worden sind, nämlich aus politischer und rassischer Unduldsamkeit und Überhebung und zur Abschreckung politischer Gegner der NSDAP".

[303] Dazu instruktiv *Hanack*, der sowohl auf die Anwendbarkeit der niedrigen Beweggründe in den verschiedenen politischen Systemen, als auch auf die Problematik des Nachweises von Motiven im Rahmen von Befehlsausführungen eingeht, *Hanack* JZ 1967, 297-303 und 329-338.

[304] BGH NStZ 2004, 89, [90].

[305] Darunter zahlreiche Anschläge des terroristischen Netzwerks Al-Quaida (u.a. 07.08.1998: Bombenanschläge auf die amerikanischen Botschaften in Nairobi und Daressalam;

nung und Würdigung dieser Fälle im Hinblick auf § 211 Abs. 2, 4. Variante. Unter dem Begriff der „Religion" versteht das Bundesverwaltungsgericht *„eine mit der Person des Menschen verbundene Gewissheit über bestimmte Aussagen zum Weltganzen sowie zur Herkunft und zum Ziel des menschlichen Lebens"*, der – im Gegensatz zur ausschließlich auf innerweltliche Bezüge beschränkten Weltanschauung[306] – *„eine den Menschen überschreitende und umgreifende („transzendente") Wirklichkeit zu Grunde liegt"*[307]. Gerade in diesem transzendenten Bezug unterscheidet sich die Religion vom Politischen. Während sich Politik auf den Staat bezieht, beschäftigt sich die Religion metaphysisch mit *„höheren Mächten und tieferen Seiensschichten"*[308].

Durch die Quasi-Gleichsetzung von Gewissen, Weltanschauung und Religion im Hinblick auf die subjektive Komponente, die auch vom BVerfG hervorgehoben wurde[309], wird jedoch die Gemeinsamkeit der politisch-weltanschaulichen und religiösen Motivation hervorgehoben.

Auch die Zielrichtung religiös motivierter Attentate ist häufig mit jener der politischen vergleichbar:

Mag mit der Endzielvorstellung des religiösen Fanatikers die Errichtung eines „Gottesstaates" bzw. die Verwirklichung religiöser Wunschvorstellungen verbunden sein, so beabsichtigt der konkrete religiös motivierte Tötungsakt jedoch zunächst – im Sinne eines Zwischenschritts – nur das Umdenken oder Umwälzen der politischen Machtverhältnisse.

Der überwiegende Teil der religiös motivierten Terroranschläge beabsichtigt gerade ein derartiges Umdenken, eine Änderung des Lebensstils und nicht zuletzt einen Wechsel der Politik. Mit anderen Worten: Der motivationale Ursprung der Tat liegt im Religiösen, die Auswirkungen im Politischen.

Nicht zuletzt aus diesem Grund wird immer wieder die thematische Nähe der politischen Tötungen zu religiösen Gewalttaten hervorgehoben. Bei *Schneider* heißt es etwa: *„Nicht anders* [als terroristische Akte gegen Persönlichkeiten aus Politik und Wirtschaft] *einzuordnen sind Taten fanatisierter Islamisten, die zur*

11.09.2001: Terroranschläge in den USA; 12.11.2002: Bombenanschlag auf der indonesischen Insel Bali; 11.03.2004: Bombenattentate auf Pendlerzüge in Madrid; 07.07.2005: Bombenanschläge auf Londoner U-Bahn-Stationen und Busse; 23.07.2005: Bombenanschläge in Scharm El-Scheich, Ägypten; sowie weitere religiös motivierte Gewalttaten in Afghanistan, Irak und dem Nahen Osten.

306 Dazu *Pieroth/Görisch* JuS 2002, 937, [938].

307 BVerwGE 90, 112, [115]; unter einem religiösen Bekenntnis handelt es sich Lenckner zufolge, wenn „wesentlicher Inhalt der Glaube an ein höheres göttliches Wesen ist, dessen vorgestellte Gebote der einzelne zur Maxime seines Handelns macht, wie immer er sich dieses göttliche Wesen auch denken mag", Schönke/Schröder-Lenckner, vor § 166 Rn. 2.

308 *Schmidt/Seidel*, Grundrechte, 2. Auflage, 2001, S. 136.

309 Vgl. etwa BVerfGE 93, 1, [16]. Vgl. dazu auch *Pieroth/Schlink*, Grundrechte, Rn. 560.

Durchsetzung einer bestimmten Spielart ihrer Religion und der damit einhergehenden Gesellschaftsordnung in den so genannten „Heiligen Krieg" ziehen, um Ungläubige und deren westlich geprägtes Wertesystem zu beseitigen"[310].
Es bleibt festzuhalten, dass es sich bei den religiös motivierten Tötungen zwar aufgrund des transzendenten Bezugs gerade nicht um politisch motivierte Tötungen handelt, beide jedoch als unmittelbare Auswirkung eine gesellschaftspolitische Veränderung bezwecken, die eine Gleichbehandlung der beiden Motivationsformen zumindest nahe legt.

c) Das pseudo-politische Handeln

In der Kontroverse zwischen *Stock*[311], *Zinn*[312] und *Radbruch*[313] in den Jahren 1947 und 1948 spielte der Fall der so genannten „Wirtshausschlägerei" eine besondere Rolle.
Dieser Fall wurde erstmals von *Stock*[314] erwähnt: „*Die politischen Gegner A und B geraten in einer Gastwirtschaft aus politischen Gründen über politische Fragen in einen Streit, der in eine Rauferei übergeht, in deren Verlauf der A den B durch einen Boxhieb oder im Ringen tötet.*"
Auch wenn derartige Taten auf den ersten Blick „politisch" erscheinen, so zeigt sich bei näherer Betrachtung, dass die Tat weder auf sozialen Motiven noch der Verwirklichung von Wertvorstellungen diente und sich auch nicht gegen den Staat richtete[315].
Was *Zinn*[316] noch als Qualifikationsmerkmal ansah, war die „*Intoleranz,* […] *die besondere Gefahr seines Willens wegen der darin offenbarten Feindseligkeit gegen die Gemeinschaft.*" *Radbruch*[317] stellte hingegen zutreffend fest, dass eine derartige Ausweitung mit der politisch motivierten Tötung nicht mehr viel zu tun hat, sondern eher als Tötung „*aus politischer Unduldsamkeit oder Gehässigkeit*" bezeichnet werden sollte.
Für *Bay*[318] und *Rohe*[319] sind Tätigkeiten, die ausschließlich dem Abreagieren persönlicher Neurosen dienen, nur pseudo-politisches Handeln, auch wenn sie rein äußerlich und formal politischem Handeln ähneln.

---

310 MK-*Schneider*, § 211 Rn. 83.
311 *Stock* SJZ 1947, Sp. 529.
312 *Zinn* SJZ 1948, Sp. 141.
313 *Radbruch* SJZ 1948, Sp. 311 = GRGA Band 9, S. 336.
314 *Stock*, a.a.O., Sp. 534, Anm. 20, vgl. auch *Zielke*, a.a.O., S. 136 Anm. 17.
315 So auch *Zielke*, a.a.O., S. 137.
316 *Zinn*, a.a.O., Sp. 142.
317 *Radbruch*, a.a.O., Sp. 312.
318 *Bay*, Civil Disobedience, 1975, S. 78 ff.
319 *Rohe*, Politik – Begriffe und Wirklichkeiten, S. 93.

Unter Zugrundelegung des subjektivierten Politikbegriffs ist ihnen dabei zuzustimmen.

d) Die Mauerschützenfälle

Auch die Todesfälle an der innerdeutschen Grenze bis 1989 werfen die Frage auf, ob nicht politisch motivierte Tötungsdelikte vorliegen, wenn Grenzschützer aufgrund einer Entscheidung ihrer Staatsführung Menschen bei der Flucht aus der DDR erschießen[320].

Der Nationale Verteidigungsrat war für den Schießbefehl verantwortlich[321]. Urteile, in denen Mitglieder dieses Rates als mittelbare (Mit-)Täter „kraft organisatorischem Machtapparates", als *„Täter hinter den Tätern"* verurteilt wurden, schrieben Strafrechtsgeschichte[322].
Der Schießbefehl wurde erteilt, um das Zusammenbrechen des sozialistischen DDR-Systems durch Republikflüchtlinge zu verhindern[323]. Die Grenzanlagen waren kein *„antikapitalistischer Schutzwall"*, sondern der grausame Versuch eines Staates, seine Bürger an der Flucht zu hindern. Diese Entscheidung war politischer Natur. Sie wurde zum Schutz des Staates und im – vermeintlichen – Interesse der Bürger von einem politischen Gremium getroffen[324]. Wenn auch einige der Mauerschützen selbst nicht aufgrund einer eigenen inneren politischen Überzeugung handelten, so schossen sie jedoch, weil sie einen politischen Befehl befolgten.

Dieser staatliche Befehl diente der Sicherung bestimmter Ziele und Wertvorstellungen des Staatsapparates der DDR. Auch die Mauerschützenfälle sind somit grundsätzlich zu den politisch motivierten Tötungen zu rechnen. Sie unterschei-

---

[320] Vgl. zum Ganzen grundlegend: *Herzog*, Die Strafrechtliche Verantwortlichkeit von Todesschützen an der innerdeutschen Grenze, 1993; zusammenfassend *Gropp*, JuS, 1996, 13 und *Jakobs* NStZ 1995, 26; BGH NStZ 1994, 537; BGH NJW 1995, 2732.

[321] BGHSt 40, 218, [220]: „Der Nationale Verteidigungsrat war das zentrale staatliche Organ, dem die einheitliche Leitung der Verteidigungs- und Sicherheitsmaßnahmen der DDR oblag (Staatsrecht der DDR, Lehrbuch, Berlin 1978 S. 350): „Die Nationale Volksarmee und die Anfang der siebziger Jahre aus der Nationalen Volksarmee ausgegliederten »Grenztruppen der DDR« unterstanden dem Ministerium für Nationale Verteidigung. Sämtliche Handlungen der Grenztruppen, auch die Einrichtung von Selbstschussanlagen an der Grenze, die Verminung der Grenze und der Schusswaffeneinsatz gegen Flüchtlinge, beruhten auf Befehlen, die auf »Jahresbefehle« des Ministers für Nationale Verteidigung zurückgingen. Notwendige Voraussetzung dieser Jahresbefehle war, dass sie auf vorangegangenen Beschlüssen des Nationalen Verteidigungsrats beruhten."

[322] Grundlegend BGHSt 40, 218.

[323] BGHSt 40, 218, [219, 222].

[324] *Jakobs* NStZ 1995, 26; *Gropp* JuS 1996, 13, [18]; BGH NJW 1995, 2732 [2733].

den sich jedoch aufgrund des umgekehrten Staatsbezugs wesentlich von den anderen Fällen und sind daher als politisch motivierte Delikte eigener Kategorie nicht Bestandteil dieser Untersuchung.

Zweiter Teil

Das Mordmerkmal der niedrigen Beweggründe

I. Einleitung

Das Mordmerkmal der niedrigen Beweggründe[1] gehört zur 1. Gruppe des § 211. Diese Gruppe beinhaltet die mordqualifizierenden Beweggründe. In § 211 Abs. 2 heißt es:

„Mörder ist, wer aus Mordlust, zur Befriedigung des Geschlechtstriebs, aus Habgier oder sonst aus niedrigen Beweggründen, [...] einen Menschen tötet.“

Auf der Basis von Länderauskünften, die im Rahmen der BVerfG-Umfrage zur lebenslangen Freiheitsstrafe eingeholt wurden, stellte sich heraus, dass das Mordmerkmal der niedrigen Beweggründe von allen Tatbestandsmerkmalen des § 211, die vom 8.5.1945 bis zum 31.12.1975 zur Verurteilung führten, am häufigsten von den Gerichten festgestellt wurde[2]:

---

1 Die Begriffe Beweggrund, Motiv, Ziel und Absicht werden zunächst synonym verwendet. Es erscheint zudem fraglich, ob eine Differenzierung möglich ist. Wo elementare Antriebe zur Wahl eines Handlungsziels führen, lassen sich solche Motivationsformen und Ziele ohnehin nicht stringent auseinander halten. Tötet der Täter beispielsweise aus Habgier, so wird der Antrieb, von finanziellen Sorgen befreit zu sein, zum Motiv. Der Beweggrund, sich zu bereichern, und die Absicht, Vermögenswerte zu erlangen, kommen praktisch zur Deckung, vgl. *Heine*, Tötung aus „niedrigen Beweggründen“, 1988, S. 172 f. Antriebselemente und Handlungszwecke sind letztlich nicht mehr zu unterscheiden, so auch *Baumann/Weber*, Strafrecht AT, S. 399; *Bockelmann*, Strafrecht BT 2, S. 12; *Stratenwerth*, Strafrecht AT, S. 113 f.; *Heine*, a.a.O., S. 173; LK-*Jähnke*, § 211 Rn. 2; *Dreher/Tröndle*, Rn. 14. Auf die Grundlagen der Motivtheorie und damit auf die unterschiedlichen Motivelemente und Begrifflichkeiten wird später näher eingegangen, vgl. unten Seite 142 ff.

2 Vgl. *Eser*, Gutachten, 53. DJT, D 40. Eine neuere Fallstatistik existiert nicht. Der Verfasser hat die Justizministerien der Länder diesbezüglich angeschrieben. 15 der 16 Ministerien führen jedoch keine gesonderten Statistiken bezüglich der Verteilung der Mordmerkmale. Eine derartige Statistik wird lediglich in Rheinland-Pfalz geführt. Seit dem Jahr 1976 kam es dort zu 185 Verurteilungen wegen Mordes (einschließlich versuchten Mordes und Anstiftung zum Mord). In 102 Fällen wurde lediglich ein Mordmerkmal festgestellt. Davon entfielen 34 auf das Mordmerkmal der Verdeckungsabsicht, 30 auf die sonstigen niedrigen Beweggründe, 27 auf die Heimtücke, 6 auf die Habgier, 3 auf die Befriedigung des Geschlechtstriebs und 2 auf die Ermöglichungsabsicht.

In 954 von 1851 Fällen ist die Verurteilung wegen Mordes – ausschließlich oder auch – mit einem „sonstigen niedrigen Beweggrund“ begründet worden[3]. Erst mit einigem Abstand folgen Heimtücke und Habgier mit 716 beziehungsweise 578 Nennungen[4]. Das Mordmerkmal der „sonstigen niedrigen Beweggründe“ wurde somit im Berichtszeitraum in über der Hälfte aller Fälle angenommen.

Eine Auswertung aller Urteile der Großen Strafkammern der Landgerichte, sowie den Staatsschutzsenaten der Oberlandesgerichte die sich erstinstanzlich mit § 211 auseinandersetzen, wurde vom Verfasser nicht vorgenommen. Dies hätte eine Archivsichtung aller Land- und Oberlandesgerichte erforderlich gemacht.

3 *Eser*, a.a.O., D 40.

4 *Eser*, a.a.O., D 40; Es folgen die Mordmerkmale Verdeckungsabsicht (365), Ermöglichungsabsicht (315), grausam (260), zur Befriedigung des Geschlechtstriebs (135), Mordlust (37) und die gemeingefährlichen Mittel (3).

II. Das Mordmerkmal im historischen Kontext

Bevor eine inhaltliche Auseinandersetzung mit dem Mordmerkmal der niedrigen Beweggründe stattfindet, soll untersucht werden, welche Gründe zu der heute geltenden Regelung geführt haben[5].

1. Die Konzeption des RStGB von 1871

In der ursprünglichen Fassung des RStGB von 1871[6] war im Rahmen der vorsätzlichen Tötungsdelikte strukturell ein dreistufiges Modell vorgesehen[7].
Den Grundtatbestand bildete die vorsätzliche Tötung gemäß § 212 RStGB 1871. Der erhöhte Unwertgehalt des Mordes wurde von § 211 RStGB 1871, die milderen Fälle von den §§ 213 ff. RStGB 1871 erfasst.
Die vorsätzliche Tötung eines Menschen wurde als Mord mit dem Tode bestraft, „*wenn* [der Täter] *die Tödtung mit Überlegung ausgeführt hat*“[8].

Das Merkmal der Überlegung stand von Anfang an im Kreuzfeuer der Kritik. Zum einen wurde der Automatismus zwischen der Überlegung und der Todesstrafe bemängelt, zum anderen bereitete die tatschuldangemessene Interpretation des Abgrenzungsmerkmals der Überlegung Schwierigkeiten[9].

---

5 Zur historischen Entwicklung des § 211 umfassend: *Thomas*, Geschichte des Mordparagraphen, 1985; *Conen*, Vorsätzliche Tötungsdelikte, 1965; *v. Holtzendorff*, Verbrechen des Mordes, 1875; *Eser*, DJT-Gutachten, D 23 ff.; *Frommel* JZ 1980, 559 ff.; *Wachenfeld*, Mord und Totschlag; speziell im Hinblick auf die niedrigen Beweggründe: *Heine*, a.a.O., S. 18ff; *v. Gerkan*, Niedrige Beweggründe als Mordmerkmal, 1998, S. 1ff.

6 Gesetz betreffend die Redaktion des StGB für den Norddeutschen Bund als StGB für das Deutsche Reich vom 13.5.1871 (RGBl., S. 127); vgl. *Thomas*, a.a.O., S. 184 ff.

7 Vgl. dazu etwa *Heine*, a.a.O., S. 19.

8 In der *Constitutio Criminalis Carolina* von 1532 fand sich noch die Unterscheidung vom "*fursetzlichem Morder*“ und „*unfursetzlichem Todtschleger*“, Art. 137 CCC. „*Unfursetzlich*“ bedeutete in diesem Zusammenhang die das kalte Überlegen beeinträchtigende Erregung und Aufwallung, vgl. *Schmidt*, Einführung in die Geschichte der deutschen Strafrechtspflege, 1983, § 94. Nach germanischem Recht war hingegen Mörder, wer die Tat zu verheimlichen trachtete, vgl. *Eisenhardt*, Rechtsgeschichte, 1995, S. 65. Im frühen 16. Jahrhundert war bereits die Unterscheidung zwischen „*ehrloser Gesinnung*“ (Mord), mithin einer Tötung ohne jede Veranlassung, und Totschlag (Tötung nach vorheriger Herausforderung) bekannt, vgl. *Die Radolfzeller Halsgerichtsordnung* von 1506, zum Ganzen auch umfassend *Thomas*, a.a.O., S. 5 ff.; eine Übersicht findet sich bei *Jähnke*, LK, vor § 211 Rn. 35.

9 *Heine*, a.a.O., S. 20; *v. Holtzendorff*, a.a.O., S. 256; *John*, Entwurf mit Motiven zu einem Strafgesetzbuch für den Norddeutschen Bund, 1868, S. 53; *v. Gerkan*, a.a.O., S. 3; *Eser*, DJT-Gutachten, D 24 ff.

Früh wurde erkannt, dass die Überlegung weder regelmäßig ein Anzeichen für höhere Strafwürdigkeit darstellt, noch deren Abwesenheit in allen Fällen auf eine geringere Schuld schließen lässt[10].
In der amtlichen Strafrechtskommission bestand 1935 „*volle Einigkeit*“[11], dass sich das Überlegungskriterium je nach Fall als zu eng beziehungsweise als zu weit erwiesen hatte[12].
Mit Blick auf die fehlende Höchststrafwürdigkeit in Fällen, bei denen die Überlegung fehlte, bestand dabei gerade auf Seiten der Nationalsozialisten das Bedürfnis, den Kreis der Anwendbarkeit der Todesstrafe zu erweitern[13].
Die Konzeption von 1871 war daher in den Augen vieler zu unflexibel, um etwa der Art und der Stärke des Tatmotivs sowie tatumstandsbedingten Gefährlichkeitsindizien Rechnung zu tragen[14].
Die Beispiele von *Heine* verdeutlichen das Fehlschlagen des idealistischen Versuchs, den idealtypischen Mörder zu erfassen[15]:
„*Ob der Täter nun seinen todkranken Angehörigen von schweren Schmerzen befreien oder sich einer Barschaft ermächtigen wollte, ob er um sein Ziel zu erreichen, ein Gebäude in Brand setzte oder die Tötung in bandenmäßigem Zusammenschluss ausführte, blieb unerheblich, sofern sich die Ausführungsmodalität oder das Motiv nicht auf die Überlegung auswirkte*“ [16].

Über diese grundsätzliche Kritik hinaus war ferner umstritten, zu welchem Zeitpunkt der Täter mit Überlegung handeln musste. In Betracht kam sowohl der Zeitabschnitt vor als auch zu Beginn der Tat bis hin zum Ausführungsende[17].
Auch die Dauer und Intensität dieses inneren Vorgangs blieben strittig[18]. Darüber hinaus war fraglich, was von der Überlegung erfasst werden sollte. Musste dem Täter nur das Für und Wider der Tatbegehung bewusst geworden sein, so

---

10 So schon *v. Holtzendorff* 1875, a.a.O., S. 256 ff. und *v. Liszt* 1905, Verbrechen und Vergehen, S. 36; aber auch *Rosenfeld* als Berichterstatter des 21. Strafrechtsausschusses in der Sitzung vom 23.4.1929 (Verhandlungen Bd. II, IV. Wahlperiode, S. 3); vgl. auch E 1936, S. 245.

11 Vgl. *v. Gleispach*, Tötung, in Gürtner: Das kommende deutsche Strafrecht, BT, 2. Aufl., Berlin 1936, S. 372.

12 Vgl. *Heine*, a.a.O., S. 20.

13 Vgl. nur *Freisler*, DJ 1941, S. 933.

14 Vgl. *Heine*, a.a.O., S. 20.

15 So das Fazit von *Thomas*, a.a.O., S. 238.

16 *Heine*, a.a.O., S. 20.

17 *v. Liszt*, a.a.O., S. 42 ff. m. w. N.; *v. Gerkan*, a.a.O., S. 2.; *Heine*, a.a.O., S. 21.

18 *v. Liszt*, a.a.O., S. 42 ff.; *Wachenfeld*, a.a.O., S. 14; *Frank*, Strafgesetzbuch für das Deutsche Reich, 1975, § 211 Anm. 2; *v. Gleispach*, a.a.O., S. 372 und *Eser*, DJT-Gutachten, D. 27 ff. m. w. N.

die damals vorherrschende Meinung[19], oder hätte er sogar das genaue „Wie" bedenken müssen[20].
Conen stellte fest, dass es in der Kombination dieser und noch weiterer Auffassungen insgesamt 16 Varianten vertreten wurden[21].
Die Rechtsprechung entschied sich zunächst seit RGSt 42, 260 für eine kumulative Interpretationsrichtlinie, die sowohl aus der Reflexion der Motive („*Abwägung der zum Handeln drängenden und von diesem abhaltenden Beweggründe*") als auch dem Bedenken der „*zur Herbeiführung des gewollten Erfolges erforderlichen Tätigkeit*" bestand[22].
Später orientierte sich das Reichsgericht an dem Kriterium des „*verstandesklaren und kühlen Abwägens*"[23].
Mit dem Wechsel der Rechtsprechung konnte das Gericht „*unter Hintanstellung dogmatischer Stringenz die Rigidität des Merkmals* [...] *unterlaufen*"[24] und je nach subjektiver Überzeugung dem Täter die notwendigen Attribute zuschreiben oder sie verneinen[25].

Auf Basis der Konzeption des RStGB 1871 war es der Strafrechtswissenschaft somit „*nicht gelungen*", den Inhalt des Begriffs der Überlegung „*einwandfrei festzulegen*"[26].
Insbesondere mit dem Aufkommen des Nationalsozialismus mehrten sich Stimmen, die den Umstand, dass mit dem Merkmal der Überlegung „*einem Funktionsvorgang des Verstandes die Entscheidung*" über die Bewertung der Tat als Mord beigemessen wurde, für misslungen hielten. Bemängelt wurde die fehlende Möglichkeit eines Rekurses auf die „*sittliche Wertung des Täters*"[27].
Aufgrund der angesprochenen Schwierigkeiten mit dem Merkmal der Überlegung, und um seiner unzugänglichen Neutralität und Abstraktheit zu begegnen, schuf man mit der Novelle von 1941 einen neuen § 211, der eher gesinnungsethisch ausgerichtet wurde.

---

19 *Frank*, a.a.O., § 211 Anm.2; *Binding*, Lehrbuch des gemeinen deutschen Strafrechts, S. 27; *Hälschner*, Das gemeine deutsche Strafrecht, Band II, 1. Abt. S. 36, 48; *Wachenfeld*, a.a.O., S. 14.

20 *v. Holtzendorff*, a.a.O., S. 427.

21 *Conen*, a.a.O., S. 16.

22 Vgl. RG JW 1926, 1187; RG JW 1927, 902; RG JW 1931, 939; RG JW 1935, 864.

23 RG JW 1935, 3468; vgl. auch RG JW 1936, 2556; RG JW 1936, 3462.

24 *Heine*, a.a.O., S. 21 mit Verweis auf *Schmidt-Leichner*, DRZ 1941, 2147.

25 *Thomas*, a.a.O., S. 205, 222; *Heine*, a.a.O., S. 22.

26 So resümierend *v. Gleispach*, a.a.O., S. 372; dazu auch *Thomas*, a.a.O., S. 222 ff.; *Heine*, a.a.O., S. 21 f.

27 So etwa *Freisler*, a.a.O., S. 933; vgl. *Rietzsch*, S. 169 ff. und *Heine*, a.a.O., S. 20.

2. Die am Tätertyp orientierte Konzeption von 1941

Die Novellierung des § 211 durch das Gesetz zur Änderung des Reichsstrafgesetzbuchs vom 4.9.1941[28] basierte auf einem Entwurf von *Stooss* aus dem Jahr 1894[29]. *Stooss* fügte 1916 seinem eigenen Gesetzesentwurf von 1894 (nach einigen explizit benannten Beweggründen) die Klausel *„oder aus anderen gemeinen Beweggründen"*[30] hinzu.

Die kriminalpolitischen Ziele von *Stooss* und den Nationalsozialisten waren jedoch unterschiedlich. *Stooss* ging es in einem eher ethischen Ansatz darum, *„die unehrliche, gemeine Tödtung schwer zu bestrafen"*[31], während bei den Nationalsozialisten das ideologische Konstrukt des „gemeinen Mörders" im Vordergrund stand, der als minderwertig von der Volksgemeinschaft auszuschließen war. Das „gesunde Volksempfinden" sollte fortan über die Strafbedürftigkeit entscheiden[32]. Die spätere Anlehnung der Nationalsozialisten an *Stooss* war daher *„kaum mehr als eine äußerliche"*[33].

Mit der Neugestaltung des Mordparagrafen durch die Nationalsozialisten war beabsichtigt, sozialethisch besonders verwerfliche Tötungsfälle vom „Normalfall" der Tötung hochzustufen.

§ 211 wurde gesetzestechnisch in drei Gruppen aufgeteilt. Die erste Gruppe kennzeichnete sich durch die Niedrigkeit der Motive (Mordlust, Befriedigung des Geschlechtstriebs, Habgier, sonstige niedrige Beweggründe), die zweite Gruppe durch die besondere Gefährlichkeit oder inhumane Art der Tatausführung (heimtückisch, grausam, mit gemeingefährlichen Mitteln) und die dritte Gruppe durch die besonderen deliktischen Zielsetzungen (Ermöglichung oder Verdeckung einer Straftat).

Man erhoffte sich, mit dieser dreistufigen Konzeption für jede Tötung die richtige Einstufung vornehmen zu können[34]. Die *„formal-logische Subsumtionstechnik"* des *„Kaiserrechts"* sollte einem Maßstab weichen, der es ermöglichte, die *„grundsätzlich andere Wesensart des Mörders"* zu kennzeichnen[35].

Die den § 211 fortan kennzeichnende Lehre vom normativen Tätertyp lockerte den Tatbestand auf, indem die Merkmale lediglich *„Hinweise"* für die Bewer-

---

[28] RGBl I, 549.

[29] *Stooss*, Schweizerisches Strafgesetzbuch - Vorentwurf mit Motiven, 1894, S. 38 [Art. 50].

[30] So Art. 104 des Vorentwurfs von 1916, vgl. *Heine*, a.a.O., S. 23; *Frommel* JZ 1980, 462.

[31] Stooss, Grundzüge des Schweizerischen Strafrechts, II. Band, 1892, S. 9 f.

[32] *Heine*, a.a.O., S. 26 ff.; *Thomas*, a.a.O., S. 265 ff.

[33] *Heine*, a.a.O., S. 23; so auch *Frommel*, a.a.O., S. 462; *Thomas*, a.a.O., S. 242 ff., 248.

[34] Vgl. *Freisler* DJ 1941, 933 ff.; *v. Gleispach*, a.a.O., S.372 ff.; *Dahm* DRZ 1942, 405; *Heine*, a.a.O., S. 23.

[35] *Freisler*, a.a.O., S. 934; *Dahm*, Der Tätertyp im Strafrecht, 1940, passim; *Dahm*, a.a.O., S. 401 ff; *Heine*, a.a.O., S. 23.

tung des Täters darstellten. Der Gesetzgeber wollte nicht kasuistisch-abschließend die besonders verwerfliche Tötung erfassen. Dem Richter wurde dadurch die Einordnung des Täters als Mörder oder Totschläger erleichtert[36].
Es bestand Einigkeit darüber, dass der Täter weder beim Vorliegen eines Mordmerkmals zwangsläufig wegen Mordes verurteilt werden müsse noch dass bei Nichtvorliegen eine Verurteilung ausgeschlossen sei[37]. Die Bindung des Richters an das Gesetz wurde somit – wie auch in anderen Bereichen des Strafrechts[38] – gelockert, indem ausfüllungsbedürftige Wertbegriffe Einzug in das Gesetz erhielten.
Das Abstellen auf den Tätertypus beruhte jedoch nicht auf einer phänomenologischen bestimmbaren Tätergruppe, wie es vordergründig den Anschein haben mag, sondern vielmehr auf einer normativ-idealistischen Betrachtungsweise[39]. Im Vordergrund stand die *„gedankliche Konstruktion des Typus „gemeiner Mörder", der als minderwertig von der Volksgemeinschaft auszuschließen war.*[40]"
Einher ging mit diesem Wechsel vom Tat- zum Täterstrafrecht, eine Abkehr von der *Liszts*'schen Ausrichtung an der Spezialprävention und der Rechtsgutsverletzungslehre[41].
Die empfundene Enge des Konstrukts der Rechtsgutsverletzungslehre wurde vielmehr durch das Abstellen auf den Gesinnungsunwert als solchen verdrängt.

Die Absicht, die Abgrenzung zwischen Mord und Totschlag durch die Orientierung an den Tätertypen des „Mörders" und des „Totschlägers" durchzuführen, hat sich jedoch ebenso wenig durchgesetzt wie die Stimmen, die mit dem isolierten Abstellen auf den Gesinnungsverfall eine Ethisierung des Strafrechts propagierten[42].

---

36 *v. Gleispach*, a.a.O., S. 372 ff.

37 *Dahm* DRZ 1942, 401, [405]; *Freisler*, a.a.O., S. 935; *v. Gleispach*, Deutsches Strafrecht, 1941, S. 2 ff; *Rietzsch*, a.a.O., S. 173 f.; vgl. dazu auch *Heine*, a.a.O., S. 25; *Rüping* JZ 1979, S. 618.

38 Vgl. dazu *Heine*, a.a.O., S. 26 m. w. N.

39 So Dahm, der bezüglich der von der Möglichkeit der Verbindung zwischen Tat und Täter schreibt: „Dies kann nun offenbar nicht in der Weise geschehen, dass die Tat nur in ihrer symptomatischen Bedeutung für ein kriminologisches Tätersein aufgefasst wird [...], sondern es kann sich hier nur darum handeln, ob jemand [...] im Sinne der Volksanschauung als Mörder, Landesverräter, Dieb usw. erscheint, und ob er dem Täterbilde entspricht, das dem Gesetzgeber bei der Aufstellung seiner Gebote vor Augen stand", Dahm, Der Tätertyp im deutschen Strafrecht, 1940, S. 20 f.; Heine, a.a.O., S. 26; Mezger ZStW 60 (1941), 374 ff.; Schaffstein, Festschrift für v. Gleispach, S. 102; Wolf ZStW 54 (1935), 549 ff.

40 So zusammenfassend *Heine*, a.a.O., S. 26; *Thomas*, a.a.O., S. 265 ff.

41 *Heine*, a.a.O., S. 27 m. w. N.

42 *Heine*, a.a.O., S. 28.

Aufgrund der Verwurzelung des Mordmerkmals der niedrigen Beweggründe im nationalsozialistischen Rechtsdenken wird teilweise konstatiert, dass dieser ideologisch aufgeladenen Konzeption „*im Grunde ein rationaler Maßstab* [fehlt], *der es ermöglicht, besonders strafwürdige Tötungsfälle zu klassifizieren*"[43].
Im Vergleich insbesondere zu den Mordmerkmalen der zweiten Gruppe, die sich überwiegend an objektiven Kriterien der Tatausführung orientieren, handelt es sich bei der Motivgeneralklausel der niedrigen Beweggründe um ein abstraktes und ausfüllungsbedürftiges Merkmal, dessen Interpretation durch die historischen Wurzeln leider nicht erleichtert wird.

3. Die Beibehaltung der Norm durch den Nachkriegsgesetzgeber

Durch das Kontrollgesetz Nr. 11 Art. II Abs. 2 vom 30. November 1946 wurde von den Alliierten lediglich § 1 des Gesetzes vom 4. September 1941 aufgehoben. § 2 des Gesetzes, mit dem die §§ 211 und 212 in neuer Fassung in das StGB eingefügt worden waren, blieb hingegen bestehen[44].
Auch heute noch ist § 211 Abs. 2 seit dem 4. September 1941 unverändert[45], und der nachkonstitutionelle Gesetzgeber hat deutlich zum Ausdruck gebracht, dass er die bisherige Formulierung des § 211 Abs. 2 in seinen Willen aufnehmen und daran festhalten will[46].

Der Große Senat für Strafsachen hat in seiner bekannten Entscheidung zum Mordmerkmal der Heimtücke deutlich gemacht, dass er den § 211 nicht als eine von nationalsozialistischem Gedankengut geprägte Norm ansieht[47].
Der BGH blendete vielmehr die ihm unangenehme Lehre vom normativen Tätertyp nahezu gänzlich aus und berief sich stattdessen auf die Entwürfe zum Schweizerischen Strafgesetzbuch:

---

43 So *Heine*, a.a.O., S. 29 m. w. N.

44 § 1 des Gesetzes zur Änderung des Reichsstrafgesetzbuchs vom 4. September 1941 lautete: „Der gefährliche Gewohnheitsverbrecher (§ 20a des Strafgesetzbuchs) und der Sittlichkeitsverbrecher (§§ 176 bis 178 des Strafgesetzbuchs) verfallen der Todesstrafe, wenn der Schutz der Volksgemeinschaft oder das Bedürfnis nach gerechter Sühne es erfordern.", vgl. Anhang Nr. 6. Vgl. dazu auch Eb. Schmidt, DRZ 1949, S. 198; Thomas, Die Geschichte des Mordparagraphen, 1985, S. 277 f; v. Gerkan, a.a.O., S. 6.; OGHSt 1, 95, [98].

45 § 211 wurde bisher lediglich zweimal im Hinblick auf die Rechtsfolge geändert: 1953 wurde aufgrund von Art. 102 GG die Androhung der Todesstrafe gestrichen (BGBl. I, S. 735) und 1969 wurde die verbliebene lebenslange Zuchthausstrafe durch die lebenslange Freiheitsstrafe ersetzt. (BGBl. I, S. 645).

46 Vgl. BVerfGE 45, 187, [221 f.]; Art. 323 Abs. 1 Einführungsgesetz zum StGB vom 2.3.1974, BGBl. I, S. 469.

47 GS BGHSt 9, 385, [387].

„Die Neufassung des § 211 StGB durch das Gesetz vom 4. September 1941 (RGBl I S. 549) lehnt sich an alte Entwürfe zu einem Schweizerischen Strafgesetzbuch an“[48].

Mit der Ablehnung der Lehre vom normativen Tätertyp von Seiten des BGH wurden auch Bestrebungen aus der Literatur verworfen, die eine Typenkorrektur forderten: „*Die Entstehungsgeschichte und die Fassung des § 211 StGB zeigen deutlich das rechtspolitische Anliegen des deutschen Gesetzgebers, dem Richter für die Beurteilung der Frage, ob eine Tötung Mord oder Totschlag ist, klare und fest umrissene Tatbestände an die Hand zu geben. Das Gesetz umschreibt abschließend die Fälle, die es als besonders verwerflich und deshalb als Mord beurteilt. Es soll deshalb nicht von einer richterlichen Wertung des Gesamtbildes der Tat abhängen, ob der Täter wegen Mordes oder wegen Totschlags verurteilt wird. Die Gegenmeinung träfe nur zu, wenn der Entwurf 1936 Gesetz geworden wäre. Das ist nicht der Fall. Das Gesetz vom 4. September 1941 knüpft auch nicht an Art. 112 des Schweizerischen Strafgesetzbuchs vom 21. Dezember 1937 an, der dem richterlichen Ermessen einen weiten Spielraum lässt. Es hat sich vielmehr Art. 52 des Vorentwurfs 1896 zum Vorbilde genommen, der fest umrissene Tatbestände zwingend und abschließend als Merkmale des Mordes umschreibt, weil er »vage und fließende Unterscheidungsmerkmale« vermeiden will*“[49].

An der Beibehaltung der Norm und der Ausblendung ihrer nationalsozialistischen Vergangenheit wurde von Seiten der Literatur Kritik geübt[50].

Thomas kommt zu dem Schluss, dass „*vor dem Hintergrund einer pluralistisch-demokratischen und von den Elementen der zivilen Wehrhaftigkeit bereinigten Gesellschaft*“ der § 211 nicht mehr zeitgerecht und damit dysfunktional sei[51].

Für *Woesner* werden durch die Beibehaltung der Norm „*Reminiszenzen an das Gesinnungsstrafrecht der NS-Zeit und an die Lehre vom Tätertyp*“ wach. Daran ändere „*auch die Affinität zu alten nicht ausgeführten schweizerischen Entwürfen und zu Art. 112 SchweizStGB nichts*“[52].

---

48 GS BGHSt 9, 385, [387].

49 GS BGHSt 9, 385, [389].

50 Vgl. Thomas, a.a.O., S. 265: „Der Tatbestand des § 211 StGB, wie ihn der nationalsozialistische Gesetzgeber in seiner heute noch geltenden Fassung geschaffen hat und wie nur er ihn allein auch schaffen konnte – ohne das Rechtsdenken des Dritten Reichs wäre weder der „normative Täter“ (Mörder) noch die Rezeption des Zweikampfprinzips möglich gewesen –, stellt eine Mischung aus einem archaischen Konflikt- bzw. Zweikampfmodell und dem von Herrschaftsinteressen getragenen Bemühen um Deckungsgleichheit zwischen dem Täterbild „Mörder“ und den Tätern dar.“

51 *Thomas*, a.a.O., S. 277.

52 *Woesner*, aaO, S. 1025.

Das von Kritik begleitete Festhalten an der Fassung der Konzeption vom 4. September 1941 bildet somit gleichsam den vorläufigen Abschluss der historisch-systematischen Entwicklung des Mordparagrafen im Deutschen Strafrecht.

III. Rechtstheoretische und systematische Erwägungen zur Motivgeneralklausel und zur Legitimität des sittlichen Rekurses

Seit der Entscheidung BGHSt 3, 132 vom 25.7.1952 wird ein Beweggrund in der Rechtsprechung dann als niedrig im Sinne des § 211 Abs. 2 angesehen, wenn er „*nach allgemeiner sittlicher Wertung auf tiefster Stufe steht, durch hemmungslose, triebhafte Eigensucht bestimmt und deshalb besonders verwerflich, ja verächtlich ist*“[53].
Aufgrund der ausfüllungs- und auslegungsbedürftigen Begriffe dieser Definition stellt sich die Frage nach der Trennschärfe des Mordmerkmals.
Diese ist insbesondere wichtig, weil die Rechtsprechung die Mordmerkmale sowohl als abschließend, aber auch als zwingend auffasst[54].
Den Weg einer positiven oder negativen Typenkorrektur, wie er überwiegend in der Literatur vorgeschlagen wird[55], ist der BGH nicht gegangen[56]. Die Feststellung über das Vorliegen von Mordmerkmalen ist somit das entscheidende Moment bei der Entscheidung, ob Mord oder Totschlag vorliegt.
Der Verweis auf den außerrechtlichen Maßstab der *Sittlichkeit* öffnet dabei den Tatbestand des Mordes für unterschiedliche, von individuellen Vorurteilen beeinflusste Wertvorstellungen und Ansichten. Die Trennschärfe des Merkmals wird durch die abstrakte *Niedrigkeitsstufe* des Beweggrundes noch schwächer, zumal die Rechtsprechung diese nach den Gesamtumständen der Tat beurteilt[57].
Die Richter sehen sich somit regelmäßig vor dem Problem, die gerade vorherrschende Einstellung der Allgemeinheit zu ermitteln und festzulegen, wann diese einen Beweggrund als „*geradezu verächtlich*“ einstuft[58].

Bevor auf den Entwicklungsprozess der Rechtsprechung näher eingegangen wird, ist zunächst die systematische Einordnung der Motivgeneralklausel zu klären.
In Anbetracht der Tatsache, dass die Strafbarkeit des Täters an dessen „*sittlichwertwidrigem geistigen Verhalten*“[59] anknüpft, stellt sich nicht nur die Frage, ob allein „*der ethische Unwert zur schärfsten Sanktion des Strafensystems*

[53] Ähnlich auch schon OGHSt 1, 327 und BGHSt 2, 63.

[54] BGHSt 3, 186; 9, 389; 11, 143; 28, 79; *Eser*, a.a.O., D 39.

[55] Vgl. dazu Schönke/Schröder-*Eser*, § 211 Rn. 10; *Jescheck/Triffterer*, Ist die lebenslange Freiheitsstrafe verfassungswidrig?, 1978, S. 175; *Busch*, Festschrift für Rittler, S. 295; *Geilen* JR 1980, S. 309; *Heine*, LdR 8/1680, 4; SK-*Horn*, § 211 Rn. 6; *Schönke* NJW 1950, 237; *Welzel*, 284; *Otto* ZStW 1983, 79; *Günther* JR 1985, 268 jeweils m. w. N.; ablehnend NK-*Neumann*, Rn. 147.

[56] Vgl. GSSt BGH 9, 385, [388 f.]; GSSt BGH 30, 105, [115 ff].

[57] Vgl. BGH NJW 1954, 545; GA 1974, 370; BGH NJW 1980, 537.

[58] Vgl. auch *v. Gerkan*, a.a.O., S. 43.

[59] So *Schmidhäuser*, Gesinnungsmerkmale im Strafrecht, 1958, S. 231.

zwingt"[60], sondern es steht vielmehr die Frage nach dem grundsätzlichen Verhältnis von Recht und Ethik zur Diskussion[61].

Zunächst wird daher vor dem Hintergrund der Frage nach der Legitimität des sittlichen Rekurses ein kurzer Blick auf den materiellen Verbrechensbegriff und das Erfordernis des Rechtsgüterschutzes geworfen, bevor näher auf die Leitprinzipien zur Rechtfertigung der Motivgeneralklausel eingegangen wird.
Im Anschluss daran erfolgt die deliktssystematische Einordnung unter Berücksichtigung der personalen Unrechtslehre und die Beschäftigung mit dem systematischen Verhältnis von Mord und Totschlag.
Vor dem Hintergrund der gewonnenen Erkenntnisse kann dann auf die Rechtmäßigkeit des Rückgriffs auf den außerrechtlichen Maßstab der Sittlichkeit im Rahmen der Tötungsdelikte eingegangen werden. Den Abschluss dieses Abschnitts bildet die Ermittlung der Anforderungen, die sich für die Rechtsprechung aus den Erfordernisses des Bestimmtheitsgrundsatzes des Art. 103 Abs. 2 GG bei der Motivgeneralklausel ergeben.

1. Das Erfordernis des Rechtsgüterschutzes als Legitimitätshindernis

Die Frage, ob außerrechtliche Wertvorstellungen überhaupt strafbares Verhalten begründen können, ist eng verbunden mit dem materiellen Verbrechensbegriff[62]. Dieser fragt nach den sachlichen Kriterien strafbaren Verhaltens. Er ist dem Strafgesetzbuch vorgelagert und liefert der Legislative einen Maßstab dafür, welches Verhalten strafwürdig ist und welches nicht.
Bei der Umschreibung des materiellen Verbrechensbegriffes kommt den Rechtsgütern eine entscheidende Bedeutung zu[63].
Wie *Hassemer* gezeigt hat, war und ist die zentrale Botschaft der Lehren vom Rechtsgut, dass der Gesetzgeber nur dasjenige Verhalten unter Strafe stellen darf, welches ein Rechtsgut bedroht[64]. „*Akte, die lediglich gegen Moralen, gesellschaftliche Wertvorstellungen oder Interessen des Souveräns gerichtet sind, müssen dem Deliktskatalog fernbleiben*"[65].

---

[60] *Heine*, a.a.O., S. 59.

[61] Wie *Heine*, a.a.O., S. 55, anmerkt, stehen sich dabei grundsätzlich zwei rechtsphilosophische Positionen gegenüber. Zum einen der Rechtspositivismus, der eine strikte begriffliche Trennung zwischen Recht und Moral vornimmt, und zum anderen die naturrechtliche Schule, die von einer gewissen Überschneidung ausgeht.

[62] Zum materiellen Verbrechensbegriff: *Roxin*, AT, § 2 II Rn. 1 ff. m. w. N.

[63] Vgl. *Roxin*, a.a.O., § 2 II; *Hassemer* NStZ 1989, 553, [557].

[64] *Hassemer*, a.a.O., S. 557.

[65] *Hassemer*, a.a.O., S. 557.

Auch *Roxin* spricht sich im Ergebnis dafür aus, „*dass bloße Moralwidrigkeiten kein Rechtsgut verletzen und deshalb straflos bleiben müssen*“[66].

§ 211 schützt das Rechtsgut des Lebens vor dessen vorsätzlicher besonders verwerflicher Vernichtung. Unabhängig davon, ob man § 211 als Qualifikation des § 212[67] oder als selbständigen Tatbestand[68] auffasst, schützt jedoch bereits § 212 das Rechtsgut des Lebens vor dessen vorsätzlicher Vernichtung.
Die Tötung eines anderen Menschen an sich ist jedenfalls nach den §§ 212 ff. strafbar. Das Mordmerkmal der niedrigen Beweggründe – fasst man es nun als strafschärfend oder als strafbegründend auf – stellt somit die Beweggründe der Vernichtung eines bereits geschützten Rechtsguts unter Strafe. Ein Rechtsgut im klassischen Sinne – das nicht bereits dem Schutz einer anderen strafbewehrten Norm unterliegt – existiert nicht.
Diese Konstellation ergibt sich jedoch nicht nur bei dem Mordmerkmal der niedrigen Beweggründe. Abgesehen von der grausamen[69] und der gemeingefährlichen Tötung[70] besteht das Legitimitätsproblem im Hinblick auf den Rechtsgüterschutz bei allen weiteren Mordmerkmalen.
Nicht nur beim § 211 lässt sich der fehlende Rechtsgüterschutz im klassischen Sinne feststellen; der Schutzbereich von Qualifikationstatbeständen geht häufig nicht über das bereits vom Grundtatbestand erfasste Rechtsgut hinaus, sondern erfasst vielmehr Tatbestandsvarianten, die eine stärkere Eingriffsintensität oder einen höheren Schuldgehalt aufweisen.
Es stellt sich somit die Frage, ob das Mordmerkmal der niedrigen Beweggründe lediglich die gesteigerte Schuld des Täters – zum Beispiel im Sinne eines besonders schweren Falles – unter Strafe stellt. Diese Interpretation würde zumindest das Legitimitätsproblem im Hinblick auf den Rechtsgüterschutz beseitigen.

---

66 *Roxin*, a.a.O., § 2 V Rn. 12.

67 *Tröndle/Fischer* § 211 Rn. 14; L/K, Rn. 22; NK-*Neumann*, Rn. 141; *Welzel* JZ 52, 73; *Maurach/Schroeder/Maiwald*, BT I Rn. 28; *Hirsch*, Festschrift für Tröndle, S. 34 und Schönke/Schröder-*Eser*, vor. § 211 ff. Rn. 5 und LK-*Jähnke*, Rn. 39 ff. jeweils m. w. N.

68 So schon BGH 1, 370; 6, 330; 22, 377. Bestätigt wurde dies im Grundsatz auch vom Großen Senat für Strafsachen am BGH, vgl. GSSt BGH 30, 105.

69 Das Mordmerkmal der Grausamkeit schützt darüber hinaus – gewissermaßen dem Rechtsgut des Lebens zeitlich vorgelagert – die körperliche Unversehrtheit des Opfers in Anbetracht einer vom „Normalfall“ abweichenden hohen Eingriffsintensität in einem besonders starken Maße.

70 Das Mordmerkmal der Gemeingefährlichkeit der Mittel schützt darüber hinaus die Rechtsgüter des Lebens und der körperlichen Unversehrtheit von unbeteiligten Dritten.

2. Die Leitprinzipien des Mordmerkmals als Grundlage der Qualifikationsrechtfertigung

Unabhängig von der Frage nach der Schuldintensität, lassen sich bei der Begründung für die Qualifikation der Motivgeneralklausel grundsätzlich zwei verschiedene Ansätze unterscheiden[71].

Einerseits wird die Legitimität der Strafschärfung in der besonderen Verwerflichkeit der Motivation gesehen[72], andererseits auf die besondere Gefährlichkeit als Grundprinzip verwiesen[73]. Zu der letzten Gruppe sind auch diejenigen Autoren zu rechnen, die das Grundprinzip des Mordmerkmals im Missverhältnis zwischen Mittel und Zweck erblicken[74], sofern ebenfalls auf die aus diesem Missverhältnis sprechende Gefährlichkeit rekurriert wird.

Die besondere Gefährlichkeit bei den sonstigen niedrigen Beweggründen ergibt sich nach *Jakobs* aus dem Umstand, dass der Täter aus *„nichtigem Anlass"* tötet *„und ein Umsichgreifen solcher Taten ist gefährlicher als bei einer Tötung mit gewichtigerem Beweggrund"*[75].

Schroeder und weitere Autoren stellen dazu fest, dass es *„vollends unklar bleibt, warum das Umsichgreifen solcher Taten gefährlicher sein soll als das von Tötungen mit gewichtigerem Beweggrund"*[76]. Diese Kritik ist berechtigt, sofern man sich am bloßen Wortlaut der Jakobs'schen Formulierung orientiert. Ersetzt man jedoch den Komparativ *„gefährlicher* […] *als"* durch die kontextnähere Formulierung „wahrscheinlicher […] als", so wird deutlich, worauf *Jakobs* hinauswollte: Aus der Einstellung des Täters selbst für nichtige Anlässe zu töten, spreche eine derart lebensfeindliche Einstellung[77], die – im Vergleich zu bedeutenderen Anlässen – eine erhöhte Wiederholungsgefahr begründe.

Die Auffassung, dass sich die Motivgeneralklausel an Gefährlichkeitskriterien orientiert, ist jedoch aus unterschiedlichen Gründen abzulehnen.

Wie bereits angesprochen enthält die Tötung aus niedrigen Beweggründen kein über das objektive Totschlagsunrecht hinausgehendes Erfolgsunrecht. Anknüpfungspunkt der erhöhten – und daher schärfer sanktionierten – Schuld ist allein

---

[71] Zum Ganzen *Müssig*, Mord und Totschlag, 2005, S. 7 ff. Zusammenfassend MK-*Schneider*, § 211 Rn. 6 ff. Zur normativen Differenzierungprämisse des Tötungsunrechts als Zuständigkeitsdifferenzierung bei Müssig vgl. unten Seite 191.

[72] *Eser*, DJT-Gutachten, D 173 ff.; tendenziell NK-*Neumann*, vor § 211, Rn. 139.

[73] So etwa *Jakobs* NJW 1969, 490. Vgl. auch *Woesner* NJW 1978, 1027.

[74] *Schroeder* JuS 1984, 276; vgl. aber auch *Jakobs*, a.a.O., S. 490 und *Arzt* JZ 1973, 681, [685] sowie BGH NJW 1981, 1382; BGH StV 1983, 503, [504]; BGH NStZ 1994, 34.

[75] *Jakobs* NJW 1969, 490.

[76] *Schroeder*, a.a.O., S. 276.

[77] Vgl. Jakobs, a.a.O., S. 490: „denn bei diesem Täter ist das Wertbewusstsein besonders nachdrücklich zu schärfen".

die Tätergesinnung, die im Sinne einer „*Gesamtschau*" zu ermitteln ist. Über die mittelbaren und unmittelbaren Beweggründe des Täters hinaus sind die Umstände der Tat, die Lebensverhältnisse und die Persönlichkeit des Täters lediglich bei der Rekonstruktion der Motive zu berücksichtigen[78].
Diese Interpretation der Motivgeneralklausel beruht auf dem vom bundesrepublikanischen Gesetzgeber im Hinblick auf die Mordmerkmale unveränderten § 211 und dessen Gesetzesbegründung durch den nationalsozialistischen Gesetzgeber[79] und der darauf basierenden Verwerflichkeitskonzeption des BGH einerseits und dem konsequenten Abstellen auf das alleinige Rechtsgut des Lebens andererseits.
Schneider ist zuzustimmen, wenn er anmerkt, dass derartige Verwerflichkeitsmodelle „*maßlos*" sind[80], doch das von ihm bevorzugte vermeintlich rationalere Verständnis der Mordmerkmale im Sinne einer Einbeziehung „*integrationspräventive*[r] *Gefährlichkeitserwägungen jedenfalls als Orientierungsidee*" vermag ebenso wenig zu überzeugen[81]. Dies räumt *Schneider* auch selbst ein, wenn er konstatiert, dass sein generalpräventives Modell „*durchaus spekulative Züge*" aufweise „*und letztlich auf Alltagshypothesen und Plausibilitätserwägungen*" hinauslaufe und daher „*ein durchgängiges Rechtfertigungsprinzip im engeren Sinn* [...] *nicht zu liefern*" vermöge[82].
Warum das Anstellen von „*Alltagshypothesen und Plausibilitätserwägungen*" gegenüber den vermeintlichen „*Leerformeln*" der Verwerflichkeitskonzeption vorzugswürdig erscheint, bleibt indes unklar[83].
Unabhängig davon, ob man die erhöhte Gefährlichkeit spezialpräventiv über die Wiederholungsgefahr[84] oder generalpräventiv über die Abschreckung potenzieller Täter[85] beziehungsweise über die gesteigerte Sozialgefährlichkeit[86] kons-

---

78 Vgl. zum Beispiel BGHSt 35, 116, [127]. Entscheidend ist, dass diese „*Gesamtumstände*" lediglich zur *Rekonstruktion*, nicht jedoch zur *Bewertung* herangezogen werden dürfen, so zutreffend NK-*Neumann*, § 211 Rn. 32.

79 Vgl. Grau/Krug/Rietzsch, Deutsches Strafrecht I, 2. Aufl. (1943), S. 294 ff. Dazu auch Schroeder, a.a.O., S. 276: „Vielfach wird das gemeinsame Grundprinzip der Mordmerkmale in der besonderen Verwerflichkeit der Tat gesehen. Dieser Gesichtspunkt war in der Tat die Richtlinie für die Schaffung des geltenden Mordtatbestandes"; So auch Heine, a.a.O., S. 213 ff. und Beisheim, Eigennutz als Deliktsmerkmal im Strafrecht, 1994, S. 155.

80 MK-*Schneider*, a.a.O., Rn. 10.

81 MK-*Schneider*, a.a.O., Rn. 22.

82 MK-*Schneider*, a.a.O., Rn. 22.

83 Zur Praktikabilität kritisch auch *P.-A. Albrecht* JZ 1982, 697, [704 f.].

84 So *Arzt* ZStW Bd. 83 (1971), S. 1, [19 f.]. Vgl. auch SK-*Horn*, § 211 Rn. 3 und MK-*Schneider*, a.a.O., Rn. 17 m. w. N.

85 Vgl. *Eser*, a.a.O., D 166; *Jakobs* NJW 1969, 489, [490]. Kritisch *P.-A. Albrecht*, a.a.O., S. 697, [701 ff.].

86 MK-*Schneider*, a.a.O., Rn. 18; *Rüping* JZ 1979, 617, [620]; Vgl. *Witt*, Das Mordmerkmal „grausam", 1996, S. 154 f.; *Heine*, a.a.O., S. 213 ff.

truiert, basieren diese Modelle auf einem fragwürdigen Verständnis des geltenden Tat- und Schuldstrafrechts.
Wie *P.-A. Albrecht* zutreffend feststellt, ist beim Rekurs auf die Wiederholungsgefahr die Strafe nicht mehr von Unrecht und Schuld abhängig, wie es das Gesetz vorsieht[87], sondern allein von der Rückfallwahrscheinlichkeit[88]. *Stratenwerth* betont, dass ein Abstellen auf die negative Spezialprävention nicht einem „*Strafrecht, bei dem die Tat und nicht das Sosein des Täters den eigentlichen Anknüpfungspunkt*" bilde, entspräche[89]. *Maiwald* bereitet es „*großes Unbehagen*", den Täter zu bestrafen, „*weil er sich als eine Person erwiesen hat, der man einen Gefährlichkeitsgrad bestimmter Art attestiert*"[90].
Die Betonung der Abschreckung potenzieller Täter läuft hingegen Gefahr, „*das Lebensschutzinteresse zu verabsolutieren und damit den Täter aus den Augen zu verlieren*"[91]. Der Täter darf jedoch „*nicht zum bloßen Objekt der Verbrechensbekämpfung und der Verletzung seines verfassungsrechtlich geschützten sozialen Wert- und Achtungsanspruchs gemacht werden*"[92]. Wie *Albrecht* zutreffend feststellt, ist diese generalpräventiv intendierte Gefährlichkeitslösung unter Berücksichtigung des verfassungsrechtlichen Gebots der Tatschuldanknüpfung[93] mit dem Grundsatz des § 46 unvereinbar[94].
Das Abstellen auf die „*positive Integrationsprävention*", mithin die Erhaltung und Stärkung des Vertrauens in den Bestand und die Durchsetzbarkeit der Rechtsordnung[95] durch die Verurteilung nach § 211 bei als „*besonders gemeinschaftsbedrohlich*"[96] wahrgenommenen Taten, ist jedoch, wie *Hassemer* feststellt, überhaupt nicht wissenschaftlich überprüfbar. Weil Generalprävention nicht alleine wirke – und vor allem nicht von den Wirkungen sozialer Kontrolle isoliert werden könne – seien empirische Informationen kaum zu gewinnen[97].

---

87 BVerfGE 6, 389, [439]: Aus dem Rechtsstaatsprinzip folgert das BVerfG für das Strafrecht, „dass die angedrohte Strafe in einem gerechten Verhältnis zur Schwere der Tat und zu dem Verschulden des Täters stehen muss."

88 *P.-A. Albrecht*, a.a.O., S.702.

89 *Stratenwerth*, Schweizerisches Strafrecht, BT 1 – Straftaten gegen Individualinteressen, 1973, S. 28.

90 *Maiwald*, DJT-Sitzungsbericht, M 79.

91 *Eser*, DJT-Gutachten, D 68.

92 BVerfGE 28, 386, [389].

93 Vgl. BVerfGE 6, 389, [439].

94 *P.-A. Albrecht*, a.a.O., S. 702 f.

95 Vgl. BGH 24, 40, [46].

96 MK-*Schneider*, a.a.O., Rn. 18.

97 *Hassemer*, Generalprävention und Strafzumessung, in: Hassemer/Lüderssen/Naucke, Hauptprobleme der Generalprävention, 1979, S. 43 und 52, zustimmend auch *P.-A. Albrecht*, a.a.O., S. 703.

Demzufolge konnte die propagierte positive Integrationswirkung auch bisher nicht nachgewiesen werden[98]. Wie *Albrecht* festhält, handelt es sich *„im soziologischen Sinne um eine Alltagstheorie oder –hypothese, für oder gegen die man Plausibilitätserwägungen anführen kann"*[99].
Für die Fälle der situationsbestimmten Affekt- oder Konflikttaten versagt jedoch die abschreckende Wirkung, denn diese Taten basieren gerade nicht auf der Abwägung der Vor- und Nachteile für sozial akzeptiertes Verhalten[100].
Mit Blick auf die *„Täter von konstellativer Gefährlichkeit"*[101] lässt sich mit *Müller-Dietz* hingegen sagen, dass gerade bei Berufs- und Überzeugungstätern mit *„gewisser Wahrscheinlichkeit [...] weniger die Höhe der Strafe als das Risiko einer Entdeckung und Bestrafung"* in das Kalkül einbezogen werden[102].
Es erscheint daher widersinnig, den Grundgedanken der Motivgeneralklausel auf ein Modell zu reduzieren, das auf mehr als zweifelhaften *„Alltagshypothesen und Plausibilitätserwägungen"* basiert. Der Sprung von der zeitigen zur lebenslangen Freiheitsstrafe kann daher nicht unter dem Verstoß gegen das Ultima-Ratio-Prinzip aufgrund von Hypothesen legitimiert werden, *„die empirisch nicht im Entferntesten fundiert sind"*[103].

Sicherlich mangelt es der Verwerflichkeitskonzeption an fest umrissenen Maßstäben, die eine allgemeingültige Unterscheidung von verwerflicher und besonders verwerflicher Tötung ermöglichen könnte, dennoch wird ihre Anwendung vom Gesetzgeber gefordert. Trotz ihrer gravierenden Schwächen ist daher de lege lata die Verwerflichkeitskonzeption anzuwenden, will man nicht gegen den ausdrücklichen Willen des Gesetzgebers die Motivgeneralklausel aufgrund einer empirisch nicht erwiesenen Gefährlichkeitskonzeption in ein quasi-objektives Mordmerkmal umdeuten.

---

98 *Hassemer*, a.a.O., S. 52; *P.-A. Albrecht*, a.a.O., S. 703 jeweils m. w. N.

99 P.-A. Albrecht, a.a.O., S. 703. Vgl. auch bezüglich der Präventionstheorien, P.-A. Albrecht, Die vergessene Freiheit, 2003, S. 72: „Nach den empirischen Befunden ist bestenfalls eine Nichtwirkung, schlechtestenfalls ein kontraproduktiver Effekt der Verhängung von Strafsanktionen zu unterstellen".

100 *P.-A. Albrecht*, a.a.O., S. 703. Vgl. auch *Beckmann*, Verfassungsrechtliche Grenzen staatlichen Strafens, DRiZ 1977, S. 110; *Haffke*, Tiefenpsychologie und Generalprävention, 1976, S. 81 f.

101 *Eser*, a.a.O., D 166 und *P.-A. Albrecht*, a.a.O., S. 703.

102 *Müller-Dietz* in Jescheck/Triffterer, Ist die lebenslange Freiheitsstrafe verfassungswidrig? 1978, S. 112.

103 *Albrecht*, a.a.O., S. 704. So auch *Amelung*, DJT-Sitzungsbericht, M 140.

3. Die deliktssystematische Einordnung der Motivgeneralklausel als komplexes Merkmal

Der Anknüpfungspunkt der Verwerflichkeitsprüfung ist – wie festgestellt – die moralisch tadelnswerte innere Einstellung des Täters (seine *Gesinnung*[104]) – weshalb die niedrigen Beweggründe auch als Gesinnungsmerkmal bezeichnet werden[105].

Man unterscheidet dabei zwischen *„echten"* (d.h. schuldspezifischen) und *„unechten"* (d.h. unrechtsbezogenen) Gesinnungsmerkmalen[106].

Zu den unrechtsbezogenen – und damit unechten – Gesinnungsmerkmalen werden zum Beispiel die grausame und die heimtückische Tötung gerechnet[107]. Auch das „rohe" Misshandeln in § 225 und die „Hinterlist" in § 224 werden überwiegend dazugerechnet[108], weil dort jeweils der *Erfolgs*- und der darauf bezogene *Handlungs*unwert durch das Merkmal gekennzeichnet werden.

Die echten Gesinnungsmerkmale – und damit die speziellen Schuldmerkmale – unterscheiden sich davon durch das Fehlen des (objektiven) Erfolgsunwertes. Sie beschreiben lediglich *„eine zum Deliktstyp hinzutretende innere Verfassung"*[109] des Täters.

Zu ihnen werden zum Beispiel die „Böswilligkeit" in den §§ 90 a, 130, 225 oder die „Rücksichtslosigkeit" in § 315 c 1 Nr. 2 gezählt.

Bei der Frage nach der Bestimmung eines im Merkmal bereits enthaltenen Erfolgsunrechts sind, wie bereits die Auflistung der unechten Gesinnungsmerkmale zeigt, objektive Maßstäbe anzuwenden. Der objektive Gehalt des *Erfolgs*unrechts verbietet eine subjektivierte Unrechtsbetrachtung[110].

---

104 Vgl. zum Ganzen Schönke/Schröder-*Eser*, § 211 Rn. 6; NK-*Neumann*, vor § 211 Rn. 140; SK-*Horn*, § 211 Rn. 3; LK-*Jähnke* vor § 211 Rn. 46 ff.; Lackner/Kühl-*Kühl* vor § 211 Rn. 19; *Paeffgen* GA 1982, 270; *Schmidhäuser* BT 2/13 ff.; *Rengier* BT/2 § 4 Rn. 7 und BGHSt 1, 368, [370]. Dazu auch Seite 145 ff. und Seite 201 ff.

105 Dazu *Roxin*, a.a.O., § 10 VI Rn. 78; *Schmidhäuser*, Gesinnungsmerkmale im Strafrecht, 1958, S. 227 ff.; Schönke/Schröder-*Lenckner*, vor § 13 ff. Rn. 122.

106 Für die Unterscheidung zwischen echten (schuldspezifischen) und unechten (unrechtsbezogenen) Gesinnungsmerkmalen auch *Jescheck*, Allgemeiner Teil, Rn. 425; *Lampe*, Das personale Unrecht, 1967, S. 234; *Roxin*, a.a.O., Rn. 78; *Schmidhäuser*, a.a.O., S. 247; *Stratenwerth*, Festschrift für v. Weber, 1963, S. 187; *Baumann/Weber/Misch*, a.a.O., Rn. 286; Schönke/Schröder-*Eser* vor §§ 13 ff. Rn. 122.

107 Schönke/Schröder-*Eser* vor §§ 13 ff. Rn. 122.

108 Vgl. Schönke/Schröder-*Lenckner*, a.a.O., Rn. 122 m. w. N.; anders jedoch *Roxin* bei dem Merkmal der „Hinterlist" in § 224, der von einem *„scheinbaren"* Gesinnungsmerkmal spricht, vgl. *Roxin*, a.a.O., Rn. 78.

109 *Roxin*, a.a.O., § 10 VI Rn. 78.

110 Dies bedeutet jedoch nicht, dass im Rahmen der Unrechtsbestimmung die Ablehnung der „personalen Unrechtslehre" zu erfolgen hat.

Die Gesinnung als Anknüpfungspunkt der niedrigen Beweggründe enthält keinen objektiven Erfolgsunwert. Mit ihr wird lediglich die zum Deliktstyp hinzutretende Einstellung des Täters bezeichnet[111].
Im Vergleich zum Mordmerkmal der Grausamkeit – bei dem es sich nach ganz überwiegender und zutreffender Ansicht um ein Schuldmerkmal mit einer objektiven Unrechtsseite handelt[112] – wird deutlich, dass das Mordmerkmal der niedrigen Beweggründe keinen objektiven Unrechtsgehalt aufweist, der über das eigentliche Tötungsunrecht des § 212 hinausgeht.

Nach Ansicht des BGH tötet grausam, „*wer dem Opfer aus gefühlloser, unbarmherziger Gesinnung besondere Schmerzen oder Qualen zufügt*"[113]. Dabei ist die Zufügung von Schmerzen oder Qualen eine Tatbestandsvoraussetzung, die aus der „einfachen" Tötung gleichsam eine potenzierte Tötung macht. Es existiert ein erhöhter objektiver Unwertgehalt, mit dem die „*gefühllose, unbarmherzige Gesinnung*" nicht notwendig verbunden ist, sondern als selbständiges Schuldmerkmal hinzutreten muss[114].
Anders liegt es jedoch bei den niedrigen Beweggründen. Hier existiert kein objektiver Unrechtsgehalt, der über den des einfachen Totschlags hinausgeht. Zur Verwirklichung des Mordes ist lediglich das Vorhandensein einer subjektiven Schuldkomponente notwendig, die an der Gesinnung des Täters anknüpft. Nach der zutreffenden Ansicht von *Roxin* handelt es sich bei den niedrigen Beweggründen daher um echte Gesinnungsmerkmale, die allein der Schuld angehören[115]. Auch *Schmidhäuser* bezeichnet die niedrigen Beweggründe als echte Gesinnungsmerkmale. Strafschärfend wirke allein „*das sittlich-geistige Verhalten des Täters*", mithin seine Gesinnung[116].

Seit der näheren Erforschung der subjektiven Unrechtselemente in Gestalt der bei bestimmten Delikten erforderlichen besonderen Absichten (u.a. §§ 242, 253, 263) ist jedoch überwiegend anerkannt, dass das Urteil der Rechtswidrigkeit neben dem objektiven auch einen subjektiven Gehalt aufweist[117].
Das Unrecht erschöpft sich danach nicht bloß im *Erfolgs-* bzw. *Sachverhaltsunwert*, vielmehr muss der in der rechtlich missbilligten Willensbetätigung liegen-

---

[111] Anders jedoch *Jakobs*, für den die Gesinnungsmerkmale „*allesamt zumindest auch zum Unrecht*" gehören, vgl. *Jakobs*, Strafrecht AT, 8/98.

[112] *Roxin*, a.a.O., § 10 VI Rn. 82 m.w.N.; *Schmidhäuser*, LB AT, 10/124 ff..; *Witt*, das Mordmerkmal „grausam", 1996, S. 32 ff.; vgl. auch BGHSt 3, 180.

[113] BGHSt 3, 180.

[114] Vgl. zu diesem Beispiel auch *Roxin*, a.a.O., § 10 VI Rn. 80.

[115] *Roxin*, a.a.O., § 10 VI Rn. 78. So auch Schönke/Schröder-*Lenckner*, a.a.O., Rn. 122.

[116] *Schmidhäuser*, Strafrecht AT, 7/130; *ders.*, Lehrbuch AT 10/124 ff.; ders., Gesinnungsmerkmale im Strafrecht, 1958, S. 227 ff.

[117] Schönke/Schröder-*Lenckner* vor §§ 13 Rn. 52.

de *Handlungsunwert* hinzukommen[118]. Die konkreten Abgrenzungen und die Herleitung dieser personalen Unrechtslehre sind indes umstritten[119].
Wie bereits festgestellt, enthält die Tötung aus niedrigen Beweggründen kein über das objektive Totschlagsunrecht hinausgehendes Erfolgsunrecht, dennoch lassen sich nicht alle Motivationselemente ausschließlich der Schuld zurechnen. So kommt es nicht nur bei den intentionalen Motivformen auf das über die Tötung hinausgehende Ziel des Täters in der Außenwelt an, worin eine strukturelle Parallele zu den anerkannten subjektiven Unrechtselementen liegt, sondern die Betrachtung dieser Motivform beantwortet zudem die für die Rechtswidrigkeit typische Frage, was der Täter gewollt hat[120].
Auch für die reaktiven Motivformen lässt sich diese Zuordnung belegen, denn auch sie geben der Willenshandlung ihre Richtung und haben ihren Entstehungsgrund in äußeren Umständen. Dies lässt sie nicht streng subjektgebunden erscheinen.
Zwar handelt es sich bei der Motivgeneralklausel um eine zusammenfassende Schuldwertung über die Motivation des Täters, „*die korrespondierenden psychischen Sachverhalte lassen sich freilich nicht bloß als reine Schuldkriterien begreifen*“[121].
Wie *Stratenwerth* bereits feststellte, handelt es sich bei den Gesinnungsmerkmalen daher um komplexe Merkmale: „*Das macht die Besonderheit der Gesinnungsmerkmale aus, dass sie (prinzipiell) auf eine die Unrechts- und Schuldmerkmale übergreifende Wirkung abzielen*“[122].

Die Motivgeneralklausel kann daher als komplexes Merkmal begriffen werden, was in erster Linie dem Schuldbereich zuzuorden ist, dennoch aber auch Unrechtselemente aufweist[123].

---

118 Schönke/Schröder-*Lenckner* vor §§ 13 Rn. 52; Vgl. auch *Ebert/Kühl* Jura 1981, 231; *Gallas* Festschrift für Bockelmann, S. 155 ff.; *Hirsch* ZStW 94, 240; *Armin Kaufmann*, Festschrift für Welzel, 1974, S. 393 ff.

119 Vgl. dazu Schönke/Schröder-*Lenckner* vor §§ 13 Rn. 52; *Heine*, Tötung aus „niedrigen Beweggründen“, S. 229 m. w. N., der zutreffend darauf hinweist, dass es letztlich um den dahinter stehenden Streit über die grundsätzliche Funktion von Normen geht.

120 *Heine*, a.a.O., S. 230; vgl. auch *Jescheck*, Lehrbuch, S. 194.

121 *Heine*, a.a.O., S. 231.

122 *Stratenwerth*, v. Weber-Festschrift, S. 188.

123 Für die grundsätzliche Annahme des (personalen) Unrechtselements bei den niedrigen Beweggründen auch *Heine*, a.a.O., S. 228 ff.; LK-*Jähnke* vor § 211 Rn. 46 m. w. N.; SK-*Horn*, § 211 Rn. 3 und wohl auch *Maurach/Schroeder/Maiwald*, a.a.O., I 34; *Stratenwerth*, v. Weber-Festschrift, S. 188.

4. Das systematische Verhältnis von Mord und Totschlag

Bezüglich der systematischen Einordnung von Mord und Totschlag gibt es verschiedene Auffassungen.

Nur wenige Anhänger konnte die Ansicht gewinnen, die § 211 als Grundtatbestand[124] beziehungsweise § 212 als Auffangtatbestand für alle einerseits nicht qualifizierten und andererseits auch nicht privilegierten Tötungsfälle deutet[125].

Der BGH erblickt in den §§ 211 und 212 zwei selbständige Tatbestände mit jeweils unterschiedlichem und abschließend umschriebenem Unrechtsgehalt[126].

Die herrschende Lehre erblickt im Mordtatbestand zutreffend lediglich eine unselbständige Qualifizierung des Totschlags[127]. Dafür sprechen mehrere Faktoren:

Die Konzeption *Stooss'* aus dem Jahr 1894 – die auch vom BGH als systematische Grundlage der Konzeption der Tötungsdelikte angesehen wird[128] und die vom Schweizerischen Strafgesetzbuch aufgegriffen wurde[129] – teilt die Tötungsdelikte in einen Grundtatbestand mit qualifizierenden und privilegierenden Abwandlungen.

Der Annahme eines Qualifizierungsverhältnisses von Mord und Totschlag steht auch der Gesetzeswortlaut nicht entgegen. Die unterschiedlichen Täterbezeichnungen „Mörder" und „Totschläger" basieren zwar auch auf der überkommenen

---

124 Eb. *Schmidt* DRZ 1949, 241; *ders.* SJZ 1949, 562.

125 *Sax* ZStW 64, 402 ff.; ähnlich *Hall*, Festschrift für Eb. Schmidt, 1971, S. 343.

126 So schon BGH 1, 370; 6, 330; 22, 377. Bestätigt wurde dies im Grundsatz auch vom Großen Senat für Strafsachen des BGH, vgl. GSSt BGH 30, 105.

127 *Tröndle/Fischer*, § 211 Rn. 14; Lackner/Kühl-*Kühl*, Rn. 22; NK-*Neumann*, Rn. 141; *Welzel* JZ 1952, 73; *Maurach/Schroeder/Maiwald*, a.a.O., Rn. 28; *Hirsch*, Festschrift für Tröndle, 1989. S. 34 und Schönke/Schröder-*Eser*, vor. § 211 ff. Rn. 5 und LK-*Jähnke*, Rn. 39 ff. jeweils m. w. N.

128 Vgl. dazu BGHSt 9, 385 [387 f.]: „Die Neufassung des § 211 StGB durch das Gesetz vom 4. September 1941 (RGBl I S 549) lehnt sich an alte Entwürfe zu einem Schweizerischen Strafgesetzbuch an. Art. 52 des Vorentwurfs dieses Gesetzes nach den Beschlüssen der Expertenkommission 1896 lautete:

„Wer einen Menschen vorsätzlich tötet, wird mit Zuchthaus von 10 bis 15 Jahren bestraft.

Tötet der Täter aus Mordlust, aus Habgier, unter Verübung von Grausamkeit, heimtückisch oder mittels Gift, Sprengstoffen oder Feuer, oder um die Begehung eines anderen Verbrechens zu verdecken oder zu erleichtern, so wird er mit lebenslänglichem Zuchthaus bestraft. Tötet der Täter in leidenschaftlicher Aufwallung, so ist die Strafe Zuchthaus bis zu 10 Jahren."

Der Vorentwurf von 1908 enthielt in Art 64 inhaltlich die gleiche Regelung mit unbedeutenden sprachlichen Änderungen. *Stooss* führte hierzu in seinem Bericht aus, dass der Entwurf gerechtfertigt sei, weil er „*dieses vage und fließende Unterscheidungsmerkmal von Mord und Totschlag (nämlich Vorbedacht oder Überlegung) nicht beibehält*", vgl. *Stooss*, a.a.O..

129 Vgl. dazu *Stratenwerth*, Schweiz. Strafrecht, BT/I, Rn. 22.

Lehre vom „normativen Tätertyp“, jedoch sollte – wie bereits ausgeführt – damit nicht auf grundsätzlich verschiedene kriminologische Tätertypen Bezug genommen werden. Dies wäre grundsätzlich auch nicht möglich, da einer solchen Typenbildung hinreichend gesicherte empirische Befunde fehlen[130].
Der Totschlag gilt als „verwerfliche“, der Mord hingegen als „besonders verwerfliche“ Tötung eines anderen Menschen. Deshalb liegt es nahe, keinen qualitativen, sondern vielmehr einen quantitativ-graduellen Unterschied anzunehmen, bei dem die Mordmerkmale lediglich eine strafschärfende kasuistische Aufzählung von Tötungsumständen darstellen. Mit dieser Terminologie soll lediglich der Richter auf die besondere Rolle hingewiesen werden, die der Persönlichkeit des Täters und der Verwerflichkeit seiner Motivation bei der Abgrenzung zukommt[131].
Auch die systematische Stellung des qualifizierten Delikts vor dem Grunddelikt spricht nicht gegen das Verhältnis Grundtatbestand zu Qualifikation. Mit der Voranstellung des Mordes an den Anfang des Abschnitts der Straftaten gegen das Leben, wollte man lediglich die herausgehobene Stellung, den besonderen Grad der Verwerflichkeit des Mordtatbestandes hervorheben.
Überdies ist auch das Rechtsgut der beiden Normen identisch. Sowohl § 211 als auch § 212 schützen das Leben vor seiner vorsätzlichen Vernichtung[132].
Mit der Feststellung dieser deliktssystematischen Verbindung entfällt zunächst das Legitimitätsproblem im Hinblick auf den Rechtsgüterschutz, da das Mordmerkmal der niedrigen Beweggründe als Tötungsvariante mit einem – im Verhältnis zum Grundtatbestand des Totschlags – größeren Schuldgehalt anzusehen ist. Offen bleibt jedoch die Legitimität des sittlichen Rekurses.

5. Die Legitimität der sittlichen Rekurses im Bereich der Tötungsdelikte

Wie bereits zu Beginn dieses Teilabschnitts angedeutet, stellt sich nun die Frage nach dem Rekurs auf sittliche Maßstäbe bei den Tötungsdelikten, mithin nach dem grundsätzlichen Verhältnis von Recht und Ethik im Strafrecht.
Die Arbeit kann diesen Aspekt jedoch nur am Rande und gewissermaßen zusammenfassend betrachten. Eine umfassende Darstellung dieser Problematik mit

[130] *Eser*, a.a.O., D 52, 106 m. w. N.

[131] Vgl. amtliche Begründung DJ 1941, S. 935; siehe auch Schönke/Schröder-*Eser*, a.a.O., Rn. 6.

[132] Vgl. Schönke/Schröder-Eser, a.a.O., Rn. 12 f. Auch Neumann geht von einer „vollständigen Kongruenz des in den §§ 212 und 211 geschützten Rechtsguts“ aus und sieht „das Fundament für die unterschiedlichen Strafdrohungen allein in quantitativen Differenzen im Unrechts- und Schuldbereich“, Neumann, Mord und Totschlag – Argumentationstheoretische Erwägungen zum Verhältnis von §§ 211 und 212 StGB, in: Döllinger (Hrsg.) Jus humanum, Festschrift für Lampe, S. 643, [652].

ihren grundlegenden rechtsphilosophischen und rechtshistorischen Bezügen würde hingegen den Rahmen dieser Untersuchung sprengen[133].

Bei der Diskussion um die ethische Rückbindung der niedrigen Beweggründe gibt es auf der einen Seite diejenigen, die sich vehement gegen das *„undankbare, Andersdenkende verletzende Geschäft des Moralisierens"*[134] wenden und ein Modell der *„rationale*[n] *Verabsolutierung der Mordmerkmale"*[135] fordern, bei dem kein Platz für *„Angelegenheiten der Sozialethik"*[136] sei[137].
Die Grundkonzeption der Rückbesinnung auf Moralisierendes sei einerseits *„mittelalterlicher Ballast"*[138], auf den verzichtet werden müsse, und andererseits wird konstatiert, dass sich in Anbetracht der Argumentationsweise der Rechtsprechung *„dem Ethiker der Magen umdrehen"*[139] müsse[140].

Roxin ordnet die niedrigen Beweggründe den echten Gesinnungsmerkmalen zu, die er wiederum als Schuldmerkmal begreift, und sie für den Fall, dass sie strafbegründende Wirkung haben für *„rechtsstaatlich nicht unbedenklich"* hält," *weil sie die Strafbarkeit an die richterliche Bewertung forensisch schwer feststellbarer innerer Haltungen knüpfen"*[141].
Welzel zitierend fährt er fort: *„Hier liegt die entscheidende Gefahrenstelle für die Einsickerung eines Gesinnungsstrafrechts"*[142].

---

133 Eine ausführlichere Darstellung findet sich etwa bei *Art. Kaufmann* JuS 1978, S. 178 ff.

134 So *Woesner* NJW 1980, 1025, [1027].

135 *Woesner*, a.a.O., S. 1138.

136 *Woesner*, a.a.O., S. 1026.

137 In dieser Richtung: SK-*Horn*, § 211 Rn. 8; *Schünemann*, Festschrift für Bockelmann, 1979, S. 131; *Jäger*, Festschrift für Henkel, 1977, S. 137; *Müller-Dietz* Jura 1983, 573; *Jakobs* NJW 1969, 489; *Rüping* JZ 1979, 619; *Woesner*, NJW 1980, 1026; *ders.* NJW 1980, 1136; *Hassemer* JuS 1971, 627; *Arzt/Weber*, Strafrecht BT LH 1, S. 57; *Hamm*, DJT-Sitzungsbericht, M 55.

138 *Hamm*, DJT-Sitzungsbericht, M 55.

139 *Lüderssen*, Kriminalpolitik, S. 70; zu dieser deutlichen Kritik merkt *Heine*, a.a.O., S. 56 f. an, dass sie insoweit berechtigt sei, was die Terminologie mancher Urteile anbelange. Bei der Lektüre mancher Entscheidungen dränge sich der Eindruck auf, dass das Strafrecht weniger als Mittel der sozialen Konflikterledigung wahrgenommen werde, sondern vielmehr die *„emotional bedingte (individuelle) Entrüstung"* über die Straftat leitendes Motiv der Richter sei.

140 Auch der Schriftsteller und Jurist Kurt Tucholosky wandte sich schon im Jahr 1928 in seiner Erzählung „Der sympathische Mörder" (Anhang I, Nr. 7) gegen moralisierende Richter und sittliche Urteile im Rahmen von Tötungsverfahren.

141 *Roxin*, a.a.O., Rn. 78.

142 *Welzel*, Strafrecht, S. 80.

In der Rechtsentwicklung vollziehe sich ferner nach *Woesner „ein Rückschritt um Jahrzehnte“*, indem moralisierenden – *„häufig sogar gefühlsbetonten Wertungen“* der Weg bereitet werde[143].
Woesner, der zum Zeitpunkt seiner veröffentlichten Kritik am Mordmerkmal der niedrigen Beweggründe selbst Richter am BGH war, weist ferner darauf hin, dass der *„Kampf der Ideen* [...] *nicht im Parlament statt*[findet], *wo er hingehört, sondern im Intellekt des Richters oder im Beratungszimmer“*. Nicht nur er selbst habe *„seit langem nachdrücklich darum gebeten,* [...] *mit einer solchen Regelung, die in Wirklichkeit keine ist“*, verschont zu bleiben, sondern auch andere *„angesehene Richter“*[144] hätten diese Forderung erhoben[145].

Die Kritik an der Formulierung mancher BGH-Urteile ist, was die moralische Argumentationweise der Senate anbelangt, berechtigt. Wendungen wie: *„der Antrieb seines Tuns* [verdient] *keinerlei Verständnis* [...], *sondern nur noch Verachtung“*[146], oder der Täter habe auf eine *„rücksichts- und gewissenslose Weise“*[147] gehandelt und eine *„gefühlslose und unbarmherzige Gesinnung“*[148] offenbart, drücken weniger einen rationalen Umgang mit rechtlichen Maßstäben, sondern vielmehr die Abscheu der Richter vor der inneren Einstellung des Delinquenten aus[149].

Ob darüber hinaus die strikte Trennung von moralischen Ansprüchen und dem strafrechtlichen Lebensschutz wünschenswert ist, erscheint jedoch zweifelhaft.
Die Entscheidung darüber, ob ein bestimmtes Verhalten strafbar ist oder nicht, basiert in jedem Rechtskreis auf gesellschaftlichen Ansichten und Wertungen über Recht und Unrecht, die über den legislativen Weg zu Strafnormen werden. Der Ursprung des Strafrechts liegt – und seine Legitimität gründet sich fortwährend darauf – in den ethisch-moralischen Wertvorstellungen der Gesellschaft. Dies bedeutet jedoch nicht zwangsläufig, dass ein Verstoß gegen allgemeine Moralvorstellungen strafrechtlich geahndet werden muss.
Der Gesetzgeber hat im Laufe der Strafrechtsgeschichte dafür gesorgt, dass bloße Moralwidrigkeiten aus dem Strafrecht ausscheiden. Damit verbindet sich

---

143 *Woesner* NJW 1978, S. 1026.
144 Vgl. dazu *Baldus*, Niederschrift der großen Strafrechtskommission XIII, S. 146.
145 *Woesner*, a.a.O., S. 1026.
146 BGH NJW 1967, 1140.
147 BGHSt 10, 399 im Hinblick auf das Mordmerkmal der Habgier.
148 BGHSt 3, 180 im Hinblick auf das Mordmerkmal der Grausamkeit.
149 So auch *Heine*, a.a.O., S. 57.

nicht nur die Entwicklung zu einem liberaleren Sexualstrafrecht[150], sondern auch der Wegfall anderer moralisierender Wertungen aus dem Strafgesetzbuch[151].
Dies ist dann sinnvoll, wenn bloße Moralwidrigkeiten aus dem Strafrecht ausscheiden und somit „*weder individuelle Rechte noch Güter im Sinne verletzbarer, schützbarer, werthafter Zustände*“ beeinträchtigt werden[152].
Vorliegend geht es jedoch nicht um bloße Moralwidrigkeiten, die – wie beispielsweise im Sexualstrafrecht – als unmoralisch angesehen werden, weil sie vom vermeintlich „Normalen“ abweichen, die aber „*wenn sie von erwachsenen Personen und bei Beteiligung mehrerer in gegenseitigem Einverständnis und ohne Belästigung anderer vorgenommen werden*“[153] keine Rechte und Güter beeinträchtigen.
Das Mordmerkmal der niedrigen Beweggründe ist vielmehr Bestandteil des strafrechtlichen Lebensschutzes.
Die niedrigen Beweggründe stellen als schuldschärfendes Gesinnungsmerkmal im Sinne einer tatbestandlichen Qualifikation die sozialethisch verwerfliche Einstellung des Täters gegenüber dem Rechtsgut des Lebens im Verhältnis zu anderen Tötungen unter eine erhöhte Strafe.
Es handelt sich dabei nicht um eine bloße Belästigung oder eine Bagatelle, sondern vielmehr um die Negierung eines Wertes, dem unsere Verfassung nach der Würde des Menschen den höchsten Wert beimisst.
Der Gesetzgeber trägt damit dem Umstand Rechnung, dass die vorsätzliche Vernichtung eines Menschenlebens in unterschiedlichen Schuldintensitäten auftritt. Diese Differenzierung, die an die Gesinnung des Täters knüpft, ist dabei grundsätzlich nicht losgelöst von gesellschaftlichen Wertungen. Es ist zwar durchaus zutreffend, dass es im „*pluralistischen Gemeinwesen* [...] *keine moralische Autorität*“ gibt, aber die Ansicht *Woesners*, dass weder der „*unverbildete Beobachter*“[154] noch die „*allgemein anerkannten sittlichen Anschauungen*“[155] existieren, geht zu weit und übersieht die aus der rechtshistorischen Entwicklung von Tötungstatbeständen erwachsene tradierte Differenzierungssystematik.
Woesner ist allerdings zuzustimmen, dass allgemein bei der sittlichen Bewertung von Tötungshandlungen kein weltanschaulicher Konsens besteht[156]. Zu

---

[150] Bis zum Jahr 1969 war beispielsweise die Homosexualität unter Erwachsenen (§ 175 a. F.), die Sodomie (§ 175 b a. F.), die Kuppelei (§ 180 a a. F.), die Verbreitung von Pornographie (§ 184 a. F.) und ähnliche Verhaltensweisen strafbar.

[151] Gestrichen wurde beispielsweise das früher in § 170 c und d enthaltene Merkmal „*gewissenlos*“ und das „*böswillig*“ in § 134.

[152] *Roxin*, a.a.O., § 2 II Rn. 3.

[153] *Roxin*, a.a.O., § 2 II Rn. 3.

[154] So der Wortlaut bei BGH NJW 1967, 1141.

[155] Vgl. OGH 2, 345; KG JR 1947, 27.

[156] *Woesner*, a.a.O., S. 1026.

unterschiedlich sind in diesem Sinne etwa die Auffassungen zu Abtreibung, Sterbehilfe, Mitleidstaten und erweiterten Suiziden.
Diese Feststellung geht jedoch am Kern des Problems vorbei. Die Legitimität sittlicher Rückbindung im Rahmen der Motivgeneralklausel hat sich nicht an den gesellschaftlichen Anschauungen zu sämtlichen Tötungshandlungen und den ihnen immanenten Problemen, sondern vielmehr an den gesellschaftlichen Überzeugungen bezüglich einer moralisch besonders verwerflichen Tötung zu messen.

Im Bewusstsein der Allgemeinheit ist eine gewisse Differenzierung zwischen unterschiedlichen Schweregraden vorsätzlicher Tötungen lebendig[157].
Bei Untersuchungen wurde festgestellt, dass die Unterscheidung von Mord und Totschlag im Alltagsverständnis jedoch nicht mit der Mordkasuistik konform geht[158], sondern „*eher auf planvolles Vorgehen oder Affekt, Kaltblütigkeit oder Impulsivität, rücksichtsloser Eigensucht oder Konflikt abhebt*“[159].
Eser hat als Ergebnis einer eigenen – nicht repräsentativen – Befragung dargelegt, dass im Bewusstsein des Laien unter „Totschlag“ „*die irgendwie verständliche, aus begreiflicher Gemütsbewegung oder ausweglos erscheinendem Konflikt heraus begangene, eher widerstehend unterlaufende, gleichsam „passierte“ und daher bis zu einem gewissen Grad „entschuldbare“ Tötung zu verstehen sei, während Mord als die in keiner Weise entschuldbare, nur die eigenen Interessen sehende, kaltblütig und zielbewusst vorgehende Tötung charakterisiert wird*“[160].
Die Zäsur zwischen unterschiedlich schwer empfundenen Tötungsdelikten ist somit im Alltagsverständnis primär am Verschuldensgrad ausgerichtet, der seinerseits an Affekt- und Konfliktfaktoren gemessen wird[161].
Wie *Eser* darlegt, deckt sich dieses Alltagsverständnis auch mit Erkenntnissen der Kriminologie. Nachdem sich die an der Mordkasuistik orientierende Differenzierung nach Tötungsmitteln und –motiven „*weder ätiologisch noch prognostisch als aussagekräftig erwiesen hat*“[162], rückte verstärkt die Ausrichtung an schuldmindernden Affekten oder Konflikten in den Vordergrund. Dabei stellte sich heraus, dass die Schuld und die Gefährlichkeit des Täters und dementsprechend auch das Sanktionsbedürfnis umso größer sind, je weniger die Tötung auf

[157] So *Eser*, a.a.O., D 107; *Bertram* in Jescheck/Triffterer, a.a.O., S. 159; *Lempp*, Jugendliche Mörder, 1977, S. 164

[158] So auch *Riess* NJW 1968, 629.

[159] *Eser*, a.a.O., D 107 mit Verweis auf *Bertram* in Jescheck/Triffterer, a.a.O., S. 159 und *Lempp*, a.a.O., S. 164.

[160] *Eser*, a.a.O., D 107 f.

[161] Vgl. *Eser*, a.a.O., D 108.

[162] *Eser*, a.a.O., D 108.

einer Konfliktsituation beruht, sondern gewissermaßen einer *„persönlichkeitsadäquaten Einstellung“*[163] gegenüber dem Rechtsgut Leben entspringt[164].
Die Beurteilung, ob eine schuldmindernde Konfliktsituation vorliegt oder eben nicht, hat sich zwangsläufig an gesellschaftlichen Vorstellungen zu orientieren. Unter einem Konflikt ist ein Interessensgegensatz, ein Gefühlszwiespalt oder eben ein Motivwiderstreit zu verstehen.
Ein Rekurs auf ethisch-moralische Wertungen geht damit einher und entspricht einem gesellschaftlichen Konsens, der seinerseits moralische Regeln hervorbringt[165].
Allgemeiner ausgedrückt: Das Recht besitzt zwar den äußeren Zwang der Legalität, ihm fehlt jedoch ohne die Sozialethik die innere Legitimität[166]. Bei einer Entäußerung (jeglicher) ethischer Rückbindung fehlt auch der Determinierungskraft des Strafrechts jedes stabile Fundament[167].
Daher ist auch im Bereich des strafrechtlichen Lebensschutzes grundsätzlich ein Rückgriff auf außerrechtliche Wertungen zulässig[168].

Dies bedeutet jedoch nicht, dass die Verwendung von sittlichen Maßstäben per se legitim und wünschenswert ist. Die konkrete Ausgestaltung des Rekurses auf außerrechtliche Maßstäbe hat sich vielmehr an straf- und verfassungsrechtlichen Grundsätzen – insbesondere dem Bestimmtheitsgrundsatz – zu orientieren und ist auch nur dann kein Fremdkörper im Recht, wenn sie auf einem breiten gesellschaftlichen Konsens beruht, der wiederum auf dem Boden der Verfassung steht[169].
Es wird daher im Folgenden zu prüfen sein, ob die Auslegung durch die Rechtsprechung diesen Anforderungen genügt.

---

163 *Eser*, a.a.O., D 108.

164 *Revitch/Schlesinger*, Murder: Evaluation, Classification and Prediction, in Drapkin/Viano, Victiomology, 1975.

165 Vgl. dazu auch *Heine*, a.a.O., S. 58.

166 *Heine*, a.a.O., S. 58.

167 *Heine*, a.a.O., S. 58.

168 So auch *Bockelmann*, Radbruch-Gedächtnisschrift, 1968, S. 259; *Eser*, Festschrift für Peters, 1984, S. 511 ff.; *Heine*, a.a.O., S. 57 f.; *Wasek* ZStW 99 (1987), S. 299; *Noll*, Festschrift für OLG-Zweibrücken, 1969, S. 2626.

169 Darunter ist nicht etwa ein logischer Zirkelschluss zu verstehen, sondern die Betonung der Verfassungsmäßigkeit dient lediglich dem Ausschluss von Wertungen und Ansichten, die elementaren Verfassungsprinzipien zuwiderlaufen. Zu denken wäre etwa an das Ausklammern einer bestimmten ethnischen Minderheit aus dem Schutzbereich des strafrechtlichen Lebensschutzes. Dies verstieße gegen Art. 3 GG und Art. 1 GG, auch wenn es von einem breiten gesellschaftlichen Konsens gedeckt wäre.

6. Die Anforderungen des Bestimmtheitsgrundsatzes

Die Auslegung des Mordmerkmals der niedrigen Beweggründe ist, gerade im Hinblick auf den sittlichen Rekurs – wie oben bereits dargelegt – zunächst auf die Vereinbarkeit mit dem verfassungsrechtlichen Bestimmtheitsgrundsatz des Art. 103 Abs. 2 GG zu überprüfen.

Eine Strafvorschrift muss gemäß Art. 103 Abs. 2 GG *„gesetzlich bestimmt“* sein. Diese Norm basiert auf der Erkenntnis, dass ein unbestimmtes und dadurch undeutliches Gesetz den Bürger nicht vor Willkür schützen kann, denn es ergibt sich daraus keine greifbare Selbstbindung der staatlichen Strafgewalt[170].

Eine unbestimmte Strafnorm widerspricht nicht nur dem Grundsatz der Gewaltenteilung, weil es dem Richter beliebige Auslegungen und damit ein Übergreifen in den Bereich der Legislative gestattet, sondern die Norm kann darüber hinaus auch keine generalpräventive Wirkung entfalten, weil der einzelne nicht erkennen kann, welches Verhalten mit strafrechtlichen Konsequenzen sanktioniert wird[171]. Damit einher geht auch der Verstoß gegen das Schuldprinzip, denn eine unbestimmte Strafvorschrift kann nicht die Grundlage eines Schuldvorwurfs darstellen[172].

In der Praxis sind Richtervorlagen oder Normenkontrollverfahren, die sich auf die Verletzung des Bestimmtheitsgrundsatzes berufen, nur äußerst selten erfolgreich[173].

Das BVerfG hat sogar den früheren Tatbestand des „groben Unfugs“, § 360 Nr. 11 a. F. für hinreichend bestimmt erklärt und damit dem Gesetzgeber den Weg frei gemacht, weiterhin ohne Hemmungen Generalklauseln zu verwenden[174].

Zu den „wertausfüllungsbedürftigen Begriffen“, die in erster Linie die neuralgischen Punkte für Verstöße gegen den Bestimmtheitsgrundsatz liefern, zählen auch die niedrigen Beweggründe beim Mord[175].

Das BVerfG hat zum Ausdruck gebracht, dass *„die erforderliche Gesetzesbestimmtheit* [...] *von der Besonderheit des jeweiligen Straftatbestandes und von den Umständen* [abhängt], *die zu der gesetzlichen Regelung führen. Jedenfalls muss das Gesetz die Strafbarkeitsvoraussetzungen umso präziser bestimmen, je schwerer die angedrohte Strafe ist“*[176].

---

170 *Roxin*, a.a.O., § 5 VIII Rn. 67.

171 BVerfGE 25, 269, [285].

172 *Roxin*, a.a.O., § 5 VIII Rn. 67.

173 *Roxin*, a.a.O., § 5 VIII Rn. 68.

174 Vgl. BVerfGE 26, 41; Das Urteil ist von weiten Teilen des Schrifttums mit Recht kritisiert worden. Argument des BVerfG war in erster Linie, dass die Norm *„zum überlieferten Bestand an Strafrechtsnormen gehört und durch eine jahrzehntelange gefestigte Rechtsprechung hinreichend präzisiert worden ist“*, BVerfGE 26, 41, [43].

175 *Roxin*, a.a.O., § 5 VIII Rn. 69.

176 BVerfGE 26, 41, [43], zur Strafkopplung auch BVerfGE 14, 245, [251]. Die Kritik der Literatur bezog sich auch auf die unterschiedliche Behandlung von Delikten mit verschie-

Des Weiteren reiche die Konkretisierung eines unbestimmten Gesetzes durch die Rechtsprechung aus[177].
Im Schrifttum existieren verschiedene Ansätze, den Grad der erforderlichen Gesetzesbestimmtheit zu ermitteln[178]. Auf diese Theorien wird jedoch nicht näher eingegangen, denn entscheidend für die vorliegende Untersuchung ist die Konkretisierung durch das BVerfG. Die verfassungsrechtliche Überprüfung des Mordmerkmals hat sich an dieser höchstrichterlichen Rechtsprechung zu orientieren.
Zunächst sind somit die Besonderheiten und Umstände, die zu der Regelung der niedrigen Beweggründe geführt haben, zu untersuchen, bevor auf die Abhängigkeit des Konkretisierungsgrades von der Strafschwere eingegangen wird. Den Abschluss bildet die Überprüfung, ob es den Strafgerichten gelungen ist, den Begriff der niedrigen Beweggründe hinreichend zu konkretisieren.

a) Rechtshistorische und systematische Regelungsgründe des Mordmerkmals als Konkretisierungsansatz

Bei der Darstellung der historischen Entwicklung des Mordmerkmals wurde bereits auf den Einfluss der nationalsozialistischen Ideologie bei der Reform des Mordparagrafen eingegangen[179].
Die überkommene Lehre vom normativen Tätertyp kann jedoch nicht helfen, „*Besonderheiten und Umstände des Straftatbestandes*" zu finden, aus denen sich Rückschlüsse auf die gesetzliche Bestimmtheit der Strafnorm ziehen lassen.
Der Rekurs auf die – nicht ausgeführten – schweizerischen Entwürfe und Art. 112 SchweizStGB[180], die der BGH als Grundlage der geltenden Fassung ansieht, mag Belege für grundsätzliche systematische Konzeptionen und Ausrichtungen – wie etwa die Lehre von der Typenkorrektur – liefern, aus ihm lässt sich jedoch ebenfalls kein konkreter Maßstab gewinnen, der Anhaltspunkte für die gesetzliche Bestimmtheit der niedrigen Beweggründe im Rahmen des § 211 aufzeigt.

---

denen Strafandrohungen. Der Einwand ist berechtigt, denn das Gesetzlichkeitsprinzip – und damit der Bestimmtheitsgrundsatz – gilt für alle Delikte gleichermaßen. Es kann daher „*keine Nachlässe für leichtere Delikte*", so *Roxin*, a.a.O., § 5 VIII Rn. 70, geben.

177 BVerfGE 14, 245 [253]: „*durch die Rechtsprechung geklärt*"; BVerfGE 26, 41, [43]: „*durch eine jahrzehntelange gefestigte Rechtsprechung hinreichend präzisiert*". Überlässt man jedoch den Gerichten, die nötige Bestimmtheit herzustellen, so wird die Gewaltenteilung, die Art. 103 Abs. 2 GG sichern will, gerade preisgegeben, vgl. *Roxin*, a.a.O., § 5 VIII Rn. 70.

178 Einen Überblick liefert *Roxin*, a.a.O., § 5 VIII Rn. 71 ff.; ausführlich: *Schünemann*, Nulla poena sine lege?, 1978.

179 Vgl. dazu oben Seite 88 ff.

180 Vgl. dazu oben Seite 90 ff.

b) Das Kriterium der Strafschwere als Gradmesser der Bestimmtheit

Das Gesetz muss *„die Strafbarkeitsvoraussetzungen umso präziser bestimmen, je schwerer die angedrohte Strafe ist“*[181].

§ 211 ordnet zwingend als Sanktion die lebenslange Freiheitsstrafe an. Die lebenslange Freiheitsstrafe ist nach der Abschaffung der Todesstrafe die schwerste Form der Bestrafung[182].

Im eingangs erwähnten Urteil des BVerfG zum „groben Unfug“ ging es um eine ungleich niedrigere Strafe. Der damals einschlägige § 360 Abs. 1 Nr. 11 wurde *„mit Geldstrafe bis zu fünfhundert Deutsche Mark oder mit Haft bestraft“*[183]. Die Tathandlung bestand bei dem dem BVerfG vorliegenden Fall aus dem Schleppen einer *„Parkbank auf einen Bürgersteig, wo sie Passanten behinderte“*[184].

Mag auch in Anbetracht dieser Bagatelle der Bestimmtheitsgrundsatz im Verständnis des BVerfG noch gewahrt sein, so muss jedoch vor dem Hintergrund der enorm unterschiedlichen Strafandrohungen (und dem Automatismus zwischen der Verwirklichung des Mordmerkmals und der lebenslanger Freiheitsstrafe) ein besonders hoher Anspruch an den Grad der gesetzlichen Bestimmtheit gestellt werden.

Es wäre für den modernen Rechtsstaat nicht hinzunehmen, wenn das zur Höchststrafe führende Verhalten nicht hinreichend bestimmt und umschrieben wäre. Da der Wortlaut der Norm lediglich in abstrakter Form von „sonstigen niedrigen Beweggründen“ spricht und eine Konkretisierung durch die Rechtsprechung jedenfalls nach Ansicht des Bundesverfassungsgericht ausreichend ist[185], wird im Folgenden zu untersuchen sein, ob die Rechtsprechung den angesprochenen hohen Ansprüchen an eine Konkretisierung gerecht wird.

---

[181] BVerfGE 14, 245, [251]; 26, 41, [43].

[182] In der Praxis bedeutet dabei „lebenslang“ nicht zwangsläufig bis zum Lebensende. Auf der Grundlage des § 57 a und im Wege der Gnade werden 83 – 84 % der Verurteilten vor ihrem Lebensende entlassen, *Meier*, Strafrechtliche Sanktionen, 2001, S. 88. Die Haftdauer liegt im Median bei 19 ½ Jahren, vgl. *Weber*, Die Abschaffung der lebenslangen Freiheitsstrafe, 1999, S. 58.

[183] Die Höhe der Strafdrohung beruht auf Art. 7 Abs. 1 S. 1 des Zweiten Gesetzes zur Sicherung des Straßenverkehrs vom 26. November 1964 (BGBl. I S. 921).

[184] BVerfGE 26, 41, [41].

[185] Erneut sei darauf hingewiesen, dass hier lediglich die Ansicht des BVerfG wiedergegeben wird, die rechtlich nicht unproblematisch ist.

IV. Die Auslegung der Motivgeneralklausel durch die Rechtsprechung

An dieser Stelle soll ein Blick auf die Auslegung des Mordmerkmals durch die Rechtsprechung erfolgen. Dabei steht insbesondere die Frage im Mittelpunkt, ob es der Rechtsprechung gelungen ist, den niedrigen Beweggründen ausreichende Konturen zu verleihen, die eine einheitliche Anwendung ermöglichen.
Zu diesem Zweck werden zunächst einzelne Merkmalsaspekte im Lichte der Rechtsprechung näher betrachtet, bevor auf divergierende Ansichten zwischen den Senaten des Bundesgerichtshofs eingegangen wird. Den Abschluss bildet die Auswertung von Revisionsurteilen, anhand derer etwaige unterschiedliche Wertungen zwischen den Tatgerichten und dem BGH aufgezeigt werden.

1. Die sittliche Verwerflichkeitsprüfung des BGH

Die Rechtsprechung hat sich seit der Einbindung der niedrigen Beweggründe in die Gesetzessystematik bereits 1952 auf die Formel geeinigt, dass ein Beweggrund dann als niedrig anzusehen ist, wenn er „*nach allgemeiner sittlicher Wertung auf tiefster Stufe steht, durch hemmungslose, triebhafte Eigensucht bestimmt und deshalb besonders verwerflich, ja verächtlich ist*“[186].
Diese Wendung taucht in der Judikatur des BGH immer wieder auf und ist bis heute ständige Rechtsprechung[187].
Die Beurteilung der Frage, ob Beweggründe als „niedrig“ anzusehen sind, also nach allgemeiner sittlicher Wertung auf tiefster Stufe stehen, hat aufgrund einer „*Gesamtwürdigung aller äußeren und inneren für die Handlungsantriebe des Täters maßgeblichen Faktoren zu erfolgen*“[188].
Gefühlsregungen wie Rache, aber auch Wut, Hass und Eifersucht, kommen nach der Rechtsprechung nur dann als niedrig in Betracht, „*wenn sie ihrerseits auf niedrigen Beweggründen beruhen*“[189].
Überwiegende Einigkeit besteht bei der Bewertung der Beweggründe als „niedrig“ zumindest dann, wenn die Tat nahezu ausschließlich von Besitzdenken oder Eigennutz geprägt und im Wesentlichen von Gefühlen des Hasses oder des Neides sowie dem Wunsch nach körperlicher Zerstörung geleitet ist[190].

---

186 BGHSt 3, 132; so ähnlich bereits OGHSt 1, 327 und BGHSt 2, 63.

187 Vgl. zuletzt BGH vom 22.1.2004 – 4 StR 319/03; BGH vom 15.6.2004 – 1 StR 39/04; BGH vom 24.6.2004 – 5 StR 306/03 und BGH vom 17.8.2004 – 5 StR 94/04.

188 St. Rspr., vgl. BGHSt 35, 116, [127]; BGH StV 1996, 211, [212]; BGH vom 19.9.2000 – 4 StR 311/00.

189 BGHR StGB § 211 I niedrige Beweggründe 8, 16, 122; BGH vom 3.2.1993 – 2 StR 389/92; BGH vom 21.12.2000 – 4 StR 499/00.

190 Vgl. BGH vom 15.6.2004 – 1 StR 39/04; *Altvater* NStZ 2005, 22, [25].

Im Bereich der Beziehungs- und Eifersuchtstaten ist die Rechtsprechung des BGH jedoch schon unterschiedlicher[191].
Beim Vorliegen eines Motivbündels, das Handlungsantriebe unterschiedlicher Art enthält, beruht die Tötung nach der Rechtsprechung des BGH nur dann auf niedrigen Beweggründen, wenn das Hauptmotiv oder die vorherrschenden Motive, die der Tat ihr Gepräge geben, besonders verwerflich sind[192].

In subjektiver Hinsicht muss der Täter die Mordmerkmale in „*ihren tatsächlichen Voraussetzungen erfassen*"[193]. Dazu gehört, „*dass er die Umstände erfasst, welche die Bewertung seines Handlungsantriebes als niedrig begründen*"[194].
„*Die als niedrig zu bewertenden Handlungsantriebe dürfen nicht lediglich unbewusste Handlungsantriebe gewesen sein, denn das Schuldprinzip setzt voraus, dass die die Tat charakterisierenden Motive und Absichten als Merkmal des subjektiven Tatbestandes nur dann berücksichtigt werden, wenn sie in das Bewusstsein des Täters getreten sind*"[195].
„*Die rechtliche Bewertung der Handlungsantriebe als niedrig braucht der Täter nicht vorzunehmen oder nachzuvollziehen, auf seine Einschätzung kommt es nicht an; er muss nur zu einer zutreffenden Wertung in der Lage sein*"[196].
Im Hinblick auf gefühlsmäßige oder triebhafte Regungen wie Wut, Hass oder Zorn, muss der Täter diese – über die Erkenntnis ihrer handlungsleitenden Wirkung hinaus – „*auch gedanklich beherrschen und mit seinem Willen steuern können*"[197].
Diese Wendungen sind Bestandteil ständiger Rechtsprechung des BGH. Fraglich ist jedoch, ob die Auslegung und Einschätzung der Senate über die ausfüllungsbedürftigen Formeln hinaus eine ähnliche Beständigkeit aufweisen wie die Wendungen selbst.

2. Die Divergenzen in der Rechtsprechung

Die Rechtsprechung zum Merkmal der niedrigen Beweggründe war von Beginn an uneinheitlich und widersprüchlich und nicht so stringent, wie man es auf-

---

[191] Dazu mehr unter Seite 121 ff., so auch zuletzt Bundesanwalt beim BGH Altvater: „*Besondere Probleme wirft die Bewertung von Beziehungstaten auf; die Rechtsprechung* [des BGH] *ist insoweit nicht immer einheitlich*", NStZ 2005, 22, [25].

[192] BGH MDR/H 80, 985; 84, 441; BGH NJW 81, 1382; BGH StV 83, 504; BGH NStZ 97, 81.

[193] BGH vom 10.11.2004 – 2 StR 248/04.

[194] BGH vom 10.11.2004 – 2 StR 248/04.

[195] BGH vom 10.11.2004 – 2 StR 248/04; vgl. auch BGH NStZ 2004, 332 m. w. N.

[196] BGH vom 10.11.2004 – 2 StR 248/04; vgl. auch BGH NStZ 2004, 332 m. w. N.

[197] BGH vom 10.11.2004 – 2 StR 248/04; vgl. auch BGH NStZ 2004, 332 m. w. N.

grund der großen Einigkeit bezüglich der gängigen Definitionen hätte erwarten können[198].
Im Laufe der Jahre hat die Rechtsprechung ihre Ansichten zu bestimmten Problemfeldern innerhalb des Mordmerkmals mehrfach geändert. Veränderungen gab es beispielsweise im Bereich der Berücksichtigung fremder kultureller Wertvorstellungen (dazu unten Seite 120 ff.), bei den Fällen des „krassen" Missverhältnisses (Seite 122 ff.), bei der Fähigkeit zur Motivationsbeherrschung und den politischen Beweggründen (Seite 188 ff.).
Dies ist im Strafrecht keine seltene Erscheinung. Nachdem eine Norm Einzug ins Gesetz erhalten hat, findet ein Prozess der Konkretisierung statt, bei dem Divergenzen in der Rechtsprechung immer wieder auftreten können. Dies ist ein Findungs- und Bewertungsprozess, der auch aufgrund sich ändernder gesellschaftlicher Wertungen und Umstände sowie Einflüssen der Literatur Neudefinitionen mit sich bringen kann. Dieser Entwicklungsgang darf jedoch nicht soweit führen, dass die Rechtsunsicherheit überwiegt. Teilaspekte mögen nach einigen Jahren noch ungeklärt, die grundsätzliche Linie muss jedoch erkennbar bleiben[199].
Das Mordmerkmal der niedrigen Beweggründe existiert seit 1941. Seit Gründung der Bundesrepublik Deutschland sind über 50 Jahre vergangen, die Gerichte hatten mithin ausreichend Zeit, zu einer hinreichend gefestigten Rechtsprechung zu finden, die den Anforderungen an den Bestimmtheitsgrundsatz gerecht wird.

a) Revisionsfestigkeit der Motivgeneralklausel

Wie bereits angeführt, waren die niedrigen Beweggründe gerade zu Beginn Gegenstand einer wechselnden Rechtsprechung. Abgesehen von der gängigen Definition, die schnell gefunden war, blieb die konkrete Ausgestaltung lange Zeit uneinheitlich.
Eser konstatiert jedoch in seinem DJT-Gutachten 1980, dass es beruhigend sei, *„dass die Divergenzen nicht noch größer sind*" und die Rechtsprechung dabei *„von gewissen Voreingenommenheiten abgesehen*" durchwegs zu plausiblen Ergebnissen komme. Unter plausibel versteht er in diesem Zusammenhang,

---

[198] Zu dieser Kritik vgl. *Woesner* NJW 1978, 1025 ff; *Hassemer* JuS 1971, 626; *Eser*, DJT-Gutachten, D 39 ff, 182 f.; *Rüping* JZ 1979, 620; *Schünemann*, a.a.O., S. 130; *Jakobs* NJW 1969, 489; NK-*Neumann*, § 211 Rn. 26; *Kargl* StrFO 2001, 368; Jäger, a.a.O., S. 137 f..

[199] Zu diesen grundsätzlichen systematischen Erwägungen: *Krahl*, Die Rechtsprechung des BVerfG und des BGH zum Bestimmtheitsgrundsatz im Strafrecht, 1986; *Schick*, Bestimmtheitsgrundsatz und Analogieverbot, Festschrift für Walter, 1986, S. 625; *Süß*, Vom Umgang mit dem Bestimmtheitsgebot, in: Institut für Kriminalwissenschaften, Frankfurt (Hrsg.), Vom unmöglichen Zustand des Strafrechts, 1995, S. 207.

„dass Mord letztlich nur dort angenommen wird, wo nach der Gesamtwürdigung von Tat und Täter die Höchstsanktion gerechtfertigt erscheint“[200].
Diese Äußerungen verdeutlichen jedoch die Gefahr, die der Verwendung der Motivgeneralklausel immanent ist: Der Richter, dem eigentlich die höchstrichterliche Rechtsprechung den Weg der Typenkorrektur untersagt[201], würdigt nun auf Merkmalsebene Tat und Täter und nimmt dadurch gewissermaßen eine Typenkorrektur auf einer anderen Stufe vor.
Eser stellte in seinem Gutachten ferner fest, dass die Gesamtwürdigung der Tat vom Revisionsgericht *„nur selten einmal korrigiert wird*“[202].

Im Widerspruch dazu steht die Auswertung *Heines*, der sämtliche BGH-Urteile zwischen dem 1.5.1979 und dem 30.4.1981, die sich im Wege der Revision mit der Anwendung der Motivgeneralklausel beschäftigten, begutachtete[203].
Ziel war es, die „Revisionsfestigkeit“ der Instanzurteile zu überprüfen.
Zum Vergleich zog er das Mordmerkmal der Heimtücke heran, das er aufgrund der objektiven Konturen als Gegenpol zu den rein subjektiven niedrigen Beweggründen auswählte[204].

---

[200] *Eser*, a.a.O., D 43.

[201] Nachdem noch das BVerfG 1977 der Strafrechtsprechung überlassen hat, die Elastizität des Mordtatbestandes zu gewährleisten: „Welcher Weg dabei im einzelnen zu beschreiten ist, ist eine Frage der einfachen Gesetzesauslegung und obliegt daher den zuständigen Strafgerichten“ (BVerfGE 45, 187 [267]), hat der Große Senat die Typenkorrektur der herrschenden Lehre ausdrücklich verworfen: „Dem [gemeint ist die Typenkorrektur] vermag der Große Senat nicht zu folgen. Die Entstehungsgeschichte und die Fassung des § 211 StGB zeigen deutlich das rechtspolitische Anliegen des deutschen Gesetzgebers, dem Richter für die Beurteilung der Frage, ob eine Tötung Mord oder Totschlag ist, klare und fest umrissene Tatbestände an die Hand zu geben. Das Gesetz umschreibt abschließend die Fälle, die es als besonders verwerflich und deshalb als Mord beurteilt. Es soll deshalb nicht von einer richterlichen Wertung des Gesamtbildes der Tat abhängen, ob der Täter wegen Mordes oder wegen Totschlags verurteilt wird“, BGHSt 9, 385, [389]. Dazu ausführlich unten Seite 238 ff.

[202] *Eser*, a.a.O., D 43.

[203] *Heine*, a.a.O., S. 66 ff.

[204] *Heine*, a.a.O., S. 66.

Die „Revisionsfestigkeit“ der Tötung aus niedrigen Beweggründen (BGH-Entscheidungen vom 1. Mai 1979 – 30. April 1981) nach *Heine*[205]

	niedrige Beweggründe		Heimtücke	
	N	%	N	%
Revisionen insgesamt	37	100	12	100
Bestätigung	12	32	8	67
Aufhebung aus materiellen mordmerkmalsbezogenen Gründen	25	68	4	33

Es stellte sich heraus, dass die Revisionen, bei denen die fehlerhafte Anwendung des Mordmerkmals der niedrigen Beweggründe gerügt wurde, in etwa 2/3 der Fälle Erfolg hatte. Nur knapp 1/3 der erstinstanzlichen Entscheidungen wurden durch den BGH bestätigt. Bei der Heimtücke verhielt es sich genau umgekehrt. Seit diesem Zeitpunkt – der immerhin schon über 25 Jahre zurückliegt – gab es keine weiteren Untersuchungen über die Revisionsfestigkeit der niedrigen Beweggründe.

Zur Verifizierung der von *Heine* gewonnenen Daten wurde für diese Arbeit ebenfalls eine Rechtsprechungsauswertung vorgenommen. Ausgewertet wurden sämtliche BGH-Entscheidungen zwischen dem 1.1.2000 und dem 1.9.2005, die sich mit dem Mordmerkmal der niedrigen Beweggründe befassten. Als Vergleich wurde ebenfalls das Mordmerkmal der Heimtücke gewählt.

Die „Revisionsfestigkeit“ der Tötung aus niedrigen Beweggründen (BGH-Entscheidungen vom 1. Januar 2000 – 1. September 2005)[206]

---

205 Es handelt sich um eine etwas verkürzte Darstellung. Die vollständige Tabelle findet sich bei *Heine*, a.a.O., S. 67.

206 Insgesamt fanden die niedrigen Beweggründe in 64 Entscheidungen Erwähnung. In 17 Fällen fand jedoch keine hinreichende inhaltliche Auseinandersetzung mit dem Mordmerkmal statt, so dass eine Auswertung nur in 47 Fällen erfolgen konnte. Vereinzelt wird das Ergebnis der Mordmerkmalsprüfung vom BGH auch aufgrund fehlender Entscheidungserheblichkeit – etwa bei der bereits erfolgten Feststellung eines anderen Mordmerkmals – offengelassen. Nach BGH vom 17.6.2004 – 5 StR 115/03 ist die Prüfung des Mordmerkmals „*anzudenken*“; BGH vom 22.4.2004 – 3 StR 115/04 spricht von der „*schwer nachvollziehbare*[n] *Ablehnung des Mordmerkmals*“; BGH vom 29.4.2003 – 1 StR 143/03 stellt fest, dass das Mordmerkmal „*hätte geprüft werden können*“ und BGH vom 24.9.2002 resümiert, dass die Ausführungen des Tatgerichts zum Mordmerkmal der niedrigen Beweggründe „*rechtlich nicht unproblematisch*“ seien, ohne jedoch näher darauf einzugehen.

	niedrige Beweggründe N	%	Heimtücke N	%
Revisionen insgesamt	47	100	40	100
Bestätigung	16	34	24	60
Aufhebung aus materiellen mordmerkmalsbezogenen Gründen	31	66	16	40

Anhand der Tabelle zeigt sich, dass sich die Zahlen im Hinblick auf die niedrigen Beweggründe seit *Heines* Erhebung nur unwesentlich geändert haben. Die Revisionsfestigkeit der niedrigen Beweggründe ist auf dem niedrigen Niveau geblieben. Waren es bei *Heine* 32 % der erstinstanzlichen Entscheidungen, die das Mordmerkmal der niedrigen Beweggründe nach der Auffassung des BGH richtig werteten, so sind es jetzt 34 %.
Im Bereich des Vergleichsmerkmals der Heimtücke sankt die Revisionsfestigkeit von 67 % auf 60 % herab, was den hohen Prozentanteil der nach Ansicht des BGH rechtsfehlerhaften erstinstanzlichen Entscheidungen im Bereich der niedrigen Beweggründe wieder etwas relativiert.

Es lässt sich feststellen, dass in 2/3 aller Fälle in beiden Berichtszeiträumen, bei denen es um die rechtliche Würdigung der niedrigen Beweggründe ging, der BGH eine andere Ansicht vertrat als das erkennende Gericht.
Beim objektiv geprägten Merkmal der Heimtücke wich der BGH hingegen in nur 33 bis 40 % von der erstinstanzlichen Wertung ab.
Diese Zahlen verdeutlichen, dass es der Rechtsprechung auf vertikaler Ebene nicht gelungen ist, im Laufe der Zeit einen einheitlichen Maßstab für die rechtliche Bewertung des Mordmerkmals der niedrigen Beweggründe zu finden.

Bei der Auswertung der Revisionsfestigkeit des Mordmerkmals der niedrigen Beweggründe fällt zudem eine signifikant unterschiedliche Gesamtbewertung der Taten zwischen den einzelnen Senaten auf.

Die heimtückischen Tötungen fanden in 60 Fällen Erwähnung. In 18 Fällen erfolgte jedoch keine hinreichende inhaltliche Auseinandersetzung mit dem Mordmerkmal. In 2 Fällen blieb das Ergebnis der rechtlichen Würdigung des BGH wiederum sehr vage. Das Landgericht „*wird gegebenenfalls das Vorliegen* [der Heimtücke] *in Betracht ziehen müssen*" (BGH vom 16.1.2003 – 4 StR 422/02) und „*Mit Recht erachtet die Revision zudem die Annahme des Mordmerkmals der Heimtücke als problematisch*" (BGH vom 9.4.02 – 5 StR 110/02. Die Auswertung erfolgte daher in 40 Fällen.

Die Auswertung der Revisionsrechtsprechung bezüglich des Mordmerkmals der niedrigen Beweggründe zwischen dem 1. Januar 2000 und dem 1. September 2005 aufgeteilt nach den Senaten des BGH

	§ 212 bestätigt		§ 211 bestätigt		von § 212 zu § 211		von § 211 zu § 212	
	N	%	N	%	N	%	N	%
1. Senat	2	22,2	5	55,6	3	33,3	-	
2. Senat	1	7,7	1	7,7	11	**84,6**	-	
3. Senat	-		1	25	2	50	1	25
4. Senat	2	18,2	3	27,3	1	9,1	5	45,4
5. Senat	3	33,3	2	22,2	2	22,2	2	22,2

Während der 1. Senat eine Tendenz erkennen lässt, die Tat eher als Mord mit niedrigen Beweggründen anzusehen (in 8 von 10 Fällen), schöpft der 5. Senat das Spektrum seiner Bewertungsmöglichkeiten vollumfänglich aus (er bejaht das Mordmerkmal in 4 von 9 Fällen).

Der 3. Senat hatte im Untersuchungszeitraum nur 4 Fälle zu bewerten. Aus dieser geringen Fallzahl eine Rechtsprechungstendenz zu schließen, ist problematisch. Das Bewertungsspektrum wurde jedoch nahezu ausgeschöpft, was die Annahme nahe legt, dass zumindest keine eindeutige Festlegung vorhanden ist.

Der 4. Senat verneint das Mordmerkmal in 7 von 11 Fällen und schöpft das Bewertungsspektrum voll aus. Auffallend hoch ist die Zahl der erfolgreichen Revisionen, bei denen das Mordmerkmal im erstinstanzlichen Urteil festgestellt und vom BGH jedoch abgelehnt wurde (in 5 von 11 Fällen).
Erstaunlich ist die Rechtsprechungsauswertung des 2. Senats. Er hatte 13 Fälle zu beurteilen und entschied sich in 12 für die Feststellung des Mordmerkmals. Lediglich zweimal bestätigte er damit das vorinstanzliche Urteil; in 11 von 13 Fällen (84,6 %) änderte er zum Nachteil des Angeklagten die rechtliche Bewertung und stellte das Mordmerkmal fest.
Die Bereitschaft, die niedrigen Beweggründe zu bejahen, kommt gerade in den Entscheidungen zum Ausdruck, bei denen das Mordmerkmal in erstinstanzlicher Ebene nicht einmal angedacht wurde[207]. Dennoch stellte der Senat das Merkmal entweder selbständig fest oder mahnte dessen erneute Prüfung an.
Gerade beim Erfassen der tatsächlichen Voraussetzungen des Mordmerkmals, bei dem der Täter die Umstände, welche die Bewertung seines Handlungsant-

[207] Vgl. nur BGH vom 17.8.2001 – 2 StR 159/01; BGH vom 13.10.2004 – 2 StR 206/04 und BGH vom 22.4.2005 – 2 StR 310/04.

riebs als niedrig begründen, begreifen muss, zeigt sich eine im Vergleich zu den anderen Senaten deutlich höhere Bereitschaft, dem Täter diese subjektive Komponente zuzuschreiben[208].
Ähnliches gilt bei der Abgrenzung zu unbewussten Handlungsantrieben[209] und Spontantaten[210].
Anhand der relativ hohen Fallzahl, die dem 2. Senat zur Bewertung vorlag, lässt sich – vor allem auch vor dem Hintergrund der genaueren Betrachtung der einzelnen Urteile – feststellen, dass der 2. Senat wesentlich eher dazu neigt, das Mordmerkmal der niedrigen Beweggründe mit einem strengerem Bewertungsmaßstab zu bejahen, als die übrigen Senate.

Damit liegt der Verdacht nahe, dass die Senate des BGH die niedrigen Beweggründe mit unterschiedlichen Bewertungsmaßstäben beurteilen, mithin immer noch keine hinreichend gefestigte Rechtsprechung auf horizontaler höchstrichterlicher Ebene – und damit ein Verstoß gegen den verfassungsrechtlichen Bestimmtheitsgrundsatz – vorliegt.

b) Meinungsverschiedenheiten innerhalb des BGH

Um diese Vermutung zu überprüfen, wurden die Entscheidungen aus dem Berichtszeitraum auf Meinungsverschiedenheiten zwischen den Senaten untersucht. Dabei finden sich verschiedene Beispiele, die den Verdacht der unterschiedlichen Bewertung durch die Senate bestätigen.

aa) Die Berücksichtigung fremder kultureller Wertvorstellungen

Nicht nur in der Literatur ist umstritten, inwieweit fremde kulturelle Wertvorstellungen des Täters die Bewertung der Niedrigkeit seiner Beweggründe beeinflussen, sondern auch die Rechtsprechung des BGH ist zu diesem Problem uneinheitlich[211].
Der 2. Senat vertrat seit jeher den Standpunkt, dass „*der Maßstab für die objektive Bewertung eines Beweggrundes den Vorstellungen der Rechtsgemeinschaft der Bundesrepublik Deutschland, in der der Angeklagte lebt und von deren Gericht er sich zu verantworten hat* [zu entnehmen ist], *und nicht den Anschauun-*

---

[208] Vgl. BGH vom 19.7.2000 – StR 96/00.

[209] Vgl. BGH vom 19.10.2001 – 2 StR 259/01.

[210] Vgl. BGH vom 30.8.2000 – StR 204/00.

[211] Die Darstellung beschränkt sich in diesem Abschnitt lediglich auf die Herausarbeitung der unterschiedlichen Ansichten in den Senaten des BGH. Eine inhaltliche Auseinandersetzung mit der Thematik findet sich unten Seite 139 ff.

gen einer Volksgruppe, die sich den sittlichen und rechtlichen Werten dieser Rechtsgemeinschaft nicht in vollem Umfang verbunden fühlt"[212].
Bei der individuellen Beherrschung seines Motivationsbeherrschungspotentials will der 2. Senat die abweichenden sozio-kulturellen Wertvorstellungen des Täters jedoch berücksichtigen[213].
Der 1., 3., 4. und 5. Senat des BGH vertraten früher die Auffassung, dass die Verhaltens- und Ehrvorstellungen des Täters bereits bei der allgemeinen sozialethischen Beurteilung des Beweggrundes berücksichtigt werden müssen[214].
Der 1. und der 5. Senat haben sich jedoch in jüngster Zeit der Ansicht des 2. Senats unter Preisgabe ihrer bisherigen Rechtsprechung angeschlossen[215].

Der Streit über die unterschiedlichen Auffassungen ist dabei keineswegs nur akademischer Natur, wie auch *Schneider*[216] zutreffend feststellt. Die Rechtsauffassung des 3. und 4. Senats erlaubt es, abweichende Überzeugungen in großzügiger Weise zu berücksichtigen[217].
Der Maßstab des 1., 2., und 5. Senats ist hingegen wesentlich strenger. Etwaige sozio-kulturelle Wertvorstellungen stehen dem Verdikt der Niedrigkeit eines Beweggrundes nur dann entgegen, wenn der Täter diesen gelebten Anschauungen derart intensiv verhaftet war, „*dass er deswegen die in Deutschland gültigen abweichenden sozialethischen Bewertungen seines Motivs nicht in sich aufnehmen und daher auch nicht nachvollziehen kann*"[218].

bb) Die Nachvollziehbarkeit der Gefühlsregung

Der BGH hat in ständiger Rechtsprechung zu den Affekttaten ausgeführt, dass das die Tat tragende Motiv seinerseits auf niedrigen Beweggründen beruhen muss.
Der 5. Senat führt dazu im Jahr 2003[219] aus: „*Das wäre nur dann der Fall, wenn diese Gefühlsregung jeglichen nachvollziehbaren Grundes entbehrte*"[220].

---

212 BGH vom 28.1.2004 – 2 StR 452/03.

213 Vgl. BGH vom 7.10.1994 – 2 StR 319/94.

214 BGH vom 17.3.1977 – 4 StR 665/76; BGH vom 27.11.1979 – 5 StR 711/79; BGH vom 5.5.1981 – 1 StR 145/81; BGH vom 10.11.1993 – 3 StR 476/93.

215 Vgl. BGH vom 28.6.2000 – 1 StR 199/00; BGH vom 24.4.2001 – 1 StR 122/01; BGH vom 20.2.2002 – 5 StR 538/01.

216 MK-*Schneider*, § 211 Rn. 95.

217 Vgl. BGH vom 10.11.1993 – 3 StR 476/93.

218 BGH vom 28.1.2004 – 2 StR 452/03.

219 BGH vom 28.1.2003 – 5 StR 310/02.

220 Vgl. auch BGHR StGB § 211 Abs. 2 niedrige Beweggründe 8, 16, 22; BHG StV 2001, 571.

Ausnahmen sind dabei nicht vorgesehen.
Der 4. Senat spricht in diesem Zusammenhang im Jahr 2000 hingegen über die Voraussetzungen der Gefühlsregungen aus, dass sie nur als niedrige Beweggründe in Betracht kommen, „*wenn sie ihrerseits auf niedrigen Beweggründen beruhen. Das ist am ehesten der Fall, wenn diese Gefühlsregungen jeglichen nachvollziehbaren Grundes entbehren*“[221].

Diese Auslegung schließt andere Ursachen für die Niedrigkeit der Gefühlsregungen im Gegensatz zum 5. Senat somit explizit nicht aus. Es handelt sich bei diesen beiden Auffassungen auch nicht lediglich um eine unterschiedliche semantische Bezeichnung, sondern vielmehr um eine divergierende Merkmalsauslegung zwischen den einzelnen Senaten des BGH.

cc) Das Missverhältnis zwischen Tatanlass und Tötung

Auch die Ansichten über den Einfluss eines absoluten Missverhältnisses zwischen Tatanlass und Tötung gehen innerhalb des BGH auseinander.
Während beispielsweise für den 1. und den 4. Senat das Vorliegen eines krassen Missverhältnisses zwischen Tatanlass und Tötung von wesentlicher Bedeutung ist, „*genügt* [es] *aber allein nicht für die Annahme eines niedrigen Beweggrundes*“[222].

Diese Meinung teilt der 2. Senat jedoch nicht durchgängig. Bereits die Existenz des krassen Missverhältnisses kann nach seinem Rechtsverständnis zur Annahme eines sonstigen niedrigen Beweggrundes führen[223].
Im Urteil vom 8.8.2001 führt der 2. Senat aus: „*Aufgrund des Missverhältnisses zwischen Anlass und Tat durfte die Kammer im Rahmen der Gesamtwürdigung das Vorgehen objektiv als besonders verachtenswert und verwerflich ansehen*“[224].

---

[221] BGH vom 21.12.2000 – 4 StR 499/00.

[222] BGH vom 11.11.2004 – 4 StR 349/04; vgl. auch BGH vom 11.1.2000 – 1 StR 505/99.

[223] Vgl. schon BGH vom 7.7.1993 – 2 StR 17/93, NStZ 1994, 34 und jüngst BGH vom 8.8.2001 – 2 StR 504/00.

[224] BGH vom 8.8.2001 – 2 StR 504/00. Die Abkehr von der ansonsten auch im 2. Senat verwendeten Formel, dass ein krasses Missverhältnis zwischen Tatanlass und Tötung „*von wesentlicher, wenn auch nicht allein entscheidender Bedeutung für die Annahme eines niedrigen Beweggrundes*“ ist – vgl. BGH vom 17.8.2001 – 2 StR 159/01 – beruht im Urteil vom 8.8.2001 möglicherweise auf dem erschreckenden Missverhältnis, dass dem Fall zu Grunde lag: Ein Kosovo-Albaner fühlte sich „*aufgrund eines leichten Anrempelns im Toilettenvorraum einer Gaststätte*“ in seiner Ehre verletzt und versuchte, einen Streit anzuzetteln, der für ihn mit einem Lokalverbot endete. Zusammen mit seinem Bruder wartete er vor dem Gasthaus. Sie planten, den „Kontrahenten“ – der einer Eskalation bereits aus dem Weg gegangen war – abzustrafen. Als der Mann, mit dem einer der Brüder zuvor zu-

Wenn Tatmotive wie Wut und Verärgerung den Täter zu einer Tötung veranlasst haben, käme es weiter darauf an, „*ob die tatauslösenden Motive ihrerseits auf einer niedrigen Gesinnung beruhen, oder ob sie menschlich verständlich sind*“[225].

Die bisher vom Senat vertretene Ansicht, dass die Komponente des „*krassen Missverhältnisses*“ für sich allein nicht ausreichend sei, wurde mit dieser Entscheidung verworfen. Die nicht nachzuvollziehende Verknüpfung zwischen Nichtigkeit des Anlasses und der Tat führte somit zur Bejahung der niedrigen Beweggründe.

Diese Auffassung steht – wie gezeigt – nicht im Einklang mit der Ansicht des 1. und 4. Senates. Auch im Bereich des Missverhältnisses zwischen Tatanlass und Tötung besteht zwischen den Senaten des BGH somit keine Einigkeit.

3. Die Charakterisierungskraft der Motive

Die auffallend hohe Revisionsanfälligkeit und die uneinheitliche Rechtsprechung innerhalb des BGH legen den Schluss nahe, dass eine konkrete Prognose hinsichtlich der Bewertung eines Motivs durch die Rechtsprechung nicht möglich erscheint[226].

---

sammengestoßen war, die Gaststätte verlies, schlug einer der Täter mit einer Dachlatte auf das wehrlose Opfer ein, und der andere fügte ihm mehrere Stichwunden mit einem Messer zu, an denen das Opfer verstarb.

Die außergewöhnliche Brutalität, mit der die Täter vorgingen, und die Nichtigkeit des Anlasses hatten in der Öffentlichkeit große Bestürzung und das Bedürfnis nach einer harten Strafe ausgelöst. Das Landgericht Darmstatt hatte einen der Täter wegen Mordes aus niedrigen Beweggründen verurteilt. Der BGH führt dazu aus: „*Es [das Landgericht] hat angenommen, dass die Verärgerung und Wut ihrerseits wegen eines krassen Missverhältnisses zwischen Anlass und Tat auf niedriger Gesinnung beruhten. Der Angeklagte habe aus nichtigem Anlass getötet*“. Dieser rechtlichen Würdigung wurde – unter Aufgabe des bisherigen Maßstabs, dass bereits das Missverhältnis allein nicht ausreiche – vollumfänglich zugestimmt und die Revision des Angeklagten verworfen.

[225] BGH, a.a.O..

[226] Relativ sicher erscheint lediglich die Voraussage, dass eine Revision mit dem Ziel der Verneinung der niedrigen Beweggründe beim 2. Senat aussichtslos sein wird. Darüber hinaus sollte eine Revision bei einer Verurteilung zu § 212 aus Sicht des Täters wohl überlegt sein. Wie bereits oben dargelegt, neigt der 2. Senat zur Zurückverweisung mit dem Hinweis, dass im erneuten Verfahren das Mordmerkmal der niedrigen Beweggründe zu prüfen sei, vgl. nur BGH vom 17.8.2001 – 2 StR 159/01 und BGH vom 13.10.2004 – 2 StR 206/04.

Auch im sog. „*Kannibalenfall*“, bei dem der Täter das Opfer mit dessen Einverständnis tötete, um es anschließend zu verspeisen, stellte der BGH fest, dass der neue Tatrichter „*gegebenenfalls*“ auch das Mordmerkmal der niedrigen Beweggründe zu prüfen habe, vgl. BGH vom 22.4.2005 – 2 StR 310/04. Worin der besondere Verwerflichkeitsgehalt einer

Aufgrund der Systematik des § 211 Abs. 2, 1. Gruppe erscheint es jedoch nicht unwahrscheinlich, dass aufgrund der expliziten Erwähnung von drei – vom Gesetzgeber per se als niedrig erachteten – Beweggründen auch bei der Motivgeneralklausel bestimmte besonders verwerfliche Tatantriebe konkretisiert werden könnten.

Zur Überprüfung dieser These hat bereits *Heine* instanzgerichtliche Urteile auf die Charakterisierungskraft einzelner Motive hin untersucht[227]. Sich an der Fallgruppeneinteilung von *Siol*[228] orientierend, stellte Heine dabei fest, dass die Beweggründe *„nur in eher geringer Weise“* dazu beitragen können, das Urteilsverhalten des Gerichts vorauszusagen[229]:

„So müssen etwa – statistisch gesehen und plastisch verdeutlicht – bei dem Beweggrund Rache noch 24 (!) andere Merkmale mit gleich großem Erklärungswert hinzukommen […] um zu einer absoluten Vorhersage (100%) zu kommen“[230].

---

vom Opfer gewünschten Tötung zu erblicken ist, bleibt jedoch völlig im Dunklen. Auch die darüber hinaus gehenden Feststellungen zu den explizit aufgeführten niedrigen Beweggründen des § 211 Abs. 2 sind mehr als bedenklich.

Dazu auch Arthur Kreuzer, der zur Ablehnung der niedrigen Bewegründe durch das LG Kassel bereits feststellte: „Das Geschehen war einverständliches, beiderseits gewünschtes, ja ersehntes Handeln, die wechselseitige Erfüllung des Gewollten und Vereinbarten. Rechtswidrig und verwerflich ja, aber nicht auf niedrigster Stufe.“, in: DIE ZEIT vom 05.02.2004, Nr. 7; Kreuzer äußert zudem in einem weiteren Beitrag heftige Kritik am Urteil des 2. Senats des BGH: „Das Revisionsurteil des BGH befriedigt nicht.“ […] Den „entscheidenden Umstand einverständlichen, wechselseitig abgestimmten Tötens lässt die Revisionsentscheidung außer Acht. Sie nimmt sich auffallend unsensibel gegenüber den Besonderheiten des Falles und dem verfassungsrechtlichen Maßstab der Verhältnismäßigkeit aus. Der Bundesgerichtshof argumentiert zielgerichtet auf die Annahme von Mord mit der Konsequenz der Höchststrafe hin. Er wägt nicht, was das Landgericht Kassel zu seiner angemessener erscheinenden Einstufung hat bewegen dürfen. Als sähe er vor lauter Bäumen nicht den Wald, widmet der BGH sich detailliert mehreren gesetzlichen Mordmerkmalen und erachtet sie als anwendbar auf diesen Fall, ohne nach einer Gesamtgewichtung zu fragen, die gerade nicht zum Mord weist.“ […]

Dieses auffällige Schweigen [zur Nähe der Tat zu einer Tötung auf Verlangen und dem nur „hauchdünnen Abstand zur Annahme einer erheblich verminderten Schuldfähigkeit des persönlichkeitsgestörten Täters“] lässt über Meta-Gründe spekulieren. Was könnte den Bundesgerichtshof zu solch einseitiger Wahrnehmung und Bewertung veranlasst haben?“ ders., War es Mord?, in: ZEIT online, 11.01.2006 ; vgl. dazu auch unten Seite 210 ff.

[227] *Heine*, a.a.O., S. 48

[228] Vgl. *Siol*, Mordmerkmale in kriminologischer und kriminalpolitischer Sicht – eine Untersuchung anhand von Gerichtsurteilen, S. 44.

[229] *Heine*, a.a.O., S. 50.

[230] *Heine*, a.a.O., S. 50.

Trotz der nur sehr eingeschränkten Aussagekraft konnte jedoch gerade im Bereich der Negativdefinition eine Tendenz festgestellt werden, die folgende Motive eher außerhalb des Anwendungsbereichs der Motivgeneralklausel einzuordnen:

- Ehrverletzung/Kränkung
- Verzweiflung/Verdruss
- Ärger/Unmut
-

Aufgrund der unbefriedigenden Ergebnisse dieser Urteilsauswertung wurde im Rahmen dieser Arbeit eine Analyse der BGH-Rechtsprechung zu den niedrigen Beweggründen vorgenommen, die zum Ziel hat, die Charakterisierungskraft verschiedener Motive zu bestimmen. Vor allem die positive Definitionskraft, die bei *Heine* nur unzureichend bestimmt werden konnte, ist dabei – gerade im Hinblick auf die Vergleichbarkeit zu den politischen Motiven – von entscheidender Bedeutung.

Im Gegensatz zu *Heine*, der anhand statistischer Formeln den Korrelationskoeffizienten berechnete, anhand dessen die Stärke eines Zusammenhangs zwischen mehreren Variablen bestimmt werden kann[231], wurde vorliegend die Erwähnung eines Merkmals und dessen Auswirkung auf die Feststellung der Motivgeneralklausel dokumentiert. Dabei bleibt unberücksichtigt, ob das Mordmerkmal im Ergebnis bejaht oder verneint wurde, weil sich etwa beim Vorliegen eines Motivbündels im Rahmen der Gewichtung ein anderes Motiv als bewußtseinsdominant herausstellte.
Berücksichtigt wurde somit nur, welches Attribut (niedrig/nicht niedrig) einem Motiv durch den BGH zugeschrieben wurde.

Die Auswertung der BGH-Rechtsprechung bezüglich der Charakterisierungskraft einzelner Motive im Rahmen des Mordmerkmals der niedrigen Beweggründe zwischen dem 1. Januar 2000 und dem 1. September 2005

	spricht für die Bejahung der niedrigen Beweggründe	spricht für die Verneinung der niedrigen Beweggründe
Angst und Scham	-	3
Demütigung/ Kränkung	-	**5**
Ehre/Stolz	3	-

[231] Zu dieser Methode *Heine*, a.a.O., S. 48 ff.; vgl. auch *Renner*, Mathematisch-statistische Methoden, 1981, S. 68.

Eifersucht	4	2
Enttäuschung	-	1
Frust/Verärgerung	**9**	1
Hass	**7**	-
Neid	1	-
Rache/Vergeltung	**10**	-
Verrat	-	1
Verzweif-lung/Ausweglosigkeit	-	**6**
Wut	**15**	2
Zorn	2	-

Aufgrund der relativ geringen Ausgangszahlen ist ein zusammenfassendes Urteil bezüglich der Charakterisierungskraft der einzelnen Mordmerkmale nur sehr bedingt aussagekräftig. Dennoch deutet sich trotz der geringen Fallzahlen zumindest eine leichte Tendenz in einigen Motivbereichen an.

Bei der Positivcharakterisierung fällt auf, dass den Motiven Frust/Verärgerung, Hass, Rache/Vergeltung und Wut eine gewisse Charakterisierungsstärke bezüglich der Bejahung der Motivgeneralklausel zukommt. Insbesondere die Motive Rache/Vergeltung und Hass scheinen dabei mit dem Attribut der Niedrigkeit besetzt zu sein. Eine Einordnung als „nicht niedrig" unterblieb dabei in allen 17 Fällen. Deutlich für die isolierte Annahme der niedrigen Beweggründe (vorliegend in 24 von 27 Fällen) sprechen auch die Beweggründe Frust/Verärgerung und Wut.
Lediglich in den Fällen, in denen etwa die Verärgerung oder der Frust *„nicht jeglichen nachvollziehbaren Grundes"*[232], respektive die Wut *„nicht einer gewissen Berechtigung"* entbehrte[233], wurden die Motive nicht für geeignet erachtet, die Niedrigkeit des Beweggrundes zu begründen.

Die Charakterisierungskraft bezüglich der Ablehnung der Motivgeneralklausel wird tendenziell bei den Motiven Demütigung/Kränkung und Verzweiflung/Ausweglosigkeit deutlich. In allen 11 Fällen wurden die niedrigen Beweggründe verneint. Diese im Ansatz erkennbare Negativdefinition gilt wohl auch für das begriffliche Motivpaar Angst/Scham, das jedoch nur in drei Urteilen Erwähnung fand, in diesen jedoch stets als „nicht niedrig" angesehen wurde.
Diese Einschätzung korrespondiert mit der von *Heine* festgestellten Negativdefinition der Motive Ehrverletzung/Kränkung, Verzweiflung/Verdruss. Zusammenfassend lässt sich daher feststellen, dass im Rahmen der Motivgeneralklau-

[232] BGH vom 28.1.2003 – 5 StR 310/02.
[233] BGH vom 20.2.2002 – 5 StR 545/01.

sel *tendenziell* bestimmte besonders verwerfliche Tatantriebe konkretisiert werden können[234].

Relativiert wird dieser Befund allerdings durch die geringe Trennschärfe bei den komplementären Begriffspaaren. Das ein Handeln aus einer Demütigung oder Kränkung heraus als Indiz gegen das Vorliegen von niedrigen Beweggründen spricht, ist wenig hilfreich, wenn ein Handeln aus verletzter Ehre beziehungsweise aus verletztem Stolz grundsätzlich als Argument für das Vorliegen der Motivgeneralklausel herangezogen wird.
Die rechtliche Bewertung hängt somit vor allem davon ab, welcher Motivgruppe der Beweggrund durch den Richter zugeordnet wird. Im Ergebnis besteht dabei die Gefahr der beliebigen Austauschbarkeit von Motivbeschreibungen bei komplementären Begriffspaaren.

4. Die Relativierung der Charakterisierungskraft durch das Auftreten von Motivbündeln

Die im Ansatz vorhandene Charakterisierungskraft einzelner Motive wird zudem durch die richterliche Gewichtung im Rahmen von Motivbündeln im Ergebnis zunichte gemacht[235].

Neben der eigentlichen Motivermittlung besteht das Problem zunächst im Herausfiltern eines dominanten Beweggrundes. Wie *Schneider* zutreffend feststellt, liegt es dabei beim Zusammentreffen verschiedener Motive psychologisch nahe, dass der Täter das sittlich höher stehende als handlungsleitend empfindet und die niedrigeren Antriebe zurückdrängt[236].
Die Motiverforschung und –gewichtung durch den Richter sieht sich deshalb zwangsläufig der Gefahr ausgesetzt, in der Sequenz von Haupt- und Nebenzielen sowie vor- und nachrangigen Anlässen ein weiteres Kriterium der Ungenauigkeit zu schaffen, das aus Aussagen des Täters versucht, Motive an ihrem Verursachungsanteil zu messen.
Es erscheint daher zumindest fraglich, ob bei komplexen Motivstrukturen überhaupt eine exakte Feststellung und Gewichtung einzelner Antriebe erfolgen kann[237].
Auch wenn man der ersten Gerichtsinstanz diese Kompetenz und Fähigkeit aufgrund einer ausführlichen Beweisaufnahme noch zugestehen mag, so begeg-

---

[234] Eine ausführlichere Rechtsprechungsauswertung zur Verifizierung der gewonnenen Daten wäre jedoch wünschenswert.

[235] Zu der Problematik des Motivbündels ausführlich unten Seite 136 ff.

[236] MK-*Schneider*, Rn. 77.

[237] So auch *v. Gerkan*, a.a.O., S. 98.

net das Umgewichten von Beweggründen seitens des BGH und das damit verbundene Hinwegsetzen über Wertungen anhand der Urteilsgründe grundsätzlichen Bedenken[238].

Dies wird zunächst anhand eines Beispiels aus dem Bereich der Beziehungstaten deutlich. Der 4. Senat des BGH setzt sich im Urteil vom 21.12.2000 über die Beweiswürdigung des Landgerichts hinweg, das die Motive „*Rache*" und „*Bestrafung*" als dominant und als Ausdruck einer egoistischen Haltung angesehen hatte und daher die Niedrigkeit der Beweggründe bejahte[239].

Der BGH stellte hingegen darauf ab, dass in derartigen Fällen „*tatauslösend und tatbestimmend auch Gefühle der Enttäuschung und „ungerechter" Behandlung sein* [können], *die einer Bewertung als „niedrig" entgegenstehen*"[240]. Dies gelte umso mehr, wenn der Täter die Trennung – wie vorliegend – nicht verkrafte[241].

Der Senat fährt fort: „*Bei der Bewertung des den Angeklagten beherrschenden Motivbündels* [...] *kam deshalb dem Umstand entscheidende Bedeutung zu, dass der Angeklagte sich von dem Tatopfer „verraten" fühlte*".

Es fehle daher in Anbetracht der Kränkung und des Hintergangenseins „*nicht an jeglichem menschlichen Verständnis für die den Angeklagten zur Tat bestimmenden Motive*"[242].

Mag dieses Urteil im Hinblick auf das Hinwegsetzen über die tatrichterlichen Feststellungen zwar bedenklich sein, so geschieht dies zumindest nicht zum Nachteil des Täters.

Auch derartige Fälle kommen jedoch vor[243]. Der BGH scheint sich dabei der rechtlichen Brisanz seines Vorgehens durchaus bewusst zu sein und hebt dementsprechend die grundsätzliche Unabhängigkeit der tatrichterlichen Beweiswürdigung hervor[244], um jedoch über den Umweg des Vorwurfs der angeblich

---

[238] Vgl. dazu auch BGH vom 10.5.2005 – 1 StR 30/05: „Die Frage, ob eine Tötung aus „niedrigen Beweggründen" erfolgt, ist im Rahmen einer Gesamtwürdigung zu entscheiden, bei der die Tatmotive insgesamt zu berücksichtigen sind; dabei steht dem Tatrichter ein Beurteilungsspielraum zu, den das Revisionsgericht nicht durch eigene Erwägungen ausfüllen kann", sowie BGHR StGB § 211 Abs. 2 niedrige Beweggründe 21; Maatz/Wahl, Festschrift aus Anlass des fünfzigjährigen Bestehens des BGH, 2000, S. 531, [552].

[239] Der Täter hatte im vorliegenden Fall einen Freund getötet, weil dieser eine Liebesbeziehung mit seiner Freundin eingegangen war, in deren Folge sich die Freundin vom Angeklagten trennte.

[240] BGH vom 21.12.00 – 4 StR 499/00.

[241] BGH, a.a.O.

[242] BGH, a.a.O.

[243] Vgl. etwa BGH vom 10.11.2004 – 2 StR 248/04 und BGH vom 6.2.2002 – StR 513/01.

[244] BGH vom 6.2.2002 – StR 513/01: „Kann der Tatrichter tatsächliche Zweifel nicht überwinden und zieht die danach gebotene Konsequenz [...], so hat dies das Revisionsgericht regelmäßig hinzunehmen. Die Beweiswürdigung ist Sache des Tatrichters; es kommt nicht darauf an, ob das Revisionsgericht angefallene Erkenntnisse anders gewürdigt oder Zweifel überwunden hätte."

rechtsfehlerhaften Beweiswürdigung des Tatgerichts seine eigene – auf Akten basierende – Einschätzung heranzuziehen[245].

Es wird somit deutlich, dass die Herausarbeitung des bewusstseinsdominanten Motivs nicht nur im Rahmen einer motivationalen Beweiswürdigung auf der Instanz der Tatgerichte erfolgt, sondern der BGH diese Einschätzungen vielmehr anhand der Aktenlage nicht selten zum Vor- oder Nachteil des Täters ändert[246]. Das ursprünglich vom Tatgericht als dominant eingestufte Motiv wird damit zurückgedrängt und – in der auf das nun vermeintlich als bewußtseinsdominant erscheinende Motiv abstellenden Betrachtungsweise – schlichtweg ignoriert.

Abgesehen von den dogmatischen Schwächen, die das ausschließliche Abstellen auf einen einzigen als dominant empfundenen Handlungsantrieb im Rahmen von Motivbündeln mit sich bringt[247], wird auch die Prognosemöglichkeit, die sich aus der festgestellten Charakterisierungskraft der einzelnen Motive ergibt, bei Motivbündeln durch das Hinzutreten der nahezu beliebigen Dominanzfeststellung geschmälert.
Mögen somit auch einige wenige Motive isoliert betrachtet eine Zuordnungswahrscheinlichkeit begründen, so ist es der Rechtsprechung jedoch nicht gelungen, diese Charakterisierungskraft im Rahmen von Motivbündeln als Grundlage für eine einheitliche Rechtsprechung zu nutzen. Zu häufig werden die tatrichterlichen Wertungen zur Motivdominanz korrigiert und damit das Mordmerkmal endgültig einer nicht prognostizierbaren Typenkorrektur auf Tatbestandsebene unterworfen.

5. Zwischenergebnis

Zusammenfassend muss man daher konstatieren, dass es der Rechtsprechung nicht gelungen ist, für wesentliche Aspekte der Bewertung der niedrigen Beweggründe einen einheitlichen Maßstab zu entwickeln.
Nicht nur die unterschiedlichen Bewertungen im vertikalen Instanzenzug deuten auf eine unzureichende Konkretisierung hin[248], sondern auch die Rechtsprechung der BGH-Senate untereinander ist nicht einheitlich.

---

245 BGH, a.a.O.

246 Vgl. zudem BGH vom 28.1.2003 – 5 StR 310/02; BGH vom 15.5.2003 – 3 StR 55/03; BGH vom 10.9.2003 – 5 StR 373/03; BGH vom 6.3.2001 – 4 StR 541/00; 20.2.2002 – 5 StR 545/01.

247 Dazu ausführlich unten Seite 136 ff.

248 Vgl. dazu auch die Studie *Sessars*, wonach von der Anklage bis zur Verurteilung die niedrigen Beweggründe in 71 % der Fälle umdefiniert werden (*Sessar*, Rechtliche und soziale Prozesse einer Definition der Tötungskriminalität, 1981, S. 189). Dazu auch *Kargl* StrFO 2001, 368 und NK-*Neumann*, § 211 Rn. 26.

Es ist schwer verständlich, dass bisher keiner der Senate des Bundesgerichtshofs von der Möglichkeit des § 132 Abs. 2 GVG Gebrauch gemacht hat. Gerade im Bereich der Bewertung der fremden kulturellen Wertvorstellungen drängt sich eine abschließende Klärung durch eine Entscheidung des Großen Senats auf, die im Wege einer Divergenzvorlage einzuholen wäre.
Die Wirksamkeit voneinander abweichenden Entscheidungen zwischen den Senaten wird durch § 132 Abs. 2 GVG nicht in Frage gestellt, jedoch kann – weil zur Entscheidung nicht der erkennende Senat, sondern der Große Senat zuständig war – im Fall der Willkür wegen Verstoßes gegen den Grundsatz des gesetzlichen Richters aus Art. 101 Abs. 1 S. 2 GG eine Verfassungsbeschwerde nach Art. 93 Abs. 1 Nr. 4 a GG i.V.m. §§ 13 Nr. 8 a, 90 ff. BVerfGG begründet sein[249].
Hierzu führt das BVerfG aus: „*Es entspricht ständiger Rechtsprechung des BVerfG, dass jemand seinem gesetzlichen Richter auch dadurch entzogen werden kann, dass der Senat eines obersten Bundesgerichts die Verpflichtung zur Vorlage an den Großen Senat außer acht lässt*“[250].

Zudem ist die Einheitlichkeit der Rechtsprechung durch die unterschiedliche Behandlung der niedrigen Beweggründe durch die einzelnen Senate des BGH gefährdet.
Die Anwendung unterschiedlicher Bewertungsmaßstäbe, die sich in der wesentlich höheren Wahrscheinlichkeit ausdrückt, in den OLG-Bezirken Frankfurt am Main, Jena, Koblenz und Köln[251] im Revisionsverfahren wegen eines Mordes aus niedrigen Beweggründen verurteilt zu werden als im übrigen Bundesgebiet, stellt eine Ungleichbehandlung dar, die eine Gefahr für das verfassungsrechtliche Gebot der Einheitlichkeit der Rechtsprechung[252] und die Rechtssicherheit begründet.

---

249 BVerfG NStZ 1998, 347; NJW 1992, 2075; NJW 1995, 2914; NJW 1996, 512, 513; NStZ 1993, 90; 1995, 76; BVerfGE 42, 237, [241]; *Kissel*, § 121 Rn. 24; *Karlsruher Kommentar*, § 132 Rn. 10; *Schäfer/Harms*, LR § 121 Rn. 73; *Kleinknecht/Meyer-Goßner*, § 132 Rn. 13; *Katholnigg*, § 132 Rn. 10; *Leisner* NJW 89, 2446; *Kothe* DÖV 1988, 284.

250 BVerfG Beschluss vom 20.2.1995 – 2 BvR 1406/94 = NJW 95, 2914.

251 Der 2. Senat ist gemäß des Geschäftsverteilungsplanes des BGH für diese OLG-Bezirke zuständig, vgl. Bundesanzeiger 2004 Nr. 47 a.

252 Vgl. dazu Mangoldt/Klein/Starck-*Starck*, GG I, Art. 3 Rn. 259.

V. Das Mordmerkmal in der Literatur

Im Folgenden soll untersucht werden, ob Ansätze in der Literatur vorhanden sind, dem Mordmerkmal ausreichende Konturen zu verleihen, die eine einheitliche Anwendung des Merkmals der niedrigen Beweggründe ermöglichen.

1. Einleitung

In der Literatur sind die Unzulänglichkeiten der Konkretisierung des Mordmerkmals durch die Rechtsprechung auf teilweise heftige Kritik gestoßen[253].
Vielfach wurde darauf hingewiesen, dass sich die niedrigen Beweggründe einer rationalen Begründung entziehen und daher abzuschaffen seien[254].
Die ersatzlose Streichung des Mordmerkmals wurde überwiegend Ende der 70er bis Mitte der 80er Jahre gefordert, nachdem der Tatbestand des Mordes durch BVerfGE 45, 187 wieder Gegenstand zahlreicher strafrechtlicher Erörterungen wurde[255].
Nach diesem Höhepunkt der kritischen Auseinandersetzung mit den niedrigen Beweggründen ebbte die Kritik – auch vor dem Hintergrund der beratungsresistenten Rechtsprechung – zunehmend ab[256].

---

[253] *Woesner* NJW 1978, 1025 ff; *Hassemer* JuS 1971, 626; *Eser*, DJT-Gutachten, D 39 ff, 182 f.; ders. NStZ 1981, 429; *Rüping* JZ 1979, 620; *Schünemann*, Festschrift für Bockelmann, 1979, S. 130; *Jakobs* NJW 1969, 489; NK-*Neumann*, § 211 Rn. 26; *Kargl* StrFO 2001, 368; *ders.* JZ 2003, 1141; *Jäger*, Festschrift für Henkel, 1974, S. 137 f.; *Art. Kaufmann*, Strafrechtspraxis und sittliche Normen, S. 178 ff.; *Arzt/Weber*, Strafrecht BT LH 1, S. 57; *Hamm*, DJT-Sitzungsbericht, M 55; SK-*Horn*, § 211 Rn. 8; *Müller-Dietz* Jura 1983, 573; *Lüderssen*, Kriminalpolitik, 1981, S. 70; *Heine*, „Tötung aus niedrigen Beweggründen“, 1988, passim; *v. Gerkan*, Niedrige Beweggründe als Mordmerkmal, 1998, passim; *Noll*, Festschrift zum 150-jährigen Bestehen des OLG-Zweibrücken, 1969, S. 209 ff.; *Oehler*, Das objektive Zweckmoment in der rechtswidrigen Handlung, 1951, S. 139 f.; *Stratenwerth*, Festschrift für v. Weber, 1963, S. 171 ff.; *Kreuzer*, DIE ZEIT vom 05.02.2004 Nr.7.

Die Regierungskoalition aus CDU und FDP hat 1996 in einer Antwort auf eine Kleine Anfrage aus den Reihen der Fraktion BÜNDNIS 90/DIE GRÜNEN Handlungsbedarf bei der Reformierung der Tötungsdelikte eingeräumt, vgl. BT-Drs. 13/4830, S. 7. Auch der Bundesrat war 1997 der Auffassung, dass die Tötungsdelikte „*nach wie vor dringend der Überarbeitung*“ bedürfen, vgl. BT-Drs. 13/8587.

Der Arbeitsentwurf des Bundesjustizministeriums zur Reform der Tötungsdelikte vom 21.3.2001 sieht jedoch die Beibehaltung des Mordmerkmals der niedrigen Beweggründe vor, vgl. *Otto*, Jura 2003, 622.

[254] *Rüping*, a.a.O., S. 620; *Woesner*, a.a.O., 1025 ff.; *Schünemann*, a.a.O., S. 132; mit dem Entwurf einer Neufassung: *Eser*, a.a.O., D 182 f., D 200 und *Hassemer*, a.a.O., S. 631.

[255] *Woesner*, a.a.O., (1978); *Rüping*, a.a.O., (1979); *Schünemann*, a.a.O., (1979); *Eser*, DJT-Gutachten, (1980); *Hamm*, a.a.O., (1980); *Eser* NStZ, (1981); *Lüderssen*, a.a.O., (1981).

[256] Umfangreiche Auseinandersetzungen finden sich bei *Heine*, a.a.O., (1988) und *v. Gerkan*, a.a.O., (1998).

Mittlerweile finden sich in der überwiegenden Zahl der Kommentare und Lehrbücher zwar mehr oder weniger Hinweise auf einzelne Problematiken des Mordmerkmals, eine grundsätzliche Ablehnung wird jedoch nur vereinzelt angedeutet[257].
Auch die Aufsätze, Erörterungen und Urteilsanmerkungen, die eine Beseitigung des Mordmerkmals fordern, sind seltener geworden[258].
Wie bereits oben gezeigt, geht diese thematische Vernachlässigung nicht mit einer Besserung im Sinne einer rationalisierteren und einheitlicheren Rechtsprechung einher. Die Kritik an der Mordmerkmalsauslegung der niedrigen Beweggründe durch die Rechtsprechung ist daher heute ebenso angebracht wie notwendig[259].

2. Divergierende Ansichten am Beispiel von Kontroversen

Sieht man zunächst von denjenigen Stimmen ab, die eine ersatzlose Streichung des Mordmerkmals – sei es aus Gründen der unzulänglichen Konkretisierung oder der sittlichen Rückbindung an sich – fordern [260], so kristallisieren sich im Rahmen der rechtlichen Würdigung der niedrigen Beweggründe verschiedene Kritikpunkte heraus, die immer wieder Gegenstand von Kontroversen sind.
Diese Problemfelder beinhalten aber auch potentiell die Möglichkeit einer Konkretisierung des Mordmerkmals. Sollte es gelingen, ein System zu erkennen, das hilft, eine einheitliche Auslegung und Anwendung zu ermöglichen, bestünde unter Umständen die Chance, das Mordmerkmal mit ausreichenden Konturen zu versehen.
Zu diesen Punkten, die Gegenstand jeder eingehenden Erörterung des Merkmals sind, gehört nicht nur die Orientierung an den in § 211 Abs. 2 ausdrücklich aufgeführten Motivationen und die sie tragenden kriminalpolitischen Wertungen, die Fälle, in denen ein besonders auffälliges Missverhältnis vorliegt, die Möglichkeit der Bewertung von Beweggründen an sich und deren Gewichtung im Rahmen von Motivbündeln, sondern auch die Problematik von grundlosen Tötungen und die Berücksichtigung fremder kultureller Wertvorstellungen.

---

[257] *Arzt/Weber*, Strafrecht BT LH 1, S. 57; *Neumann* spricht von einer *„Abgrenzungsschwäche"* des Mordmerkmals, vgl. NK-*Neumann*, § 211 Rn. 26; SK-*Horn*, § 211 Rn. 8.

[258] Zuletzt *Kargl* StrFO 2001, 368; *ders.* JZ 2003, 1141.

[259] Aus jüngster Zeit: *Kargl* a.a.O., S. 368; NK-*Neumann*, § 211 Rn. 26; *Saliger* StV 2003, 38.

[260] *Rüping*, a.a.O., S. 620; *Woesner*, a.a.O., 1025 ff.; *Schünemann*, a.a.O., S. 132; mit dem Entwurf einer Neufassung: *Eser*, a.a.O., D 182 f., D 200 und *Hassemer*, a.a.O., S. 631.

a) Die Orientierung an den in § 211 Abs. 2 StGB ausdrücklich aufgeführten Beweggründen und deren kriminalpolitischen Wertungen

Zur Präzisierung des Mordmerkmals orientiert sich der wohl überwiegende Teil der Literatur[261] an den in § 211 Abs. 2 ausdrücklich aufgeführten Motivationen und den sie tragenden kriminalpolitischen Wertungen.
Die „sonstigen niedrigen Beweggründe" werden demnach vor dem Hintergrund der Mordlust, der Tötung zur Befriedigung des Geschlechtstriebs und der Habgier betrachtet. Sieht man die Verdeckungs- und die Ermöglichungsabsicht ebenfalls als Unterfall der niedrigen Beweggründe an[262], so fließen auch sie in die kriminal-politische Wertung mit ein.

Vom Wortlaut her gesehen spricht zunächst wenig gegen die Orientierung an den explizit aufgeführten Beweggründen. Die semantische Auslegung ergibt, dass die „sonstigen niedrigen Beweggründe" ein Auffangmerkmal für nicht ausdrücklich geregelte Handlungsantriebe darstellen.
Daraus lässt sich schließen, dass der Gesetzgeber von einer grundsätzlich vorhandenen Ebene der Niedrigkeit von Beweggründen ausgeht. Die „sonstigen niedrigen Beweggründe" müssen demnach in ihrem Niedrigkeitsgehalt mit den aufgeführten Motivationen vergleichbar sein.
Darüber hinaus gehende Forderungen, von einem speziellen Mordmerkmal nicht erfasste – aber ähnlich gelagerte - Fälle unter die Motivgeneralklausel zu subsumieren[263], gehen jedoch häufig zu weit.
Die aufgeführten Mordmerkmale beschreiben gerade bestimmte Konstellationen, in denen der Gesetzgeber eine entsprechende Niedrigkeit erblickt. Diese Merkmale wurden per se als besonders verachtenswert und strafwürdig erachtet und in hinreichend konkretisierter Form Bestandteil der Norm.
Die Subsumtion von Fällen – die Ähnlichkeiten mit den speziell im Gesetz verankerten Beweggründen aufweisen – unter die Motivgeneralklausel begegnet zumindest dann Bedenken, wenn die systematische Nähe zu einem bestimmten Mordmerkmal zwar vorliegt, aber eine Feststellung dieses bestimmten Merkmals nach eingehender Prüfung jedoch gerade verneint wurde.
Die Herausarbeitung von Grundsätzen, Definitionen aber auch Abgrenzungsfragen im Rahmen der Merkmale der Mordlust, der Tötung zur Befriedigung des Geschlechtstriebs und der Habgier wäre obsolet und widersinnig, wertete man die Tat dennoch über den Umweg der Motivgeneralklausel als Mord.

---

261 Vgl. LK-*Jähnke*, § 211 Rn. 2; MK-*Schneider*, Rn. 70; *Tröndle/Fischer*, Rn. 10.

262 So Schönke/Schröder-*Eser*, § 211 Rn. 14; LK-*Jähnke*, Rn. 14; *Krey*, BT 1, S. 21 f.: *Maurach/Schroeder/Maiwald*, BT, Band 1, S. 35; *Arzt/Weber*, a.a.O., S. 58; *Bockelmann*, BT 2, S. 12; Lackner/Kühl-*Kühl*, Rn. 5 a; *Rengier* BT/2 § 4 Rn. 19; *Miehe* JuS 1996, 1000, 1005; *Kohlrausch/Lange* StGB 43. Aufl. § 211 Anm. VIII 8; SK-*Horn*, Rn. 63; BGHSt 35, 116, [121] und BGH NJW 1992, 919, 920; BGH bei Holtz MDR 1988, 277.

263 So MK-*Schneider*, Rn. 70 m. w. N.

In der Rechtsprechung ist dies jedoch anerkannt. Hierzu führt der BGH aus[264]: *„In einem anderen Fall hat der 1. Strafsenat das für die Tötung maßgebende Motiv des Täters, sich der Verurteilung wegen eines zuvor begangenen Verbrechens zu entziehen, als niedrigen Beweggrund qualifiziert, weil es in aller Regel ebenso zu beurteilen sei wie der »gesetzlich hervorgehobene« Beweggrund der Verdeckungsabsicht: beide Male töte der Täter, um sich eigensüchtig der Verantwortung für begangenes Unrecht zu entziehen (BGH, Urt. vom 2. Dezember 1986 - 1 StR 638/86; vgl. auch BGH bei Dallinger MDR 1971, 722 und BGH, Urteile vom 19. Oktober 1987 - 3 StR 145/87 und 333/87)“.*

Damit wird jedoch die vom Gesetzgeber aufgestellte Systematik der Mordmerkmale unterlaufen. Wünschenswert wäre eine Beschränkung auf diejenigen Fälle, die in ihrem Niedrigkeitsgehalt den ausdrücklich erwähnten Beweggründen gleichstehen. Ob und gegebenenfalls wie ein derartiger Gehalt der sittlichen Verwerflichkeit bestimmt werden kann, wird noch zu erörtern sein. Die bloße Ähnlichkeit einer Handlung beziehungsweise eines Beweggrundes mit einem speziellen Merkmal kann jedoch allein nicht zwingend als Argument für die Höchststrafwürdigkeit dienen, sie stellt vielmehr eine gemäß Art. 103 Abs. 2 GG verbotene Analogie zu Lasten des Täters dar[265].

b) Die Fälle des krassen Missverhältnisses zwischen Tatanlass und Taterfolg

Die Annahme eines sonstigen niedrigen Beweggrundes soll nahe liegen, wenn die Tötung in einem absoluten Missverhältnis zum Tatanlass stehe[266]. Wie bereits gezeigt, genügt nach der Auffassung des 1. und 4. Senats das Vorliegen eines krassen Missverhältnisses zwischen Tatanlass und Tötung *„aber allein nicht für die Annahme eines niedrigen Beweggrundes“*[267]. Nach dem Rechtsverständnis des 2. Senats kann in Einzelfällen jedoch die bloße Existenz eines krassen Missverhältnisses zur Annahme eines sonstigen niedrigen Beweggrundes führen[268].

Auch die Literatur ist diesbezüglich gespalten. Während das auffällige Missverhältnis einer Ansicht zufolge das ausschlaggebende Kriterium darstellt[269], reicht

---

264 BGHSt 35, 116, [122].

265 Ablehnend auch *v. Gerkan*, a.a.O., S. 47 ff. und NK-*Neumann*, Rn. 7.

266 BGH vom 7.7. 1993 – 2 StR 17/93; NStZ 1994, 34; vgl. auch SK-*Horn*, § 211 Rn. 15 und *Schroeder* JuS 1984, 275, [277 f.]

267 BGH vom 11.11.2004 – 4 StR 349/04; vgl. auch BGH vom 11.1.2000 – 1 StR 505/99.

268 Vgl. schon BGH vom 7.7.1993 – 2 StR 17/93, NStZ 1994, 34 und BGH vom 8.8.2001 – 2 StR 504/00.

269 *Arzt* JZ 1973, 685 f.; *Jakobs* NJW 1969, 490; vgl. auch *Otto*, Grundkurs Strafrecht BT, S. 17; *Woesner* NJW 1978, 1027; SK-*Horn*, a.a.O., Rn. 15; *Schroeder*, a.a.O., S. 277.

dessen bloße Feststellung für andere wiederum alleine nicht aus, um die niedrigen Beweggründe zu bejahen[270]. Neben der generellen Ablehnung dieses Kriteriums[271] werden auch differenzierte Lösungsansätze vertreten[272].
Neumann weist darauf hin, dass auf das Kriterium des besonderen Missverhältnisses lediglich im Bereich der reaktiven und affektbedingten Tötungen zurückgegriffen werden könne. Dabei sei zu prüfen, inwieweit die Tat aus der Situation heraus begreiflich sei[273].
Im Rahmen von zweckorientierten Tötungen sei das Kriterium des Missverhältnisses hingegen untauglich. Bei Fällen, in denen die Tötung gezielt als Mittel zur Verwirklichung eigener Ziele eingesetzt wird und damit eine Instrumentalisierung eines Menschenlebens für egoistische Zwecke vorläge, bestünde eine vergleichbare Konstellation wie bei den ausdrücklich aufgeführten Beweggründen. Die Niedrigkeit des Beweggrundes sei deshalb am Kriterium der Instrumentalisierung und nicht am Missverhältnis festzustellen[274].
Im Bereich der zweckorientierten Tötungen ist dem zuzustimmen.
Beim bloßen Abstellen auf das Missverhältnis bei den reaktiven und affektbedingten Tötungen erhält die Motivgeneralklausel jedoch lediglich die Funktion eines Relationsmerkmals[275].
Vor dem Hintergrund einer vermuteten höheren Gefährlichkeit des Täters – auf die aufgrund der Unbegreiflichkeit der Tat und der damit verbundenen niedrigen Hemmschwelle geschlossen wird – ist Anknüpfungspunkt für die Unterscheidung zwischen Mord und Totschlag nicht mehr der Beweggrund an sich, sondern ausschließlich die Verknüpfung zwischen Tatanlass und der Tat.
Wie *v. Gerkan* zutreffend ausführt, greift diese Formel zu kurz und *„führt somit geradezu blindlings an dem Motiv vorbei, dessen Niedrigkeit sie zu belegen versucht“*[276].
Es stellt sich zudem mit *Rüping* die Frage, wann bei einem vorsätzlichen Tötungsdelikt kein krasses Missverhältnis zwischen Tat und Motivation bestehen

---

270 Vgl. Schönke/Schröder-*Eser*, Rn. 18 und MK-*Schneider*, Rn. 71, [Anm. 201] jeweils m. w. N.

271 *v. Gerkan*, a.a.O., S. 44 ff.; *Geilen*, Festschrift für Bockelmann, S. 642; *Gössel* DRiZ 1980, 286; *Rüping* JZ 1979, 619 f; *Paeffgen* GA 1982, 255, [266]. Kritisch auch *Schröder* JuS 1984, 275, [277].

272 NK-*Neumann*, Rn. 27 und 29.

273 NK-*Neumann*, Rn. 27 f. Das Kriterium der Begreiflichkeit sei dabei *„nicht nur psychologisch, sondern auch normativ zu verstehen“* , NK-*Neumann*, Rn. 28.

274 NK-*Neumann*, Rn. 29.

275 So *Paeffgen*, a.a.O., S. 266. *Paeffgen* fragt nach dem *„tertium comparationis“*; vgl. auch *v. Gerkan*, a.a.O., S. 45; *Geilen*, a.a.O. und *Schröder*, a.a.O., S. 277.

276 *v. Gerkan*, a.a.O., S. 47.

soll[277]. Eine Verhältnismäßigkeitsprüfung müsste daher regelmäßig zur Bejahung der niedrigen Beweggründe führen[278].

c) Die Problematik des Motivbündels

Heine hat anhand einer Rechtsprechungsanalyse festgestellt, dass durch die Gerichte in den meisten Fällen nicht ein einziges, sondern mehrere Motive festgestellt wurden[279].

Demnach wurden bei nahezu zwei Dritteln der zu beurteilenden Tötungsdelikte zwei beziehungsweise drei Motive als handlungsbestimmend erachtet, in knapp einem Fünftel sogar vier beziehungsweise fünf Motive[280].

In der überwiegenden Zahl der Fälle basiert die Grundlage für die Unterscheidung zwischen Mord und Totschlag somit nicht auf einem singulären Antriebsmoment, sondern auf einer Vielzahl von Handlungsgründen[281]. Die Rechtsprechung und der wohl überwiegende Teil der Lehre beurteilen diese Motivbündel ausschließlich nach dem Motiv, dass der Tat ihr Gepräge gab. Motive, die hinter diesem Hauptmotiv zurücktreten, spielen demnach keine Rolle[282]. Dabei bleibt unberücksichtigt, dass sich Motive wechselseitig beeinflussen, gegenseitig überlagern, aber auch relativieren können[283].

In der Literatur ist die Behandlung des Motivbündels umstritten. *Bockelmann* erachtet bereits ein einziges niedriges Motiv für ausreichend, um das Mordmerkmal der niedrigen Beweggründe zu bejahen[284]. Nach anderer Ansicht braucht das niedrige Motiv nicht unbedingt das tatprägende zu sein. Es soll ausreichen, dass eines der leitenden Motive als niedrig anzusehen ist[285]. *Paeffgen* unterscheidet hingegen zwischen Primär- und Letztzielen, wobei die mordspezifische Einordnung des Beweggrundes von der Beurteilung des Letztzieles ab-

---

277 *Rüping* JZ 1979, 617, [620], so auch NK-*Neumann*, vor § 211, Rn. 139.

278 *Geilen*, a.a.O., S. 642.

279 Vgl. *Heine*, a.a.O., S. 41 ff.

280 *Heine*, a.a.O., S. 43.

281 Vgl. auch *Siol*, a.a.O., S. 44; *Heine*, a.a.O., S. 43.

282 Ständige Rechtsprechung, vgl. BGH vom 5.3.1977 – 1 StR 20/77; BGH vom 25.5.1983 – 3 StR 112/83; BGH vom 21.8.1996 – 2 StR 212/96; MK-*Schneider*, Rn. 77; LK-*Jähnke*, Rn. 23; NK-*Neumann*, Rn. 31; SK-*Horn*, Rn. 18; *Tröndle/Fischer*, Rn. 11; *Maurach/Schroeder/Maiwald*, BT 1 § 2 Rn. 41 jeweils m. w. N. Vgl. dazu auch oben Seite 127 ff.

283 Ausführlich *Heine*, a.a.O., S. 40 ff.

284 *Bockelmann*, Strafrecht, BT 2, S. 9.

285 *Arzt/Weber*, Strafrecht BT LH 1, S. 58; Schönke/Schröder-*Eser*, Rn 18; dazu auch *Eser* NStZ 1981, 385 Anm. 27.

hängen soll[286]. Diese Sichtweise blendet jedoch im Bereich von komplexen Motivbündeln ein Teil der Beweggründe des Täters schlichtweg aus.
Wenn man bedenkt, dass die Möglichkeit der Strafrahmenmilderung nach § 49 Abs. 1 Nr. 1 von der Rechtsprechung im Hinblick auf die Mordmerkmale nur im Rahmen der Heimtücke angewendet wird[287] und man ferner berücksichtigt, dass die Rechtsprechung den Weg der „negativen Typenkorrektur" ablehnt[288], wird im Ergebnis auch keine strafmildernde Berücksichtigung der ignorierten Handlungsantriebe stattfinden. Dadurch werden Täter gleichgesetzt, die zum einen ausschließlich aufgrund niedriger und zum anderen auch aufgrund nachvollziehbarer und damit nicht niedriger Motive getötet haben.
Mag auch ein nachvollziehbares oder sogar verständliches Gefühl conditio sine qua non für die Tötung gewesen sein, so wird durch das Abstellen auf einen anderen singulären Handlungsantrieb ein Teil der Motivwirklichkeit zulasten des Täters ausgeblendet, um die Einordnung der Tat als Mord oder Totschlag vornehmen zu können. Die von den Gerichten in ständiger Rechtsprechung abgelehnte Typenkorrektur findet somit de facto im Bereich der Motivgewichtung statt.
Aufgrund der fehlenden strafmildernden Berücksichtigung von verständlichen Motivationen und der Willkürgefahr, die das Abstellen auf lediglich einen Handlungsantrieb mit sich bringt, ist ein anderer Weg zu finden, diesem Problem gerecht zu werden[289].

d) Die Problematik des fehlenden Tatanlasses und die motivational inkonnexen Tötungen

Das Handeln aus niedrigen Beweggründen wird überwiegend bejaht, wenn der Täter keinen konkreten Anlass zur Tat hatte[290].
Dabei wird betont, dass Täter, die in dem Bewusstsein agieren, keinen Grund für eine vorsätzliche Lebensvernichtung haben zu müssen, eine innere Einstellung erkennen lassen, die „*hochgradig gemeinschaftsbedrohlich und daher tragfähiger Anknüpfungspunkt für eine verschärfte strafrechtliche Reaktion ist*"[291].

---

[286] *Paeffgen* GA 1982, 255, [266]. Dazu näher unten Seite 150 ff.

[287] Vgl. GSSt BGHSt 30, 105: „Dem Großen Senat ist es nicht verwehrt, [...], dass er in Heimtückefällen auf der Rechtsfolgenseite des Mordes (§ 211 Abs. 1 StGB) an die Stelle lebenslanger Freiheitsstrafe den Strafrahmen des § 49 Abs. 1 Nr. 1 StGB treten lässt, wenn außergewöhnliche Umstände vorliegen, die das Ausmaß der Täterschuld erheblich mindern". Dazu ausführlich unten Seite 238 ff.

[288] Vgl. BGHSt 9, 389; GSSt BGH 30, 105.

[289] Dazu unten Seite 240 ff.

[290] BGHSt 47, 128; MK-*Schneider*, § 211 Rn. 79; LK-*Jähnke*, Rn. 25, 27; *Tröndle/Fischer*, Rn. 9.

[291] MK-*Schneider*, a.a.O., Rn. 79.

Dagegen haben sich *Neumann*[292] und *Saliger*[293] ausgesprochen. *Neumann* weist darauf hin, dass das Fehlen eines „*Beweggrundes*" zur Tötung per se noch kein niedriger Beweggrund sei[294].
Auch die Nähe zum Mordmerkmal der Mordlust, rechtfertige noch nicht die Annahme eines „sonstigen" niedrigen Beweggrundes[295]. Dem ist zuzustimmen. Wie bereits oben festgestellt, kann die bloße systematische Nähe zu einem ausdrücklich aufgeführten Mordmerkmal nicht dazu führen, ein Verhalten unter die Motivgeneralklausel zu subsumieren. Dies widerspricht der Systematik des § 211[296]. Zur Bejahung der niedrigen Beweggründe ist daher ein Handlungsantrieb erforderlich, der im Hinblick auf seine Niedrigkeit mit den explizit aufgeführten Merkmalen vergleichbar ist[297].
Diese Niedrigkeit ist in der Bewertung des Täters zu erblicken, zum Töten keinen Grund haben zu müssen. Es ist richtig, dass das Fehlen eines „Beweggrundes" eben gerade nicht als niedriger Beweggrund gewertet werden kann, das Fehlen eines Anlasses zur Tötung kann jedoch nicht mit dem Fehlen eines Beweggrundes im Sinne des § 211 StGB gleichgesetzt werden.
Mag auch kein konkreter Anlass zur Tötung vorliegen, so beruht das Verhalten des Täters dennoch auf einer inneren Motivation, die ihn schließlich zu dieser Tat veranlasst. In den Fällen des frustrationsbedingten Aggressionsabbaus an unbeteiligten Opfern und mutwilligen Tötungen ohne Anlass liegt die Niedrigkeit des Beweggrundes darin, dass der Täter in dem Bewusstsein handelt, keinen Grund für die Vernichtung eines gänzlich unbeteiligten und unschuldigen Menschen haben zu müssen. Nicht nur der fehlende Anlass zur Tat, sondern auch die damit verbundene willkürliche Opferauswahl lässt dabei eine hochgradig gemeinschaftsbedrohliche und rücksichtslose Einstellung des Täters erkennen. Die niedrigen Beweggründe sind daher bei den anlasslosen und inkonnexen Tötungen grundsätzlich zu bejahen[298].
Die verschärfte Sanktionierung beim Vorliegen einer rücksichtslosen Einstellung ist eng verbunden mit dem Abstellen auf die erhöhte soziale Gefährlichkeit des Täters. Dieses Kriterium war bereits im Bereich der Fälle ausschlaggebend, bei denen ein krasses Missverhältnis von Tatanlass und Tötung vorlag.

---

292 NK-*Neumann*, § 211 Rn. 42; *ders.* JR 2002, S. 471.

293 *Saliger* StV 2003, 38.

294 NK-*Neumann*, a.a.O., Rn. 42; *ders.* JR 2002, S. 471; in diesem Sinne auch *Saliger* StV 2003, 38, [39 f.].

295 NK-*Neumann*, a.a.O., Rn. 42; *ders.* JR 2002, S. 471.

296 Vgl. oben Seite 133 ff.

297 Vgl. unten Seite 218 ff.

298 BGHSt 47, 128; LK-*Jähnke*, Rn. 25, 27; T/F Rn. 9; MK-*Schneider*, Rn. 79; auch Schönke/Schröder-*Eser*, Rn. 19 für die mutwillige Lust an körperlicher Misshandlung. Bezüglich des frustrationsbedingten Abreagierens von Aggressionen an Unbeteiligten wohl auch – obgleich zurückhaltend – NK-*Neumann*, a.a.O., Rn. 42.

Es ist daher nicht auszuschließen, dass der sozialen Gefährlichkeit, beziehungsweise der „solipsistischen“ Rücksichtslosigkeit – auf die später noch einzugehen sein wird – , eine entscheidende Bedeutung, und damit die Möglichkeit einer Konkretisierung, im Rahmen der niedrigen Beweggründe innewohnt.

e) Die Berücksichtigung fremder kultureller Wertvorstellungen

In der Literatur besteht weitgehend Einigkeit darüber, dass fremde kulturelle Wertvorstellungen rechtlich grundsätzlich zu beachten sind und geeignet sein können, die Motivgeneralklausel zu verneinen[299].

Auf welcher Stufe diese Wertvorstellungen berücksichtigt werden sollen, ist indes umstritten[300]. Ein großer Teil des Schrifttums will die Verhaltens- und Ehrvorstellungen ausländischer Täter – wie der 3. und 4. Senat des BGH – bereits bei der allgemeinen sozialethischen Beurteilung des Beweggrundes berücksichtigen[301].

Die Gegenmeinung folgt dem 1., 2. und 5. Senat des BGH und entnimmt den Maßstab für die Bewertung eines Beweggrundes allein den Vorstellungen der Rechtsgemeinschaft der Bundesrepublik Deutschland[302]. Im Rahmen der individuellen Beurteilung des Motivationsbeherrschungspotentials sollen dem Täter jedoch seine abweichenden sozio-kulturellen Wertvorstellungen in Rechnung gestellt werden[303].

Schneider begründet dies damit, dass die Bindung an eine fremde Werteordnung lediglich die Individualethik betreffe, nicht jedoch die für die objektivierte Bewertungsebene maßgebliche Sozialethik. Ausländische Bürger verdienten vor dem Hintergrund der Gleichheit vor dem Gesetz allein aufgrund ihrer abweichenden Sozialisation keine Vorzugsbehandlung. Die fremden kulturellen Wertvorstellungen seien somit lediglich beim Motivationsbeherrschungspotential individuell zu berücksichtigen[304]. Etwaige sozio-kulturelle Wertvorstellungen stünden dem Verdikt der Niedrigkeit eines Beweggrundes nur dann entgegen, *„wenn der Täter diesen gelebten Anschauungen derart intensiv verhaftet war, „dass er deswegen die in Deutschland gültigen abweichenden sozialethischen*

---

299 Vgl. *Fabricius* StV 1996, 209 ff.; MK-*Schneider*, § 211 Rn. 92 ff; Schönke/Schröder-*Eser*, Rn. 18; NK-*Neumann*, Rn. 30; LK-*Jähnke*, Rn. 39; *Tröndle/Fischer* Rn. 14; *Rengier* BT/2 § 4 Rn. 22; *Lackner/Kühl*, Rn.5.

300 Vgl. MK-*Schneider*, Rn. 92.

301 *Lackner/Kühl*, Rn. 5; NK-*Neumann*, Rn. 30; *Maurach/Schroeder/Maiwald*, BT 1 § 2 Rn. 37; *Rengier* BT II § 4 Rn. 22; *Wessels/Hettinger*, BT 1 Rn. 97; *Köhler* JZ 1980, 238, [240]; *Fabricius* StV 1996, 209, [210].

302 So MK-*Schneider*, Rn. 94; LK-*Jähnke*, Rn. 37; *Krey*, BT 1 § 1 Rn. 30 [Anm. 67]; *Geilen*, JK StGB § 211/15; *Altvater* NStZ 1998, 344.

303 MK-*Schneider*, Rn. 94.

304 MK-*Schneider*, Rn. 94.

Bewertungen seines Motivs nicht in sich aufnehmen und daher auch nicht nachvollziehen kann"[305].

Im Hinblick auf die Differenzierung zwischen Individual- und Sozialethik ist *Schneider* zuzustimmen. Die „*allgemeine sittliche Wertung*" ist objektiver Natur. Wie bereits ausgeführt, hat der Richter die vorherrschende Einstellung der Allgemeinheit zu ermitteln[306].

Der Einwand, dass die Niedrigkeitsstufe vor dem Hintergrund eines interkulturellen gemeinsamen sozialethischen Werteminimums zu bestimmen sei[307], geht indes fehl. Die im Zusammenhang mit der Berücksichtigung fremder Wertvorstellungen auftretenden Fallgruppen zeigen gerade, dass ein solches Wertminimum nicht existiert: Die Tötung der Ehefrau aufgrund verweigerten „Gehorsams"[308], aufgrund der verletzten Ehre nach einem harmlosen und unabsichtlichen Anrempeln[309] oder die Blutrache-[310] und Ehrenmordfälle[311] machen deutlich, dass dieses Wertminimum in Europa nicht einmal im Bereich der grundsätzlichen Ächtung vorsätzlicher Tötungen vorhanden ist.

Darüber hinaus einen interkulturellen Konsens bezüglich „besonders verwerflicher" Tötungen zu finden, ist in Anbetracht der zum Teil erheblich divergierenden Wertevorstellungen aussichtslos.

Die Orientierung an der sittlichen Wertung kann daher schon praktisch nur an den Rechtsvorstellungen der Bundesrepublik Deutschland erfolgen.

Vom rechtstheoretischen Standpunkt aus betrachtet spiegelt das Strafgesetzbuch wider, welche Verhaltensweisen der deutsche Gesetzgeber – und damit mittelbar die deutsche Bevölkerung – nicht toleriert, weil sie den Minimalanforderungen an ein geordnetes Zusammenleben der Gesellschaft nicht gerecht werden.

---

305 BGH vom 28.1.2004 – 2 StR 452/03.

306 Vgl. oben Seite 113 ff.

307 So *Köhler* JZ 1980, 240.

308 BGH vom 28.1.2004 – 2 StR 452/03.

309 BGH vom 8.8.2001 – 2 StR 504/00.

310 BGH vom 7.10.1994 – 2 StR 319/94. Die Blutrache wird nach wie vor noch in Europa praktiziert. Zwischen 1990 und 1995 forderte die Blutrache nach Auskünften von Menschenrechtsgruppen allein in Albanien 5.000 Opfer, vgl. *DER SPIEGEL* vom 27.2.1995.

311 Die „Ehrenmorde" gerieten jüngst wieder in den Blickpunkt der Öffentlichkeit, nachdem das LG Berlin am 13.4.2006 einen jungen Türken nach Jugendstrafrecht wegen Mordes aus Heimtücke und aus niedrigen Beweggründen zu 9 Jahren und 3 Monaten Haft verurteilte, der seine Schwester zur (vermeintlichen) Wiederherstellung der Familienehre tötete, weil die junge Frau nicht gemäß den archaischen Vorstellungen der patriarchalisch geprägten Familie leben wollte, vgl. dazu etwa FAZ, 15.4.2006, Nr. 89, Seite 1 und 2; Süddeutsche Zeitung, 14.4.2006, Nr. 88, S. 1; Frankfurter Rundschau, 15.4.2006, Nr. 89, S. 1; DER SPIEGEL, 24.04.2006, Nr. 17, S. 80. Nach einem Bericht der Fachtagung „Verbrechen im Namen der Ehre" vom 09.03.2005, S. 4, werden alljährlich 5000 Frauen und Mädchen Opfer von Ehrenmorden. Ausführlich dazu auch das Honour Related Violence European Resource Book and Good Practice, 2005.

Die strafrechtliche Sanktionierung von Verhaltensweisen hat sich dabei an der Verfassung zu orientieren. In ihr steckt gleichsam die *„objektive Werteordnung“*[312], die unserem Gemeinwesen zugrunde liegt. An dieser Sozialethik sind auch die niedrigen Beweggründe zu messen.
Diese objektivierte monokulturelle Sicht der *„allgemeinen sittlichen Wertung“* bedeutet jedoch nicht, dass fremde kulturelle Vorstellungen lediglich auf der Ebene des Motivationsbeherrschungspotentials berücksichtigt werden müssen.
Nach ständiger Rechtsprechung ist im Rahmen der niedrigen Beweggründe in subjektiver Hinsicht erforderlich, dass der Täter *„die Umstände erfasst, welche die Bewertung seines Handlungsantriebes als niedrig begründen“*[313]. In diesem Zusammenhang wird nicht verlangt, dass der Täter die rechtliche Bewertung der Handlungsantriebe als niedrig vornimmt oder nachvollzieht, er muss vielmehr lediglich *„zu einer zutreffenden Wertung in der Lage sein“*[314]. Ist der Täter jedoch in seinen fremden kulturellen Anschauungen derart fest verwurzelt, dass es ihm nicht möglich ist zu erkennen, dass sein Verhalten den elementaren Prinzipien unserer Rechtsgemeinschaft zuwiderläuft, so kann er die Umstände nicht erfassen, welche die Bewertung seines Handlungsantriebs als niedrig begründen.
Die Orientierung am Motivationsbeherrschungspotential – der eine Verengung der Möglichkeit zur Privilegierung fremder Wertvorstellungen innewohnt[315] – versagt, weil bereits die subjektive Komponente fehlt, auf deren Beherrschungspotential abgestellt wird.
Aufgabe des Richters ist daher die Aufklärung und Erforschung der individuellen Lebensumstände vor dem Hintergrund des Sozialisationsprozesses[316]. Vor dem Hintergrund der Erkenntnis, dass der Täter nicht für die Normen seiner heimatlichen Sozialordnung und der sie prägenden Weltanschauung verantwortlich gemacht werden kann[317], ist daher zu prüfen, ob der Täter die hiesigen Kultur- und Sozialnormen – und damit letztendlich die Umstände, welche die Bewertung seines Handlungsantriebs als niedrig begründen – erkennen und erfassen konnte[318].

[312] BVerfGE 7, 198, [205].

[313] Vgl. zuletzt BGH vom 10.11.2004 – 2 StR 248/04.

[314] BGH, a.a.O.

[315] So auch MK-*Schneider*, Rn. 94.

[316] Vgl. MK-*Schneider*, Rn. 94.

[317] So NK-*Neumann*, Rn. 30; *Köhler* JZ 1980, 238, [240]; *Fabricius* StV 1996, 209, [210].

[318] Vgl. dazu auch Tröndle/Fischer, Rn. 14 und MK-Schneider, der als aussagekräftige Anhaltspunkte aufführt: „Langer Aufenthalt, Teilnahme am Arbeitsleben, Freundes- und Bekanntenkreis, Mitwirkung in Vereinen und politischen Organisationen, Verständigungsprobleme sowie Ess- und Trinkgewohnheiten“, MK-Schneider, Rn. 95.

Zwischenergebnis:
Diese beispielhafte Auswahl an Kontroversen verdeutlicht, dass auch die Literatur bei der Bewertung der niedrigen Beweggründe uneinheitlich und widersprüchlich ist. Mag auch in manchen Fällen auf vergleichbare Wertungen zurückgegriffen werden, so bleiben die genaue Ausgestaltung und die rechtliche Würdigung dennoch different.
Diese unterschiedliche Bewertung von Teilaspekten lässt darauf schließen, dass es auch der Literatur im Laufe der Jahre nicht gelungen ist, einen einheitlichen Maßstab zu entwickeln, anhand dessen sich die zahlreichen Bewertungsschwierigkeiten auflösen lassen.
Mag auch dem Kriterium der sozialen Gefährlichkeit bei Teilaspekten eine grundlegende Bedeutung zukommen, so gilt es dennoch, ein entscheidendes Grundprinzip zu finden, welches die Rationalisierung des Merkmals ermöglicht.

3. Die Beweggründe im Lichte der Motivtheorie

Bevor mit einer Auseinandersetzung der unterschiedlichen Rationalisierungsmodelle begonnen werden kann, ist zunächst eine nähere Auseinandersetzung mit den theoretischen Grundlagen der Motivationsforschung erforderlich.
Zunächst wird dabei auf die Erfahrungen und Erkenntnisse der Erfahrungs- und Seinswissenschaften eingegangen, nach denen man die Beweggründe als Motivationstrias begreifen kann (a). Daran schließt sich die Auseinandersetzung mit dem Begriff der Gesinnung (b).

Bei diesen Ausführungen ist zu beachten, dass die biologische Hirnforschung einen wichtigen Beitrag leisten kann, das Zusammenspiel unterschiedlicher Hirnareale bei verschiedenen kognitiven Aufgaben und mannigfachen emotionalen Regulationen nachzuzeichnen. Es besteht jedoch Einmütigkeit darüber, dass die bisherige Forschung komplexe Konstrukte wie Bewusstsein, Willen, Entscheidung nicht gut operationalisieren kann und sich aus den vorhandenen Befunden nicht vollständig erschließen lässt, wie diese Abläufe funktionieren[319].
Auf die Behauptung der Hirnforscher *Roth* und *Singer*, wir alle befänden uns in einem Irrglauben, freie Willensentscheidungen treffen zu können[320], wird daher

[319] *Kröber*, Die Hirnforschung bleibt hinter dem Begriff der strafrechtlichen Verantwortlichkeit zurück, in: Geyer (Hrsg.), Hirnforschung und Willensfreiheit, 2004, S. 105.

[320] Vgl. *Roth*, Wir sind determiniert, in: Geyer (Hrsg.), Hirnforschung und Willensfreiheit, 2004, S. 218 ff. und *Singer*, Verschaltungen legen uns fest: Wir sollten aufhören, von Freiheit zu sprechen, in: Geyer (Hrsg.), Hirnforschung und Willensfreiheit, 2004, S. 30 ff.; *ders.*: Ein neues Menschenbild, 2003. Zu dieser Dekonstruktion des „Selbst" jüngst auch *Siefer/Weber*, Ich – Wie wir uns selbst erfinden, 2006, passim.

aufgrund der noch unzureichend gesicherten wissenschaftlichen Erkenntnisse nicht näher eingegangen[321].

Die Auswirkungen derartiger gesicherter Erkenntnisse beträfen nicht nur den Bereich der strafrechtlichen Schuld, sondern hätten vielmehr auch Auswirkungen auf die im Folgenden erörterte Motivtheorie und das Beherrschungspotential, welches den Ansatzpunkt von verschiedenen Konkretisierungsversuchen innerhalb des Merkmals der niedrigen Beweggründe darstellt. Die weitere Entwicklung der Determinismusdebatte ist daher abzuwarten.

a) Die Beweggründe als Motivationstrias

Auf der Grundlage der Erkenntnisse der Erfahrungswissenschaften stellt sich heraus, dass Verhaltensgründe immer in einem Antriebs-, Beherrschungs-, Handlungs- und Erfolgszusammenhang stehen[322].

Komprimiert lassen sich die Beweggründe in die drei Komponenten Anlass, Intention und Person zusammenfassen[323].

aa) Die primär intentionalen Motivformen

Die Erfahrungswissenschaften sehen die Intentionalität als Grundmerkmal motivationalen Verhaltens an[324].

Dabei kommt dem Letzt-Zweck entscheidende Bedeutung zu[325]. Diese Zielverfolgung lässt sich sprachlich in „*Um-zu-Sätze*“ fassen[326].

Das Moment der „Gerichtetheit“, der Intentionalität, mithin die subjektive Sinngebung der Verhaltenssteuerung selbst, findet sich dabei sowohl in Drangzuständen, triebhaften Verhaltensweisen sowie in rationalen Zweckhandlungen und Absichten[327].

---

[321] Kritisch im Hinblick auf die Determinismuserkenntnisse aus strafrechtlicher Sicht auch *Lüderssen*, Ändert die Hirnforschung das Strafrecht?, in: Geyer (Hrsg.), Hirnforschung und Willensfreiheit, 2004, S. 98 ff. und *Kröber*, Die Hirnforschung bleibt hinter dem Begriff der strafrechtlichen Verantwortlichkeit zurück, in: Geyer (Hrsg.), Hirnforschung und Willensfreiheit, 2004, S. 103.

[322] *Heine*, a.a.O., S. 166.

[323] Vgl. dazu *Heine*, a.a.O., S. 165 ff.

[324] *Heine*, a.a.O., S. 167. *Heine* weist auch darauf hin, dass sich dieser Begriff der Intention nicht regelmäßig mit der juristischen Deliktsintentionalität deckt.

[325] *Paeffgen* GA 1982, 255, [260]; *Heine*, a.a.O., S. 168; *Schutz*, Aufbau der sozialen Welt, 1987, S. 94.

[326] *Heine*, a.a.O., S. 168 spricht von „*Um-Sätzen*“; *Schutz* wiederum von „*Um-zu-Motiven*“.

[327] *Paeffgen* GA 1982, 255, [260].

bb) Die primär reaktiven Motivformen

Das Motivationsgefüge ist jedoch mit den intentionalen Motivformen noch nicht abschließend beschrieben. Motivation ist immer auch im Zusammenhang mit der *„situationseigenen Verhaltensdeterminante“* zu betrachten[328]. Diese Betrachtungsweise trägt dem Umstand Rechnung, dass ein bestimmtes Verhalten *„vor allem als Reaktion auf eine (miterlebte) Handlung anderer oder bestimmte soziale Begebenheiten“*[329] Sinn und Bedeutung erhält.
Diese rückschauenden Motivationselemente umschreiben den Anlass des Verhaltens[330]. Sprachlich drücken sich diese Motivformen in *„Weil-Sätzen“* aus[331].

Diese beiden Motivformen haben gemeinsam, dass sie mobilisierende und willensrichtende Antriebselemente darstellen. Sie verdeutlichen, dass eine Aufteilung von Motivationselementen in Handlungszweck und Handlungsanlass notwendig erscheint[332].
Diese zwei Motivationsformen sind aber zur Beschreibung sämtlicher Motivationselemente nicht ausreichend[333].
Eine Beschränkung auf motivierende Elemente wie Gefühle, Bedürfnisse, Interessen *„oder ganz allgemein auf endothyme Gründe“*[334] wird der komplexen Motivstruktur nicht gerecht.
Die Erfahrungen der Seinswissenschaften haben gezeigt, dass auch der mentale Hintergrund personalen Verhaltens und damit die personale Komponente berücksichtigt werden muss[335].

cc) Die primär zuständlichen Motivationsformen

Die intentionalen und reaktiven Motivformen beziehen ihre mobilisierenden Elemente aus der Außenwelt. Personales Verhalten wurde innerhalb von Sub-

---

[328] *Heine*, a.a.O., S. 168.

[329] So Heine, a.a.O., S. 168, der von *„willensbeinflussenden Vorstellungen“* spricht.

[330] *Schutz*, a.a.O., S. 99 ff.; *Heine*, a.a.O., S. 168; *Alwart* GA 1983, 439.

[331] *Schutz*, a.a.O., S. 97, 100.; *Heine*, a.a.O., S. 168. Zwei Beispiele verdeutlichen den Unterschied zwischen primär intentionalen und reaktiven Motivformen: Der Täter tötete, um die Ehefrau des Opfers zu heiraten (Das Handeln orientiert sich an einem künftigen Ereignis = intentional). Der Ehemann erschießt den Nebenbuhler, weil dieser ein Verhältnis mit seiner Frau hatte (Hierbei steht der Anlass für die intendierte Handlung – etwa die ungestörte Fortsetzung der Ehe – im Vordergrund = reaktiv).

[332] *Heine*, a.a.O., S. 168.

[333] So jedoch *Schmidhäuser*, Gesinnungsmerkmale, S. 277 ff.

[334] So *Heine* mit Verweis auf die Schichttheorie, vgl. *Lersch*, Aufbau der Person, 1970, S. 121 ff. und *Rohracher*, Einführung in die Psychologie, 1984, S. 401 ff.

[335] *Heine*, a.a.O., S. 169.

jekt-Objekt-Beziehungen interpretiert, ohne dabei eher zuständliche komplexe Motivationsformen zu berücksichtigen.
Diese Motivarten kennzeichnen sich dadurch, „*dass sie zeitlich vor der eigentlichen Willensbildung liegen, in sie eingehen und die Handlungsausführung (Reaktion und Intention) gleichsam begleiten*“[336].
Die zuständlichen Motivationsformen werden dabei bloß peripher registriert, im Sinne eines eher elementaren Miterlebens[337]. Zu diesen personengebundenen Motivationselementen gehören die personalen Antriebs- und Stimmungslagen sowie emotionale Zustände wie Ehrgeiz, Eifersucht, Hass, Zorn und Rachsucht. Entscheidend ist die im Vergleich zu den primär intentionalen und reaktiven Motivformen unterschiedliche Wahrnehmung der Elemente durch die Person selbst. Während bei den in Subjekt-Objekt-Beziehungen vermittelten Motivarten ein Mit-Wissen um äußere Umstände und das Streben nach bestimmten Zielen wegen spezifischer Anlässe typisch ist, wird man im Bereich der zuständlichen Motivformen nicht davon ausgehen können, dass sich die Person diesen psychischen Bezügen in gleich intensiver Weise zuwendet. Derartige Antriebszustände werden „*allenfalls post actum reflexiv rationalisiert*“[338].

b) Die motivtheoretische Analyse des Gesinnungsbegriffs

Wie bereits dargelegt, handelt es sich bei der Motivgeneralklausel nach der wohl überwiegenden und zutreffenden Auffassung des Schrifttums um ein echtes Gesinnungsmerkmal[339].
Auf der Grundlage der gewonnenen motivtheoretischen Erkenntnisse ist nun zu klären, ob der Begriff der Gesinnung strukturell über die Motivdreiteilung hinausgeht.
Dies erscheint notwendig, weil die Gesinnung immer wieder als weiterer Handlungsgrund – und somit als Ergänzung der Motivtrias – angeführt und von einem großen Teil der Literatur als entscheidendes Abgrenzungskriterium zwischen Mord und Totschlag angesehen wird[340].

---

336 *Heine*, a.a.O., S. 170.

337 *Heine*, a.a.O., S. 170.

338 *Heine*, a.a.O., S. 170.

339 Vgl. dazu oben Seite 100 ff.

340 *v. Gerkan*, a.a.O., S. 88 ff; *Schmidhäuser*, Gesinnungsmerkmale, S. 33 ff., 80 ff., 227 ff.; *Altwart*, a.a.O., S. 440; *Lange* JR 1949, 170; *Otto* ZStW 83 (1971), 44, 51; *Langer*, Das Sonderverbrechen, 1972, S. 347; *Engisch* GA 1955, 165 f.; *Gallas* ZStW 67 (1955), 46; *Jescheck* GA 1956, 110; *Eb. Schmidt* DRiZ 1949, 241, 243; so auch *Heine*, der jedoch Kritik an der mangelnden Präzisierung der Gesinnung übt: „*Nach wie vor bleibt nämlich ungeklärt, wann jenes Maß an besonders verwerflicher Gesinnung erreicht ist*“, a.a.O., S. 192.

Schmidhäuser versteht unter Gesinnung grundsätzlich eine wertbezogene Ausrichtung. Die Gesinnung im strafrechtlichen Sinne drücke dabei das „*sittlich-wertwidrige geistige Verhalten des Täters*“ aus[341].
Die Wertbezogenheit wird auch von *Gallas* und *Lenckner* in den Mittelpunkt gestellt[342]. Gesinnung sei der Wert oder Unwert der in der konkreten Tat aktualisierten Haltung. Damit sei zugleich die Möglichkeit der Graduierbarkeit der Gesinnung gewonnen, indem geprüft werde, wieweit die Gesinnung des Täters hinter den Einstellungen zu den rechtlichen Normen zurückbleibe, deren Einhaltung von jedermann zu fordern sei[343]. Grundlage für die Vorwerfbarkeit der Tat sei daher die Gesinnung[344]. Über die Niedrigkeit der Beweggründe entscheide eine umfassende Würdigung unter Berücksichtigung der gesamten Tatumstände, der Handlungsziele und der Vorstellungen des Täters[345].

Entscheidend ist die Konkretisierung der Gesinnung in zeitlicher Hinsicht. Darunter kann nur die Gesinnung in der konkreten Tatsituation zu verstehen sein. Die Überwindung des Gesinnungsstrafrechts und die primäre Ausrichtung am Tat- und eben nicht am Täterstrafrecht, lassen eine Ausrichtung an der Gesamtgesinnung, der dauernden Artung des Täters nicht zu. Entscheidend ist die „*Einzeltatgesinnung*“[346], das „*aktuelle Gesonnensein*“[347]. Anknüpfungspunkt bei der Bewertung der Beweggründe ist somit die konkrete Tat[348]. Dies schließt, wie *Heine* zutreffend ausführt, jedoch nicht aus, dass auch zuständlichen und reaktiven Motivationsformen Rechnung getragen wird, sofern das frühere Verhalten, auf die konkrete Tat projiziert, letztendlich bei der Ausführung der Tathandlung tatsächlich wirksam geworden ist[349].

---

341 *Schmidhäuser*, Gesinnungsmerkmale im Strafrecht, 1958, S. 231.

342 Vgl. auch *v. Gerkan*, a.a.O., S. 93.

343 *Gallas* ZStW 67 (1955), 45 f.; Schönke/Schröder-*Lenckner*, vor § 13 Rn. 119. Zu diesen Anforderungen auch Schmidhäuser in *Göppinger/Bresser*, S. 115.

344 So auch *Jescheck*, AT, S. 380.

345 *Schmidhäuser*, Gesinnungsmerkmale, S. 228 ff.

346 *Schmidhäuser*, S. 80 ff.; *Herren*, Die Gesinnung im rahmen der vorsätzlichen Tötungsdelikte, 1966, S. 85 f.

347 *Jescheck*, a.a.O., S. 379.

348 So auch *v. Gerkan*, a.a.O., S. 94 und *Heine*, a.a.O., S. 175, der in diesem Zusammenhang auch die missverständlichen Äußerungen der Rechtsprechung kritisiert, die auch die „*Lebensgeschichte*“ des Täters in die Bewertung einfließen ließen, vgl. BGH vom 9.2.1982 – 5 StR 573/81 und BGH vom 6.11.1981 – 2 StR 318/81..

349 Zu dieser notwendigen Ausweitung des Gesinnungsverständnisses und gegen die zu enge Prämisse der Einzeltatschuld, die nicht in der Lage ist, alle Handlungsmotivation zu erfassen neben *Heine*, a.a.O., S. 175 auch *Eser*, Studienkurs I, S. 141 und Schönke/Schröder-*Lenckner*, vor §§ 13 ff. Rn. 105.

Die Einbeziehung der „*Lebensverhältnisse des Täters und seiner Persönlichkeit*" im Rahmen einer „*Gesamtbeurteilung*"[350] darf sich daher nur auf die indizielle „*Rekonstruktion der Motive*"[351] beziehen[352]. Eine Bewertung von Persönlichkeitsmängeln scheidet jedoch zwingend aus.
Die Berücksichtigung der Persönlichkeit des Täters im Sinne eines permanenten Geisteszustandes, des dauerhaften Gesonnenseins oder das Abstellen auf Persönlichkeitsmängel erodiert die tatstrafrechtliche Orientierung und lässt Parallelen zur „*täterstrafrechtlichen Tradition der Lehre vom normativen Tätertyp*"[353] erkennen.
Der vereinzelt auftauchende Annahme des BGH, dass „*neben den äußeren Tatumständen, die der Beurteilung als Mord oder Totschlag beeinflussen,* [...] *mehr oder minder auch die Persönlichkeit des Täters mit seinen Verstandes- und Gemütskräften, Vorstellungen und Begehrungen Beachtung*"[354] fordere, ist somit entschieden abzulehnen.

Basierend auf diesem weiten dreiteiligen Motivverständnis, bleibt fraglich, welche personalen Aspekte darüber hinaus von der Gesinnung erfasst werden. Versteht man darunter das sittlich-wertwidrige geistige Verhalten, das jedoch nur im zeitlichen Zusammenhang mit der konkreten Tat zu verstehen ist, so deckt sich dieses Gesinnungsverständnis mit den Erkenntnissen zur Motivtrias, wobei nun ein Schwerpunkt bei den zuständlichen, personalen und intentionalen Motivformen auszumachen ist.
Diese berücksichtigen ebenfalls Umstände, die zeitlich vor der eigentlichen Willensbildung liegen und dabei Antriebs- und Stimmungslagen beschreiben, die später im Augenblick der Tat zur Geltung kommen. Mögen diese emotionalen Elemente auch isoliert betrachtet wertneutral sein, so ergibt sich aber aus der Verknüpfung mit den intentionalen Motivformen – unter bewusster Hintanstellung gesellschaftlicher Anforderungen – eine wertwidrige Einstellung des Täters[355].

Zwischenergebnis:
Über die Möglichkeiten der Rationalisierung, die sich aus den Erkenntnissen der Motivtrias ergeben könnten, eröffnet der Begriff der Gesinnung keine weiteren

---

350 Vgl. zum Beispiel BGHSt 35, 116, [127]; BGH NJW 2002, 383.

351 So NK-*Neumann*, Rn. 32.

352 *Maurach/Schroeder/Maiwald*, a.a.O., Rn. 37; NK-*Neumann*, Rn. 32 und *ders.* JR 2002, 471, [472].

353 NK-*Neumann*, Rn. 32.

354 BGHSt 3, 330, [333]; tendenziell auch BGH NJW 1967, 1140

355 Ähnlich auch *Paeffgen*, der jedoch die Intentionalität nicht als Motivelement auffasst, vgl. *Paeffgen* GA 1982, 255 ff.

Operationalisierungschancen im Rahmen der niedrigen Beweggründe. Die Gesinnung betont vielmehr die Verbindung von primär zuständlichen und intentionalen Motivformen und geht damit nicht über die klassische Motivdreiteilung hinaus.
Durch die Aufteilung in unterschiedliche Motivformen eröffnet die Motivtheorie für die Bewertung der niedrigen Beweggründe die Chance einer strukturierten Handhabung. Es wird daher zu prüfen sein, ob mit diesen Erkenntnissen eine hinreichende Konkretisierung des Mordmerkmals zu erreichen ist.

4. Die Steigerung der Operationalisierungschancen durch den motivtheoretischen Ansatz

Die Kenntnis der motivtheoretischen Grundlagen eröffnet die Möglichkeit, der möglichst exakten Einordnung subjektiver Motivkomponenten. Nicht zuletzt im Hinblick auf die niedrige Revisionsfestigkeit des Mordmerkmals erleichtert die nähere Auseinandersetzung mit dem komplexen theoretischen Konstrukt der Beweggründe zumindest die sprachlich-systematische Vereinheitlichung. Die Aufschlüsselung nach Motivformen als Ausgangspunkt der Urteilsbegründung ließe einen sorgfältigeren und wissenschaftlich fundierteren Umgang mit der Motivgeneralklausel erwarten als die bloße Wiedergabe von interpretationsoffenen und daher schwer rationalisierbaren Definitionen, wie es derzeit in der Rechtsprechung üblich ist.
Die Kenntnis der Grundlagen der Motivtheorie bewirkt jedoch lediglich eine systematische Aufhellung der Vorfragen. Das eigentliche Problem der Ermittlung einer Niedrigkeitsstufe, der Bestimmung des „*archimedischen Punkts*“[356] der niedrigen Beweggründe, bleibt weiterhin bestehen.
Auch wenn durch die Motivtheorie somit keine Klärung der Kernfrage zu erwarten ist, sollte dennoch die erkenntnistheoretische Konkretisierung des „Vorfeldes“ ein unerlässlicher Bestandteil richterlicher Würdigung sein.
Eine Verbesserung der Revisionsfestigkeit – und damit letztlich auch die Erfüllung des Kriteriums der hinreichenden Bestimmtheit im Sinne des Art. 103 Abs. 2 GG – erscheint bei einer konsequenter Anwendung zumindest nicht ausgeschlossen.

5. Der Versuch der Bestimmung des „*archimedischen Punkts*“ der niedrigen Beweggründe

In der Literatur wurden von mehreren Autoren Modelle erarbeitet, die eine Operationalisierung des Mordmerkmals gewährleisten sollten. Im folgenden Ab-

---

[356] So *Heine*, a.a.O., S. 180.

schnitt werden diese Konkretisierungsversuche dargestellt, erläutert und einer kritischen Betrachtung unterzogen.
Den dargestellten Ansichten liegt dabei die Erkenntnis zugrunde, dass die herkömmlichen Verwerflichkeits- und Gefährlichkeitskonzeptionen den „archimedischen Punkt" der niedrigen Beweggründe nur unzureichend bestimmen können.
Über diese grundsätzlichen Leitprinzipien hinaus wurden daher Erklärungs- und Rationalisierungsmodelle ausgearbeitet, die an dieser Stelle vorgestellt und einer kritischen Betrachtung unterzogen werden sollen.

a) Die Fallgruppeneinteilung als Rationalisierungsansatz

In der Literatur lässt sich die Tendenz erkennen, dem Mordmerkmal durch eine Fallgruppeneinteilung Konturen zu verleihen.
Jakobs[357] gliedert die niedrigen Beweggründe unter anderem in die Fälle des groben Missverhältnisses zwischen Anlass und Tat, sowie die Taten, bei denen die Tötung reiner Selbstzweck ist und die Tötungen, bei denen sich die „*Steigerung des Unrechts als Mittel oder Folge der Verwirklichung des Motivs*" darstelle[358].
Auch *Jähnke* verspricht sich durch die Bildung von Fallgruppen ein höheres Maß an Rechtssicherheit[359]. Die erste Gruppe umfasst Beweggründe, die speziellen Mordmerkmalen entsprechen[360], während die zweite die Fälle der Missachtung des personalen Eigenwerts des Opfers aufgreift. Den Abschluss bildet eine Untergruppe dieser Missachtungsfälle, die sich – wie bei *Jakobs* – auf das Missverhältnis zwischen Anlass und Tat konzentriert.
Daneben versprechen sich auch andere Autoren durch die Bildung von Fallgruppen die Reduzierung der Komplexität eines auf den ersten Blick schwer übersehbaren Wertungssystems[361].
Die propagierte Vereinfachung durch eine Fallgruppeneinteilung, die scheinbar gewonnenen „*Richtschnur*"[362], birgt jedoch die Gefahr des schematischen Subsumierens. Diese Gefahr erkennt auch *Schneider*, der darauf hinweist, dass sich die fallgruppenspezifische Kasuistik „*an vielen Stellen auf bloße Leiterwägungen und Orientierungshinweise*" beschränke „*und bereits wenige Nuancen* [...] *eine unterschiedliche Bewertung ähnlich liegender Sachverhalte erforderlich*

[357] Zum Ganzen *Jakobs* NJW 1969, S. 489 ff.
[358] *Jakobs*, a. a. O., S. 491.
[359] LK-*Jähnke*, a.a.O., Rn 26.
[360] Vgl. zu dieser Problematik oben Seite 133 ff.
[361] So MK-*Schneider*, a.a.O., Rn. 76 m. w. N.
[362] LK-*Jähnke*, a.a.O., Rn. 26. Vgl. auch *Jakobs*, a.a.O., S. 489.

machen" könne[363]. Auch *Jähnke* konstatiert, dass ein geschlossenes System niedriger Beweggründe *„der Vielfalt menschlicher Abirrungen nicht gerecht werden*" könne[364].
Das Risiko der Blickwinkelverengung, welches der Reduzierung auf Gruppen innewohnt, wird jedoch entweder nicht gesehen oder der Rationalisierungsabsicht unterworfen und damit verdrängt.
In Anbetracht der Komplexität menschlicher Motivation und der Einzigartigkeit von Handlungsantrieben simplifiziert die Einordnung in Fallgruppen einen vielschichtigen Vorgang in unzulässiger Weise und weist der Bewertung einen schematischen Weg, bei dem der individuellen Motivation lediglich die Bedeutung eines schwachen Korrektivs zuteil wird[365].
Die Bildung von Fallgruppen ist daher nicht geeignet, die komplexe Struktur der niedrigen Beweggründe angemessen zu rationalisieren.

b) Die Nichtbeherrschung der Motivation bei *Paeffgen*

Paeffgen vertritt die Ansicht, dass eine ethische Wertung nur aus der Wechselbeziehung zwischen Motiv und Intentionalität vorgenommen werden kann. Eine isolierte Motivbetrachtung sei hingegen verfehlt[366].
Nicht das Motiv sei sozialethisch unwerthaft, sondern der Nichteinsatz von Beherrschungskräften, mithin die Nichtbeherrschung eines Motivs[367].
Auf dieser systematischen Basis aufbauend, bestimmt er den *„archimedischen Punkt*", das *„Ur-Meter*" der niedrigen Beweggründe, indem er die ausdrücklich aufgeführten Tatbestandsmerkmale der ersten Gruppe vergleichend heranzieht und deren vermeintlichen Wertungsgehalt abstrahiert. Dieser sei in der sozialen Rücksichtslosigkeit zu erblicken[368].
Er spricht von einem Bereich der *„Banalität des Bösen*", dem *„homizidialen Allerweltsmotiv*", das erreicht sei, wenn das Opfer völlig entpersönlicht und dessen Menschqualität ausgeblendet werde. Diese Einstellung zeuge von sozialer Rücksichtslosigkeit und müsse zu einer sozial-ethisch niedrigen Bewertung führen[369].
V. Gerkan hat zutreffend darauf hingewiesen, dass der Nichteinsatz von Beherrschungskräften letztlich auch ein oder mehrere Motive zur Grundlage haben

---

363 MK-*Schneider*, a.a.O., Rn. 76.
364 LK-*Jähnke*, a.a.O., Rn. 26.
365 Vgl. auch *v. Gerkan*, a.a.O., S. 59.
366 *Paeffgen* GA 1982, S. 255 ff.
367 *Paeffgen*, a.a.O., S. 267 f.; vgl. zum Ganzen auch *v. Gerkan*, a.a.O., S. 59 f.
368 *Paeffgen*, a.a.O., S. 269 f.
369 *Paeffgen*, a.a.O., S. 269 f.

muss[370]. Zudem wird die Verengung auf das Beherrschungspotential dem komplexen Problem nicht ausreichend gerecht. Die sittliche Wertwidrigkeit ist – wie oben gezeigt – an vergleichsweise äußeren und damit eher objektiven Kriterien zu messen. Dieses Urteil über ein Motiv ist der Frage nach der Motivbeherrschung vorgelagert. Konzentriert sich nun die sittliche Bewertung ausschließlich auf die fehlende Beherrschung von Motivationen, taucht damit der eigentliche Grund sittlicher Verwerflichkeit – nämlich das Motiv an sich – lediglich als Ausgangspunkt für eine weitere Verwerflichkeitsprüfung auf. Der sittliche Tadel wird somit vom Motiv auf die Beherrschung verschoben, ohne dass dadurch ein höheres Maß an Klarheit gewonnen wäre. Während die sittliche Stufe eines Motivs noch an zumindest ansatzweise vergleichbaren Maßstäben gemessen werden kann, bleibt dies dem streng individuell-subjektiven Beherrschungsvermögen versagt.
Der Rekurs auf die vermeintlich greifbare soziale Rücksichtslosigkeit täuscht ferner über das eigentliche Problem hinweg, dass nämlich dem Täter aufgrund einer Verbindung von Motiv und Intentionalität ein mangelndes Beherrschungspotential und damit automatisch eine Rücksichtslosigkeit (die zwangsläufig an objektiven Maßstäben zu messen wäre) attestiert wird, ohne dass jedoch die vielschichtige Struktur von individuellen Beherrschungsmöglichkeiten näher beleuchtet wird.
Über diese systematischen Schwächen hinaus, sind zudem die Trennung von Motiv und Intentionalität sowie die Orientierung an den ausdrücklich aufgeführten Merkmalen der ersten Gruppe zumindest problematisch. Ob überdies der Begriff der sozialen Rücksichtslosigkeit geeignet ist, dem Mordmerkmal die notwendigen Konturen zu verleihen, erscheint nicht nur im Hinblick auf die verwendete Terminologie („*Banalität des Bösen*", „*homizidale Allerweltsmotive*") mehr als fraglich.[371]

c) Die Fokussierung auf den Willensentschluss bei *Schmidhäuser*

Einen ähnlichen Ansatz wie *Paeffgen* vertritt *Schmidhäuser*. Er versteht die niedrigen Beweggründe als Gesinnungsmerkmal und kommt zu dem Schluss, dass lediglich der menschliche Willensentschluss, dem Wertanruf einer bestimmten Handlungssituation zu folgen oder nicht, einer sittlichen Wertung zugänglich sei. Dieses sittlich-wertwidrige geistige Verhalten sei die Gesinnung. Der Beweggrund stelle dabei ein strafrechtlich irrelevantes seelisches Erleben dar, aus dem der Willensentschluss entspringe. Die Bewertung habe sich aus-

[370] Vgl. *v. Gerkan*, a.a.O., S. 60.
[371] Dazu unten mehr, vgl. Seite 157 ff.

schließlich an dem Willensentschluss zu orientieren, der vorangegangene Beweggrund sei bedeutungslos[372].

V. Gerkan kritisiert, dass *Schmidhäuser* mit dieser Vorgehensweise empirisch nicht erfahrbare geistige Vorgänge heranziehe[373]. Dem ist jedoch entgegenzuhalten, dass sich grundsätzlich alle psychologischen Erklärungsmodelle diesem Problem ausgesetzt sehen. Die unterschiedlichen Ansichten über die Einordnung der niedrigen Beweggründe als reines Schuldmerkmal oder als Schuldmerkmal mit einem objektiven und/oder personalen Unrechtsgehalt haben verdeutlicht, dass die vollständige Entschlüsselung subjektiver Vorgänge auch im Rahmen der Beweggründe noch nicht stattgefunden hat. Dennoch bleibt die möglichst genaue und wissenschaftliche Erfassung psychologischer Vorgänge ein notwendiger Bestandteil wissenschaftlicher Forschung – und damit auch des Strafrechts.

Die Kritik an *Schmidhäusers* Ansatz hat vielmehr an seinem alleinigen Bewertungsgesichtspunkt anzusetzen, mithin dem Willensentschluss. Wie bereits oben bei *Paeffgen* ausgeführt, begegnet die alleinige Betrachtung des Beherrschungsvermögens – und auf nichts anderes stellt der Begriff des Willensentschlusses ab – durchgreifenden Bedenken.

Auch *Schmidhäuser* unterstellt dem Täter aufgrund eines Gesamtzusammenhangs von Handlungssituation und Handlungsziel (*Paeffgen* nennt es die Verbindung von Motiv und Intentionalität) ein mangelndes Beherrschungspotential, ohne dass jedoch die komplexe Struktur von individuellen Beherrschungsmöglichkeiten näher beleuchtet wird. Die eigentlich vorgelagerte Prüfung, die Ermittlung einer objektiven sittlichen Verwerflichkeit, bleibt dabei genauso außen vor wie der Umstand, dass auch der Willensentschluss, einer bestimmten Handlungssituation zu folgen oder nicht, wiederum auf Motiven beruht.

Auch die Differenzierung zwischen Beweggründen im strafrechtlichen und Motiven im psychologischen Sinne erscheint vor dem Hintergrund der Motivtheorie mehr als fraglich. Zu bedenken ist jedoch, dass *Schmidhäuser* sein Buch über die Gesinnungsmerkmale im Strafrecht bereits 1958 veröffentlichte und daher neuere psychologische Erkenntnisse, auf denen auch die Motivtheorie basiert, nicht berücksichtigt werden konnten.

d) Die solipsistische Rücksichtslosigkeit bei *Heine*

Die umfangreichste und eingehendste Auseinandersetzung mit den niedrigen Beweggründen stammt von *Heine*[374]. Nach eingehender Beschäftigung mit den

---

[372] Zum Ganzen *Schmidhäuser*, Gesinnungsmerkmale, S. 227 ff.

[373] Vgl. *v. Gerkan*, a.a.O., S. 63.

[374] *Heine*, Die Tötung aus „niedrigen Beweggründen“, 1988.

theoretischen Grundlagen der Motivgeneralklausel, legt er eine Methode der Motivermittlung zugrunde, die ausgesprochen komplex und vielschichtig ist[375].
Basierend auf der Motivtheorie und deren Dreiteilung von Motivformen[376], hält *Heine* im Hinblick auf die Bewertung der Niedrigkeit an den Motiven als realen, empirisch zu ermittelnden, psychischen Sachverhalten fest[377].
Im Mittelpunkt seines Ansatzes steht dabei die *„solipsistische soziale Rücksichtslosigkeit"*[378].
Der Täter handele dann aus niedrigen Beweggründen, wenn er nur das eigene Ich als das einzig Wirkliche gelten lasse, und das Leben des Opfers seinen partikular-egozentrischen Interessen absolut unterordne[379].
Die Feststellung der solipsistischen Rücksichtslosigkeit orientiert sich dabei an einer Vielzahl positiver und negativer Wertungsmuster[380]. Niedrige Beweggründe seien dann zu bejahen, wenn der Täter einen besonders rechtsfeindlichen Erfolg anstrebt, wenn er sich kalkulierend über die Rechtswahrungsfunktion des Staates hinwegsetze oder ein krasses Missverhältnis zwischen Anlass der Tatmotivation im Vergleich zu dem Antrieb der Tötung bestehe[381].
Letzteres ist nicht als Mittel-Zweck-Relation anzusehen, wie sie bereits bisher erörtert wurde, da bei dieser lediglich Tatanlass und Tatziel bewertet werden, nicht jedoch wie bei *Heine* in Relation zum Erfolg[382].
Provokations- und personalkonfliktgeprägte Affektlagen, schwere Persönlichkeitsstörungen und die starke Herabsetzung der Fähigkeit zu sinnhafter Motivation sollen hingegen der Bejahung der Niedrigkeit der Beweggründe entgegenstehen[383].

Offen aber bleibt, wann der *„archimedische Punkt der niedrigen Beweggründe"*[384], und damit die solipsistische Rücksichtslosigkeit erreicht ist. Bereits *v.*

375 Vgl. zu diesem umfangreichen Ansatz auch die Würdigung und die Kritik durch *v. Gerkan*, a.a.O., S. 61; MK-*Schneider*, a.a.O., Rn. 72.

376 *Heine*, a.a.O., S. 167 ff.

377 *Heine*, a.a.O., S. 139 ff.

378 Unter Solipsismus ist der kenntnistheoretische Standpunkt zu verstehen, „der nur das eigene Ich mit seinen Bewusstseinsinhalten als das einzig Wirkliche gelten lässt und alle anderen Ichs mit der ganzen Außenwelt nur als dessen Vorstellungen annimmt", vgl. Duden, Band 5 – Fremdwörterbuch.

379 Vgl. zusammenfassend MK-*Schneider*, a.a.O., Rn. 72.

380 *Heine*, a.a.O., S. 210 ff.

381 *Heine*, a.a.O., S. 235 ff.; zusammenfassend MK-*Schneider*, a.a.O., Rn. 72; *v. Gerkan*, a.a.O., S. 61.

382 *Heine*, a.a.O., S. 238 ff.; dazu auch MK-*Schneider*, a.a.O., Rn. 72 [Anm. 209]. Insofern falsch: *v. Gerkan*, a.a.O., S. 61, der resümierend von einem *„krassen Missverhältnis zwischen dem Anlass der Motivation und der Tötung"* spricht

383 *Heine*, a.a.O., S. 255 ff.; vgl. MK-*Schneider*, a.a.O., Rn. 72.

384 *Heine*, a.a.O., S. 180.

Gerkan hat darauf hingewiesen, dass viele Straftaten eine solipsistische Einstellung geradezu voraussetzen.
Der Umstand, dass der Tatbestand die Rechtswidrigkeit indiziert, zeigt, dass der Regelfall der Deliktsverwirklichung auf einer rechtsfeindlichen Einstellung basiert, die, soweit persönliche Rechtsgüter betroffen sind, als Ausdruck einer egoistischen Haltung die Rechtsgüter anderer der eigenen Interessensverwirklichung unterordnet. Selbst derjenige, der im Straßenverkehr die Regeln missachtet – so das zutreffende Beispiel bei *v. Gerkan* – verfolgt dabei nur seine eigenen Interessen und verhält sich ich-bezogen unter Missachtung der Rechte anderer[385].
Mit der solipsistischen sozialen Rücksichtslosigkeit bei *Heine* kann – gerade auch im Hinblick auf die besondere Verwerflichkeit des Mordes – nur ein wesentlich erhöhtes Maß an solipsistischer Einstellung gemeint sein, das jedoch nicht hinreichend konkretisiert wird.
Es stellt sich mit anderen Worten die Frage, wann bei einer vorsätzlichen Tötung kein kalkuliertes Hinwegsetzen über die Rechtsbewahrungsfunktion des Staates vorliegt oder gerade kein besonders rechtsfeindlicher Erfolg angestrebt wird.
Heines Sichtweise degradiert ferner durch die Orientierung an über die Tötung hinausgehendem angeblichem Unrecht nicht nur das Rechtsgut des Lebens, sondern sie knüpft vielmehr die Höchststrafe an Umstände, die nicht Bestandteil des strafrechtlichen Lebensschutzes sind. Es ist zwar richtig, dass die Differenzierung zwischen § 211 und § 212 grundsätzlich nicht auf einen Unterschied in der Intensität der Rechtsgutsverletzung zurückgeführt werden kann, dennoch darf sich der Anknüpfungspunkt nicht dergestalt von der Tötung lösen, dass noch weitere Rechtsgüter in die strafrechtliche Würdigung einbezogen werden.

Darüber hinaus begegnet auch die Einbeziehung der Fälle, in denen ein krasses Missverhältnis zwischen dem Anlass der Tatmotivation im Vergleich zum Antrieb der Tötung vorliegt, durchgreifenden Bedenken.
Durch das Abstellen auf den Antrieb der Tötung und nicht auf den Taterfolg umgeht *Heine* zwar die Problematik, dass grundsätzlich keine Tötung in einer angemessenen Relation zum Anlass steht, er verkennt jedoch, dass durch den Vergleich mit dem subjektiven Merkmal des „Tötungsantriebs" ein Verlust an Bewertungssicherheit einhergeht.
Die Relation zwischen Tatanlass und Taterfolg besteht aus dem Verhältnis einer gemischt objektiv-subjektiven und einer rein objektiven Komponente. Der Tatanlass ergibt sich aus der Reaktion des Täters (basierend auf den subjektiven Motivformen) auf einen äußeren Umstand (objektives Element). Der Taterfolg,

[385] Vgl. *v. Gerkan*, a.a.O., S. 62.

der Tod des Opfers, ist rein objektiver Natur. Bei diesem Relationspaar stellt somit zumindest der Taterfolg eine feste Größe dar.
Richtet man jedoch den Blickwinkel auf die Relation zwischen dem Anlass der Tatmotivation (gemischt objektiv-subjektives Element) und dem Antrieb der Tötung (dem Tatziel und daher den intentionalen Motivformen, die ein rein subjektives Element darstellen), so fehlt eine fixe Bezugsgröße, welche – von ihrer Zweckmäßigkeit einmal abgesehen – zumindest die Anwendbarkeit einer Verhältnisprüfung erleichtert.
Durch den Ansatz *Heines* ist somit auch im Hinblick auf die Relationsfälle kein Mehr an Bewertungssicherheit zu erwarten.

Der Begriff der solipsistischen Rücksichtslosigkeit ist, wie bereits *v. Gerkan* zutreffend ausführt, „*von einer solchen Allgemeinheit gekennzeichnet*", dass er nicht dazu geeignet ist, dem Mordmerkmal der niedrigen Beweggründe hinreichende Konturen zu verleihen[386].
In letzter Konsequenz läuft das Abstellen auf das Kriterium der solipsistischen Rücksichtslosigkeit anhand der von *Heine* ausgearbeiteten Fälle wieder auf die Bildung von Gruppen hinaus, die nun lediglich mit einer theoretischen Grundlage versehen werden.
Die Gefahr des schematischen Einordnens, der Blickwinkelverengung, die der Bildung von Fallgruppen innewohnt, wird sogar durch die theoretische Untermauerung aufgrund des ihr zugrunde liegenden vermeintlichen Absolutheitsanspruchs noch verstärkt.
In der praktischen Anwendung dürfte die Fokussierung auf die solipsistische Rücksichtslosigkeit daher zu einer verstärkten Orientierung an abstrakten Fallgruppen und damit zwangsläufig zu einer Vernachlässigung individueller Motivationsberücksichtigung führen.

e) Der Rekurs auf ethische Minimalvoraussetzungen bei *v. Gerkan*

V. Gerkan trennt sich zunächst von expliziten Wertkatalogen und bestimmt die sittlichen Minimalanforderungen aus der grundrechtlichen Ethik der Verfassung[387]. Die moralischen Ansprüche seien etwa aus der Achtung der Menschenwürde (Art. 2 i.V.m. 1 Abs. 1 GG), der Gleichbehandlung (Art. 3 GG), der Glaubens- und Bekenntnisfreiheit (Art. 4 Abs. 1, Abs. 2 GG), der Meinungsfreiheit (Art. 5 Abs. 1 GG), dem Schutz des Eigentums (Art. 14 GG) und den persönlichen Freiheits- und Entfaltungsrechten (Art. 2, 104 GG) zu entnehmen[388].

---

386 Vgl. *v. Gerkan*, a.a.O., S. 62.
387 *v. Gerkan*, a.a.O., S. 116 ff.
388 *v. Gerkan*, a.a.O., S. 118.

Die dem Grundgesetz immanenten moralischen Werte dürften zwar *„nicht in einem zu strengen Sinne als objektive Werteordnung herangezogen werden“*, um nicht der Gefahr eines *„naturalistischen Fehlschlusses“* ausgesetzt zu sein[389], es könne mithin keine *„verbindliche explizite Manifestation des sozial-ethischen Minimums“* vorgenommen werden, bei der konkreten Wertung will er jedoch die *„moralische Orientierung“* des Grundgesetzes heranziehen[390].
Dies sei angebracht, weil in der Verfassung ein gesellschaftlicher Konsens zum Ausdruck komme, der von der Bevölkerung über gewählte Repräsentanten getragen sei.
Es solle somit anhand der gesamten Tatumstände, der Handlungsziele und der Tätervorstellung überprüft werden, *„ob der Täter in seiner tatrelevanten Gesinnung noch einen grundrechtlich verankerten Wert“* erkennen lasse, auf den er sich gerechtfertigter Weise beziehen könne[391].
Wie v. Gerkan zutreffend feststellt, benennt sein Ansatz im Ergebnis *„keinen exakten Grad der Gesinnung auf einer moralischen Skala, sondern erfährt nur im Sinne einer Ja-Nein-Kategorisierung“ den hochgradig wertverfehlenden Charakter einer Gesinnung“*[392].
Genau darin liegt aber das Problem des Ansatzes. Die abstrakte *„sittlich tiefste Stufe“* der Rechtsprechung, die an die moralischen Wertvorstellungen der Allgemeinheit anknüpft, wird durch den Verweis auf die dem Grundgesetz immanenten moralischen Werte, die *„u.a. in verfassungsgerichtlichen Urteilen, Grundgesetzänderungen oder Auslegungsvarianten der Lehre zum Ausdruck kommen können“*[393], nicht wesentlich konkreter oder gar operationabel.
Der Rekurs auf *„Auslegungsvarianten“* zeigt gerade die Unverbindlichkeit und Interpretationsoffenheit verfassungsrechtlicher Normen. Unterschiedliche Auffassungen zwischen dem BVerwG und dem BVerfG oder abweichende Sondervoten zeigen, dass auch die Verfassungsrechtsprechung divergiert. Eine Beschränkung auf den Anwendungsbereich der Ewigkeitsgarantie des Art. 79 Abs. 2 GG brächte in diesem Zusammenhang unter Umständen einen Gewinn an moralischer Verbindlichkeit, dies jedoch nur innerhalb eines sehr eingeschränkten und damit zu engen Anwendungsbereichs.
Der Rekurs auf die ethischen Minimalvoraussetzungen des Grundgesetzes kann somit dem Mordmerkmal nicht die notwendigen Konturen verleihen. Es handelt sich mit den Worten von *Schneider* vielmehr um *„hochabstrakte Leitsätze, die nicht ohne weiteres operationabel sind und einer Konkretisierung im Einzelfall bedürfen“*[394].

---

389 *v. Gerkan*, a.a.O., S. 119.
390 *v. Gerkan*, a.a.O., S. 119.
391 *v. Gerkan*, a.a.O., S. 119 f.
392 *v. Gerkan*, a.a.O., S. 120.
393 *v. Gerkan*, a.a.O., S. 119.
394 MK-*Schneider*, a.a.O., Rn. 76, [Anm. 219].

6. Die Unmöglichkeit der Rationalisierung

Es bleibt festzuhalten, dass es weder der Rechtsprechung noch der Literatur im Laufe der Jahre gelungen ist, dem Mordmerkmal der niedrigen Beweggründe hinreichende Konturen zu verleihen, die eine angemessene und vor allem konstante Rechtsanwendung ermöglichen.
Die angesprochenen Stimmen in der Literatur haben jedoch zum Teil – im Gegensatz zur Rechtssprechung – den Versuch der theoretischen Untermauerung unternommen, so dass nicht zuletzt vor dem Hintergrund der neuen Motivtheorie zumindest auf dieses wissenschaftliche Fundament zurückgegriffen werden kann.
Wie bereits oben dargestellt, bewirkt die Kenntnis der Grundlagen der Motivtheorie jedoch lediglich eine systematische Aufhellung der Vorfragen. Sie beseitigt jedoch nicht das eigentliche Problem der Ermittlung einer Niedrigkeitsstufe, der Bestimmung des „*archimedischen Punkts*“[395] bzw. der „*ethischen Talsohle*“[396] der niedrigen Beweggründe.

Die vor dem Hintergrund dieser erkenntnistheoretischen Konkretisierung erhoffte Verbesserung der Operabilität – und damit letztlich auch die Erfüllung des Kriteriums der hinreichenden Bestimmtheit im Sinne des Art. 103 Abs. 2 GG – erscheint jedoch auch bei einer konsequenten motivtheoretischen Auseinandersetzung im Einzelfall mehr als fraglich.

Die verschiedenen Ansätze zur Ermittlung der Niedrigkeitsstufe seitens der Literatur scheitern – sofern sie sich auf ein abstrakt-theoretisches Erklärungsmodell berufen – an ihrer systemimmanenten Unverbindlichkeit aufgrund der Individualität des Einzelfalles und der mangelnden Trennschärfe. Beruht die Bestimmung der Niedrigkeitsstufe auf der Einteilung in Fallgruppen – oder läuft sie trotz motivtheoretischer Absicherung letzten Endes darauf hinaus -, so darf die damit einhergehende Gefahr der Blickwinkelverengung und Motivvereinfachung in Anbetracht der stets unterschiedlichen, weil individuellen Motivation gerade vor dem Hintergrund der obligatorischen Höchststrafe keine Anwendungsoption des am Schuldprinzips ausgerichteten modernen Strafrechts sein.

In Anbetracht der von *Heine* anhand einer Rechtsprechungsanalyse festgestellten auftretenden Motivbündelung in knapp 90 % der Fälle[397], sieht sich die Motivbewertung bei einer derartigen Mehrzahl an Motiven mehreren Problemen ausgesetzt:

---

[395] So *Heine*, a.a.O., S. 180.

[396] *Geilen*, Das politische Attentat als „Mord“, Festschrift für Bockelmann, S. 617.

[397] Vgl. *Heine*, a.a.O., S. 41 ff.

1. Ermittlung der einzelnen Motive
2. Gewichtung der Motive
3. Einordnung bzw. Bewertung der Motive
4. Berücksichtigung der Abhängigkeiten der Motive untereinander
5. Abschließende Beurteilung (niedrig/nicht niedrig)

Die Ermittlung der einzelnen Motive steht notwendigerweise am Anfang der Motivbetrachtung. Im nächsten Schritt findet sowohl die Gewichtung und die Einordnung bzw. Bewertung der einzelnen Motive statt. Die Reduzierung komplexer psychologischer Vorgänge auf ein niedrig/nicht niedrig bzw. auf ein stark ausgeprägtes/schwach ausgeprägtes Motiv wird hier bereits deutlich. In einem weiteren Schritt sind abschließend die Abhängigkeiten und Beziehungen der einzelnen Motive untereinander zu berücksichtigen. Diese individuell-hochkomplexen Strukturen und Motivelemente müssen dabei so zusammengefasst und simplifiziert werden, dass schließlich ein Urteil im Sinne eines niedrig bzw. nicht niedrig gefällt werden kann.
In Anbetracht der Abhängigkeiten der einzelnen Motive untereinander erscheint die Einordnung verschiedener Vorgänge mit nur einem moralischen Verwerflichkeitsurteil jedoch verfehlt.

Wie bereits oben ausgeführt, wird die Reduzierung auf das am stärksten ausgeprägte Motiv dem ausgewogenen strafrechtlichen Schuldprinzip nicht gerecht, indem sämtliche andere Triebfedern des Handelns ausgeblendet werden. Bezieht man jedoch unter Beachtung der Schuldgrundsätze alle Beweggründe im Rahmen einer gesamtmotivationalen Würdigung mit in das moralische Urteil ein, so ist dieser Abwägungsprozess nicht durch eine simple niedrig/nicht niedrig Kategorisierung zu lösen.
Bei den Fällen, in denen der Täter lediglich aufgrund eines singulären Handlungsantriebs tötet, entfällt zwar das Problem der Abhängigkeiten und der Gewichtung der einzelnen Motive, die moralische Bewertung und die ihr immanente Gefahr für die Rechtsgleichheit durch unterschiedliche moralische Vorstellungen seitens der Richter bleibt jedoch bestehen.
Wie groß diese Gefahr der unterschiedlichen moralischen Bewertung ist, hat die Analyse der Rechtsprechung gezeigt.
Divergierende Wertungen über moralische Vorgänge sind jedoch nicht überwindbar. Versuche, diese Moralvorstellungen durch die wissenschaftlich-theoretische Ermittlung vermeintlicher Minimalkonsense operationabel zu machen, täuschen darüber hinweg, dass es sich bei den Tötungen um Vorgänge handelt, die gerade in der Negierung des naturrechtlich-kulturübergreifenden Rechtsguts des Lebens und dessen Schutz vor der vorsätzlich, rechtswidrigen und schuldhaften Vernichtung bestehen.

Die moralische Bewertung vorsätzlicher Tötungen erfolgt daher zwangsläufig bereits unterhalb der fiktiven sittlichen Stufe des vermeintlichen Minimalkonsenses. Der Glaube an die Bestimmbarkeit der niedrigsten Stufe ist in Wahrheit nichts weiter als eine Illusion der Rechtsprechung, den Bereich der schwersten Kriminalität zu kategorisieren. Verschiedene Fälle weisen niemals absolut identische sittliche Verwerflichkeitsstufen auf. Sie mögen bezüglich der Verwerflichkeit ihrer Gesinnung unter Umständen vergleichbar sein, die Intensität und der Grad der Schuld sind es jedoch nicht. Konsequenterweise müsste daher mit jeder Verurteilung eine neue niedrigste Stufe auf der Treppe der Sittlichkeit hinzukommen, die es fortan zu unterbieten gilt. Damit werden jedoch die vorangegangenen Verurteilungen konterkariert. Sie befinden sich fortan nicht mehr auf der sittlich letzten Stufe, da eine sittlich noch verächtlichere Gesinnung an ihre Stelle getreten ist. Das von der Rechtsprechung gewählte Bild der *Stufe* ist daher auch als Metapher von fragwürdiger Tauglichkeit.
Selbst wenn man die niedrigste Stufe nicht als ein durch nichts zu unterbietendes sittliches Verwerflichkeitsurteil auffasst und sie im Sinne eines Treppenabsatzes begreift, der das untere Ende der Sittlichkeit bildet, so tritt dennoch mit jedem hinzukommenden Fall eine Verschiebung der Stufen – und damit auch des Absatzes – ein. Mit anderen Worten: Die von Eser errechnete Zahl von knapp 1000 Verurteilungen innerhalb von 30 Jahren, bei denen das Mordmerkmal der sonstigen niedrigen Beweggründe festgestellt wurde[398], sollen trotz ihrer motivationalen Unterschiede auf derselben Ebene sittlicher Verwerflichkeit stehen.
Bereits ein Blick auf die Urteile der letzten Jahre genügt, um festzustellen, dass die Verwerflichkeitsprüfung der Rechtsprechung eine allumfassende Zuschreibungsmöglichkeit darstellt, die durch die Motivgewichtung jede Tötung unvorhersehbar und beliebig auf die vermeintliche Sittlichkeitsstufe stellen kann.

Die im Alltagsverständnis primär am Verschuldensgrad ausgerichtete Zäsur zwischen unterschiedlich schwer empfundenen Tötungsdelikten, die sich an Affekts- und Konfliktsfaktoren orientiert[399], kann zwar in seltenen – auf singulären Handlungsantrieben beruhenden – Fällen einen breiten Bewertungskonsens erzielen und damit ein Maß an hinreichender Rechtssicherheit und Rechtsgleichheit ermöglichen, für die große Vielzahl der Fälle muss jedoch konstatiert werden, dass die Komplexität der moralischen Umstände die Möglichkeit einer einheitlichen Wertung im Sinne einer niedrig/nicht niedrig Kategorisierung verhindert[400].

---

[398] Vgl. dazu Seite 83 ff.

[399] Vgl. *Eser*, a.a.O., D 108.

[400] So auch schon Kretschmer, Medizinische Psychologie, 6. Auflage, S. 174 f.: „Der seelische Ansatz zu einer Handlung bildet sich meist nicht entweder aus dem einen oder dem anderen Motiv, sondern aus sämtlichen in der betreffenden Situation überhaupt denkmöglichen Triebfedern. [...] In Wirklichkeit [...] bildet sich zum Zustandekommen einer

Die Struktur menschlicher Motivation lässt sich nicht in ein Schema übertragen, welches im Sinne einer mathematischen Formel Motive bewertet, gegeneinander aufwiegt und gewichtet.
Der Individualität von Tatantrieben wird das enge Gerüst des Mordmerkmals der niedrigen Beweggründe nicht gerecht. Eine Verbesserung der Einzelfallgerechtigkeit wäre de lege ferenda durch die überfällige Abkehr von der lebenslangen Freiheitsstrafe zu erreichen[401]. Die Ausfüllung des Strafrahmens bis zur damit entstehenden Höchststrafe sollte der richterlichen Strafzumessung überlassen bleiben[402]. Durch den sich ergebenden Ermessensspielraum könnten die individuellen Tatantriebe besser berücksichtigt werden.

Einher ginge mit dieser Option jedoch ein noch größerer Verlust an Rechtssicherheit und Rechtsgleichheit. Der flexibleren gesetzlichen Struktur und dem wachsenden Maß an Einzelfallgerechtigkeit stünden die unterschiedlichen richterlichen Wertungen und Strafmaße gegenüber. Insgesamt mag zwar durch dieses Modell die individuelle Schuld zutreffender berücksichtigt werden, solange jedoch die Gefahr besteht, dass nahezu gleich gelagerte Fälle zu auffällig unterschiedlichen Strafen führen, bleibt auch dieser Entwurf hinter den Voraussetzungen zurück, die eine einheitliche Rechtsprechung gebieten.

In Ermangelung der Operabilität der niedrigen Beweggründe de lege lata und der zwangsläufigen Schwächen im Bereich der Rechtsgleichheit und Rechtssicherheit bei anderen Modellen, die auf eine moralische Bewertung hinauslaufen, ist de lege ferenda zu wünschen, dass auf dieses moralisierende Mordmerkmal gänzlich verzichtet wird.

Handlung ein Motivbündel, allgemeiner ausgedrückt, ein psychisches Kausalbündel, das energetische Teilkomponenten aus den unähnlichsten Quellen in sich aufnehmen und nach einem gemeinsamen Zielpunkt hin vereinigen kann. [...] Daher ist es meist schon in der Anlage verfehlt, hier nach einem einzigen, einheitlichen Motiv zu fragen."

401 Vgl. dazu etwa *Neumann*, Die (Nicht)-Reform der lebenslangen Freiheitsstrafe, in: Irrwege der Strafgesetzgebung, 1999, S. 389 ff.

402 Vgl. *Eser*, a.a.O., D. 198.

Dritter Teil

Die unterschiedlichen rechtlichen Würdigungen des politisch motivierten Tötungsverbrechens

I. Einleitung

Die Bewertung der Strafbarkeit des politisch motivierten Tötungsverbrechens im Hinblick auf § 211 Abs. 2 war bereits Gegenstand verschiedener wissenschaftlicher Untersuchungen.
Die unterschiedlichen Würdigungen und Lösungsansätze werden daher zunächst in chronologischer Reihenfolge vorgestellt und einer kritischen Analyse unterzogen, bevor eine abschließende Beurteilung und die Konzeption eines eigenen Lösungswegs erfolgen können.

Wie bereits an mehreren Stellen der Arbeit angesprochen, stellt sich die Frage bezüglich der Anwendung der Motivgeneralklausel bei politischen Taten erst seit dem Tag der Reform des § 211 vom 4. September 1941.
Darüber hinaus erscheint eine weitere Einschränkung auf die strafrechtswissenschaftliche Literatur der Nachkriegszeit in Anbetracht der gerade im Bereich der politisch motivierten Straftaten stark ideologisch geprägten und dadurch einseitigen nationalsozialistischen Strafrechtslehre und Rechtsprechung geboten.
Eine weitere Beschränkung auf die Zeit der bundesrepublikanischen Strafrechtswissenschaft ist hingegen nicht erforderlich. Die Frage der rechtlichen Würdigung politisch motivierter Verbrechen und ihre Lösungsansätze können zumindest im freiheitlichen Rechtstaat, unabhängig von der konkreten Ausgestaltung einer Verfassung, wichtige Erkenntnisse und Hinweise über mögliche Bewertungsgesichtspunkte liefern. Die Literatur zwischen dem 8. Mai 1945 und dem 23. Mai 1949 wurde daher ebenfalls in diese Untersuchung einbezogen.

II. Der Meinungsstand

1. Der Qualifikationsvorschlag der Wiesbadener Juristentagung aus dem Jahr 1946

Im Rahmen der Tagung der Leiter des Justizwesens aller Besatzungszonen 1946 in Wiesbaden wurde seitens des Arbeitsausschusses, der sich mit der „*Revision des Strafgesetzbuches durch Beseitigung der Vorschriften nationalsozialistischen oder militarischen Ursprungs*“ befasste, ein Entwurf für eine Neufassung des § 211 erarbeitet[403].

Dieser Entwurf sah die Wiedereinführung der alten Fassung des § 211 ergänzt durch den zweiten Absatz der zum damaligen Zeitpunkt geltenden Fassung vor[404]. Dieser Entwurf, der den § 211 als nationalsozialistisch geprägten Ausdruck der Lehre vom normativen Tätertyp begreift, wurde jedoch von der Mehrheit der Tagungsmitglieder mit dem Verweis auf die Arbeiten von *Stooß*, die schweizerischen StGB-Entwürfe und das geltende schweizerische StGB abgelehnt.

Verabschiedet wurde vielmehr eine Fassung des § 211, die vor dem Hintergrund des Nationalsozialismus eine etwaige Privilegierung des politischen Mordes vermeiden sollte:

„*Wer aus Mordlust, zur Befriedigung des Geschlechtstriebes, aus Habgier oder sonst aus niedrigen Beweggründen, aus rassischen, politischen oder religiösen Gründen, heimtückisch oder grausam oder mit gemeingefährlichen Mitteln oder um eine Straftat zu ermöglichen oder zu verdecken, einen Menschen tötet, wird wegen Mordes mit dem Tode bestraft*“[405].

Die nationalsozialistisch beeinflusste Tätertypisierung sollte mit diesem Entwurf beseitigt werden. Darüber hinaus bestand die Intention, vorsätzliche politisch motivierte Tötungen auch dann wegen Mordes zu bestrafen, wenn weder niedrige Beweggründe noch andere Mordmerkmale vom Täter verwirklicht wurden[406].

---

403 Eine Zusammenfassung über den Abschlussbericht des von *Kohlrausch* geleiteten Ausschusses findet sich in SJZ 1947, Sp. 219.

404 § 211 RStGB vom 15.5.1871 (RGBl. I S. 166) lautete: „Wer vorsätzlich einen Menschen tötet, wird, wenn er die Tötung mit Überlegung ausgeführt hat, wegen Mordes mit dem Tode bestraft.“ § 211 StGB in der Fassung vom 4.9.1941 (RGBl. I S. 549) lautet: „(Abs. 1). Der Mörder wird mit dem Tode bestraft. (Abs. 2). Mörder ist, wer aus Mordlust, zur Befriedigung des Geschlechtstriebs, aus Habgier oder sonst aus niedrigen Beweggründen, heimtückisch oder grausam oder mit gemeingefährlichen Mitteln oder um eine andere Straftat zu ermöglichen oder zu verdecken, einen Menschen tötet.“

405 SJZ 1947, Sp. 220.

406 Zu den Motiven auch *Stock* SJZ 1947, Sp. 533.

2. Die anwendungsbegrenzte Privilegierungsforderung bei *Stock*

Der Marburger Strafrechtslehrer *Ulrich Stock* reagierte mit einem Aufsatz in der Süddeutschen Juristenzeitung im Jahr 1947 auf den Vorschlag der Wiesbadener Juristentagung[407].

Stock begrüßt vor dem Hintergrund der politischen Morde in der Weimarer Republik und der daraus resultierenden verstärkten Instabilisierung des politischen Systems – auch durch die unterschiedliche Würdigung durch die Rechtsprechung – die Abkehr von der grundsätzlichen Privilegierung des politischen Mordes.

Zugleich erhebt er jedoch gegen die Erhebung der politischen Gründe in den Status eines Qualifizierungsgrundes, so wie es der Wiesbadener Tagungsentwurf vorsah, Einspruch.

Die Gleichbehandlung von niedrigen und politischen Beweggründen sei nicht angebracht, vielmehr sei der besonderen Motivationslage des Täters Rechnung zu tragen.

Ähnlich wie bei religiös motivierten Tötungen erscheine „*die individuelle Verschuldung durch den übermächtigen Einfluss der politischen Idee eher als abgeschwächt*“[408].

Zudem gäbe es politisch motivierte Tötungen, „*die nach Unrechts- und Schuldgehalt besser den Totschlagsfällen gleichbehandelt werden*“[409] sollen. Als Beispiel wählt er den bereits oben erörterten Fall der Wirtshausschlägerei[410]: „*Die politischen Gegner A und B geraten in einer Gastwirtschaft aus politischen Gründen über politische Fragen in einen Streit, der in eine Rauferei übergeht, in deren Verlauf der A den B durch einen Boxhieb oder im Ringen tötet.*“

Derartige Taten beruhen – wie bereits nachgewiesen – jedoch weder auf sozialen Motiven noch dienen sie der Verwirklichung von Wertvorstellungen und sie richten sich auch nicht gegen den Staat[411].

Wie schon *Radbruch* zu diesem Beispielsfall zutreffend bemerkte, handelt es sich bei derartigen Taten nicht um politisch motivierte Tötungen, sondern eher um Tötungen „*aus politischer Unduldsamkeit oder Gehässigkeit*“[412].

Hierbei steht vielmehr das Abreagieren persönlicher Neurosen, das lediglich als pseudo-politisches Handeln angesehen werden kann, auch wenn diese Taten rein äußerlich und formal politischem Handeln ähneln, im Vordergrund.

---

407 *Stock*, a.a.O., Sp. 529.

408 *Stock*, a.a.O., Sp. 534.

409 *Stock*, a.a.O., Sp. 534.

410 Vgl. Seite 80 ff.

411 So auch *Zielke*, a.a.O., S. 137.

412 *Radbruch*, a.a.O., Sp. 312.

Entgegen seiner vorwiegend täterfreundlichen Einstellung, die sich unter anderem in seinen differenzierten Ansichten zum Motivbündel, der als zu eng empfundenen Strafandrohung des § 211 Abs. 1 und der deutlichen Absage an das Vorhandensein eines normativen Tätertyps zeigt, spricht er sich jedoch vor dem Hintergrund der *„Erfahrungen seit 1918"* für die Einbeziehung der Tötung *„deutscher Amtsträger"* in den Tatbestand des § 211 Abs. 2 selbst dann aus, wenn kein niedriger Beweggrund vorliegt[413].
Konkret fordert *Stock* eine Ergänzung des § 211 dergestalt, dass auch derjenige wegen Mordes zu bestrafen sei, der *„einen deutschen Amtsträger in oder wegen der Ausübung seiner amtlichen Tätigkeit vorsätzlich, wenngleich nicht aus niedrigen Beweggründen usw. tötet."*[414]
Die Einordnung von Repräsentanten des Staates als (die primäre) Opfergruppe der politisch motivierten Tötungen wird durch den dieser Untersuchung zugrunde gelegten subjektivierten Politikbegriff bestätigt.
Entscheidend ist dabei, wie bereits festgestellt, dass der Täter sein Opfer nicht aufgrund bestimmter charakterlicher oder äußerlicher Merkmale ausgewählt hat, sondern es vielmehr als Staatsdiener betrachtet und es lediglich aufgrund dieser Funktion zu töten beabsichtigt.
Darüber hinaus darf jedoch die gesellschaftliche Komponente des Handelns, sowie die inhaltliche Ebene nicht vergessen werden. Die Tötung muss Ausdruck einer kritischen Haltung gegenüber der staatlichen Machtausübung sein, die unter Umständen auch zufällig – und damit auswechselbar – durch das Opfer ausgeübt wird.

Der Automatismus zwischen dem in einem Attentat auf einen Staatsrepräsentanten laut *Stock* enthaltenem Angriff auf die Staatsgewalt und der Bewertung der Tat als Mord geht jedoch zu weit.
Erkennbar wird hier die Absicht, die politische Tat isoliert auf eine ebenso niedrige Stufe zu stellen wie die gesetzlich verankerten niedrigen Beweggründe. Dies wird dadurch hervorgehoben, dass *Stock* explizit eine Bestrafung wegen Mordes fordert, *„wenngleich* [der Täter] *nicht aus niedrigen Beweggründen usw. tötet"*[415].

---

[413] Stock, wählt folgendes Beispiel: „Wenn jemand z.B. den Justizminister ermordet, weil er das Gnadengesuch seines Sohnes zu Unrecht abgelehnt hat, so kann von niedrigen Beweggründen nicht gesprochen werden. Der besonders hohe Unrechtsgehalt einer solchen Tat liegt darin, dass in ihr zugleich ein Angriff auf die Staatsgewalt enthalten ist. Und doch kann hier nur nach § 212 gestraft werden. Gewiss kein befriedigendes Ergebnis!", Stock, a.a.O., Sp. 532 f.

[414] *Stock*, a.a.O., Sp. 533. Den Begriff des Amtsträgers präzisierend ergänzt *Stock* in Sp. 534: *„wohl einschließlich der Abgeordneten"*.

[415] *Stock*, a.a.O., Sp. 533.

Eine Bewertung des eigentlichen Motivs wird durch das Abstellen auf die Position und Funktion des Opfers umgangen. Eine Auseinandersetzung mit den Beweggründen der Tat findet somit nicht statt. Lediglich die Amtsträgereigenschaft des Opfers und ihre Funktion in der Staatsgewalt entscheiden über die rechtliche Würdigung der Tat.
Die Opfereigenschaft soll somit als neue Kategorie außerhalb der Mordmerkmale der 1. Gruppe im Gesetz implementiert werden.
Durch diesen – die Beweggründe außen vorlassenden – Bewertungsansatz werden jedoch die weiteren Ausführungen *Stocks* konterkariert[416].
Das individuelle Verschulden, das bei politisch motivierten Tötungen „*durch den übermächtigen Einfluss der politischen Idee eher als abgeschwächt erscheint*", wird nur dann berücksichtigt, wenn das Opfer nicht Teil des staatlichen Systems ist.
Die Herausnahme der Repräsentanten des Staates aus dem Anwendungsbereich der niedrigen Beweggründe führt dabei zu einer eingeschränkten Fallgruppenauswahl, die darüber hinaus einen unzweckmäßigen Politikbegriff zugrunde legt[417].

3. Die Erosion demokratischer Strukturen als Grund der Privilegierungsablehnung bei *Zinn*

Der hessische Justizminister *Georg A. Zinn* verurteilte die Kritik *Stocks* an dem Wiesbadener Entwurf in einem Aufsatz, der ebenfalls in der Süddeutschen Juristenzeitung erschien, scharf[418].
Angesichts der „*unermesslichen Mordtaten von Auschwitz*" und der Attentatsgeschichte der Weimarer Republik, müsse dem Blutvergießen Einhalt geboten werden. Erste und vornehmste Aufgabe der Kriminalistik habe in Zukunft zu sein, „*endlich das Leben wieder als ein unantastbares Rechtsgut zu schützen*

---

416 Die Problematik der Verknüpfung von Amtsträgereigenschaft des Opfers und dem Tatbestand des § 211 bleibt jedoch in allen Aufsätzen, die sich mit *Stock* beschäftigen unerwähnt. Er wird lediglich als Vertreter der Ansicht aufgeführt, die politische Motive nicht schlechthin als niedrig im Sinne des § 211 Abs. 2 einstuft, vgl. *Zielke* JR 1991, 137 [Fn. 30] und *Brocker* JR 1992, 13 [Fn.4].

417 Auch *Radbruch* kritisiert das Abstellen auf das objektive Merkmal der „*deutschen Amtsträger*", jedoch aus einem anderen – aber ebenso zutreffenden – Blickwinkel: „Diese *Fassung ist freilich nach unserer Ansicht zu eng: wir haben politische Mordtaten gegen Schriftsteller wie Theodor Lessing, gegen Journalisten wie Maximilian Harden erlebt und halten deshalb eine erschöpfende personelle Abgrenzung des politischen Mordes für unmöglich*", *Radbruch* SJZ 1948, Sp. 312 = GRGA Band 9, S. 336.

418 *Zinn* SJZ 1948, Sp. 141.

[...], *da sich ohne die bedingungslose Durchsetzung dieses Grundsatzes der politische Terror, Todfeind jeder Demokratie, nicht bekämpfen lässt*"[419].

Verständnis oder gar Nachsicht für den politischen Täter ginge einher mit der „*radikale*[n] *Verkennung der demokratischen Gesinnung, der demokratischen Werte und der demokratischen Toleranz*"[420].
„*Nur eine falsch verstandene, selbstmörderische „Demokratie" kann zu einer solchen Auflösung aller Wertbegriffe kommen, dass sie Toleranz auch dem Intoleranten gewähren will*".
Die politische Tat spiele sich in einem für die Gemeinschaft lebenswichtigen Bereich ab, der immer eine Gefahrenzone darstelle und daher eines erhöhten Strafschutzes bedürfe[421].
Die politische Tat sei dadurch gekennzeichnet, dass sie einen „*Bruch des Rechtsfriedens der Gemeinschaft auf einem alle angehenden Gebiet*" darstelle und dadurch gegenüber anderen Tötungshandlungen, deren Tragweite die Allgemeinheit nicht in gleichem Maße erschüttere, qualifiziert werden müsse[422].
Eine Gesinnung, die in der Durchsetzung ihrer politischen Ziele das Menschenleben nicht achte, sei grundsätzlich als eine „niedrige" zu brandmarken[423].

Die von *Zinn* propagierte Stärkung des Rechtsguts des Lebens wird jedoch durch die geforderte Bestrafung nach § 211 nur vordergründig erreicht. Der Verweis auf den „*Rechtsfrieden der Gemeinschaft*" und die Gefahr für die „*menschliche Gemeinschaft als solche*" konstituieren neue Prinzipien, die über den strafrechtlichen Lebensschutz der §§ 212 ff. hinausgehen. Durch das Abstellen auf diese außerhalb des Rechtsguts Leben liegenden Maßstäbe wird vielmehr eine systematische Schwächung des eigentlichen Lebensschutzes trotz härterer strafrechtlicher Ahndung begründet. Diese Tendenz, die im Bezug auf die Amtsträgereigenschaft auch bei *Stock* zu verzeichnen ist[424], verkennt die Frage der Rechtsgüterproblematik. Die §§ 212 ff. schützen ausschließlich das Individualrechtsgut des Lebens. Rechtsgüter der Allgemeinheit, wie etwa die Beeinträchtigung der Funktion des Staates oder gar einen Angriff auf den Staat, müssen daher bei der Bewertung nach §§ 212 ff. außen vor bleiben. Der Berücksichtigung dieser Gemeinschaftsinteressen wird vielmehr durch verschiedene spezielle Straftatbestände Rechnung getragen[425].

---

[419] *Zinn*, a.a.O., Sp. 142.
[420] *Zinn*, a.a.O., Sp. 142.
[421] *Zinn*, a.a.O., Sp. 143.
[422] *Zinn*, a.a.O., Sp. 143.
[423] *Zinn*, a.a.O., Sp. 144.
[424] Auch *Stock* stellt auf einen „*Angriff auf die Staatsgewalt*" ab, vgl. *Stock*, a.a.O., Sp. 533.
[425] Vgl. dazu die §§ 80 ff., 105 ff., 110 ff., 123 ff.

Des Weiteren ersetzt die Auffassung, dass den Intoleranten in einer Demokratie keine Toleranz zu gewähren sei (und der damit verbundene Ruf nach der Höchststrafe), nicht die Begründung für die dogmatische oder systematische Notwendigkeit der Bestrafung nach § 211. Die reflexartige Betonung der Höchststrafwürdigkeit, die in diesem Zusammenhang auch heute noch präsent ist[426], kann nicht an der argumentatorischen Auseinandersetzung mit der Materie vorbeiführen.

In dem pauschalen Urteil über die Gesinnung der politischen Täter kommt vielmehr erneut die historisch begründete und nachvollziehbare Abscheu vor den politisch motivierten Tötungen zum Ausdruck, die jedoch nicht dazu führen darf, dass die politisch motivierte Tötung per se – ohne Berücksichtigung der konkreten Tat und der konkreten Motivation – als „niedrig" im Sinne des § 211 Abs. 2 angesehen wird.

4. Die Berücksichtigung der politischen Motivation auf der Strafartenebene bei *Radbruch*

Die Kontroverse zwischen *Zinn* und *Stock* veranlasste *Radbruch*, vermittelnd in die Debatte einzugreifen[427].
Radbruch unterteilt zunächst die politischen Tötungen der letzten Jahrzehnte in drei verschiedene Gruppen.
Zunächst gäbe es die Gruppe der „*unentschuldbaren Mordtaten*", die während der Weimarer Republik an Repräsentanten des Staates verübt worden seien. Die Demokratie biete andere Möglichkeiten, politische Gegner auszuschalten[428].
Die zweite Gruppe beinhaltet „*die politisch oder rassisch bedingten Morde*" der NS-Zeit, bezüglich deren Verwerflichkeit es keines Wortes bedürfe[429].
Zur letzten Gruppe zählt er das Attentat vom 20 Juli 1944, welches in der Tradition des „*Tyrannenmordes*" stehe[430].

---

426 Vgl. die Forderungen nach der Höchststrafe im Bereich der politisch motivierten Tötungen bei MK-*Schneider*, § 211 Rn. 83 ff.: „*bereits für sich betrachtet höchststrafwürdig*", „*Höchststrafe angemessen*", „*höchststrafwürdig*", „*höchstverwerflichen*", „*die Höchststrafe verdienen*".

427 SJZ 1948, Sp. 311. *Radbruch* meinte, dass die Debatte nicht „*ins Unendliche*" fortgesetzt werden dürfe. Deshalb behalte sich „*die Redaktion*" – und damit in diesem Falle er selbst – „*das vermittelnde und abschließende Wort vor.*" In diese von *Radbruch* einseitig für beendet erklärte Kontroverse griff im darauf folgenden Jahr jedoch *Jagusch* ein, der im Rahmen seines Aufsatzes „*Die Rechtsprechung des Obersten Gerichtshofes für die Britische Zone zur vorsätzlichen Tötung*" , SJZ 1949, Sp. 324, auch auf die politisch motivierten Tötungen einging und damit die Debatte fortsetzte.

428 *Radbruch*, a.a.O., Sp. 311.

429 *Radbruch*, a.a.O., Sp. 311.

Radbruch führt weiter dazu aus, dass die Debatte zwischen *Zinn* und *Stock* auch deshalb so kontrovers verlaufen sei, weil beide eine unterschiedliche Definition der politischen Tötungen voraussetzten, *Stock* beispielsweise die zweite Gruppe, *Zinn* jedoch die dritte Gruppe aus den Augen verloren habe[431].
Die Fallgruppe, die in der Diskussion und für ein kommendes Strafgesetzbuch von entscheidender Bedeutung sei, könne aber nur aus Fällen der ersten Gruppe bestehen.
Dem ist zuzustimmen, denn die Frage der politischen Tötung seitens der Staatsgewalt stellt sich in einem freiheitlich-demokratisch verfassten Staatswesen ebenso wenig wie die Frage nach der Tötung eines Tyrannen oder Ursupators. Es kann daher die Fallgruppe auf diejenigen Fälle eingeschränkt werden, in denen im Rahmen von demokratischen Verhältnissen politisch motivierte Tötungen verübt werden.
Die strafrechtliche und ethische Beurteilung der beiden anderen Gruppen wird durch die Beschränkung auf die demokratische Sichtweise obsolet. Vorliegend geht es demnach nicht um die Problematik des „*Tyrannenmordes*" in all seinen moralisch-philosophischen Facetten, sondern um den „*Demokratenmord*" vor dem Hintergrund des geltenden politischen Systems.

Radbruch arbeitet die Gemeinsamkeit der beiden Ansichten heraus und stellte dabei fest, dass die Differenzen gar nicht so groß seien, „*als es nach dem Aufsatze Zinns scheinen möchte.*"
Beide Autoren seien sich darüber einig, dass es sicherlich zu billigen sei, „*wenn in Zukunft das politische Motiv als Privilegierungsgrund bei der Tötung entschieden abgelehnt wird*"[432].
Auch *Radbruch* spricht sich in aller Deutlichkeit gegen die Privilegierung des politischen Motivs aus[433].
Trotz seiner Studien zum Überzeugungstäter, der eine besondere Berücksichtigung verdiene, habe er sich niemals für eine mildere Bestrafung ausgesprochen, sondern lediglich für den Verzicht auf entehrende Strafen[434].
Wie bereits oben angesprochen, vertrat *Radbruch* die These, dass sich der Überzeugungstäter durch besondere psychologische Befunde von anderen Tätern

---

430 *Radbruch* verweist in diesem Zusammenhang auf die Taten Harmodius und Aristogeiton, auf Brutus und Cassius und schließlich auf die Sagenfigur Wilhelm Tell. Auch der Verfasser der Bambergensis und mittelbarer Schöpfer der Carolina, *Johann von Schwarzenberg*, wird von ihm zitiert: „*Tyrannen und ein Hund, der tobt – wer die ertödt, der wird gelobt*".

431 *Radbruch*, a.a.O., Sp. 311.

432 Dieser Satz stammt von *Stock* und wurde ebenfalls von *Zinn* aufgegriffen, vgl. *Radbruch*, a.a.O., S. 312.

433 Radbruch, a.a.O., Sp. 312: „Auch der Verfasser dieser Zeilen schließt sich [...] dieser gemeinsamen Ansicht der beiden Gegner an."

434 *Radbruch*, a.a.O., Sp. 312.

unterscheide[435]. Das Versagen der Strafzwecke zwinge daher den Staat, eine Art Sicherheitsstrafe zu schaffen, die den Täter privilegiere. Die Möglichkeit der „*entehrenden*" Bestrafung, mithin derjenigen Strafen, die mit dem Verlust der bürgerlichen Ehrenrechte verbunden waren[436], sollten für den Andersdenkenden nicht in Betracht kommen. Die „*entehrende*" Bestrafung setze vielmehr eine „*sittliche Überlegenheit der Strafgewalt über den Rechtsverbrecher*" voraus, die jedoch beim Überzeugungstäter nicht vorliege[437].

Die Nichtprivilegierung des politisch motivierten Täters auf Tatbestandsebene – etwa im Sinne einer restriktiven Mordmerkmalsauslegung oder einer Typenkorrektur – ist eine konsequente Fortführung der Radbruchschen Lehre des Überzeugungsverbrechers.
Dabei wird dem (privilegierenden) „*ausschlaggebende*[n] *Beweggrund des Täters*"[438] auch nicht auf der Strafzumessungs-, sondern lediglich auf der Straf*arten*ebene Rechnung getragen. Wie freilich die von *Radbruch* attestierte Ehrenhaftigkeit der Motive des Überzeugungstäters und das gleichzeitige Verwerflichkeitsurteil miteinander in Einklang zu bringen sind, ohne einen Wertungswiderspruch hervorzurufen, bleibt unklar[439].

Über das Hervorheben der gemeinsamen Ablehnung der Privilegierung hinaus, versucht *Radbruch* die Differenzen zwischen *Stock* und *Zinn* durch die dogmatische Infragestellung der Teilaspekte zu beseitigen, die einer vermittelnden Lösung im Weg stehen.
Der Umformulierungsvorschlag *Stocks*, die Tötung „*deutscher Amtsträger*" generell als Mord zu ahnden, unabhängig davon, ob niedrige Beweggründe vorliegen oder nicht, wird zutreffend als Annäherung an die Ansicht *Zinns* gewertet. Aufgrund der Einseitigkeit und Enge des objektiven Merkmals des „*deutschen Amtsträgers*" wird dieser Vorstoß *Stocks* jedoch im Ergebnis verworfen[440].

---

435 „Der Überzeugungsverbrecher hebt sich als scharf umrissener Typus von den gemeinen Verbrechern ab.", Radbruch ZStW 44 (1924), S. 34 = GRGA Band 8, S. 131.

436 Dazu oben Seite 29 ff.

437 *Radbruch*, a.a.O., Sp. 312.

438 So § 71 des E 1922: „Anstelle von strengem Gefängnis tritt Einschließung von gleicher Dauer, wenn der ausschlaggebende Beweggrund des Täters darin bestand, dass er sich zu der Tat auf Grund seiner sittlichen, religiösen oder politischen Überzeugung für verpflichtet hielt.", vgl. Beckstein, a.a.O., S. 38; Papacharalambous, a.a.O., S. 59.

439 So auch schon *Geilen*, a.a.O., S. 633.

440 *Radbruch*, a.a.O., Sp. 312.

Umgekehrt wird aber auch der Entwurf der Wiesbadener Juristentagung, mithin die von *Zinn* gebilligte Qualifizierung aus *„rassischen, politischen oder religiösen Gründen"* von *Radbruch* als zu weitgehend abgelehnt[441].
Festzuhalten bleibt, dass auch *Radbruch* Privilegierungen im Tatbestand, der Rechtswidrigkeit und der Schuld bei politischen Morden in demokratischen Verhältnissen strikt ablehnte. Derartige Taten seien *„unentschuldbar; denn die Demokratie bietet andere, gesetzmäßige Möglichkeiten für die Ausschaltung politischer Gegner, als den Mord"*[442].
Lediglich im Bereich der Strafart sollte der Überzeugungstäter privilegierend behandelt werden.

5. Die Infragestellung gesellschaftlicher Grundwerte als Qualifikationsgrund bei *Jagusch*

Jagusch griff ein Jahr nach der vermittelnden Intervention *Radbruchs* in die Debatte mit einem Aufsatz über *„Die Rechtsprechung des Obersten Gerichtshofs für die Britische Zone zur vorsätzlichen Tötung"* ein[443].
Aufhänger für seine Beschäftigung mit den politisch motivierten Tötungen war ein Urteil des Obersten Gerichtshofs (OGH), in dem die Feststellung der Niedrigkeit der Beweggründe verneint wurde[444].
Diesem Verdikt, das in seiner Milde mit dem Radbruchschen Entwurf des Überzeugungstäters vergleichbar ist, tritt *Jagusch* entschieden entgegen:
„Eine Gesamtüberzeugung, der das Töten aus politischer Überzeugung jedenfalls in der Regel als niedrig erscheint, ist auch bei humaner Betrachtung keineswegs undenkbar. Sie ist eine Frage der Erziehung zur Humanität und hängt von der menschlichen Entscheidung ab, inwieweit und mit welchen Mitteln sich die Humanität gegen den politischen Attentäter wehren darf"[445].

Vielmehr gewinne die Schuld des politischen Überzeugungstäters ihr besonderes Gewicht dadurch, dass er sich radikalen politischen Gedanken unter *„Missach-*

---

441 *Radbruch*, a.a.O., Sp. 312.

442 *Radbruch*, a.a.O., Sp. 311.

443 *Jagusch* SJZ 1949, Sp. 324 ff.

444 Vgl. OGHSt 1, 98 ff. Dort heißt es: „Wenn der Angeklagte auch die Forderungen und Ansprüche der Allgemeinheit, die er wahren wollte […] falsch sah, und in ihrem Gewicht unrichtig bewertete, so verbietet es sich doch, einen Beweggrund, der zu ihnen in so enger Beziehung steht, als „niedrig" i.S.d. § 211 Abs. 2 StGB anzusehen. Denn die im Gesetz angeführten Beispiele (Mordlust, Befriedigung des Geschlechtstriebs, Habgier) lassen erkennen, dass das Gesetz bei niedrigen Beweggründen vorwiegend an selbstsüchtige und nicht an solche denkt, die durch Interessen der Allgemeinheit bestimmt werden, mögen diese auch im einzelnen falsch gesehen oder beurteilt werden."

445 *Jagusch*, a.a.O., Sp. 325.

tung des Menschen" hingebe. Dieser Tätertyp sei gerade durch die besondere Verachtung des politischen Gegners zugunsten der eigenen politischen Idee charakterisiert. Die Menschlichkeit, Toleranz und die Achtung der fremden Gesinnung liege diesem Tätertyp „*innerhalb der Tatbeziehung*" völlig fern. Aufgabe des Strafrechts müsse daher sein – und dabei beruft er sich sinngemäß auf *Zinn* –, „*die Missachtung der Humanität durch den politischen Mörder nachdrücklich zu diffamieren*"[446].

Bei *Jagusch* erinnert nicht nur das Ergebnis der Überlegungen, sondern auch deren Begründung an den Aufsatz *Zinns*.
Auch *Jagusch* lässt eine konkrete inhaltliche Auseinandersetzung mit dem Mordmerkmal vor dem Hintergrund der politisch motivierten Tötung vermissen. Setzt sich der von ihm zitierte OGHSt noch mit der Heranziehung der Grundsätze der anderen in § 211 normierten Beweggründe zumindest kurz auseinander, so fehlen bei *Jagusch* derartige systematische Argumente zur Gänze.
Das abermalige Bemühen des Begriffs der mangelnden „*Humanität*"[447] und die Erkenntnis, dass den politisch motivierten Tötungen eine „*Missachtung des Menschen*" zugrunde liege, erstaunen nicht.
Im Rahmen von vorsätzlichen Tötungen – sieht man einmal von den Fällen des § 216 ab – ist eine derartige Einstellung begriffsimmanent.
Mit anderen Worten: Es kann und darf nicht geduldet werden, dass Menschen aus politischen Motiven getötet werden. Derartige Taten verdienen eine strafrechtliche Reaktion. *Jagusch* und *Zinn* vermengen jedoch ihre nachvollziehbare und verständliche Empörung über das politische Motiv mit ihrer Empörung über die Tötung an sich. Es geht jedoch vorliegend nicht um den Unwertgehalt der Tötung an sich – dieser geht bereits in § 212 auf -, sondern um die Qualifikation des politischen Motivs vor dem Hintergrund der Systematik des § 211.
Diesbezüglich lassen beide Autoren eine dogmatische Begründung für die Bejahung der niedrigen Beweggründe vermissen.

6. Der motivorientierte Ansatz von *Geilen*

Im Jahr 1979 veröffentlichte *Geilen* in der Festschrift für *Bockelmann* einen Aufsatz mit dem Titel „*Das politische Attentat als „Mord"? – Tatbestandsprobleme des § 211 StGB im Spiegel des Terrorismus*" und legte damit die bisher umfangreichste Auseinandersetzung mit der Problematik der politisch motivierten Tötungen vor dem Hintergrund des § 211 vor.
Der 34 Seiten umfassende Aufsatz *Geilens* untergliedert sich in vier Abschnitte.

---

[446] *Jagusch*, a.a.O., Sp. 325.

[447] Innerhalb von nur fünf Sätzen fällt der Begriff „*Humanität*" bzw. dessen adjektivierte Form insgesamt vier Mal.

Der erste Abschnitt beinhaltet neben der Einführung in die Thematik eine Kritik an der Ausgestaltung des strafrechtlichen Lebensschutzes.
Über die inhaltlichen Beanstandungen – sowohl an der Tatbestandseite des § 211 Abs. 2 aber auch an der lebenslangen Freiheitsstrafe – hinaus, bemängelt *Geilen* die kriminalpolitische „*Selbstzufriedenheit und Stagnationsbereitschaft*" im Bereich der Tötungsdelikte[448].

Im darauf folgenden Abschnitt verweist er auf die Unzulänglichkeiten der anderen Mordmerkmale bei der Erfassung der politisch motivierten Tötungen. Anhand von Attentatsbeispielen werden dabei insbesondere die Schwierigkeiten bei der Feststellung und Bejahung der von Unabwägbarkeiten und Zufällen abhängigen objektiven Mordmerkmale aufgezeigt[449].
Basierend auf der Feststellung, dass „*nur die niedrigen Beweggründe als eine sich durchgängig anbietende Mordalternative übrig bleiben*"[450], setzt sich *Geilen* im dritten Abschnitt eingehend mit diesem Merkmal vor dem Hintergrund politisch motivierter Attentate auseinander.
Er konstatiert, dass in Anbetracht des „*Spannungsbogen*[s] *von Staatsraison und Widerstandsrecht*" die politisch motivierte Tötung in ein so „*eigentümlich diffuses Zwielicht*" tauche, so dass die „*nötigen klaren Maßstäbe für ein so gesteigert negatives Verwerflichkeitsurteil verschwimmen*"[451].
Verwiesen wird auf den Prozess der differenten Wahrnehmung, mithin die unterschiedliche Betrachtung politischer Tötungen bei bestimmten Bevölkerungsgruppen und die Abhängigkeit der Einschätzungen vom Wandel der Zeit[452].
Geilen geht zudem auch auf unterschiedliche Privilegierungstendenzen des „*offenen Kampfes*" ein. Erwähnung finden sowohl die Tendenz des Reichsgerichts, das vereinzelt bemüht war, eine Privilegierung des „*bewaffneten Aufständischen*" herbeizuführen, die konkrete Ausgestaltung der Attentatsklauseln des Auslieferungsrechts mit ihrer Orientierung am „*Attentat*" und „*gerade nicht an*

---

448 *Geilen*, Das politische Attentat als Mord?, Festschrift für Bockelmann, S. 613 f.

449 *Geilen*, a.a.O., S. 615 – 622. Zu den Problemen, die sich gerade im Bereich der Heimtücke und den gemeingefährlichen Mitteln vor dem Hintergrund politischer Attentate ergeben, vgl. ausführlich oben Seite 19 ff.

450 *Geilen*, a.a.O., S. 622.

451 *Geilen*, a.a.O., S. 624.

452 Geilen, a.a.O., S. 624: „So ist eine Gestalt wie Brutus schon geradezu zum Synonym für Tyrannenmord geworden (oder auch zur Symbolfigur reaktionären Meuchelmordes am politischen Genie); Tell [...] ist [...] auf die Rolle des Freiheitshelden festgelegt".
Des Weiteren geht *Geilen* näher auf die Rezeption des Mordes an Kotzebue durch Karl Ludwig Sand sowie das Attentat 1914 von Princip auf den österreichischen Thronfolger Franz Ferdinand in Sarajevo ein. Sowohl Sand als auch Princip hatten einen großen Sympathisantenkreis und letzterer wird noch heute als nationaler Märtyrer verehrt, vgl. *Geilen*, a.a.O., S. 624 ff.

der offenen kämpferischen Auseinandersetzung“[453], die Regelungen über den Kombattantenstatus[454] und die Diskussion um den Überzeugungstäter[455].

Exkurs:

Es soll an dieser Stelle im Rahmen eines Exkurses näher auf die Attentatsklauseln und den Kombattantenstatus, ihre Ausgestaltung und den historischen Kontext eingegangen werden.

Zum einen setzt das Verstehen der Ansicht *Geilens* die Kenntnis dieser Grundlagen voraus und zum anderen werden Teile diese Erörterungen im letzten Teil dieser Arbeit noch von Bedeutung sein.

Das Ausländerrecht, insbesondere das Auslieferungsrecht, kennt – wie oben dargestellt – den Begriff der politischen Straftat, des politischen Delikts[456]. Für die Frage der Rückführung des politischen Delinquenten in sein Heimatland gilt in den meisten europäischen Staaten der Grundsatz der Nichtauslieferung[457]. Dieser Grundsatz wird jedoch durch die angesprochene *Attentatsklausel* durchbrochen. Darunter versteht man die gesetzlichen Ausnahmebestimmungen, die Auslieferungen im Zusammenhang von Attentaten ermöglichen, indem die politische Natur der Tat entweder gänzlich negiert[458] oder durch die Schwere der Tat verdrängt wird[459].

Die Attentatsklauseln dienten und dienen der Vermeidung außenpolitischer Zwangslagen[460]. Die Privilegierungstradition der politischen Tat wird vor dem Hintergrund des bilateralen (Rechts)Friedens daher in den Fällen durchbrochen, bei denen etwa das Staatsoberhaupt des um Auslieferung ersuchenden Staates Opfer eines Anschlages wurde. Sinn und Zweck dieser Regelung ist dabei nicht nur das Gebot der staatlichen Rationalität, welche auch auf die Vermeidung von zwischenstaatlichen Konflikten gerichtet sein muss, sondern auch das nachvoll-

---

[453] *Geilen*, a.a.O., S. 629.

[454] *Geilen*, a.a.O., S. 627 ff.

[455] *Geilen*, a.a.O., S. 630 f.; Zur Figur des Überzeugungstäters vgl. oben Seite 29 ff.

[456] Vgl. oben Seite 65; zum Ganzen auch: *Felchlin*, Das politische Delikt, 1979; *Papacharalambous*, Das politische Delikt im legalistischen Rechtsstaat, 1991; *Franke*, Politisches Delikt und Asylrecht, 1979.

[457] *Franke*, a.a.O., S. 15 ff.

[458] So etwa die erste Attentatsklausel im belgischen Auslieferungsrecht von 1856: „Ne sera pas réputé délit politique, ni fait connexe à un semblable délit, l'attentat contre la personne du chef d'un gouvernement étranger ou contre celle d'un membre de sa famille, lorsque cet attentat constitute le fait, soit de meurtre, soit d'assassinat, soit d'empoisonnement“, zitiert nach Franke, a.a.O., S. 35.

[459] Ausführlich zu den Attentatsklauseln: *Mettgenberg*, Die Attentatsklausel im deutschen Auslieferungsrecht, 1905; *Franke*, a.a.O., S. 34 ff, passim.

[460] *Franke*, a.a.O., S. 35 ff., mit verschiedenen Beispielen.

ziehbare Interesse der Mächtigen, selbst einmal von dieser Lösung zu profitieren[461].

Die konkrete Ausgestaltung der Attentatsklauseln und die dabei häufig zu findende Orientierung am klassischen politischen Attentat und nicht an der *„offenen kämpferischen Auseinandersetzung“* geht dabei, wie *Geilen* zutreffend festhält, auf die positiv vorgeprägte Tradition der bürgerlichen Revolutionen des ausgehenden 18.- und der ersten Hälfte des 19. Jahrhunderts zurück[462].

Die Attentatsklauseln erodieren somit nicht etwa die Privilegierungstendenz beim politischen Delikt im Sinne einer dogmatischen Infragestellung der Grundlagen, sondern stellen lediglich einen aus der Staatsraison hervorgegangenen Kompromiss dar, der zum Zwecke der Sicherung des friedlichen zwischenstaatlichen Zusammenlebens einen schmalen Anwendungsbereich des politischen Delikts im Bereich der schweren Individualkriminalität nicht eröffnet bzw. unterordnet[463].

Der *Kombattantenstatus* ist ein völkerrechtliches Konstrukt, das Truppen, die nicht zur Armee eines Landes gehören, unter gewissen Umständen einen Status verleiht, der es ihnen ermöglicht, sich auf den Schutz des Kriegsrechts zu berufen[464].

---

461 So übte etwa der deutsche Kaiser Wilhelm I., auf den selbst zwei Attentate verübt wurden, diplomatischen Druck seitens des Deutschen Reiches aus, der Attentatsklausel in Europa verstärkt Geltung zu verschaffen, vgl. dazu *Franke*, a.a.O., S. 39.

462 *Geilen*, a.a.O., S. 629.

463 Vgl. dazu auch Carlo Schmid: „Wenn einer nach Deutschland flieht, weil er versucht hat, die Regierung seines Heimatlandes zu stürzen, so braucht er, auch wenn er sich des Hochverrats schuldig gemacht hat, nicht ausgeliefert zu werden [...] Wenn dieser Mann aber geschossen hat, muss man ihn ausliefern. Das ist communis opinio.“, aus dem Protokoll über die 4. Sitzung des Ausschusses für Grundsatzfragen am 23.9.1948, wiedergegeben in Pikart/Werner, Der Parlamentarische Rat 1948-1949, Akten und Protokolle, Band 5/I. Ausschuss für Grundsatzfragen, S. 84. Zur Problematik von Terrorismus und dem Grundrecht auf Asyl auch Davy, Terrorismusbekämpfung und staatliche Schutzgewährung, ZAR 2003, S. 49.

464 Im Zusatzprotokoll zu den Genfer Abkommen vom 12. August 1948 über den Schutz der Opfer internationaler bewaffneter Konflikte heißt es im I. Protokoll in Abschnitt II: *„Art. 43 – Streitkräfte 1. Die Streitkräfte einer am Konflikt beteiligten Partei bestehen aus der Gesamtheit der organisierten bewaffneten Verbände, Gruppen und Einheiten, die einer Führung unterstehen, welche dieser Partei für das Verhalten ihrer Untergebenen verantwortlich ist; dies gilt auch dann, wenn diese Partei durch eine Regierung oder ein Organ vertreten ist, die von einer gegnerischen Partei nicht anerkannt werden* [...]. 2. *Die Angehörigen der Streitkräfte einer am Konflikt beteiligten Partei* [...] *sind Kombattanten, das heißt, sie sind berechtigt, unmittelbar an Feindseligkeiten teilzunehmen.*“

Tendenzen, Aufständische im Inneren nach den Grundsätzen des Kriegsrechts zu behandeln, indem man ihnen den Kombattantenstatus zugesteht, gab es in der Weimarer Republik[465], aber auch im Dritten Reich[466].
Im Stammheim-Prozess beriefen sich gut 30 Jahre nach Kriegsende auch die Angeklagten der RAF vergeblich auf den Kombattantenstatus[467].
Die RAF war nach ihrem Selbstverständnis eine kleine antiimperialistische Statdguerillagruppe, die der Bundesrepublik Deutschland und den Vereinigten Staaten den Krieg erklärt hatte[468].
Nach der Gefangennahme der Terroristen wurden diese in einem speziellen Trakt des Stuttgarter Hochsicherheitsgefängnisses Stammheim unter besonderen Haftbedingungen untergebracht[469]. Dieser besondere Umgang des Staates mit der RAF veranlasste schließlich den Verteidiger Ulrike Meinhofs 1976 den Antrag zu stellen, das Verfahren einzustellen und die Angeklagten in Kriegsgefangenschaft zu überführen[470]. Die Anträge wurden abgewiesen und es stellt sich mit *Geilen* darüber hinaus die Frage, ob nicht selbst bei der Anerkennung des Kombattantenstatus' *„die Kampfweise verbrecherisch war"*[471].
Ende des Exkurses

Im Folgenden wendet sich *Geilen* der Regelung des § 20 RStGB und der Debatte über den Überzeugungstäter zu[472], bevor er näher auf die Nachkriegsdebatte zwischen *Stock*, *Zinn*, *Radbruch* und *Jagusch* eingeht[473].

---

[465] Vgl. RGSt 58, 2 [4 f.]; dazu *Geilen*, a.a.O., S. 630. *Geilen* verweist darüber hinaus auf den *„Erfahrungshintergrund der früheren Résistance und heute der antikolonialistischen Befreiungsbewegungen"* als historisches Fundament des Kombattantenstatus', a.a.O., S. 629.

[466] Zimmerl DJZ 1934, Sp. 14442 ff.: „Wer wie ein Soldat gekämpft hat, verdient es auch, als Soldat behandelt zu werden."

[467] Dazu *Bakker Schut*, Stammheim – Der Prozess gegen die Rote Armee Fraktion, 1997, S. 329 ff.; *Stuberger*, In der Strafsache gegen Andreas Baader usw., 1977, S. 242 ff.

[468] Vgl. Rote Armee Fraktion, Texte und Materialien zur Geschichte der RAF, 1997, S. 27 ff; 49 ff, 112 ff.

[469] Über die Haftbedingungen und die juristische Seite des Prozesses aus der Sicht eines beteiligten Verteidigers *Bakker Schut*, a.a.O., S. 74 ff., 92 ff., passim

[470] Der Antrag findet sich in den Protokollen des Stammheimer Prozesses, S. 5673-5699. Zur Begründung auch *Bakker Schut*, a.a.O., S. 330: *„De facto sind sie* [die inhaftierten Mitglieder der RAF] *als Gefangene von Anfang an wie politisch-militärische Gegner behandelt worden, jedoch ohne den Schutz der Genfer Konvention über die Behandlung von Kriegsgefangenen zu erhalten.*"

[471] *Geilen*, a.a.O., S. 630; zu der grundsätzlichen Frage, ob sich Terroristen auf den Kombattantenstatus berufen können auch *Ignaz Seidl-Hohenveldern*, Kombattantenstatus für Terroristen, NZWehrR 1973, S. 81.

[472] Dazu oben Seite 29 ff.

[473] *Geilen*, a.a.O., S. 632 ff.

Er zeichnet damit den Weg der historisch gewachsenen Privilegierung der politisch motivierten Tötung nach, bevor er schließlich auf die Tendenzen eingeht, die unter dem Eindruck des Versagens der Weimarer Republik, dem Aufkommen des Nationalsozialismus' und des Zweiten Weltkriegs, eine Abkehr von der bevorzugten Behandlung der politisch motivierten Tötung einleiteten[474].
Hierzu zählen die Ansichten von *Zinn* und *Jagusch*, aber auch der Vorschlag der Wiesbadener Juristentagung 1947, die über die Abkehr von der Privilegierung hinaus zum Teil sogar eine verschärfte Ahndung der politisch motivierten Tötung forderten und damit einen Paradigmenwechsel in der Betrachtung auslösten.
Ausführlich widmet sich *Geilen* anschließend der Zeit des Nationalsozialismus' und dessen gerichtlicher Aufarbeitung[475], bevor er auf die Widerstands- und Befreiungsideen der extremen Linken in Folge der 68er-Bewegung eingeht[476].

Der Definition der Rechtsprechung für die niedrigen Beweggründe, nach der ein Motiv „*nach allgemeiner sittlicher Wertung auf tiefster Stufe stehen, durch hemmungslose, triebhafte Eigensucht bestimmt sein und deshalb als besonders verwerflich, ja geradezu verächtlich erscheinen*"[477] muss, spricht er die Brauchbarkeit bei der Übertragung auf politisch motivierte Tötungen ab[478]. Diese Formel sei nur dann geeignet, wenn es „*um ausschließlich persönliches Machtstreben ginge oder um individuell gezielten persönlichen Hass*"[479].
Auf Fälle, denen ein politischer Altruismus zugrunde liege, ließen sich die Definitionselemente nicht übertragen:
„*Ist aber die Zielvorstellung auf eine im positiven Sinn gedachte Gesellschaftsveränderung ausgerichtet und sieht sich der Täter in der Rolle eines avantgardistischen Vorkämpfers einer neuen und besseren Gesellschaftsordnung, kann eine so altruistische Motivation wohl kaum im Sinne des BGH auf der ethisch allertiefsten Stufe angesiedelt werden, zumal es bei der Verwerflichkeitsprüfung ausschließlich auf die Motive ankommt und zudem der Wortlaut der Definition*

---

474 *Geilen*, a.a.O., S. 633 ff.

475 Eines näheren Eingehens auf die Tötungsverbrechen während der NS-Zeit bedarf es hingegen an dieser Stelle nicht. Wie oben bereits gezeigt, Seite 77 ff., fallen diese Verbrechen nicht in den Kreis der politisch motivierten Tötungen. Zu verweisen ist jedoch im Zusammenhang mit der rechtlichen Aufarbeitung von NS-Verbrechen auf den grundlegenden Aufsatz von *Hanack* JZ 1967, 297 ff., 329 ff.

476 *Geilen*, a.a.O., S. 638 f. Scharfe Kritik übt er dabei an den „*Idealisierungsversuchen einer gewissen Publizistik*" und der von der „*Friedensforschung*" aufgestellten These von der „*angeblichen*" „*strukturellen Gewalt*", die eine weitere Legitimation für den bewaffneten Widerstand darstelle.

477 So zum Beispiel BGHSt 3, 132, [133].

478 *Geilen*, a.a.O., S. 640.

479 *Geilen*, a.a.O., S. 640.

in einer ganz betonten Weise das maximalistische Erfordernis einer sozusagen durch nichts mehr zu unterbietenden Verwerflichkeit herausstellt.“[480]
Darüber hinaus müsse auf eine gewisse Allgemeingültigkeit der Maßstäbe geachtet werden, „*so dass bei einem noch möglichen Bewertungspluralismus die erforderliche Tragfähigkeit für eine solche Abqualifizierung der Motive noch nicht erreicht ist*“[481].
Geilen widmet sich des Weiteren der schon vom Obersten Gerichtshof für die Britische Zone aufgeworfenen Frage nach der Vergleichbarkeit der politisch motivierten Tötung mit den übrigen im Gesetz explizit aufgeführten Beweggründen[482].
Auch die damals aufkommende Entwicklung, im Rahmen der niedrigen Beweggründe bereits die Krassheit des Missverhältnisses zwischen Tat und Tatmotivation über die Qualifizierung als Mord oder Totschlag entscheiden zu lassen, sei – abgesehen von grundlegenden dogmatischen Gefahren – nicht geeignet, die politisch motivierte Tötung zum Mord werden zu lassen:
„*Soll es wirklich möglich sein, dem revolutionären [...] „Winkelried“ über den konstruktiven Kunstgriff einer Verhältnismäßigkeitsprüfung niedrige Motive zu unterstellen – einfach nur deshalb, weil die Krassheit seines Tuns die dem Verwerflichkeitsurteil zugrunde liegende „Unverhältnismäßigkeit“ ergibt?*“[483]
Abschließend verweist *Geilen* noch auf die „*Möglichkeit der Maskierung des Bösen*“, die Gefahr „*einer bloßen Oberflächenbetrachtung des subjektiven Rollenbildes und der vom Täter schauspielerhaft aufgesetzten „Maske*““ des altruistisch handelnden Revolutionärs[484]. Um dies zu verhindern, müsse eine „*Weiterentwicklung der juristischen Begriffsbildung entsprechend den Fortschritten der Psychologie*“ erfolgen[485].
Geilens Ansätze, die Problematik des politischen „Mordes“ strafrechtlich zu bewerten, stellen die intensivste Beschäftigung mit der Materie dar. Basierend auf einem stark kasuistisch geprägten Aufbau reißt *Geilen* alle wesentlichen Problemfelder an. Eine Vertiefung der durchweg zutreffenden Ansätze vermag ihm jedoch aufgrund des nur eingeschränkten Platzes nicht gelingen[486].
Auf die von *Geilen* erarbeiteten Anstöße und Lösungsvorschläge wird daher im nächsten Teil der Arbeit näher einzugehen sein. Dabei werden insbesondere der

480 *Geilen*, a.a.O., S. 640 f.

481 *Geilen*, a.a.O., S. 641.

482 *Geilen*, a.a.O., S. 642 f.

483 *Geilen*, a.a.O., S. 643. Zur Problematik des krassen Missverhältnisses siehe oben Seite 134 ff.

484 *Geilen*, a.a.O., S. 645.

485 *Geilen*, a.a.O., S. 645.

486 Der fehlende Raum, die Ansätze zu vertiefen, wird auch an verschiedenen Stellen von *Geilen* als Grund angegeben, Teilaspekte zu umgehen bzw. abzukürzen, vgl. nur S. 614, 615 [Fn. 4].

Aspekt der Vergleichbarkeit mit den anderen im Gesetz erwähnten Beweggründen und die Berücksichtigung des Wertepluralismus eine Rolle spielen.

7. Das Widerstandsrecht als Korrektiv bei *Jähnke*

Jähnke stellt in seiner Kommentierung im Leipziger Kommentar zu den politisch motivierten Tötungen fest, dass diese niedrig motiviert seien, wenn *„die Tötung des politischen Gegners allein wegen seiner anderen Überzeugung oder Betätigung“* erfolge[487]. Darüber hinaus dürfe jedoch für die übrigen Fälle nichts anderes gelten. Das Widerstandsrecht aus Art. 20 Abs. 4 GG ziehe die Grenze[488]. Liegen die Voraussetzungen des Widerstandsrechts vor, so sei die Tat gerechtfertigt, fehlen sie, so entspringe *„die Tat der Anmaßung eines politischen Alleinvertretungsanspruchs, der dem Gegner keine Chance lässt und mit der Ordnung des Grundgesetzes schlechthin unvereinbar ist.“*[489]

Die Berufung auf das Widerstandsrecht begegnet jedoch grundlegenden systematischen Bedenken. Zunächst ergibt sich ein Dilemma bei der Berufung auf das Widerstandsrecht als Rechtfertigungsgrund, die nur dann erfolgen kann, wenn die Beseitigung der geschützten Ordnung nicht zur Vollendung gelangt ist. Ist nämlich diese Beseitigung erfolgreich, so gilt auch die Verfassung – und damit auch Art. 20 Abs. 4 GG – nicht mehr[490]. Die Berufung auf ein naturrechtliches Widerstandsrecht wäre die einzige Möglichkeit, die jedoch in Anbetracht der neuen Machthaber kaum Anwendung finden wird.
Wenn der Angriff auf die Ordnung des Grundgesetzes hingegen erfolglos bleibt, sind Fälle, in denen der Rückgriff auf Art. 20 Abs. 4 GG notwendig erscheint, nur schwerlich denkbar, da die Grundsätze der Staatsnothilfe ausreichend sind[491].

Selbst wenn man – wie *Jähnke* – über dieses Berufungsdilemma schlicht hinwegsieht, so ergeben sich dennoch praktische und systematische Schwierigkeiten, das Problem der politisch motivierten Tötungen über Art. 20 Abs. 4 GG zu

---

[487] LK-*Jähnke*, § 211 Rn. 29; so auch OGHSt 2, 352; BGHSt 2, 251, [254]; ähnlich auch *Stock*, a.a.O., Sp. 529.

[488] Art. 20 Abs. 4 GG lautet: „Gegen jeden, der es unternimmt, diese Ordnung zu beseitigen, haben alle Deutschen das Recht zum Widerstand, wenn andere Abhilfe nicht möglich ist.“

[489] LK-*Jähnke*, § 211 Rn. 29.

[490] *Degenhart*, Staatsrecht I, Rn. 351 f.; *Hesse*, Grundzüge des Verfassungsrechts der Bundesrepublik Deutschland, Rn. 757; Münchner Kommentar zum Grundgesetz-*Schnapp*, Art. 20 Rn. 48.

[491] *Degenhart*, Staatsrecht I, Rn. 351 f.; *Hesse*, Grundzüge des Verfassungsrechts der Bundesrepublik Deutschland, Rn. 757; Münchner Kommentar zum Grundgesetz-*Schnapp*, Art. 20 Rn. 48.

lösen. Diese Schwierigkeiten zu erkennen, setzt jedoch eine nähere Beschäftigung mit dem Widerstandsrecht voraus.

Das Widerstandsrecht des Art. 20 Abs. 4 GG dient der Wahrung der objektiven Verfassungsordnung. Die in der Normallage zur Wahrung der Ordnung berufenen Institutionen sind im Anwendungszeitraum des Widerstandsrechts entweder angegriffen oder bereits lahm gelegt[492]. Daher wird der Einzelne als Träger der Rechtsgemeinschaft gleichzeitig als zum Ordnungsschutz Berechtigter anerkannt[493].
Der Zeitraum für die Ausübung des Widerstandsrechts ist jedoch denkbar kurz, das Grundgesetz kennt keine rechtlich beachtlichen Übergangsstufen zwischen der Normallage und der Widerstandslage[494]. Nach *Dolzer* ist das Widerstandsrecht zeitlich begrenzt *„auf die Phase vom Beginn des Unternehmens der Beseitigung (während der Geltungsdauer des Grundgesetzes) bis entweder zur Niederschlagung (oder zur Aufgabe) des Unternehmens oder zur Errichtung einer neuen Ordnung, welche das Grundgesetz abgelöst hat.“*[495]
Die Ausübung des Widerstandsrechts ist ultima ratio, mithin das letzte verbleibende Mittel zur Erhaltung oder Wiederherstellung des Rechts[496].
Politisch motivierte Tötungen können unter der strengen Beachtung des Schonungsgebots und des Übermaßverbots dabei auch gerechtfertigt sein[497].

Der Rekurs auf das Widerstandsrecht ist jedoch in zweierlei Hinsicht problematisch.
In der Praxis ergeben sich Schwierigkeiten beim exakten Bestimmen des schmalen Zeitfensters, in dem das Widerstandsrecht anwendbar bleibt. Hier wird eine nachträgliche Bestimmung der Widerstandslage den tatsächlichen Gegebenheiten nur schwer gerecht werden können. Die Anwendbarkeit des Widerstandsrechts – und damit die Voraussetzung für die Ablehnung der niedrigen Beweggründe – ist somit von schwer erfassbaren (und im Fall der gerichtlichen Überprüfung nachvollziehbaren) äußeren Bedingungen abhängig.
Das subjektive Mordmerkmal der niedrigen Beweggründe wird somit systemwidrig von objektiven Bedingungen abhängig gemacht, ohne die Motivation zu berücksichtigen.

---

492 *Isensee/Kirchhof*, Handbuch des Staatsrechts, Band VII (1992) – Normativität und Schutz der Verfassung – Internationale Beziehungen, § 171, Rn. 13.

493 *Isensee/Kirchhof*, a.a.O., Rn. 13.

494 Vgl. *Isensee/Kirchhof*, a.a.O., Rn. 25.

495 *Isensee/Kirchhof*, a.a.O., Rn. 27.

496 BVerfGE 5, 85, [86].

497 Isensee/Kirchhof, a.a.O., Rn. 39: „Das Widerstandsrecht [nimmt] auch der Tötung des Verfassungsgegners den Makel der Rechtswidrigkeit.“

Die Systematik betreffend ergeben sich jedoch noch weitere, grundlegendere Probleme. Das Widerstandsrecht ist ein Konstrukt, dass in erster Linie nicht auf den „*Schutz der Privatsphäre des einzelnen, sondern auf die Wahrung der objektiven Verfassungsrechtsordnung zielt*“[498]. Es dient mithin Zwecken des (objektiven) Verfassungsschutzes. Die Konsequenz, die sich aus der verfassungsgemäßen Inanspruchnahme dieses Grundrechts ergibt, ist der Wegfall der Rechtswidrigkeit der von Art. 20 Abs. 4 GG geschützten Handlungen[499].
Die niedrigen Beweggründe sind jedoch ein selbständiges Schuldmerkmal. Wird das Widerstandsrecht nun als Voraussetzung für die Bewertung eines Schuldmerkmals berücksichtigt, so wird das als Rechtfertigungsgrund ausgestaltete Widerstandsrecht zu einem mit Absolutheitsanspruch ausgestatteten Schuldkorrektiv und mithin entscheidend für den Tatbestand des § 211 Abs. 2 4. Variante. Das Widerstandsrecht schafft jedoch lediglich die objektiven Bedingungen der Rechtfertigung, es sagt dagegen nichts über die Beweggründe des Täters aus.
Die Berücksichtigung der individuellen Motivation auf der Schuldebene wird somit zugunsten eines abstrakt-objektiven Rechtfertigungsgrundes aufgegeben, der zudem in der Anwendung erhebliche Schwierigkeiten aufweist.
Auch ein Blick auf die Entstehungsgeschichte des Art. 20 Abs. 4 GG zeigt keine Belege dafür, dass durch die Einführung des Widerstandsrechts 1968 eine Verschärfung der strafrechtlichen Sanktionsmöglichkeiten im Hinblick auf politisch motivierte Tötungen erfolgen sollte. Vielmehr führten damals die grundsätzlichen Kontroversen um die rechtspolitische Wertung der Notstandsgesetze „*zu einer allseitigen Bereitschaft, die beabsichtigte Ausdehnung staatlicher Macht im Notstandsfall mit einer Anerkennung des Widerstandsrechts*“ zu koppeln[500].
Mit der Positivierung des Widerstandsrechts wurde demnach lediglich eine Stärkung des freiheitlichen Rechtsstaats in Zeiten des Umbruchs durch die Anerkennung einer alten bürgerlich-liberalen Forderung verwirklicht und nicht die Feststellung der Niedrigkeit aller außerhalb des Anwendungsbereichs des Widerstandsrechts liegenden politisch motivierten Tötungen intendiert.
Genauso falsch wäre es aber, das Widerstandsrecht als Argument gegen die unterschiedslose Qualifizierung der politisch motivierten Tötung als niedrig anzuführen[501]. Art. 20 Abs. 4 GG stellt lediglich klar, dass politische Gewalt grundsätzlich rechtswidrig ist. Dies ergibt sich aber bereits aus dem StGB. Die Unterscheidung zwischen einfachem und gesteigertem Tötungsunrecht ist – wie auch *von Selle* zutreffend feststellt – „*nicht einmal andeutungsweise enthalten*“[502].

---

[498] *Isensee/Kirchhof*, a.a.O., Rn. 13.
[499] *Isensee/Kirchhof*, a.a.O., Rn. 42.
[500] *Isensee/Kirchhof*, a.a.O., Rn. 9.
[501] So jedoch *Jakobs* NJW 1969, 489, [490] und SK-*Horn*, § 211 Rn. 16.
[502] *v. Selle*, NJW 2000, S. 995.

8. Das Konzept der grundsätzlichen Privilegierung außerhalb demokratischer Strukturen bei *Zielke*

Zielke setzte sich im Jahr 1991 in einem Aufsatz mit der Problematik der politisch motivierten Tötungen auseinander[503].

Eser zitierend, weist er zutreffend darauf hin, dass entscheidend für die Bewertung des Einzelfalls sein müsse, „*welchen Zweck der Täter mit der Tötung des anderen für sich persönlich erstrebt und wie sich dieser Zweck zu der Tötung als dem hierfür eingesetzten Mittel verhält*“[504].

Auf diese individuelle Motivation abstellend, kommt er zu dem Ergebnis, dass eine ethische Verwerflichkeit gerade dort nicht zu erblicken sei, wo altruistisches politisches Handeln vorliege, „*denn Politik heißt immer auch Vertretung und Durchsetzung von* [...] *Interessen* [...] *der Allgemeinheit*“. „*Andernfalls müsste man nämlich jegliches politisches Handeln als ethisch verwerflich einstufen.*“[505]

Die Annahme der niedrigen Beweggründe in Fällen der Vertretung des Allgemeininteresses bedeute daher die Verkennung des Wesens der Politik.

Darüber hinaus unterscheide sich dieses Verdikt, welches anhand des Motivs (selbstsüchtig/Allgemeinvertretungsinteresse) gewonnen werde, kaum von einer Abgrenzung, die auf der Differenzierung zwischen „*Tyrannenmord*“ und „*Demokratenmord*“ beruhe[506].

Die beiden Kriterien führten vielmehr zu „*nahezu identische*[n]“ Ergebnissen und seien „*zum Teil sogar deckungsgleich*“[507].

Begründet wird dies mit dem virulenten Interesse der Allgemeinheit an der Beseitigung eines Tyrannen, dem auf der täterindividuellen Motivseite ebenfalls Rechnung getragen werde.

Andererseits lege der „Demokratenmord“ die Eigensucht des Täters nahe, „*da Demokratie Herrschaft des Volkes bedeutet und sich die Tötung somit gegen Belange der Allgemeinheit richtet.*“[508]

---

[503] *Zielke* JR 1991, S. 136 ff.

[504] *Zielke*, a.a.O., S. 137; Schönke/Schröder-*Eser* § 211 Rn. 20; vgl. auch SK-*Horn* § 211 Rn. 16, Fn. 23; *Jakobs* NJW 1969, S. 490.

[505] Zielke, a.a.O., S. 138. Zielke geht es wohlgemerkt nur um die Fälle „in denen aufgrund einer Gesamtwürdigung der Tatmotive das Allgemeininteresse überwiegt. Die ethische Verwerflichkeit in den Fällen, wo die bloße Eigensucht vorherrscht, soll hier also nicht angezweifelt werden“, vgl. S. 138 [Fn. 42].

[506] *Zielke*, a.a.O., S. 138 f.

[507] *Zielke*, a.a.O., S. 138.

[508] *Zielke*, a.a.O., S. 139.

Die Interpretation des „Demokratenmordes" konterkariert jedoch die gewonnenen Ansätze *Zielkes* im Bereich der Motivbewertung.
Der Aufhänger der ethischen Verwerflichkeitsprüfung wird nunmehr vom Motiv auf das politische System verschoben. Eine Auseinandersetzung mit den Beweggründen entfällt vollständig. Auch wenn *Zielke* die äußeren Umstände wohl eher als Indizwirkung verstehen will, so stellt sich dennoch die Frage, wie seine Interpretation des politischen Mordes mit dem Mordmerkmal der niedrigen Beweggründe in Einklang zu bringen ist.
Bereits im Rahmen der Berufung auf die Berücksichtigung der motivationalen Ebene fällt auf, dass *Zielke* verkennt, dass nicht das politische Motiv – oder gar das Politische an sich – Gegenstand des sittlichen Vorwurfs im Rahmen von § 211 Abs. 2 sind, sondern die Verknüpfung von Motiv und dem Taterfolg. Der ethische Tadel wird nicht aufgrund politischer Artikulation erteilt, sondern aufgrund der Art und Weise der politischen Betätigung.
Entscheidend kann bei der von *Zielke* gewählten Betrachtungsweise somit lediglich die Verwerflichkeit der erwähnten Verknüpfung sein, die in Abhängigkeit zu den explizit normierten Beweggründen des § 211 bewertet werden muss.
Ein isoliertes Abstellen auf die Höherwertigkeit politischer Motive verkennt jedoch die Strukturen des Mordmerkmals.
Werden nun in einem weiteren Schritt die äußeren politischen Umstände (Tyrannei/Demokratie) zum relevanten Bewertungskriterium erhoben, so wird die eingangs noch mit einem Absolutheitsanspruch ausgestattete prinzipielle Höherwertigkeit des altruistischen politischen Motivs aufgrund einer an der Staatsform orientierten Verwerflichkeitsfiktion in Frage gestellt.
Die Unterstellung der egoistischen Motivation beim „Demokratenmord" hat bei *Zielke* somit die Konsequenz, dass jede politische Tötung in der freiheitlich-demokratischen Grundordnung als Mord aus niedrigen Beweggründen zu qualifizieren ist[509]. Der Verweis auf die nur *„kaum"* vorliegende Inkongruenz zwischen Motiv oder Staatsform als Bewertungsaufhänger mag zwar den Schluss zulassen, dass unter engen Voraussetzungen auch ein schmaler Anwendungsbereich für die Verneinung der niedrigen Beweggründe vorliegen kann, unter welchen Voraussetzungen dieser einschlägig ist, bleibt jedoch im Dunkeln.

9. Die moralorientierte Qualifikationsforderung bei *Brocker*

Brocker veröffentlichte im Jahr 1992 zwei Erwiderungen auf den Aufsatz *Zielkes*[510].

---

509 Dies stellt auch *Brocker* fest, vgl. JR 1992, S. 14.

510 *Brocker*, Die Tötung des politischen Gegners und § 211 Abs. 2 StGB, JR 1992, S. 13 ff. und Die politisch motivierte Tötung und § 211 Abs. 2 StGB, RuP 1992, S. 211 ff. Vgl. auch die Urteilsanmerkung *Brockers* zu BGH Urteil vom 26.2.1993 – 3 StR 207/92 (Startbahn-West), in: NStZ 1994, S. 33.

Er lehnt die Privilegierung der politisch motivierten Tötung ab und sieht diese *„zunächst einmal grundsätzlich als niedrig i.S. des § 211 Abs. 2 StGB“* an[511]. Dafür spreche das Unterlassen von Wertungen auf Tatbestandsebene dahingehend, *„ob der Täter in einem „tatsächlichen oder zumindest vertretbar vermeintlichen“ Allgemeininteresse gehandelt hat.“*[512]
Der Täter offenbare vielmehr durch seine Tat, *„dass er zur Durchsetzung seiner politischen Ziele das Menschenleben nicht achtet, dass er sich vielmehr einen politischen Alleinvertretungsanspruch anmaßt, der darüber hinaus geeignet ist und darauf zielt, den Rechtsfrieden als Ziel der Rechtsidee zu beschädigen.“*[513]
Im Ergebnis plädiert er für die grundsätzliche Niedrigkeit der Beweggründe bei der gleichzeitigen Anwendung von Art. 20 Abs. 4 GG als engem Korrektiv[514].

Brocker, dessen Konzept sich rhetorischer an *Jagusch* und vom Ergebnis an *Jähnke* anlehnt, vereint die systematisch bedenklichsten Ansätze verschiedener Richtungen.
Der als Vorzug für die eigene Meinung angepriesene Verzicht auf Wertungen im Tatbestand (*„ob der Täter in einem „tatsächlichen oder zumindest vertretbar vermeintlichen“ Allgemeininteresse gehandelt hat.“*), mithin das Unterlassen der individuellen Motivermittlung ist mit § 211 nicht vereinbar. Des Weiteren führt der Hinweis darauf, dass der Täter *„durch seine Tat vielmehr* [offenbare]*, dass er* [...] *das Menschenleben nicht achtet“* nicht weiter. Wie bereits angesprochen ist die Missachtung des Menschenlebens Bestandteil jeder vorsätzlichen Tötung zum Nachteil des Opfers. Entscheidend ist mithin der über diese Missachtung hinausgehende Unwertgehalt, der jedoch mit dem Ansatz *Brockers* nicht ermittelt werden kann, da eine motivationale Auseinandersetzung nicht vorgesehen wird. Stattdessen werden abermals Begriffe wie *„Intoleranz“* und die von *Jagusch* übernommene *„Humanität“* bemüht, um der Abscheu vor der Tat Ausdruck zu verleihen. Damit ist jedoch keine systematische Auseinandersetzung zu ersetzen, sondern es zeigt sich vielmehr, dass auch das Rechtsgut des Lebens in Vergessenheit gerät, wenn selbstentwickelte und damit außertatbestandliche Rechtsgüter in den Schutzbereich des § 211 hineingezogen werden. Ein Beispiel dafür ist der Verweis auf die Niedrigkeit des Alleinvertretungsanspruches, der

---

511 *Brocker*, a.a.O., S. 13.

512 *Brocker*, a.a.O., S. 13.

513 *Brocker*, a.a.O., S. 13.

514 Die Grundsätzliche Niedrigkeit des politischen Motivs als Ausgangspunkt seiner Überlegungen wird dabei ohne Begründung unterstellt: *„Vom dogmatischen Ansatz her ist im Falle einer politisch motivierten Tötung eines anderen Menschen zunächst einmal von der Niedrigkeit dieses Tötungsmotivs i.S. von § 211 Abs. 2 StGB auszugehen“*, *Brocker*, NStZ 1994, S. 33. Damit wird jedoch das gewünschte Ergebnis auf der Grundlage einer dogmatisch nicht nachvollziehbaren Unterstellung vorweggenommen.

sich auch darauf gründe, dass der Täter den *„Rechtsfrieden als Ziel der Rechtsidee"* – was immer damit gemeint sein mag – zu beschädigen versuche[515]. Bezüglich des weiteren Lösungswegs über Art. 20 Abs. 4 GG sei auf die Ausführungen zu *Jähnke* verwiesen.

10. Die opfergruppenorientierte Differenzierung bei *v. Selle*

Einen anderen Ansatz wählt *v. Selle* in seinem Aufsatz *„Zur Strafbarkeit des politisch motivierten Tötungsverbrechens"*[516].

Über die Frage, ob es sich um eine vom Täter intendierte Wahrnehmung eines Allgemeinvertretungsinteresses handelt, hinaus, entwickelt er eine neue Bewertungsdimension, die sich an den verschiedenen Opferkategorien orientiert. Verfolgt werde dabei eine vermittelnde Lösung *„zwischen einer inhaltsleeren wertrelativistischen Subjektivierung und einer schuldstrafrechtlich bedenklichen Objektivierung der Bewertung politischer Tötungsmotive"*[517].

Kernaussage seines Kategorisierungsversuchs ist die Einbindung völkerstrafrechtlicher Erwägungen im Hinblick auf Opfer politisch motivierter Tötungen, die sich durch abstrakte, nicht beeinflussbare Merkmale auszeichnen und lediglich aufgrund dieser äußeren Merkmale *„gleichsam willkürlich „ausgewählt"* werden[518].

Die Entwicklung des Völker(straf)rechts habe gezeigt, dass eine Opferauswahl anhand abstrakter Merkmale als besonders verwerflich angesehen werde[519]. Dies ist zutreffend, wie nicht zuletzt die Entwicklung des § 220 a zeigt[520]. Vorliegend

---

515 *Brocker*, a.a.O., S. 13. Auch *Otto* bejaht grundsätzlich die Niedrigkeit der Beweggründe bei Taten außerhalb des Anwendungsbereichs des Art. 20 Abs. 4 GG, vgl. *Otto*, Die Mordmerkmale in der höchstrichterlichen Rechtsprechung, Jura 1994, S. 145 und Grundkurs Strafrecht – Die einzelnen Delikte, § 4 Rn. 16: *„Die politischen Gegner [...] werden ihrer Überzeugung wegen vernichtet, um die Durchsetzung der eigenen Position zu fördern oder kenntlich zu machen, dass die eigenen Ideen weiter verfolgt werden. Diese Haltung jedoch verweist auf eine über die Einzeltat hinausgehende Gefahr für die anderen Mitglieder der Gesellschaft und ist daher als niedrig zu beurteilen, soweit nicht die Voraussetzungen des Widerstandsrechts, Art. 20 Abs. 4 GG, oder Gegebenheiten, die diesem sachlich nahe kommen, vorliegen."* Ohne Begründung, jedoch auch für die Bejahung der niedrigen Beweggründe bei politischen Attentaten *„auf Repräsentanten eines rechtsstaatlichen und demokratischen Gemeinwesens wie der Bundesrepublik Deutschland, den Niederlanden etc."*, *Krey*, Strafrecht, Besonderer Teil, Band 1 – Besonderer Teil ohne Vermögensdelikte, Rn. 29 [Fn. 65].

516 *v. Selle* NJW 2000, S. 992 ff.

517 *v. Selle* NJW 2000, S. 996.

518 *v. Selle* NJW 2000, S. 996.

519 *v. Selle* NJW 2000, S. 995.

520 Vgl. BGBl 1955 II, 962; BGH NStZ 1999, 396, [398] m. Anm. *Ambos* NStZ 1999, 404. Die Heranziehung des Kriegsvölkerrechts durch *v. Selle* begegnet jedoch – wie *Schneider*

ist die Heranziehung völker(straf)rechtlicher Grundsätze jedoch nicht notwendig.
Wie sich bereits gezeigt hat, sind die Fälle der Aberkennung des personalen Eigenwerts des Opfers bereits nach der tradierten Formel der niedrigen Beweggründe *nach allgemeiner sittlicher Wertung auf tiefster Stufe stehend*[521].
Die Unterscheidung nach Opfergruppen, die eine Bewertungsmöglichkeit noch ermögliche, „*selbst wenn man die von dem Täter konkret verfolgten politischen Ziele hinwegdenkt*"[522], kommt jedoch keiner Lösung des Problems gleich, sondern stellt vielmehr eine Tatbegehung in den Mittelpunkt der Überlegungen, die unter Zugrundelegung des subjektivierten Politikbegriffs zumindest für den Fall der Aberkennung des personalen Eigenwerts des Opfers gar nicht den politisch motivierten Tötungen zuzurechnen ist.
Eine grundlegende Auseinandersetzung mit dem „klassischen" Attentat lässt *v. Selle* jedoch vermissen[523].

11. Die Betonung der Gewaltlosigkeit des politischen Prozesses und der Verweis auf die gesellschaftlichen Tatkonsequenzen als Grund für die Höchststrafwürdigkeit bei *Schneider*

Schneider hält politisch motivierte Tötungen grundsätzlich für niedrig im Sinne des § 211 Abs. 2[524].
Die Gewaltfreiheit der politischen Auseinandersetzung sei ein „*Konstitutivum des demokratisch und rechtstaatlich verfassten Gemeinwesens*"[525]. Die Missachtung dieses Prinzips der Gewaltfreiheit durch politisch motivierte Tötungen sei „*derart wertwidrig und asozial*", dass die Ahndung des Fehlverhaltens mit der Höchststrafe angemessen sei[526].
Zudem könne durch diese Tötungen ein „*aufgeputschtes Klima von Furcht, Schrecken sowie Hass*" verbreitet werden, mithin erschienen politisch motivierte Tötungen auch sozialpsychologisch als besonders gefährlich[527].

---

zutreffend bemerkt – durchgreifenden Bedenken. Die Opferauswahl erfolgt nämlich beim Attentat nicht wie im Kriegsvölkerrecht konsensual, sondern einseitig, vgl. MK-*Schneider*, § 211 Rn. 85, [Fn. 261].

521 Dazu oben Seite 77 ff.

522 *v. Selle* NJW 2000, S. 996.

523 Ähnlich kritisch auch MK-*Schneider*, § 211 Rn. 85, [Fn. 261], der die Sichtweise als „*zu vordergründig*" beschreibt, um dem komplexen Problem gerecht zu werden.

524 MK-*Schneider*, § 211 Rn. 83 ff. und Anmerkung zu BGH, Beschluss vom 11.7.2003 – 2 StR 531/02, in: NStZ 2004, 91 ff.

525 MK-*Schneider*, a.a.O., Rn. 85.

526 MK-*Schneider*, a.a.O., Rn. 85.

527 MK-*Schneider*, a.a.O., Rn. 85.

Auch seien „*(scheinbar) altruistische motivierte politische Tötungen*“ immer mit einer egoistischen Komponente ausgestattet, die in der Anmaßung des Täters zu erblicken sei, „*nach eigenem Gutdünken außerhalb der dafür vorgesehenen Verfahren oder sogar entgegen demokratisch legitimierten (Verwaltungs-)Entscheidungen bestimmen zu können, welche politischen Zielsetzungen sich durchsetzen sollen*“[528].
Die in dem Alleinvertretungsanspruch zum Ausdruck kommende Intoleranz sei mit der Ordnung des Grundgesetzes „*unvereinbar; sie ist höchststrafwürdig*“[529].
Das Kriterium des Allgemeininteresses gewähre nicht „*ansatzweise trennscharfe Abgrenzungen zwischen niedrigen und noch nachvollziehbaren politischen Tötungsantrieben*“[530].
Vor dem Hintergrund des „Startbahn-West“-Urteils des BGH[531] bemängelt er zudem, dass der „*Unterscheidung zwischen Terror und Protest ein originär rechtliches Kriterium*“ fehle[532].
Die Gegenansicht bewerte das politische Ziel – im Gegensatz zur Systematik der übrigen niedrigen Beweggründe – isoliert, und nicht vor dem Hintergrund der Verknüpfung mit der Tötung eines Menschen.
Einen tragfähigen rechtlichen Anknüpfungspunkt liefere hingegen die Orientierung am Widerstandsrecht des Art. 20 Abs. 4 GG. Gemessen daran müssten „*alle übrigen politischen Beweggründe – auch wenn sie nicht originär egoistisch sind – als niedrig im Sinne von § 211 Abs. 2 angesehen werden*“[533].

Schneider hebt zu Recht das Prinzip der Gewaltfreiheit der politischen Auseinandersetzung hervor. Eine Verletzung dieses „*Konstitutivums*“ muss jedoch nicht zwingend „*derart wertwidrig und asozial*“ sein, wie *Schneider* dies impliziert, sondern durch dieses Werturteil wird vielmehr nur eine Niedrigkeitsebene statuiert, deren dogmatische Herleitung verborgen und deren Anwendung variabel bleibt. Zudem ist das Abstellen auf das Prinzip der Gewaltfreiheit im Hinblick auf *Schneiders* Ausführungen im Bereich der Beziehungstaten inkonsequent.
Bei Tötungen, die dadurch ausgelöst werden, dass der Partner (bzw. das spätere Opfer) aus der Ehe strebt, sei der Maßstab der Niedrigkeitsbewertung der „*Zustand der Beziehung*“[534]. Bei einer vom Täter in nachvollziehbarer Weise als

528 MK-*Schneider*, a.a.O., Rn. 85.
529 MK-*Schneider*, a.a.O., Rn. 85.
530 MK-*Schneider*, a.a.O., Rn. 85.
531 BGH, Urteil vom 26.2.1993 – 3 StR 207/92.
532 MK-*Schneider*, a.a.O., Rn. 85. Er verweist zudem darauf, dass das Ausmaß der gesellschaftlichen Zustimmung im Zusammenhang mit politischem Massenprotest nicht zum Bewertungskriterium erhoben werden dürfe.
533 MK-*Schneider*, a.a.O., Rn. 85.
534 MK-*Schneider*, a.a.O., Rn. 91.

intakt begriffenen Ehe sei danach die Niedrigkeit der Beweggründe unter bestimmten Voraussetzungen zu verneinen[535].

Vor dem Hintergrund des Prinzips der Gewaltfreiheit der Ehe, das nicht nur jüngst durch das im Bundestag einstimmig verabschiedete „*Gewaltschutzgesetz*“[536] und die nunmehr strafbare Vergewaltigung in der Ehe konkretisiert wird, stellt sich die Frage, warum die Bejahung der Niedrigkeit der Beweggründe in diesem Bereich unterbleibt, obwohl auch hier die Gewaltfreiheit zum Prinzip erhoben wurde, welches durch die Tat gebrochen wird.

Die Ansicht, das Prinzip der Gewaltfreiheit der politischen Auseinandersetzung impliziere das Verdikt der besonderen Verwerflichkeit, ist jedoch nicht nur aufgrund dieser Selektivität inkonsequent, sondern schlichtweg überflüssig.

Das Prinzip der Gewaltlosigkeit durchzieht konsequenterweise alle Bereiche des Rechts. Das Gewaltmonopol des Staates lässt vernünftigerweise nur wenig Raum für legitime individuelle Gewaltausübung.

Diese für den sozialen Frieden notwendige Voraussetzung der grundsätzlichen Gewaltächtung jedoch dahingehend zu interpretieren, dass politische Tötungen generell als besonders verwerflich anzusehen sind, geht indes zu weit. Diese Wertung lässt sich dem Prinzip der Gewaltfreiheit nicht entnehmen.

Auch der Rekurs auf die vermeintliche „*sozialpsychologische Gefährlichkeit*“ der politisch motivierten Tötung begegnet durchgreifenden systematischen Bedenken.

Diese Sichtweise degradiert durch die Orientierung am Begriff der „*sozialpsychologischen Gefährlichkeit*“ das Rechtsgut des Lebens, indem die Höchststrafe an Umstände geknüpft wird, die nicht Bestandteil des strafrechtlichen Lebensschutzes sind. Zudem findet durch das Abstellen auf die möglichen Folgen der Tat eine Umdeutung des subjektiven Mordmerkmals statt. Der Qualifikationstatbestand des § 211 wird in diesen Fällen somit zu einer Art abstrakten Gefährdungsdelikt umgedeutet, ohne dass jedoch der Täter einen Einfluss auf diese Gefahr hat.

Der Täter soll somit in den Bereich des Qualifikationstatbestandes gelangen, indem er im Rahmen eines subjektiven Mordmerkmals für potenzielle gesellschaftlichen Folgen haftet, die nach seiner Tat entstehen könnten.

Des Weiteren beruht das Leugnen der rein altruistischen Fallkonstellationen – und die deshalb erfolgende Bejahung der niedrigen Beweggründe – auf einer Betrachtungsweise, welche *Schneiders* eigene Ansätze bei der Lösung der Mo-

---

535 MK-*Schneider*, a.a.O., Rn. 91.

536 Das „Gesetz zur Verbesserung des zivilrechtlichen Schutzes bei Gewalttaten und Nachstellungen sowie zur Erleichterung der Überlassung der Ehewohnung bei Trennung“ trat am 1.1.2002 in Kraft, BGBl.

tivbündelproblematik konterkariert. Auch *Schneider* will im Rahmen von Motivbündeln das „*bewusstseinsdominante Motiv herausdestillieren*“[537].
„*Brechen sich* [daher] *auch in (scheinbar) altruistisch motivierten politischen Tötungen egoistische Strebungen Bahn*“[538], so werden diese jedoch – als primär zuständliche Motivationsform – eher peripher registriert. Bewusstseinsdominant bleibt die altruistische Komponente.
Die von *Schneider* intendierte Interpretation der Beweggründe kann jedoch nur dann zulässig sein, wenn dem Täter tatsächlich das Fehlen einer (behaupteten) altruistischen Motivation nachgewiesen werden kann[539].
Die Motivermittlung wäre dann nicht nur in diesen Fällen obsolet, wenn lediglich aufgrund eines vermuteten Tatantriebs die Bejahung der Niedrigkeit der Beweggründe erfolgte. Die niedrigen Beweggründe würden somit systemwidrig zu einer Interpretationsgeneralklausel umgedeutet.

Der Vorwurf, dass das Kriterium des Allgemeininteresses nicht „*ansatzweise trennscharfe Abgrenzungen zwischen niedrigen und noch nachvollziehbaren politischen Tötungsantrieben*“[540] gewähre, beruht zudem auf einer Sichtweise, die an der Objektivierung des Merkmals ausgerichtet ist. Vor dem Hintergrund der vom Gesetzgeber angedachten subjektivierten Betrachtung spielt es nämlich keine Rolle, ob die Tötung „*noch nachvollziehbar*“ war oder eben nicht. Das Kriterium der Nachvollziehbarkeit zum entscheidenden Kriterium gerade im Bereich der politischen Tat zu erheben, kommt der Abschaffung der Motivberücksichtigung nahe. Die Motivation des Täters dient dann lediglich als Fundus bei der Beurteilung der Nachvollziehbarkeit der Tat[541].

12. Das personale Zurechnungsmuster als Abgrenzungskriterium bei *Müssig*

Nach der Auffassung von *Müssig* führt die Subsumtion des politischen Tatanlasses unter die Motivgeneralklausel notwendig zu einer „*personellen Differenzierung*“[542]. Entscheidend bei der Bewertung sei der „*normativ zu rekonstruierende Tatkontext, d.h. eine differenzierte Verantwortungszuschreibung vor dem Hin-*

---

[537] MK-*Schneider*, a.a.O., Rn. 77.

[538] MK-*Schneider*, a.a.O., Rn. 85.

[539] Über die Probleme der wahren Motivermittlung bei vermeintlich altruistischen Taten auch *Geilen*, a.a.O., S. 642 ff.

[540] MK-*Schneider*, a.a.O., Rn. 85.

[541] Bezüglich der von *Schneider* favorisierten Lösung über die Orientierung am Widerstandsrecht des Art. 20 Abs. 4 GG ist auf die Ausführungen zu *Jähnke* zu verweisen, vgl. Seite 178 ff.

[542] *Müssig*, Mord und Totschlag, 2005, S. 295; Vgl. auch *Maurach/Schroeder/Maiwald* BT/1, 2/38.

tergrund der institutionalisierten Bedingungen rechtlicher Freiheitszuweisungen“[543]. Insbesondere im öffentlichen Raum seien geäußerte und verbreitete politische Auffassungen, auch extreme politische Meinungen, „*schlicht zu ertragen*“[544]. Die politische Motivation könne daher im Rahmen von Tötungsdelikten, „*ohne dass nach inhaltlichen Kriterien zu differenzieren wäre*“, insoweit nicht als entlastender Kontext berücksichtigt werden, da (und wenn) sich das Opfer im Bereich rechtlich garantierter Kommunikationsfreiheit bewege[545]. Gleiches gelte auch, wenn das Opfer lediglich über seine politische bzw. staatliche Funktion individualisiert werde. Eine privilegierende Berücksichtigung liefe „*auf eine abstrakt bzw. pauschal vermittelte (Mit-)Zuständigkeit des Opfers für den Tatkontext hinaus, ohne dass nach allgemeinen – personal oder institutionell begründeten – Zurechnungskriterien entsprechende Anhaltspunkte im Verhältnis zwischen Täter und Opfer aufweisbar wären*“[546].
Erst eine nach diesen Zurechnungskriterien konkret begründete (Mit-)Zuständigkeit des Opfers für den Tatkontext könne „*eine entsprechende Differenzierung des Täters als Entlastungsmoment vermitteln*“[547]. Dies sei etwa dann der Fall, wenn das Opfer „*als öffentlicher Funktionsträger aktuell rechtsverletzend in den garantierten Rechtskreis des Täters*“ eingreife[548]. Einschränkend zu berücksichtigen sei allerdings die Möglichkeit, „*den Eingriff durch Verfahren abzuwenden*“, da ein „*gegebener Suspensiveffekt die Aktualität der Rechtsverletzung*“ ausschließe[549].
Im Ergebnis läuft Müssigs Ansatz „*weitgehend auf eine normative Unbeachtlichkeit politischer Tatmotive (per se) im Rahmen eines tatbestandlichen Privilegierungsansatzes*“ hinaus[550]. Die Rubrizierung politisch motivierter Tötungen füge sich demnach „*nahtlos an das positivierte Widerstandsrecht nach Art. 20 IV GG an*“[551].

Der Ansatz von *Müssig* basiert auf der von ihm vertretenen normativen Differenzierungprämisse des Tötungsunrechts als Zuständigkeitsdifferenzierung[552].
Im Rahmen eines personalen Zurechnungsmusters erfolgt die „*Zuweisung von Tatumständen in den Verantwortungsbereich des Täters*“[553]. Für die niedrigen

[543] *Müssig*, a.a.O., S. 297.
[544] *Müssig*, a.a.O., S. 298.
[545] *Müssig*, a.a.O., S. 298.
[546] *Müssig*, a.a.O., S. 298.
[547] *Müssig*, a.a.O., S. 298.
[548] Als Beispiel wählt *Müssig* einen unverhältnismäßigen Polizeieinsatz im Rahmen einer Demonstration, *Müssig*, a.a.O., S. 298.
[549] *Müssig*, a.a.O., S. 298.
[550] *Müssig*, a.a.O., S. 299.
[551] *Müssig*, a.a.O., S. 299.
[552] *Müssig*, a.a.O., S. 252 ff.

Beweggründe biete sich daher de lege lata eine Interpretationsperspektive als *normativ* „nichtiger Tatanlass“[554]. Dieser Wertungsansatz findet sich auch bei der rechtlichen Würdigung der politisch motivierten Tötungen.

Die Normativierung der Mordmerkmale im Sinne einer Berücksichtigung der Tatverantwortung bzw. Tatveranlassung[555] läuft jedoch im Bereich der Motivgeneralklausel auf eine systemwidrige Objektivierung des Mordmerkmals hinaus. Entscheidend kann nicht die Gestaltung des Tatkontextes bzw. die etwaige (faktische) Tatveranlassung durch das Opfer, sondern nur die Berücksichtigung der Motive des Täters sein. Dem Abstellen auf das personale Zurechnungsmuster wohnt eine Verängung des Tatkontextes inne, bei der nicht nur die Fernziele des Täters völlig unbeachtet bleiben.
Es ist selbstverständlich, dass politische Meinungsäußerungen „*schlicht zu ertragen sind*“, solange sie sich im Bereich rechtlich garantierter Kommunikationsfreiheit bewegen. Warum jedoch die Tötung eines Menschen, der diese Freiheit in Anspruch nimmt, zwangsläufig mit der Höchststrafe verbunden sein soll, bleibt indes unklar.
Jede Tötung beinhaltet regelmäßig die Aberkennung sämtlicher Rechte des Opfers. Eine Aussage über das Ausmaß der Verwerflichkeit – und damit die Frage nach der Höchststrafwürdigkeit – ist damit jedoch noch nicht getroffen.
Die privilegierende Berücksichtigung politischer Motivation läuft auch nicht auf eine „*abstrakte bzw. pauschal vermittelte (Mit-)Zuständigkeit des Opfers für den Tatkontext*“ hinaus[556]. Dies ist nur dann der Fall, wenn man das personale Zurechnungsmuster als Differenzierungsprämisse verwendet. Die Analyse des Mordmerkmals hat jedoch gezeigt, dass objektivierende Ansätze – und dazu ist das personale Zurechnungsmuster *Müssings* zu rechnen – dem systematischen und historischen Regelungszweck zuwiderlaufen.
Die Beschränkung der Privilegierung auf die Fälle, in denen das Opfer „*als öffentlicher Funktionsträger aktuell rechtsverletzend in den garantierten Rechtskreis des Täters*“[557] eingreift, engt die motivationale Würdigung der Tatziele zu sehr ein und vermischt im Ergebnis Fragen der Rechtswidrigkeit und der Schuld (unter Zugrundelegung eines unzweckmäßigen Politikbegriffs[558]), die eher in den Kontext des § 213 passen, mit der sittlichen Verwerflichkeitsprüfung der Motivgeneralklausel. Der Hinweis *Müssigs*, dass bei derartigen Fällen die Möglichkeit bestehe, „*den Eingriff durch Verfahren abzuwenden*“, da ein

---

553 *Müssig*, a.a.O., S. 265 ff.

554 *Müssig*, a.a.O., S. 425 ff.

555 Vgl. dazu auch *Müssig*, Normativierung der Mordmerkmale durch den Bundesgerichtshof?, in: Festschrift für Dahs, 2005, S. 117 ff.

556 *Müssig*, a.a.O., S. 298.

557 *Müssig*, a.a.O., S. 298.

558 Vgl. etwa die Kritik am pseudo-politischen Fall der Wirtshausschlägerei oben Seite 80.

„*Suspensiveffekt*“(!) die Aktualität der Rechtsverletzung ausschließe[559], begründet damit die Bejahung der niedrigen Beweggründe letzten Endes aufgrund einer aufschiebenden Wirkung im Verwaltungsrecht, ohne dass jedoch die Motivation des Täters berücksichtigt wird.

Bezüglich der Ausführungen zum Widerstandsrecht ist darauf hinzuweisen, dass mit der Positivierung dieses Rechts nicht die Feststellung der Niedrigkeit aller außerhalb des Anwendungsbereichs des Widerstandsrechts liegenden politisch motivierten Tötungen intendiert war[560].

Art. 20 Abs. 4 GG stellt lediglich klar, dass politische Gewalt grundsätzlich rechtswidrig ist. Die Unterscheidung zwischen einfachem und gesteigertem Tötungsunrecht ist darin jedoch nicht enthalten[561].

13. Der Weg der Rechtsprechung

In der Nachkriegszeit hatte zunächst der Oberste Gerichtshof in der Britischen Zone (OGH) über einen Fall zu befinden, in dem jemand getötet wurde, weil der Täter in dem vorangegangenen Selbstmordversuch des Opfers „*eine „feige Fahnenflucht“ erblickte, die ihn mit starker Verachtung* [...] *erfüllte*“[562].

Diese Verachtung hatte nach den Feststellungen des Gerichts darin ihren Grund, dass das Opfer, „*wie der Angeklagte meinte, seine Pflichten Volk und Staat gegenüber in gröblichster Weise verletzt und im Augenblick der Bewährung versagt habe*“[563].

Das Gericht verneinte vorliegend die Niedrigkeit der Beweggründe, „*denn die im Gesetz angeführten Beispiele (Mordlust, Befriedigung des Geschlechtstriebs, Habgier) lassen erkennen, dass das Gesetz bei niedrigen Beweggründen vorwiegend an selbstsüchtige und nicht an solche denkt, die durch die Interessen der Allgemeinheit bestimmt werden, mögen diese auch im einzelnen falsch gesehen oder beurteilt werden*“[564].

Einem weiteren Fall, der dem OGH vorlag, lagen Ausschreitungen gegen die jüdische Bevölkerung im Jahr 1938 zugrunde, bei denen es auch zu rassistisch motivierten Tötungen kam[565].

---

559 *Müssig*, a.a.O., S. 298.

560 Vgl. dazu die Ausführungen zu *Jähnke*, oben Seite 178 ff.

561 Vgl. dazu oben Seite 178 ff.; *v. Selle*, NJW 2000, S. 995.

562 OGH 1, 95, [98]; vgl. dazu oben Seite 170.

563 OGH, a.a.O., S. 99.

564 OGH, a.a.O., S. 99.

565 OGH 2, 179.

Das Gericht bejahte die niedrigen Beweggründe mit der Begründung, dass „*nicht* [...] *das Verhalten der Opfer, sondern ihr bloßes Dasein, ihre Zugehörigkeit zu einer bestimmten rassischen oder religiösen Gemeinschaft den Grund dafür* [bildet], *dass sie umgebracht wurden*“[566].
Diese zutreffenden Aussagen über die Fälle, in denen dem Opfer der personale Eigenwert aberkannt wird, wurden jedoch mit einem Nachsatz bezüglich der politisch motivierten Tötungen versehen: „*Das bedeutet nicht, dass jede Tötung aus politischen Gründen als Mord beurteilt werden müsste, weil der politische Beweggrund in jedem Falle ein niedriger Beweggrund sei. Der vorliegende Fall unterscheidet sich vielmehr deutlich von dem üblichen Bilde der Tötung aus politischen Motiven. Bei ihr wird der Täter seinem Opfer regelmäßig eine bestimmte, an ihm missbilligte politische Haltung oder ein bestimmtes Verhalten vorwerfen*“[567].
Diese ausdrückliche Hervorhebung legt den Schluss nahe, dass sich der OGH im Bereich der „klassischen“ politisch motivierten Tötungen nicht von seiner bisherigen Auffassung lösen wollte, sondern vielmehr erneut darauf hinwies, dass der Anwendungsbereich der niedrigen Beweggründe bei derartigen Taten nicht eröffnet sei.

Auch in einem weiteren Fall, in dem jemand einen KZ-Häftling „*aus Geltungsdrang und in der Erwartung einer Anerkennung*“ tötete, bejahte der OGH zutreffend das Mordmerkmal der niedrigen Beweggründe[568].
Das Gericht wies jedoch erneut auf die Besonderheit des Sachverhalts hin und merkte an, dass „*hier nicht entschieden zu werden* [braucht], *ob jede Tötung aus politischen Gründen als eine solche aus niedrigen Beweggründen anzusehen ist*“[569].
Im vorliegenden Fall sei vielmehr „*der politische Grund durch die selbstsüchtige Erwartung ergänzt* [...], *die Tat werde ihm* [dem Täter] *Anerkennung und Belohnung einbringen*“[570].
Eine Abkehr von der privilegierenden Berücksichtigung des altruistischen politischen Motivs ist daher auch hier nicht zu erkennen.

Der BGH hatte 1952 über einen Fall zu entscheiden, bei dem vier jüdische Bürger durch ein SS-Kommando erschossen wurden[571]. Die niedrigen Beweggründe wurden auch hier zu Recht bejaht. Dazu führt der BGH aus: „*Dass die vier Bürger* [...] *überdies aus niedrigem Beweggrunde getötet worden sind, nämlich aus*

---

[566] OGH, a.a.O., S. 180.
[567] OGH, a.a.O., S. 180.
[568] OGH 2, 352.
[569] OGH, a.a.O., S. 356 f.
[570] OGH, a.a.O., S. 357.
[571] BGHSt 2, 251.

politischer und rassischer Unduldsamkeit und Überhebung und zur Abschreckung politischer Gegner der NSDAP, nimmt das Schwurgericht mit Recht an“[572].

Wie in den beiden vorangegangenen Fällen des OGH steht jedoch auch hier nicht das politische Element der Tötung im Vordergrund. Die Niedrigkeit der Beweggründe ergibt sich vielmehr aus der Aberkennung des personalen Eigenwerts und der Instrumentalisierung des Opfers.

Das Landgericht Stuttgart urteilte 1963 über den tödlichen Schusswaffengebrauch eines Grenzsoldaten der Sowjetischen Besatzungszone (SBZ)[573]: „*Die politischen Ideale des Angeklagten waren frei von dem persönlichen Machtstreben, welches die politischen Handlungen von Diktatoren, die um ihrer eigenen Macht willen das Glück anderer mit Füßen treten, häufig als niedriges Tun erscheinen lässt. Der Angeklagte hatte sich, ein Opfer der Propaganda, falschen Idealen verschrieben; sie befähigten ihn, dem Befehl in der Meinung, allgemeine Interessen zu dienen, ohne echte Skrupel zu folgen*“[574].

Die niedrigen Beweggründe wurden daher auch mit dem Hinweis auf die vermeintliche Interessenvertretung der Allgemeinheit verneint und die Privilegierungstradition des OGH fortgesetzt.

Das im Zusammenhang mit politischen Tötungen am häufigsten zitierte Urteil stammt aus dem Jahr 1993. Der BGH hatte über die Tötung zweier Polizisten zu entscheiden, die durch Schüsse im Rahmen der Proteste um die Startbahn West des Frankfurter Flughafens getötet wurden[575].

Der 3. Senat des BGH verneinte – wie zuvor auch das OLG Frankfurt am Main – die Niedrigkeit der Beweggründe wie folgt: „*Nach der Beurteilung des OLG war es die „Protesthaltung“ des Angeklagten* [...], *die ihn zur Schussabgabe „bestimmte“*. [...]. *Angesichts des Hintergrundes der im Zusammenhang mit einer Konfrontation begangenen Tat ist das* [die Verneinung der niedrigen Beweggründe] *im Ergebnis nicht zu beanstanden*“. Das Tatgeschehen weise „*in den für die Tatmotivation wesentlichen Umständen, insbesondere in der Vorgeschichte und in den Begleitumständen Besonderheiten auf, die es von terroristischen Anschlägen auf das Leben unterscheiden*“[576]. Die „*Protesthaltung*“ wurde somit vom 3. Senat des BGH nicht auf die sittlich niedrigste Stufe gestellt.

---

572 BGHSt, a.a.O., S. 254.

573 LG Stuttgart NJW 1964, 63.

574 LG Stuttgart, a.a.O., S. 65

575 BGH, Urteil vom 26.2.1993 – 3 StR 207/92 = BGH NStZ 1993, 341.

576 BGH NStZ, a.a.O., S. 342.

Im Jahr 2003 entschied der 2. Senat des BGH in einem Fall, indem ein nach seinem äußeren Erscheinungsbild der „Skinhead"-Szene angehörender junger Mann von einer Gruppe angegriffen und lebensgefährlich verletzt wurde[577]. Die Tat war dadurch motiviert, dass der Täter mit der politischen Gesinnung des als „Skinhead" erkennbaren Geschädigten nicht einverstanden war. Mit dem Hinweis auf *Tröndle/Fischer* stellt der BGH fest, *„dass auch „politische" Motive niedrige Beweggründe i. S. des § 211 Abs. 2 StGB sein können"*[578]. Dies gelte *„namentlich"* dann, *„wenn dem Opfer allein wegen seiner Zugehörigkeit zu einer politischen, sozialen oder ethnischen Gruppe das Lebensrecht abgesprochen und es in entpersönlichter Weise quasi als Repräsentant einer Gruppe getötet werden soll"*[579]. Diese Wertung ist zutreffend und auch in der Literatur unbestritten[580]. Unklar und vage bleibt hingegen die Feststellung, dass politische Motive auch niedrige Beweggründe sein können. Hierbei ist nicht ersichtlich, ob das Politische als weiter Oberbegriff dient – dafür spricht die Einordnung des Falls unter den in Anführungszeichen hervorgehobenen Begriff *„politische"* Motive –, oder ein Paradigmenwechsel bei der Bewertung der politisch motivierten Tötung eingeleitet werden soll[581].

Das bisher letzte in diesem Zusammenhang ergangene Urteil stammt vom 5. Senat des BGH aus dem Jahr 2004. Hier ging es um die strafrechtliche Aufarbeitung des Bombenanschlags auf die Berliner Diskothek „La Belle" aus dem Jahr 1986[582]. Dazu stellte der BGH fest: *„Wer aus terroristischen Motiven gezielt an der politischen Auseinandersetzung unbeteiligte Dritte durch einen Sprengstoffanschlag tötet, handelt aus niedrigen Beweggründen"*[583]. Im Vordergrund stand hier die *„zufällige, unterschiedslose und deshalb willkürliche Auswahl von unbeteiligten Menschen als Opfer"*, die eine Einstufung der Motivation als „niedrig" rechtfertige[584].
Das „Startbahn-West-Urteil" des BGH stehe dieser Wertung nicht entgegen, *„weil der dortige Einzelfall sowohl in der Tatmotivation als auch in der Auswahl der Opfer wesentliche Besonderheiten aufwies; im vorliegenden Fall waren die Opfer völlig unbeteiligt"*[585]. Diese Entscheidung ist vom Standpunkt des BGH konsequent, ihr lässt sich jedoch keine Einschätzung bezüglich der „klassischen" politisch motivierten Tötung ablesen.

---

[577] BGH, Beschluss v. 11.7.2003 – 2 StR 531/02 = BGH NStZ 2004, 89.
[578] BGH NStZ, a.a.O., S. 90.
[579] BGH NStZ, a.a.O., S. 90.
[580] Vgl. nur MK-*Schneider*, a.a.O., Rn. 83, [Fn. 250] m. w. N.
[581] In diesem Sinne *Schneider* in seiner Urteilsanmerkung, vgl. NStZ 2004, S. 91.
[582] BGH, Urteil v. 24.6.2004 – 5 StR 306/03.
[583] BGH, a.a.O., S. 18.
[584] BGH, a.a.O., S. 18.
[585] BGH, a.a.O., S. 18.

Der Rechtsprechungsauswertung lässt sich keine klare Wertung entnehmen. Mag anfangs noch die Privilegierungstradition der Weimarer Zeit die Gerichte der Nachkriegszeit beeinflusst haben, so kann von einer derartigen Tradition, im Sinne einer gefestigten Rechtsprechung, heute nicht mehr gesprochen werden. Zu gering ist die Anzahl der von den Gerichten entschiedenen Fälle, zu verschieden ihr Inhalt.

14. Die Differenzierung nach Motiven als Bewertungskriterium

Die Berücksichtigung der konkreten intentionalen Motive wird von verschiedenen Autoren als das ausschlaggebende Differenzierungskriterium angesehen[586].
Nach *Neumann* ist zu unterscheiden, *„ob der Täter aus selbstsüchtigen* [...] *Motiven handelt* [...], *oder ob es ihm um wirkliche oder vermeintliche Gründe des Allgemeinwohls, um Interessen der Allgemeinheit geht*“[587].
Ähnlich formulieren auch *Maurach/Schroeder/Maiwald*: *„Entscheidend ist stets der Einzelfall* [...], *und zwar in erster Linie das Verhältnis zwischen der Tat und dem vom Täter für sich persönlich erstrebten Zweck; die Tat ist im Zweifel verwerflich bei persönlichem Machtstreben, bei Beseitigung eines dem Täter persönlich verhassten politischen Gegners; nicht verwerflich ist sie im Zweifel bei der vermeintlichen Wahrung allgemeiner Interessen*“[588].
In diese Richtung geht auch die Ansicht *Kühls*: *„Bei politischen Motiven genügen regelmäßig selbstsüchtiges oder gruppenegoistisches Machtstreben und persönlicher Hass* [...]; *nicht dagegen eine Protesthaltung gegen eine Flughafenerweiterung*“[589].
Allgemeiner hingegen *Schmidhäuser*, für den sich die Frage der Niedrigkeit bei politisch motivierten Tötungen weder generell bejahen noch verneinen lasse. Es komme vielmehr auf das *„konkrete Gesamterleben des Täters*“ an[590].
Ähnlich auch *Horn*, für den im Einzelfall nur entscheidend sein könne, *„welchen Zweck der Täter mit der Tötung des anderen für sich persönlich erstrebt und wie sich dieser Zweck zu der Tötung als dem hierfür eingesetzten Mittel verhält*“[591].

In Anbetracht der zahlreichen Stimmen, die als maßgebliches Bewertungskriterium die Umstände des politischen Systems (Demokratie/Tyrannei), eine Einbeziehung systemwidriger Rechtsgüter oder schlicht die Empörung und Abscheu

---

[586] Schönke/Schröder-*Eser*, § 211 Rn. 20; Lackner/Kühl-*Kühl*, Rn. 5 a; *Maurach/Schroeder/Maiwald*, § 2 Rn. 38; NK-*Neumann*, Rn. 39; SK-*Horn*, Rn. 16; *Schmidhäuser*, BT, 2. Auflage, Abschnitt 2, Rn. 31.

[587] NK-*Neumann*, a.a.O..

[588] Maurach/Schroeder/Maiwald, a.a.O., Rn. 38.

[589] Lackner/Kühl-*Kühl*, a.a.O., Rn. 5.

[590] *Schmidhäuser*, a.a.O., Rn. 31.

[591] SK-*Horn*, a.a.O., Rn. 16.

vor der Tat ansehen, verdient bereits allein die Rückbesinnung auf das subjektive Element der Motivation Zustimmung. Nur in der konkreten Prüfung und Bewertung der Motive kann die zulässige Unterscheidung zu suchen sein. Die Ausgestaltung des Mordmerkmals der niedrigen Beweggründe lässt eine andere Auslegung nicht zu.

Die zweckorientierte Unterscheidung zwischen altruistischer und egoistischer Motivation kann jedoch nur dann Legitimität für sich beanspruchen, wenn ihr eine dogmatische Differenzierung zugrunde liegt, die sich an den Wertungen des strafrechtlichen Lebensschutzes der §§ 211 ff. orientiert. Leider lässt der überwiegende Teil des Schrifttums jedoch eine derartige systematische Begründung weitgehend vermissen und beschränkt sich lediglich auf die Wiedergabe der beiden Handlungspole Egoismus/Altruismus[592].

Eine nähere Beschäftigung mit der Übertragbarkeit des politischen Motivs auf die Bestandteilen der Definition des Mordmerkmals und dessen Grundlagen erscheint daher notwendig.

[592] Kritisch auch Schneider: Die Auffassung „entbehrt eines tragfähigen rechtlichen Anknüpfungspunktes“, MK-Schneider, § 211 Rn. 85.

Vierter Teil

Konzeption eines eigenen Lösungswegs

I. Einleitung

Die Meinungen über die rechtliche Bewertung politisch motivierter Tötungen gehen – wie sich im vorhergehenden Teil gezeigt hat – weit auseinander.

Einigkeit besteht jedoch zumindest in den Fällen, in denen der Täter ausschließlich zur Verwirklichung eigener Zwecke einen anderen Menschen tötet[1]. Nach dem dieser Untersuchung zugrunde gelegten subjektivierten Politikbegriff stellt dieses Verhalten aufgrund der fehlenden altruistischen Komponente kein politisches Handeln dar, sondern ist vielmehr dem Bereich der übrigen rein egoistischen Motivationen (wie etwa Rache und Hass) zuzurechnen. Eine etwaige Privilegierung des egoistisch handelnden Täters kommt dabei nicht in Betracht. Im Gegenteil: Sollte sich im Rahmen der motivationalen Beweiswürdigung die sittliche Vergleichbarkeit des angeblichen politischen Tatantriebs mit den eigensüchtigen Motivformen herausstellen, so ist die Bejahung der Niedrigkeit der Beweggründe die notwendige Konsequenz.

Abgesehen von dieser grundsätzlichen Einigkeit bezüglich dieser Fallgruppe besteht jedoch über die strafrechtliche Einordnung der politischen Attentate Uneinigkeit.
Weder in der Literatur, noch in der Rechtsprechung hat sich im Laufe der Zeit seit der gesetzlichen Neugestaltung der Tötungsdelikte im Jahr 1941 eine Ansicht zur Lösung des Problems durchsetzen können. Die Meinungen reichen von

[1] So explizit NK-*Neumann*, Rn. 39; Schönke/Schröder-*Eser*, Rn. 20; Lackner/Kühl-*Kühl*, Rn. 5 a; *Maurach/Schroeder/Maiwald*, § 2 Rn. 38, SK-*Horn*, Rn. 16; *Schmidhäuser*, BT, 2. Auflage, Abschnitt 2, Rn. 31. Aufgrund des engeren Anwendungsbereichs des § 212 im Rahmen von politisch motivierten Tötungen auch LK-*Jähnke*, Rn. 29; MK-*Schneider*, Rn. 85; *Brocker* JR 1992, 13; *Otto*, GK BT § 4 Rn. 16; *Zielke* JR 1991, 136; *Geilen*, Festschrift für Bockelmann, S. 613.

der grundsätzlichen Bejahung[2] der niedrigen Beweggründe bis hin zur tendenziellen Verneinung[3].
Ziel dieses Teils der Arbeit bildet daher die Konzeption eines eigenen Lösungswegs bezüglich der politisch motivierten Tötungen.
Dabei kommen sowohl Anschläge auf Repräsentanten des Staates[4], aber auch auf individuell ausgesuchte Personen des öffentlichen Lebens[5] sowie Anschläge gegen die Allgemeinheit[6] in Betracht.
Voraussetzung für den politischen Charakter des Handelns ist – wie bereits an verschiedenen Stellen angesprochen – eine altruistische Motivkomponente. Dabei spielt es aufgrund des subjektivierten Politikbegriffs keine Rolle, ob der Täter aufgrund eines tatsächlich vorhandenen Allgemeinwohlinteresses handelt oder sich dessen Vorhandensein lediglich vorstellt[7].

Aufgrund der freiheitlich-demokratischen Ausrichtung unserer Verfassung erscheint jedoch kein Fall denkbar, indem ein Täter aufgrund eines real existierenden Allgemeinwohlinteresses tötet. Die Errichtung einer Tyrannenherrschaft, die Unterjochung des Volkes durch einen Ursupator oder auch nur die schleichende Erosion der demokratischen Institutionen durch politische Agitatoren wird durch das Grundgesetz verhindert.
Ein gesellschaftlicher Konsens bezüglich der Tötung einer Person, die im Rahmen der freiheitlich-demokratischen Grundordnung politisch handelt, scheint damit nicht zuletzt aufgrund der Wehrhaftigkeit unserer Demokratie ausgeschlossen. Wie *Radbruch* bereits zutreffend feststellte, bietet daher *„die Demokratie* [...] *andere, gesetzmäßige Möglichkeiten für die Ausschaltung politischer Gegner*"[8].

Gegenstand der folgenden Untersuchung werden daher die politisch motivierten Attentate sein, die im (vermeintlichen) Allgemeinwohlinteresse begangen werden. Dazu sind sowohl spontan motivierte Tötungen im Rahmen von Protestaktionen, minutiös geplante Anschläge und psychologisch schwer nachvollziehbare Einzeltaten zu zählen, sofern ihnen in motivationaler Hinsicht das Ziel zugrunde liegt, gemeinwohlorientiert zu handeln.

---

2 So etwa *Zinn* SJZ 1948, Sp. 141 aber auch *Schneider* und *Jähnke* für sämtliche Taten, die außerhalb des Anwendungsbereichs des Art. 20 Abs. 4 GG liegen (vgl. MK-*Schneider*, Rn. 85 und LK-*Jähnke*, Rn. 29).

3 Vgl. *Arzt/Weber*, BT § 2 Rn. 72.

4 Vgl. dazu oben Seite 71 ff.

5 Vgl. dazu oben Seite 72 ff.

6 Vgl. dazu oben Seite 73 ff.

7 Vgl. dazu oben Seite 71 ff.

8 *Radbruch*, SJZ 1948, Sp. 311 = GRGA Band 9, S. 336.

Aufgrund der subjektiven Ausgestaltung des Mordmerkmals ist es zudem unerheblich, ob sich der Täter zum Zeitpunkt der Tat darüber bewusst ist, dass weite Teile der Bevölkerung seine Tat ablehnen, sofern er nur glaubt, sein Handeln helfe der Gesellschaft – etwa im Sinne einer Abwendung zukünftigen Übels.

An dieser Stelle soll bereits kurz darauf hingewiesen werden, dass sich der Verfasser durchaus der Problematik der Ermittlung der authentischen Tätermotive seitens der Gerichte bewusst ist, die sich durch beschönigende Motivangaben des Täters im Rahmen der Beweiswürdigung ergeben[9].
Derartige Beweisschwierigkeiten treten jedoch zwangsläufig immer im Bereich von Täteraussagen auf und können daher nicht von vorneherein dazu führen, die Motivermittlung zu unterlassen. Gerade weil „*Fernziele als motivationale Zurüstung nahezu frei wählbar sind*"[10] kommt der richterlichen Beweiswürdigung eine entscheidende Rolle bei den (vermeintlich) altruistischen Taten zu. Die Ansicht, dass durch die „*vollwertige Berücksichtigung* [dieser Fernziele] *die sozialethische Bewertung der inneren Tatseite zu einem regellosen Akt*"[11] degeneriere, ist jedoch entschieden zurückzuweisen. Die Konsequenz dieser Annahme könnte nur in einer eingeschränkten oder gar unterlassenen Berücksichtigung der Fernziele bestehen.
Nach *Schneider* soll eine Beachtung nur dann erfolgen, wenn sich die Fernziele „*intersubjektiv als überragend wichtig und insoweit tatprägend vermitteln lassen*"[12]. Der Schwerpunkt – und damit zugleich die Problematik – dieser Feststellung liegt im Bereich der von Schneider angesprochenen Motiv-„*Vermittlung*".
Im Rahmen einer Plausibilitätsprüfung, die sich nach *Schneider* im von ihm besprochenen Fall[13] an Maßstäben wie „*alternativen Abwehrstrategien*" und „*Grenzen gesellschaftlich (noch) zumutbarer Belastungen*" zu orientieren habe, tritt bereits der wertende Ansatz im Bereich der Motivermittlung deutlich hervor.
Bereits auf der ersten Ebene der Motivbewertung, die lediglich der Erfassung der Motive dient, werden objektive Maßstäbe (die „*alternativen Abwehrstrategien*"), die nicht Bestandteil der Tätervorstellung waren, Gegenstand einer wer-

---

9 Vgl. dazu gerade im Bereich der vermeintlich altruistisch motivierten Tötungen *Geilen*, a.a.O., S. 644 ff. und jüngst *Schneider*, Anm. zu LG Passau, Urteil vom 15.1.2004 – Ks 101 Js 7109/03, in: NStZ 2005, S. 103 ff.

10 *Schneider*, a.a.O., S. 104.

11 *Schneider*, a.a.O., S. 104.

12 *Schneider*, a.a.O., S. 104.

13 Das LG Passau hatte über die „Annahme niedriger Beweggründe [zu entscheiden], wenn der Täter nach einem missglückten [außerehelichen] Schäferstündchen die Frau tötet, weil ihm plötzlich die Folgen seines Fehlverhaltens für seine Familie bewusst werden", LG Passau, Urteil vom 15.1.2004 – Ks 101 Js 7109/03, in: NStZ 2005, S. 101 ff.

tenden Betrachtung, welche letztendlich die vom Täter angegebenen Motive durch die eigenen (Wert-) Vorstellungen ersetzt.

Festzuhalten bleibt daher zunächst, dass die Schwierigkeiten bei der Ermittlung der tatsächlichen Motive nicht dazu führen können, dem Täter altruistische Beweggründe generell abzusprechen oder die Verwertung und Berücksichtigung seiner Angaben davon abhängig zu machen, ob sie nach objektiv Erwägungen als „*Faktor von Gewicht*“[14] angesehen werden können. Das generelle Infragestellen der Täterangaben führt geradewegs an der theoretischen Fragestellung vorbei und unterstreicht vielmehr die Schwierigkeiten, die sich im Bereich des subjektiven Mordmerkmals der sonstigen niedrigen Beweggründe in der Praxis ergeben.

Gegenstand der Untersuchung wird zunächst die Ermittlung des eigentlichen Anknüpfungspunkts der Verwerflichkeitsprüfung im Rahmen der niedrigen Beweggründe bei den politisch motivierten Tötungen sein. Anschließend werden die explizit im Gesetz aufgeführten Beweggründe des § 211 Abs. 2 auf ihren abstrakten Wertungsgehalt hin untersucht, bevor diese mit dem politischen Motiv verglichen werden. Der darauf folgende Abschnitt widmet sich der Fernzielproblematik, bevor abschließend die Frage nach der Qualifikationsabwehr aufgrund der Privilegierungstradition des Überzeugungstäters aufgeworfen wird.

---

14 *Schneider*, a.a.O., S. 104.

II. Der Anknüpfungspunkt der Verwerflichkeitsprüfung

Entscheidend für die Frage nach der Bejahung oder Verneinung der niedrigen Beweggründe bei politisch motivierten Tötungen ist der Anknüpfungspunkt für das Urteil der sittlichen Verwerflichkeit.

Gegenstand des sittlichen Urteils ist – wie oben bereits festgestellt – die Gesinnung des Täters[15]. Unabhängig davon, ob man darunter das „*sittlich-wertwidrige geistige Verhalten des Täters*“[16] oder den Wert oder Unwert der in der konkreten Tat aktualisierten Haltung begreift[17], muss man eine umfassende „*Gesamtwürdigung aller äußeren und inneren für die Handlungsantriebe des Täters maßgeblichen Faktoren*“[18] vornehmen, welche die gesamten Tatumstände, Handlungsziele und die Vorstellungen des Täters einbezieht.
Wie bereits festgestellt, verbieten jedoch die Überwindung des Gesinnungsstrafrechts und die Ausrichtung am Tatstrafrecht ein Abstellen auf die „Gesamtgesinnung“, mithin die eigentliche Persönlichkeit des Täters. Entscheidend ist vielmehr die Gesinnung in der konkreten Tatsituation[19].

Dies schließt jedoch nicht aus, dass auch zuständlichen und reaktiven Motivationsformen Rechnung getragen wird, sofern das frühere Verhalten, auf die konkrete Tat projiziert, letztendlich bei der Ausführung der Tathandlung tatsächlich wirksam geworden ist[20].
Darunter sind Umstände zu verstehen, die zeitlich vor der eigentlichen Willensbildung liegen und dabei Antriebs- und Stimmungslagen beschreiben, die später im Augenblick der Tat zur Geltung kommen. Mögen diese emotionalen Elemente auch isoliert betrachtet wertneutral sein, so kann sich jedoch gerade aus der

---

[15] Vgl. dazu v. *Gerkan*, a.a.O., S. 88 ff; *Schmidhäuser*, Gesinnungsmerkmale, 1958, S. 33 ff., 80 ff., 227 ff.; *Altwart*, a.a.O., S. 440; *Lange* JR 1949, 170; *Otto* ZStW 83 (1971), 44, 51; *Langer*, Das Sonderverbrechen, 1972, S. 347; *Engisch* GA 1955, 165 f.; *Gallas* ZStW 67 (1955), 46; *Jescheck* GA 1956, 110; *Eb. Schmidt* DRiZ 1949, 241, 243; *Heine*, a.a.O., S. 192 und oben Seite 113 ff.

[16] *Schmidhäuser*, a.a.O., S. 231.

[17] So etwa *Gallas* ZStW 67 (1955).

[18] St. Rspr. Vgl. BGHSt 35, 116, [127]; BGH StV 1996, 211, [212]; BGH vom 19.9.2000 – 4 StR 311/00.

[19] Vgl. *Jescheck*, a.a.O., S. 379: „*aktuelles Gesonnensein*“; *Schmidhäuser*, S. 80 ff.; *Herren*, Gesinnung, S. 85: „*Einzeltatgesinnung*“; *v. Gerkan*, a.a.O., S. 94 und *Heine*, a.a.O., S. 175.

[20] Vgl. oben Seite 145 ff. Zu dieser notwendigen Ausweitung des Gesinnungsverständnis und gegen die zu enge Prämisse der Einzeltatschuld, die nicht in der Lage ist, alle Handlungsmotivation zu erfassen neben *Heine*, a.a.O., S. 175 auch *Eser*, Studienkurs I, S. 141 und Schönke/Schröder-*Lenckner*, vor §§ 13 ff. Rn. 105.

Verknüpfung mit den intentionalen Motivformen eine wertwidrige Einstellung des Täters ergeben[21].

Wie oben bereits ausgeführt, darf sich die Einbeziehung der *„Lebensverhältnisse des Täters und seiner Persönlichkeit"* im Rahmen einer *„Gesamtbeurteilung"*[22] daher nur auf die indizielle *„Rekonstruktion der Motive"*[23] beziehen[24]. Eine Bewertung von Persönlichkeitsmängeln scheidet jedoch zwingend aus.

In dieser einzelfallspezifischen Gesamtwürdigung liegt der wesentliche Unterschied zwischen der Motivgeneralklausel und den explizit aufgeführten Mordmerkmalen der 1. und 3. Gruppe des § 211 Abs. 2. Wie *Schneider* zutreffend ausführt, sind letztere *„einer den gesetzlichen Typus korrigierenden Gesamtbetrachtung nicht zugänglich"*[25]

Beim Mordmerkmal der Habgier kommt es etwa nicht darauf an, zu welchen Zwecken der Täter das Geld verwenden will. Ein altruistisches Motiv (Spenden des Geldes für soziale Zwecke) entzieht sich einer etwaigen privilegierenden Berücksichtigung, da durchgängig alle Tötungen aus Gewinnstreben als höchststrafwürdig angesehen werden[26].

Die im Vergleich zu den objektiven Mordmerkmalen erhöhte Wertungsoffenheit der niedrigen Beweggründe kennzeichnet sich daher nicht zuletzt durch die Einbeziehung der Zwischen- und Fernziele des Täters. Damit wird dem Umstand Rechnung getragen, dass der Täter Ziele verfolgt, die über die eigentliche, unmittelbare Tatbestandsverwirklichung hinausgehen. Der Begriff des Fernziels ist dabei im Sinne eines tatbestandlichen (oder eines darüber hinausgehenden) angestrebten Erfolgs zu verstehen[27].

---

[21] Ähnlich auch *Paeffgen*, der jedoch die Intentionalität nicht als Motivelement auffasst, vgl. *Paeffgen*, GA 1982, 255 ff.

[22] Vgl. zum Beispiel BGHSt 35, 116, [127]; BGH NJW 2002, 383.

[23] So zutreffend NK-*Neumann*, Rn. 32.

[24] *Maurach/Schroeder/Maiwald* BT/1 § 2 Rn. 37; NK-*Neumann*, Rn. 32; *Neumann* JR 2002, 471, [472].

[25] *Schneider* NStZ 2005, 104. So auch BGHSt 41, 358, [361 f.]; LK-*Jähnke*, § 211 Rn. 8; SK-*Horn* Rn.14. Abweichend jedoch *Sowada* JZ 2000, 1035, 1042.

[26] Vgl. *Schneider*, a.a.O., S. 104; MK-*Schneider*, Rn. 67; *Geppert* JK StGB § 211/17.

[27] *Reicher-Hammer*, Politische Fernziele und Unrecht – Ein Beitrag zur Lehre von der Strafrechtswidrigkeit unter besonderer Berücksichtigung der Verwerflichkeitsklausel des § 240 Abs. 2 StGB, S. 70. *Reichert-Hammer* weist auch auf die Ähnlichkeiten der Fernziele mit den intendierten Erfolgen im Rahmen der Delikte mit überschießender Innentendenz hin.

Das BVerfG führt dazu in einem Urteil bezüglich der Fernziele einer politisch motivierten Sitzblockade aus: Die Behinderungen, die im Straßenverkehr durch die Sitzblockaden entstanden, dienten nur als *„unselbständiges Zwischenziel zur Erreichung der eigentlichen Demonstrationsziele, nämlich des unmittelbaren Nötigungsziels (Erzwingung erhöhter*

Im Rahmen von politisch motivierten Tötungen sind dabei verschiedene Szenarien denkbar, die eine allgemein verbindliche Auflistung der jeweiligen Ziele unmöglich macht. In vielen Fällen wird jedoch der eigentliche Taterfolg, der Tod des Opfers, lediglich das Nahziel des Täters darstellen. Darüber hinaus verfolgt er einen politischen Zweck (Fernziel), der gegebenenfalls über mittelbare Auswirkungen der Tat (Zwischenziel) eintreten soll:

Tötung	(Neubesetzung des politischen Postens durch Dritten/gesellschaftl. Umdenken)	Politik-wechsel
Nahziel	(Zwischenziel)	Fernziel

Der Einbeziehung der Fernziele in die motivationale Gesamtwürdigung sind jedoch Grenzen gesetzt.
Zum einen ist festzuhalten, dass nicht das Politische an sich Anknüpfungspunkt des Verwerflichkeitsurteils ist, sondern vielmehr die Gesinnung des Täters, die sich daraus ergibt, dass er zur Erreichung eines politischen Ziels einen Menschen tötet. Zum anderen kommt eine inhaltliche Bewertung der konkret verfolgten Ziele im Hinblick auf die politische Richtung (z.B. rechts/links) aufgrund des staatlichen Neutralitätsgebotes nicht in Betracht[28].
Sofern im Schrifttum vereinzelt darauf hingewiesen wird, dass sich das inhaltliche Bewertungsverbot nur auf die Fälle erstrecken soll, die sich im Rahmen der *„allgemein konsertierten Grenzen halten, die insbesondere durch die elementaren Menschenrechte markiert werden“*[29], so wird ein von der subjektiven Sichtweise gelöster Bewertungsmaßstab zugrunde gelegt, dem eine unangemessene Verengung und Objektivierung innewohnt. Ein inhaltliches Bewertungsverbot muss vielmehr auch für diejenigen Fälle gelten, die zwar aus der Sicht des Täters dem Gemeinwohl dienen, dabei jedoch in motivationaler Hinsicht außerhalb der Grenzen der elementaren Menschenrechte liegen.
Ein derartiger Fall könnte etwa dann vorliegen, wenn ein fanatischer Religionsanhänger der Meinung ist, die Zulassung von (ketzerischen) Religionen – eigentlich geschützt durch die Religionsfreiheit – diene gerade nicht dem Ge-

Aufmerksamkeit für Meinungsäußerungen) und des Fernziels (Protest gegen die als gefährlich beurteilte atomare Aufrüstung)“, BVerfGE 73, 206, [257 f.].

28 Vgl. NK-*Neumann*, § 211 Rn. 40; Schönke/Schröder-*Eser*, § 211 Rn. 20; *Tröndle/Fischer*, § 211 Rn. 13.

29 Vgl. NK-*Neumann*, a.a.O., Rn. 40; *Tröndle/Fischer*, a.a.O., Rn. 13.

meinwohl. Das gleiche gilt für Fälle, in denen etwa die Meinungsfreiheit zum Schutz des (vermeintlichen) Gemeinwohls eingeschränkt werden soll[30].

Der Anknüpfungspunkt der Verwerflichkeitsprüfung ist – wie an verschiedenen Stellen bereits ausgeführt – allein die Tätergesinnung. Unter Berücksichtigung des staatlichen Neutralitätsgebotes kann nur das „sittlich-geistige Verhalten", die aus der Tat sprechende Einstellung des Täters, unabhängig von dessen inhaltlicher Zielrichtung einer Bewertung unterzogen werden. Es ist demzufolge nicht danach zu fragen, welcher konkrete Inhalt vom Täter als Fernziel angestrebt wird, sondern vielmehr, *wem* dieses Ziel dienen soll. Das maßgebliche Kriterium stellt daher die Unterscheidung von eigennützigen und allgemeinwohlorientierten Zielen dar.
Das Abstellen auf die Frage des personalen Nutzens wurde auch von verschiedenen Gerichten als ausschlaggebendes Kriterium bei der Bewertung über die Rechtswidrigkeit von Sitzblockaden im Rahmen des § 240 erachtet. Das OLG Köln[31] stellte beispielsweise darauf ab, ob es sich um eine Protestaktion zu die Allgemeinheit existenziell berührenden Fragen handelte, das OLG Düsseldorf[32] betonte, entscheidend sei, ob vom Täter eigensüchtige oder aber von ihm im Interesse der Allgemeinheit für wichtig erachtete Ziele verfolgt wurden. Das OLG Zweibrücken[33] berücksichtigte, ob es um gemeinwohlorientiertes oder aber eigennütziges Verhalten ging und das OLG Oldenburg[34] stellte darauf ab, ob das Täterverhalten von billigenswerten Motiven und einem Gefühl der Verantwortung für die Allgemeinheit getragen wurde und deshalb positiv bewertet werden konnte. Aus der Frage des personalen Nutzens ergibt sich in der Konsequenz das Maß der Verwerflichkeit bei politisch motivierten Tötungen, auf das an anderer Stelle noch näher einzugehen sein wird.

Zuvor ist jedoch eine nähere Betrachtung des abstrakten Wertungsgehalts der gesetzlich normierten Beweggründe erforderlich, bevor diese mit dem Wesen des politischen Motivs verglichen werden können.

---

[30] Abgesehen von der motivationalen Zielsetzung des Täters realisiert sich zudem im Taterfolg immer eine Einstellung, die gerade in der Negation des Menschenrechts auf Leben liegt.

[31] OLG Köln NJW 1986, 2443.

[32] OLG Düsseldorf StV 1987, 441.

[33] OLG Zweibrücken StV 1987, 441 = NJW 1988, 716.

[34] OLG Oldenburg StV 1987, 489.

III. Die Unvereinbarkeit altruistischer Motivation mit der Motivgeneralklausel des § 211 Abs. 2 StGB

Wie zu Beginn der Arbeit bereits erörtert, ist ein Beweggrund dann als politisch einzustufen, wenn er auf soziales oder gesellschaftliches Handeln gerichtet ist, das bestimmte Wertvorstellungen, Ziele oder Zwecke realisieren soll und dabei einen Staatsbezug aufweist. Die Notwendigkeit des Gesellschafts- und Sozialbezugs verwehrt dabei egoistischer Motivation das Prädikat des Politischen. Im Rahmen dieses Abschnitts soll daher zunächst näher auf diese altruistische Motivkomponente eingegangen werden.

Zunächst wird die Frage zu klären sein, ob authentischer Altruismus überhaupt existiert, da von unterschiedlichen Seiten immer wieder Kritik am Begriff des rein altruistischen Handelns geäußert wird[35]. Dabei wird über die praktischen Beweisproblematiken bei „*vermeintlich*" altruistischen Taten hinaus auch die bloße Existenz des „*authentischen Altruismus*'" immer wieder angezweifelt[36]. Anschließend stellt sich die Frage nach der strafrechtlichen Berücksichtigung altruistischer Motivation im Allgemeinen und im Bereich der Tötungsdelikte im Besonderen, bevor abschließend auf die Konsequenzen für die Motivgeneralklausel eingegangen werden kann.

1. Die Frage nach der Existenz des „authentischen Altruismus"

Die klassische Betrachtungsweise des Menschen als ein soziales Wesen (*zoon politikon* oder *homo politicus*), wie sie seit der Antike Tradition war, sah das Individuum als ein durch die Gesellschaft geformtes und motiviertes Gruppenwesen. Durch das Hobbessche Modell des *homo oeconomicus* von 1651 und die Begeisterung für Individualismus und Vernunft im Zeitalter der Aufklärung wurde das Bild des „sozialen Wesens" jedoch zunehmend verdrängt. Der auf einem klaren, rationalen Verstand beruhende individuelle Eigennutz trat somit

35 Vgl. aus dem Bereich der Wirtschaftswissenschaften *Holler/Illing*, Einführung in die Spieltheorie, 3. Auflage 1996; *Kirchgässner*, Homo Oeconomicus. Das ökonomische Modell individuellen Verhaltens und seine Anwendung in den Wirtschafts- und Sozialwissenschaften, 1991. *Steinmann*, Thomas Robert Malthus, in: Starbatty: Klassiker des Ökonomischen Denkens 1989. Zusammenfassend und mit weiteren Nachweisen *Crämer*, Ursprung sozialen Altruismus', 2001, S. 11 ff.

36 Dies gilt auch für den Bereich der politischen Motivation. Der Begriff der durchgehend „*pseudopolitischen*" Motivation findet sich etwa bei *Maihofer*, Meyers großes Handlexikon, 1975, Stichwort „Politische Kriminalität". Auch *Schneider* weist darauf hin, dass sich stets „*in (scheinbar) altruistisch motivierten politischen Tötungen egoistische Strebungen Bahn* [brechen]", MK-*Schneider*, aaO, Rn. 85.

an die Stelle eines höheren Gemeinsinns[37]. Definiert wurde der homo oeconomicus als ein „*rational seinen Eigennutzen maximierendes Individuum*"[38]. Authentische altruistische Züge wurden dem Menschen abgesprochen, äußerlich fremdnütziges Verhalten beruhe vielmehr auf der (mittelbaren) Verwirklichung eigener Interessen. Scheinbar altruistisches Verhalten sei daher in Wirklichkeit eigennützig motiviert[39]. Der eigentliche Handlungsantrieb für altruistisches Handeln sei ein „*verfeinertes Eigeninteresse - motiviert durch das eigennützige Bedürfnis, ein gutes Gewissen zu haben, indem man anderen hilft*"[40].

Vielfach wurde Kritik an der – vor allem in den Wirtschaftswissenschaften ausgiebig untersuchten – Figur des homo oeconomicus geäußert[41]. Zum einen wurden von Seiten der Politikwissenschaft Zweifel an dieser egoistisch orientierten Rationalitätsannahme geäußert[42]. In Untersuchungen zum politischen Wahlverhalten wurde vielmehr festgestellt, dass „*Wähler nicht auf ihre eigene wirtschaftliche Situation reagieren, sondern eher auf den Zustand der Volkswirtschaft*"[43]. Dies widerspreche daher der Annahme individueller Eigennutzmaximierung.

Zum anderen wurde auf Seiten der Sozialwissenschaften versucht, wissenschaftliche Modelle zu erarbeiten, die den Nachweis erbringen sollten, dass authentischer Altruismus ein natürlicher menschlicher Wesenszug ist. In einer von *Crämer* durchgeführten Untersuchung wurde schließlich im Jahr 2001 die Annahme, dass Altruismus lediglich in die Zukunft projiziertes Eigeninteresse darstelle, empirisch widerlegt[44]. Die Ergebnisse der Untersuchung wichen „*hochsigni-*

---

37 Vgl. zum Ganzen *Crämer*, a.a.O., S. 11.

38 *Crämer*, a.a.O., S. 11.

39 Vgl. zum Beispiel aus dem Bereich der Spieltheorie *Holler/Illing*, a.a.O..

40 So zusammenfassend *Crämer*, a.a.O., S. 13.

41 Vgl. *Quattrone/Tversky*, Contrasting Rational and Psychological Analyses of Political Choice, American Political Science Review, Vol. 82, No. 3, September 1988, S. 719 ff.; *Gintis*, Game Theory Evolving, Princeton University Press 2000, S. 248 ff.; *Gallagher*, Definitely Maybe, 1994, passim; *Crämer*, a.a.O..

42 *Feldmann*, Economic Self-Interest and Political Behavior, American Journal of Political Science, Vol. 26, No. 3, August 1982, S. 443, [463]; *Sears/Funk*, The Role of Self-Interest in Social an Political Attitudes, Advances in experimental Psychology, Vol. 24, S. 1, [22].

43 *Feldmann*, a.a.O., S. 463.

44 Der Untersuchung lag folgender Versuchsaufbau zugrunde: „Kernfunktion des Versuchsaufbaus ist es, die Einflüsse von Eigennutz und Altruismus auf Entscheidungen bei einer hypothetischen computerunterstützten Wahl zu isolieren. Ein vom Autor dieser Studie entwickeltes Computerprogramm liest demografische Informationen jeder einzelnen Versuchsperson ein und erzeugt politische Wahlkampftexte hypothetischer Kandidaten, die individuell auf diese Versuchsperson zugeschnitten sind. Die Wahlkampfpositionen vertreten entweder den Eigennutzen der Versuchsperson oder das Interesse einer Gruppe, zu der die Versuchsperson mit Sicherheit nicht gehört. Dies ermöglicht es dem Computer-

fikant von den Prognosen des Homo oeconomicus ab und zwar auf allen relevanten Messskalen und in allen politischen Szenarien"[45]. Zudem stellte sich heraus, dass der gemessene Altruismus „*weder als individueller Eigennutzen, noch als Gruppenegoismus wegerklärt*" werden kann[46]. Die Existenz eines „authentischen Altruismus'" konnte somit – in Übereinstimmung mit anderen Untersuchungen[47] und entgegen anders lautender Annahme – nachgewiesen werden.

Ausgehend von der Prämisse, dass authentischer Altruismus tatsächlich als Beweggrund in Frage kommt, wird im Folgenden untersucht, wie Egoismus und Altruismus in ausgewählten Bereichen des Strafrechts bewertet werden.

2. Die privilegierende Berücksichtigung altruistischer Motivation im Bereich der Heimtücke und der Strafzumessung nach § 46 StGB

Die Frage nach den Begriffen Egoismus und Altruismus stellt sich nicht nur bei den niedrigen Beweggründen, sondern sie ist vielmehr Gegenstand von Erörterungen in verschiedenen Bereichen des Strafrechts.

Es erscheint daher nicht ausgeschlossen, durch die nähere Beschäftigung mit einigen strafrechtlichen Parallelen einen Erkenntnisgewinn bezüglich der rechtlichen Würdigung altruistischer Motivation im Bereich der Motivgeneralklausel zu erlangen. Da eine Beschäftigung mit sämtlichen Fragen, die sich mit der Problematik des Eigen- beziehungsweise Fremdnutzens auseinandersetzen den Rahmen dieser Untersuchung sprengen würde, wurden daher lediglich zwei exemplarische Ausschnitte über die Berücksichtigung altruistischer Motivation im Strafrecht ausgewählt.

a) Die Beweggründe und Ziele des Täters als Strafzumessungsfaktoren im Rahmen des § 46 Abs. 2 StGB

Im Rahmen der Strafzumessung ist allgemein anerkannt, dass Egoismus strafschärfend berücksichtigt werden kann[48]. Der BGH sah beispielsweise einen Strafschärfungsgrund darin, dass der Täter das Opfer „*letztlich aus rein egoistischer Motivation umgebracht*" hatte[49]. Strafschärfend wirken ebenfalls „*negativ*

---

programm, eigennützige Anteile an der Motivation der Versuchsperson von altruistischen zu unterscheiden", Crämer, a.a.O., S. 14.

45 *Crämer*, a.a.O., S. 25.

46 *Crämer*, a.a.O., S. 29.

47 Vgl. etwa *Gintis*, a.a.O..

48 Vgl. LK-*Jähnke*, § 46 Rn. 66; Schönke/Schröder-*Eser*, § 46 Rn. 13; *Tröndle/Fischer*, § 46 Rn. 27 jeweils m. w. N.

49 Der Täter stand im vorliegenden Fall wegen eines minder schweren Fall des Totschlags vor Gericht, vgl. BGH NJW 1966, 787, [788]. Vgl. auch BGH MDR/H 1984, 980

zu bewertende Motive oder Zielsetzungen, wie sie das Gesetz sonst verschiedentlich nennt“[50]. Dazu zählen nach *Tröndle/Fischer* unter anderen die Gewinnsucht, der grobe Eigennutz – auch in der Form des Strebens nach beruflichem Erfolg[51] – die Habgier, gewinnsüchtige Ziele sowie die Absicht, einem anderen Nachteile zuzufügen[52].
Strafmildernd wirken sich hingegen „*positiv zu bewertende oder verständliche Motive*“[53] aus. Dazu zählt etwa die Rücksicht auf Dritte[54], aber auch die privilegierende Berücksichtigung notstandsähnlicher Lagen – die zum Beispiel bei Trunkenheitsfahrten vorliegen, wenn der Täter einem verunglückten Bekannten zu helfen beabsichtigt[55] -, die aufgrund ihrer altruistischen Motivation die Schuld des Täters mindern.
Diese Privilegierungsgedanken der altruistischen Hilfe findet sich auch beim entschuldigenden Notstand nach § 35 oder als Pflichtgedanken bei der unterlassenen Hilfeleistung nach § 323 c.

b) Das Handeln in „feindseliger Willensrichtung“ bei der heimtückischen Tötung gemäß § 211 Abs. 2, 5. Var. StGB

Zur Feststellung der Heimtücke ist erforderlich, dass die Tötung nicht „*altruistisch*“[56] motiviert war, sondern „*in feindseliger Willensrichtung*“[57] erfolgte. Sinn und Zweck dieser Umschreibung ist dabei nicht die Abgrenzung zu den Fällen des § 216, sondern die Umsetzung der von vielen Seiten geforderten restriktiven Auslegung des Mordtatbestandes[58]. Der Anwendungsbereich des uferlosen objektiven Merkmals der Heimtücke wird somit durch das Abstellen auf die Willensrichtung zumindest in einigen Fällen einem subjektiven Korrektiv unterworfen. Die Ermittlung der Willensrichtung ist dabei nichts anderes als die Bestimmung der intentionalen Motivform. Handelt der Täter zum vermeintlich Besten des Opfers, so ist nach ständiger Rechtsprechung und ganz überwiegender Literaturauffassung die Heimtücke auszuschließen[59].

---

50 *Tröndle/Fischer*, a.a.O., Rn. 27, der auch auf die Gefahr des Verstoßes gegen die Doppelverwertung hinweist.

51 Vgl. BGH GA 1979, 59.

52 Zum Ganzen *Tröndle/Fischer*, a.a.O., Rn. 27.

53 *Tröndle/Fischer*, a.a.O., Rn. 27.

54 BGH NJW 1960, 1870; BGH StV 1982, 522.

55 BayObLG DAR 1978, 207.

56 BGH vom 9.9.2003 – 1 StR 153/03; BGH vom 9.5.2001 – 2 StR 123/01.

57 BGHSt 9, 385; Schönke/Schröder-*Eser*, Rn. 25; LK-*Jähnke*, Rn. 48.

58 Vgl. BGHSt 9, 385 m. w. N. und später BVerfGE 45, 187.

59 BGH 11, 143; Schönke/Schröder-*Eser*, a.a.O., Rn. 25; LK-*Jähnke*, a.a.O., Rn. 48 jeweils m. w. N.

Es gab immer wieder Tendenzen, den Anwendungsbereich der nicht in feindseliger Willensrichtung erfolgten Taten zu erweitern. Gerade vor dem Hintergrund von BVerfGE 45, 187 erscheint dabei die erhobene Forderung nicht fern liegend, für die Heimtücke das „*Fehlen eines achtenswerten Beweggrundes*" zu verlangen um damit zu einer restriktiveren Auslegung des Mordmerkmals zu gelangen[60].
Unabhängig davon, ob eine derart weit reichende Subjektivierung im Bereich der Heimtücke anzustreben ist oder nicht, findet sich der Rekurs auf die „*Gesinnung*" beziehungsweise auf die „*Beweggründe*", die dem „*Vorstellungsbild der Heimtücke entsprechen*" müssten, auch bei der Rechtsprechung, die ebenfalls in einigen Fällen die täterfreundliche Ausweitung des subjektivierenden Korrektivs favorisiert[61].
Insbesondere in den Fällen des Mitnahmesuizids wird die Sicht des Täter, sei sie auch noch so krankhaft „*verblendet*"[62], privilegierend berücksichtigt und damit die Heimtücke selbst in Fällen verneint, bei denen der Täter in absoluter Verkennung des Lebensrechtes zum vermeintlich Besten des Opfers handelt[63].
Auch bei der Tötung Schwerstkranker durch eine Krankenschwester wurde das Mordmerkmal der Heimtücke verneint, weil von ihr angenommen wurde, dass „*der schnelle und schmerzlose Tod* [...] *im wohlverstandenen Interesse der Patienten* [liege], *denen sie im Hinblick auf das ohnehin bevorstehende Lebensende sinnlose Operationen und unnötige Schmerzen ersparen wollte*"[64]. Ähnliche Umschreibungen finden sich auch in weiteren höchstrichterlichen Urteilen[65].
Deutlich wird die privilegierende Berücksichtigung altruistischen Vorgehens auch in einem Urteil des 3. Senats des BGH, der 1996 in einem Verfahren urteilte, in dem es um einen Fall der Sterbehilfe ging:
„*Dass unter diesen Umständen das ärztlich und altruistisch motivierte Verhalten der Angeklagten* [...] *nicht als Heimtücke-Mord* [...] *zu bewerten ist, liegt auf der Hand*"[66]. Deutlich auch der 2. Senat des BGH, der zunächst aus der Urteilsbegründung des Landgerichts zitiert: „*Denn jedenfalls kann schon nicht festgestellt werden, dass das „pseudoaltruistische" Motiv, der Ehefrau ein Leben in Obdachlosigkeit und Verwahrlosung zu ersparen, bei der Tötung im Vordergrund stand. Wie bereits ausgeführt, lag der Tat vielmehr ein Motivbündel zugrunde, das auch eigensüchtige Beweggründe enthielt.*" Der BGH schließt sich

---

60 So *Schwalm* MDR 1957, S. 261.

61 Vgl. etwa BGHSt 9, 385; BGHSt 2, 63.

62 BGH StV 1989, 390; BGH MDR/H 1981, 267.

63 Vgl. BGH MDR/H 1981, 267.

64 BGHSt 37, 376, [377].

65 BGHSt 9, 385; 11, 139, [143]; 30, 105, [119]; BGH NJW 1978, 709; BGH MDR/H 1981, 267; BGHR StGB § 211 Abs. 2 Heimtücke 10; vgl. BGHSt 37, 376; auch BVerfGE 45,187, [264].

66 BGH vom 15.11.1996 – 3 StR 79/96.

dieser Auffassung an. Es könne nicht *„zugunsten des Täters angenommen werden, dass das „pseudoaltruistische" Moment leitend war"*[67].
Auch die Fälle, bei denen der Täter zu der Tat dadurch veranlasst wurde, dass das Opfer einen nahen Angehörigen des Täters schwer beleidigt, misshandelt oder mit dem Tode bedroht hat, werden überwiegend nicht unter den Tatbestand der Heimtücke subsumiert, weil die Tatanlässe erheblich ins Gewicht fallende strafmildernde Umstände darstellten[68].

Es zeigt sich somit, dass altruistisches Verhalten zugunsten des eigentlichen Opfers im Bereich des § 211 privilegierend berücksichtigt wird. In besonderen Fällen kann jedoch auch das Handeln zugunsten eines Dritten der Feststellung der Heimtücke entgegenstehen. Offen bleibt allerdings – wie bei § 213 –, ob die privilegierende Wirkung erst aufgrund einer eher beziehungsorientierten Sichtweise eintritt, die den erhöhten Grad der Involvierung aufgrund der Nähe des Täters zu der Dritten Person in den Mittelpunkt der Betrachtung rückt, oder ob bereits allein die Betonung des altruistischen Motivs schuldmindernde Wirkung entfaltet.

Zwischenergebnis

Es hat sich somit zweierlei gezeigt. Zum einen wird die egoistische Motivation vom Gesetzgeber offenbar nicht als selbstverständlich vorausgesetzt und damit als tatbestandliche Grundannahme ausgestaltet, sondern Egoismus stellt vielmehr eine mit negativen Attributen ausgestattete und vom normalen Schuldgehalt nach oben abweichende Einstellung dar, die in vielen Bereichen – insbesondere im strafrechtlichen Lebensschutz –strafschärfend berücksichtigt wird.
Zum anderen wird aber auch deutlich, dass altruistische Motivation – als Gegenpol zum Egoismus – in unterschiedlichen Bereichen und Konstellationen strafmildernde und damit privilegierende Wirkung entfaltet.

3. Der abstrakte Wertungsgehalt der gesetzlich normierten niedrigen Beweggründe

Die Bestimmung des abstrakten Wertungsgehalts der explizit aufgeführten niedrigen Beweggründe ist entscheidend für den Vergleich mit der politischen Motivation.

---

67 BGH vom 9.5.2001 – 2 StR 123/01.

68 Vgl. *Bruns* JR 1981, 358; *Lackner* NStZ 1981, 348; Schönke/Schröder-*Eser*, Rn. 10 ff. und 26; LK-*Jähnke*, vor § 211 Rn. 37. Auch der Große Senat des BGH betonte: *„Die genannten Tatanlässe stellten in der Regel erheblich ins Gewicht fallende strafmildernde Umstände dar"*, BGHSt 30, 105, [108]. Bekanntlich bejahte der BGH dennoch die Heimtücke und entschied sich für die Rechtsfolgenlösung.

Anhand der Mordmerkmale Mordlust, zur Befriedigung des Geschlechtstriebs, Habgier sowie der Ermöglichungs- und Verdeckungsabsicht, die – wie oben festgestellt – auch zu den niedrigen Beweggründen zu zählen sind, wird versucht, diese Merkmale auf einen abstrakten Wertungsgehalt bzw. auf ein Substrat, welches die besondere Verwerflichkeit begründet, zu reduzieren.

a) Die Tötung aus Mordlust

Nach der Entscheidung BGH NJW 1953, 1440 wurde als Mordlust die Tötung „*aus unnatürlicher Freude an der Vernichtung eines Menschenlebens*" bezeichnet[69]. Seit einiger Zeit stellt der BGH jedoch mehr auf Gefährlichkeitskriterien ab. Es wird geprüft, ob in der Tat eine „*prinzipielle, vom individuellen Täter gelöste Missachtung fremden Lebens zum Ausdruck*"[70] kommt, wodurch der Rechtswert Leben prinzipiell herabgesetzt wird[71].
Der Tod des Opfers „*als solcher* [muss] *der einzige Zweck der Tat*"[72] sein, das Opfer darf dem Täter keinerlei sozialen Anlass zur Tat gegeben haben[73]. Zu den Fallgruppen zählen die Tötung aus reinem Mutwillen an einem Zufallopfer[74], völlig willkürliches Töten[75], Töten als sexuelle Stimulanz (nicht Befriedigung)[76] oder das „*sportliche Jagen*" von Opfern[77].

Das Mordmerkmal stößt in Teilen der Literatur auf Ablehnung[78]. Der Hauptkritikpunkt ist das bereits durch die Tat implizierte „Außergewöhnliche" und „Unverständliche" der Tat, dass auf einen pathologischen Defekt des Täters schließen lasse[79]. Dieser Kritik ist zuzustimmen. Die Annahme verminderter Schuldfähigkeit oder gar der Schuldunfähigkeit führt immer zu milderen Rechtsfolgen. Die Nähe zu diesen psychisch-abnormen Zuständen soll im Fall der Mordlust jedoch eine wesentliche Verschärfung der Rechtsfolge nach sich ziehen. Dies

---

69 Zum Ganzen vgl. auch Schönke/Schröder-*Eser*, § 211 Rn. 15.

70 BGHSt 34, 59.

71 *Heine*, a.a.O., S. 213.

72 BGHSt 34, 59; BGH NJW 1994, 2629 m. Anm. *Fabricius* StV 1995, 637.

73 Schönke/Schröder-*Eser*, a.a.O., Rn. 15.

74 BGHSt 34, 60.

75 Vgl. BGH NStZ 1988, 268.

76 Vgl. Maurach/Schroeder/Maiwald, a.a.O., Rn. 34.

77 BGHSt 34, 60; vgl. auch BGH NStZ/E 1981, 386; *Rüping* JZ 1979, 620.

78 Vgl. *Otto*, Straftaten gegen das Leben, ZStW 83 (1971), S. 39, [58] und *Grasberger*, Monatsschrift für Kriminologie und Strafrechtsreform, 82 (1999), S. 147, [149 f.]; Schönke/Schröder-*Eser*, a.a.O., Rn. 15; LK-*Jähnke*, Rn. 6; vgl. auch NK-*Neumann*, Rn. 10, jeweils m. w. N.

79 Vgl. nur *Grasberger*, a.a.O., S. 149 m. w. N.

stellt einen Widerspruch im System der strafrechtlichen Bewertung bei psychischen Abnormitäten dar, der nicht nachzuvollziehen ist.
Der an Gefährlichkeitskriterien orientierte neuere Ansatz der Rechtsprechung kann daher auch als Reaktion auf die unzureichende gesetzliche Regelung und als Abkehr von der ursprünglichen Sichtweise verstanden werden.
Ob diese Gefährlichkeitskonzeption gerade im Bereich der an den Beweggründen orientierten Mordmerkmale systematisch integriert werden sollte, erscheint jedoch mehr als fraglich.

Trotz der gravierenden Mängel der Mordmerkmalskonzeption ist das Auffinden des abstrakten Wertungsgehalts für diese Untersuchung erforderlich. Das Herausfiltern einer *konkreten* motivationalen Komponente, die als Grundlage der Bewertung dienen könnte, muss dabei in Anbetracht der Inkonnexität zwischen Handlungsantrieb und Opferauswahl und der daraus resultierenden fehlenden Motivation ausscheiden. Als Bewertungsgrundlage kommt lediglich – sieht man von der eher an objektiven Kriterien orientierten Gefährlichkeitskonzeption einmal ab – die Grundhaltung des Täters gegenüber dem Rechtsgut Leben in Betracht.
Die Reduktion der Tatantriebe in den unterschiedlichen Fallkonstellationen ergibt als Essenz die extreme Geringschätzung des Rechtsguts Leben, welches der eigenen Lustbefriedigung untergeordnet wird. Die Auslebung des „Jagdtriebs“, das „Ausprobieren“, ob es „gelingt“ einen Menschen zu töten oder die Tötung, um Lust im sexuellen Sinne zu verspüren, ist dabei gekennzeichnet durch die zutiefst *egozentrische Grundhaltung* des Täters, der zum eigenen Lustgewinn andere Menschen tötet.

b) Die Tötung zur Befriedigung des Geschlechtstriebs

Das Mordmerkmal zur Befriedigung des Geschlechtstriebs ist erfüllt, wenn sich der Täter durch den Tötungsakt als solchen sexuelle Befriedigung verschaffen will[80], das Opfer getötet wird, um sich in nekrophiler Weise an der Leiche zu vergehen[81] oder wo der Tod des Opfers als Folge der Vergewaltigung zumindest billigend in Kauf genommen wird[82]. Aufgrund des Abstellens auf die Motivation des Täters ist es dabei demzufolge unerheblich, ob er sein sexuelles Ziel auch erreicht[83].

---

80 Schönke/Schröder-*Eser*, a.a.O., Rn. 16; LK-*Jähnke*, a.a.O., Rn. 7; NK-*Neumann*, a.a.O., Rn. 11; *Maurach/Schroeder/Maiwald*, a.a.O., Rn. 38.

81 Vgl. BGHSt 7, 353; BGH StV 1982, 15.

82 BGHSt 19, 105; BGH NStZ/E 1981, 384 und *Maurach/Schroeder/Maiwald*, a.a.O., Rn. 38.

83 Schönke/Schröder-*Eser*, a.a.O., Rn. 16; LK-*Jähnke*, a.a.O., Rn. 7.

Auch bei diesem Merkmal stellt sich die Frage, ob das derart vom Normalverhalten abweichende Täterverhalten anhand eines „allgemeinen ethischen Standards“ beurteilt werden kann. Wie *Grasberger* zutreffend festhält, setzen sowohl die „*Tötung als sadistischer Höhepunkt*“ als auch die „*Tötung zur Ermöglichung einer Sexualhandlung*“ erhebliche Triebanomalien voraus[84].
Der BGH setzt für die Annahme verminderter Schuldfähigkeit durch eine psychische Störung voraus, dass der Betroffene bei geschlechtlicher Triebhaftigkeit dieser „*selbst bei Aufbietung aller Willenskräfte nicht ausreichend zu widerstehen mag, oder die infolge ihrer Naturwidrigkeit den Träger in seiner gesamten inneren Grundhaltung und damit im Wesen seiner Persönlichkeit so verändert, dass er zur Bekämpfung des Triebs nicht die erforderlichen Hemmungen aufbringt, selbst wenn der naturwidrige Trieb nur von durchschnittlicher Stärke ist*“[85]. In Anbetracht der normalerweise bestehenden hohen Hemmschwelle bei Tötungsdelikten[86] muss jedoch gerade bei diesen Fällen davon ausgegangen werden, dass die „*Abartigkeit des sexuellen Verhaltens*“[87] zu dieser Herabsetzung der Tötungshemmschwelle geführt hat[88].

Sieht man einmal von dieser Kritik ab, so kristallisiert sich beim Mordmerkmal zur Befriedigung des Geschlechtstriebs eine Einstellung des Täters heraus, die das fremde Rechtsgut des Lebens der eigenen Triebbefriedigung unterordnet und damit abermals zutiefst *egoistischer Natur* ist.
Es bleibt anzumerken, dass nicht die isolierte Betrachtung der Befriedigung des Sexualtriebs zum Verdikt der Niedrigkeit führt. Dieser natürliche menschliche Trieb wird erst aufgrund der Verknüpfung mit der Tathandlung zur Grundlage der daraus resultierenden Tätergesinnung.

c) Die Tötung aus Habgier

Die Verwirklichung des Mordmerkmals der Habgier verlangt zunächst den Vorsatz des Täters, sein Vermögen durch die Tat zu vermehren[89]. Darüber hinaus ist

---

84 *Grasberger*, a.a.O., S. 150. Vgl. auch *Otto*, a.a.O., S. 61 und *Witter*, Die Beurteilung Erwachsener im Strafrecht, in: Göppinger/Witter (Hrsg.) Handbuch der Forensischen Psychiatrie II, 1972, S. 966, 1054 ff.

85 BGHSt 14, 30, [32].

86 Dazu *Lullies*, Das Problem der Tötungshemmung beim Mörder: zur Psychologie des Mordes, 1971 ; *Mühlbauer*, Die Rechtsprechung des Bundesgerichtshofs zur Tötungshemmschwelle, 1999.

87 BGH JR 1983, 69.

88 *Grasberger*, a.a.O., S. 151.

89 BGH NJW 1993, 1664. Dabei ist unerheblich, ob die Vermögensmehrung tatsächlich eintritt oder lediglich vom Täter intendiert ist. Keine Rolle spielt ebenfalls, ob die Vermö-

nach Ansicht der herrschenden Meinung ein *„ungewöhnliches, ungesundes, sittlich anstößiges Maß"* an gesteigertem Erwerbssinn erforderlich[90]. Eine sich im Vordringen befindende Meinung stellt ein Gefährlichkeitskriterium in den Mittelpunkt der Betrachtung und analysiert die Motivation des Täters darauf, ob in ihr eine grundsätzliche Hemmungs- und Rücksichtslosigkeit zum Ausdruck kommt, oder ein auf die *„bloße Behebung einer singulären Konfliktlage gerichtete*[s] *Streben nach Vermögensmehrung"*[91].
Der Versuch der Überwindung des an Verwerflichkeitskriterien orientierten Mordmerkmals zugunsten eines Gefährlichkeitskriteriums zeichnet sich somit auch bei der Habgier ab.
Während diese objektivierenden Tendenzen im Bereich der Mordlust aufgrund des Fehlens eines eigentlichen Motivs noch nachvollziehbar erscheinen, besteht im Bereich der Habgier jedoch keine Notwendigkeit, von der Verwerflichkeitskonzeption abzurücken.
Es darf keine Rolle spielen, ob im Verhalten des Täters eine grundlegende Hemmungs- und Rücksichtslosigkeit zum Ausdruck kommt, sondern entscheidend muss – zumindest für die Einordnung auf Tatbestandsebene[92] – die konkrete Tat bleiben, denn die Orientierung am vermeintlich objektiven Kriterium der Gefährlichkeit läuft letzten Endes auf die an sich unerwünschte Prüfung der Dauergesinnung hinaus[93].

Was die Ermittlung der abstrakten Wertungsgrundlage anbelangt, so wird zunächst das Streben nach Gewinn, das isoliert betrachtet – gerade vor dem Hintergrund einer marktwirtschaftlich ausgerichteten Wirtschaftsordnung – durchaus positiv zu bewerten ist, vorliegend erst durch die Verknüpfung mit der Tathandlung vom Gesetzgeber als besonders strafwürdig angesehen. Unabhängig von den einzelnen umstrittenen Punkten des Mordmerkmals[94], tritt dabei auch hier die *egoistische Grundhaltung* des Täters deutlich hervor, der einen Vermögenswert über das Rechtsgut des Lebens stellt.

---

gensmehrung unmittelbar durch die Tat oder lediglich mittelbar erfolgt, vgl. Schönke/Schröder-*Eser*, a.a.O., Rn. 17.

[90] BGHSt 10, 399; 29, 318; Lackner/Kühl-*Kühl*, § 211 Rn. 4; *Maurach/Schroeder/Maiwald*, a.a.O., Rn. 38; vgl. auch SK-*Horn*, § 211, Rn. 12; *Schmidhäuser*, Festschrift für Reimers, 1979, S. 445 ff.

[91] So etwa Schönke/Schröder-*Eser*, a.a.O., Rn. 17; *ders*. DJT-Gutachten, D 161 f., 172 f.; *Heine* LdR 8/1680, 4.

[92] Dies schließt nicht aus, die erhöhte Gefährlichkeit des Täters bei der Feststellung der besonderen Schwere der Schuld, § 57 a Abs. 1 S. 1 Nr. 2, oder bei der Frage nach der Sicherungsverwahrung, § 66, zu berücksichtigen.

[93] Vgl. oben Seite 145 ff.

[94] Vgl. dazu Schönke/Schröder-*Eser*, a.a.O., Rn. 17 m. w. N. zu den einzelnen Problemfeldern.

d) Die Tötung zur Ermöglichung oder Verdeckung einer anderen Straftat

Der mordqualifizierende Unwert einer Tötung kann sich auch daraus ergeben, dass die Tötung entweder als Mittel zur Begehung weiteren kriminellen Unrechts begangen wird (Ermöglichungsabsicht)[95], oder dass ein Menschenleben, sei es als Opfer der zu verdeckenden Tat[96], als Tatzeuge[97], als Verfolger[98] oder als Unbeteiligter[99], vernichtet wird, um die eigene (oder auch eine fremde) Bestrafung zu vereiteln[100].

Auch bei der Ermöglichungs- und Verdeckungsabsicht ist die Literatur im Hinblick auf die systematische Einordnung der erhöhten Unrechtsbegründung gespalten. Zum einen wird die Bereitschaft, „*notfalls über Leichen zu gehen*"[101] als Ausdruck der besonderen Verwerflichkeit gesehen[102], zum anderen wird abermals auf die „*Mediatisierung*" des Rechtsguts Leben zu rücksichtsloser Selbstverwirklichung abgestellt[103].

Das Mordmerkmal der Verdeckungsabsicht wird vereinzelt auch für verfassungswidrig gehalten. Dabei wird einerseits bemängelt, dass die Tötung zur Verdeckung einer Straftat ohne sachlichen Grund schärfer bestraft wird als die zur Verheimlichung einer Ordnungswidrigkeit oder zur Ermöglichung einer Flucht[104], und andererseits wird bemängelt, dass die aus der besonderen Konfliktlage des Täters resultierende psychische Ausnahmesituation nicht schuldmindernd, sondern schuldsteigernd berücksichtigt wird[105].

Für den Fall der Verdeckungsabsicht hat der BGH bereits früh entschieden, dass mit der „anderen Straftat" im Sinne des § 211 Abs. 2 nicht nur eine eigene Straf-

---

95 BGH NStZ 1996, 81; *Mitsch* JuS 1996, 216.

96 BGH GA 1962, 143.

97 RG HRR 42, 608.

98 BGHSt 15, 291.

99 BGHSt 41 358.

100 Vgl. Schönke/Schröder-*Eser*, a.a.O., Rn. 31; BVerfGE 45, 187, [265]; BGH 7, 290.

101 BGHSt 39, 159, [161 f.].

102 *Stratenwerth* JZ 1958, 545; *Arzt* JR 1979, 9; Schönke/Schröder-*Eser*, a.a.O., Rn. 31; *Grasberger*, a.a.O., S. 157.

103 So *Heine*, a.a.O., S. 215. Zum Ganzen auch *Saliger*, Zum Mordmerkmal der Verdeckungsabsicht, ZStW 109 (1997), 302, [308 ff.].

104 *Weiß*, Die Problematik der Verdeckungsabsicht im Mordtatbestand, 1997, S. 201.

105 Vgl. *Saliger*, a.a.O., S. 302; *Dreher* MDR 1956, 500; *Jescheck*, in: ders./Triffterer (Hrsg.), Ist die lebenslange Freiheitsstrafe verfassungswidrig?, 1978, S. 130; *Eser*, DJT-Gutachten, D 177; *Otto*, a.a.O., S. 141, 150; *Grasberger*, a.a.O., S. 157. Dieser Einwand ist zutreffend. Wenn der Gesetzgeber bei der Begünstigung und der Strafvereitelung den in Selbstbegünstigungsabsicht handelnden Täter straffrei stellt, so stellt sich die Frage, ob eine derartige Strafschärfung bei der Annahme des Mordes aus Verdeckungsabsicht zumindest in den Fällen der vorausgegangenen eigenen Straftat angemessen ist, vgl. dazu *Grasberger*, a.a.O., S. 157 und *Otto*, a.a.O., S. 150.

tat des Täters, sondern auch die Straftat einer anderen Person gemeint sein kann[106]. Die Literatur ist dem BGH in dieser Ansicht einhellig gefolgt[107]. „*Wenn schon die Tötung eines Menschen zur Verdeckung der eigenen Straftat des Täters trotz der in der Tat zum Ausdruck kommenden Selbstbegünstigung als Mord gewertet wird, muss erst recht die Fremdbegünstigung, die in der Verdeckung einer fremden Tat liegt, bei der Tötung eines Menschen Mord sein*"[108]. Gerade in den Fällen, in denen der Täter von der vorangegangenen fremden Straftat profitiert, ist dieser Ansicht zuzustimmen, weil der Täter hier ebenfalls zur Vermeidung negativer Konsequenzen einen Menschen tötet[109].
Eines erhöhten argumentativen Aufwands bedarf es jedoch in den Konstellationen, in denen der Täter selbst nicht durch die Tötung profitiert, sondern lediglich einer ihm nahestehenden Person „helfen" will und die Tat mithin eine altruistische Komponente enthält[110].
Derartige Fälle sind äußerst selten[111]. In der ganz überwiegenden Anzahl der Fälle wird sich der Täter zumindest mittelbar etwas durch die Tat versprechen, mithin dient die Tat (ggf. mittelbar) der Durchsetzung egoistischer Interessen. Die aus dieser beabsichtigten Durchsetzung der Interessen resultierende besonders verwerfliche Einstellung des Täters zum Rechtsgut Leben resultiert aus dem Umstand, dass zur Vermeidung strafrechtlicher Sanktionen ein über die „andere Straftat" hinausgehendes Tötungsunrecht begangen wird, um Vorteile aus der vorangegangenen Straftat zu sichern.

In den seltenen Fällen, in denen sich der Täter weder einen finanziellen noch ideellen Vorteil[112] durch die Anschlusstat an die fremde Vortat verspricht, stellt

[106] BGHSt 9, 180, [182].

[107] Lackner/Kühl-*Kühl*, § 211 Rn. 12; Schönke/Schröder-*Eser*, a.a.O., Rn. 32; LK-*Jähnke*, a.a.O., Rn. 14; SK-*Horn*, a.a.O., Rn. 55; *Otto*, GK Strafrecht, Die einzelnen Delikte, S. 23. *Dreher*, MDR 1956, 500. Vgl. auch BVerfGE 45, 187, [264].

[108] *Saliger*, a.a.O., S. 316. So auch BGHSt 9, 180, [182].

[109] So bei BGHSt 9, 180: Die Tochter des Angeklagten Ehepaars brachte unerwartet ein Kind zur Welt. Aus Angst vor einem Ansehensverlust im Dorf beschloss die Großmutter des Neugeborenen, das Kind zu töten und begann, es zu erdrosseln, als ihr Ehemann hinzutrat. Sie bat ihn, die Tat zu vollenden. Er stimmte mit ihr darüber ein, dass das Kind so nicht liegengelassen werden könnte und äußerte, dass es „*wegzuschaffen*" sei. Nachdem beide die Konsequenzen einer Anzeige erörterten, die sich aus den Würgemalen im Halsbereich des Säuglings bei einer etwaigen Untersuchung ergeben hätten, tötete er den Säugling.

[110] Eine vergleichbare Motivation liegt etwa bei unentgeltlichen Auftragstötungen vor, bei denen die Tat lediglich einen „*Gefallen*" darstellt, vgl. BGH vom 12.1.2005 – 2 StR 299/04.

[111] So auch *Weiß*, a.a.O., S. 135. Vgl. zur Tötung, um jemanden einen „*Gefallen*" zu tun, auch BGH vom 12.1.2005 – 2 StR 299/04.

[112] Zu denken ist etwa an die Verhinderung der drohenden Strafverfolgung einer dem Täter nahe stehenden Person durch Ausschaltung eines Zeugen, wenn der Täter dabei befürch-

sich die bisher nicht von der Rechtsprechung beantwortete und von der Literatur kaum aufgeworfene Frage, ob die ausschließlich altruistische „Hilfe", um jemanden vor der Strafverfolgung zu bewahren, auch als Verdeckungsmord anzusehen ist.

Es besteht keine kategorische Notwendigkeit, mit Verweis auf den bereits erwähnten „Erst-Recht-Schluss" die besondere Verwerflichkeit der Fremdbegünstigungsabsicht zu bejahen. Bereits im Strafgesetzbuch für das Königreich Württemberg von 1839 war die Differenzierung zwischen strafschärfender Selbstbegünstigung einerseits und strafmildernder Fremdbegünstigung im Rahmen der Vereitelungstötung vorhanden[113].

Art. 245 WürttStGB qualifizierte seinem Wortlaut nach nur die in Selbstbegünstigung begangene Vereitelungstötung. Bei der Wahrnehmung fremder Interessen konnte nach Art. 245 WürttStGB nicht bestraft werden[114].

Eine derartige Unterscheidung sahen später auch das Preußische Strafgesetzbuch von 1851 (§ 178 PreußStGB) und das Strafgesetzbuch für den Norddeutschen Bund von 1870 (§ 214 NorddStGB) vor. Über die Gründe dieser Differenzierung kann nur spekuliert werden, da keine Gesetzesbegründungen vorliegen[115]. *Weiß* vermutet vor dem Hintergrund des *„idealistisch eingestellten 19. Jahrhundert*[s]", dass die Tat des *„eher „altruistisch" veranlagten Täters, der auf diese Weise eine ihm nahe stehende Person retten will,* [den Gesetzgebern] *ethisch weniger verwerflich* [erschien] *als die des vollkommen eigennützigen vorgehenden Täters*"[116].

Weiß, der die Herausnahme der Fremdbegünstigungsfälle bei § 211 Abs. 2 lediglich auf *„Ausnahmefälle*" beschränken will, begründet diesen von ihm angenommenen eingeschränkten Anwendungsbereich mit dem Verweis auf die *„Zwangslage für den in „altruistischer" Fremdbegünstigungsabsicht handelnden Täter*", die nur selten größer sei als für den Täter, der ausschließlich in Selbstbegünstigungsabsicht tötet[117]. Gerade in den Fällen, in denen der Täter weder unmittelbar noch mittelbar einen Vorteil aus einer der beiden Straftaten erlangt, wird jedoch diese psychische Zwangssituation deutlich. Die hohe Tötungshemmschwelle wird dabei durch die Sorge um eine nahe stehende Person derart herabgesetzt, dass der Täter schließlich aufgrund dieser notstandsähnlichen[118] Zwangslage uneigennützig einen anderen Menschen tötet.

---

tet, dass auch ihm Nachteile durch einen Gefängnisaufenthalt der ihm nahe stehenden Person entstehen könnten.

113 Dazu ausführlich *Weiß*, a.a.O., S. 120 ff.

114 Vgl. *Weiß*, a.a.O., S. 133.

115 So auch *Weiß*, a.a.O., S. 133.

116 *Weiß*, a.a.O., S. 133.

117 *Weiß*, a.a.O., S. 135.

118 Ähnlich auch Weiß, a.a.O., S. 209, der auf „einen mit anderen Notstandslagen vergleichbaren Motivationsdruck" hinweist.

Über die grundsätzliche Kritik an der strafschärfenden Berücksichtigung der Zwangslage beim Verdeckungsmord hinaus, erscheint demnach insbesondere die Einordnung der ausschließlich altruistisch motivierten Fremdbegünstigungsfälle in den Anwendungsbereich der „besonders verwerflichen Tötung" als verfehlt.

Aufgrund der bisher ungeklärten rechtlichen Würdigung der altruistisch motivierten Fremdbegünstigungsfälle im Rahmen der Verdeckungsabsicht beschränkt sich daher die Ermittlung des abstrakten Wertgehalts bei der Ermöglichung- und Verdeckungsabsicht – unabhängig von der dogmatischen Unrechtsbegründung der beiden Mordmerkmale und den ihnen spezifischen Streitpunkten – auf die Fälle, die bereits Gegenstand der höchstrichterlichen Rechtsprechung waren und in der Literatur diskutiert wurden.
Dabei wird deutlich, dass auch bei diesen Mordmerkmalen eine *egoistische Motivation* zutage tritt, die daraus resultiert, dass der Täter die Ermöglichung einer Straftat und die aus dieser für ihn resultierenden positiven Folgen der zu verübenden Tat über das Leben eines anderen Menschen stellt beziehungsweise zur Verdeckung einer anderen Straftat dazu bereit ist, die aus der Vortat für ihn resultierenden Vorteile zu sichern und zu diesem Zweck einen anderen Menschen tötet.

e) Zusammenfassung

Die Verwirklichung der Mordmerkmale *Mordlust*, *zur Befriedigung des Geschlechtstriebs*, *Habgier* und die *Ermöglichungs-* und *Verdeckungsabsicht* erfordert in allen Fällen eine *egoistische Komponente* des Täters, die sich darin zeigt, dass er das Leben anderer seinen eigenen Interessen unterordnet.
Dabei ist unerheblich, wie schwerwiegend oder nichtig diese Interessen objektiv zu bewerten sind. Die Tötung zur Erlangung eines – selbst vom Täter – als „niedrig" empfundenen Betrags wird nach der geltenden Rechtsprechung genauso als Mord eingestuft wie die Tötung zur Verdeckung eines Kapitalverbrechens, für dessen Entdeckung der Täter lebenslange Haft zu erwarten hätte.
Das Missverhältnis zwischen Anlass und Tat spielt bei den jeweiligen Mordmerkmalen keine Rolle. Es erscheint daher – abgesehen von der mangelnden praktischen Abgrenzungstauglichkeit (Welche Tötung steht in keinem krassen Missverhältnis zum Anlass?) – auch systematisch nicht schlüssig, dieses Kriterium bei den niedrigen Beweggründen zum Gegenstand der Betrachtung zu machen oder gar als Bewertungsgrundlage zu verwenden.
Die nähere Betrachtung des abstrakten Wertungsgehalts der untersuchten Mordmerkmale rückt vielmehr das Kriterium der egoistischen Tatmotivation in den Vordergrund. Die Orientierung an dieser, auf der Tätervorstellung basierenden personalen Zweck- und Nutzenbetrachtung reduziert damit den Anwen-

dungsbereich der Motivgeneralklausel auf die Fälle der egoistischen Interessenverwirklichung.

4. Altruistische Motivation im Rahmen der Motivgeneralklausel

Die Rechtsprechung verwendet die (entscheidungserhebliche) Differenzierung zwischen egoistischem und altruistischem Handeln auch bei der Motivgeneralklausel[119].

Für die Bejahung der niedrigen Beweggründe sprach unter anderem, dass „*in ihr* [der Gesinnung] *eine Eigensucht zum Ausdruck*“[120] komme, dass das Motivbündel aus „*selbstsüchtigem Wollen*“[121] bestehe, die Tat „*auf einer egozentrischen Grundhaltung*“[122] beruhe, sich der Täter „*eigensüchtig der Verantwortung für vorangegangenes Tun*“[123] entziehe oder der Täter „*das eigene Ich in egozentrischer subjektivistischer Verabsolutierung des eigenen Standpunkts als das einzig Wirkliche gelten lasse*“[124].

Gegen die Annahme der niedrigen Beweggründe sprach unter anderem, dass „*der Angeklagte (auch) zum Wohle des Kindes handeln wollte*“[125]. Noch deutlicher wurde der BGH in einem – bereits im Rahmen der Heimtücke zitierten – Fall der Sterbehilfe: „*Dass das* [...] *altruistisch motivierte Verhalten der Angeklagten* [...] *nicht als* [...] *Mord aus niedrigen Beweggründen zu bewerten ist, liegt auf der Hand*“[126].

Auch bei der näheren Betrachtung der Charakterisierungskraft der Motive[127] fällt auf, dass im Bereich der dargestellten Positivcharakterisierung ausschließlich egoistische Beweggründe auftreten. Die auf den Motiven Frust, Verärge-

---

[119] Vgl. etwa jüngst BGH vom 2.2.2000 – 5 StR 550/99 („*Eigensucht*“); BGH vom 19.9.2000 – 4 StR 311/00 („*zum Wohle des Kindes*“); BGH vom 14.12.2000 – 4 StR 375/00 („*selbstsüchtiges Wollen*“); BGH vom 8.8.2001 – 2 StR 504/00 („*egozentrische Grundhaltung*“); BGH vom 17.8.2001 – 2 StR 159/01 („*eigensüchtig*“); BGH vom 26.9.2001 – 1 StR 321/01 („*egoistischer Natur*“); BGH vom 14.4.2004 – 4 StR 577/03 („*in egozentrischer subjektivistischer Verabsolutierung des eigenen Standpunkts*“). Im Hinblick auf Überzeugungstäter führte das OLG Stuttgart 1992 aus: „*Dass sich die Strafkammer bei ihrer Strafzumessung auch von dem Bestreben hat leiten lassen, potenzielle Überzeugungstäter, „die aus ideologischen Gründen handeln“, wie auch solche abzuschrecken, die aus eigensüchtigen Motiven handeln und Gewissensgründe möglicherweise nur vortäuschen*“, OLG Stuttgart NJW 1992, S. 3251.

[120] BGH vom 2.2.2000 – 5 StR 550/99.

[121] BGH vom 14.12.2000 – 4 StR 375/00.

[122] BGH vom 8.8.2001 – 2 StR 504/00.

[123] BGH vom 17.8.2001 – 2 StR 159/01.

[124] BGH vom 14.4.2004 – 4 StR 577/03.

[125] BGH vom 19.9.2000 – 4 StR 311/00.

[126] BGH vom 15.11.1996 – 3 StR 79/96.

[127] Vgl. dazu oben Seite 123 ff.

rung, Hass, Rache, Vergeltung und Wut beruhenden Tötungen basieren allesamt auf einer egoistischen Einstellung des Täters, der ein Menschenleben seinen eigenen Interessen unterordnet.
Im Rahmen von altruistisch motivierten Taten liegt jedoch diese „*Erhöhung*" beziehungsweise „*Verabsolutierung*"[128] des eigenen Ichs nicht vor. Die eigenen Interessen werden vielmehr dergestalt zurückgedrängt, dass zur Erreichung eines Fremdzweckes die Gefahr der Verurteilung wegen eines vorsätzlichen Tötungsdelikts und eine damit verbundene Haftstrafe in Kauf genommen werden.

Nicht nur von Teilen der Literatur wird daher die egoistische Interessenverwirklichung als elementarer Bestandteil der Motivgeneralklausel angesehen – man denke nur an die Betonung der *solipsistischen* Rücksichtslosigkeit bei *Heine*, sondern auch von der Rechtsprechung wurde anfangs bei der Unterscheidung zwischen „niedrigen" und „nicht niedrigen" Beweggründen auf die Formel von der „*hemmungslosen und triebhaften Eigensucht*" abgestellt[129]. Dieser Ansatz ist in sprachlich bereinigter Form auch heute noch vereinzelt zu finden, wenn etwa der BGH ausführt, dass in der Gesinnung „*eine Eigensucht zum Ausdruck*" komme, die „*unter keinen Umständen Verständnis durch die Allgemeinheit erwarten kann*"[130], beziehungsweise dass in der Grundhaltung des Täters „*eine Eigensucht zum Ausdruck*" komme, „*der die Allgemeinheit kein Verständnis entgegen bringen kann*"[131].
Die eigensüchtige Motivation wird dabei vor dem Hintergrund der „allgemeinen sittlichen Würdigung" betrachtet und somit einer Verständnisprüfung unterzogen, die zuungunsten des Täters ausfällt.
Lediglich im Bereich altruistischer Motivation kann der Täter auf Verständnis durch die fiktive Allgemeinmoral hoffen[132].
Die Grundannahme, dass egoistische Motivation vom Gesetzgeber offenbar nicht als selbstverständlich vorausgesetzt wird (und damit etwa als tatbestandliche Grundannahme ausgestaltet ist), sondern Egoismus vielmehr eine mit nega-

---

128 BGH vom 14.4.2004 – 4 StR 577/03.

129 Leitsatz von BGHSt 3, 132: „Niedrig ist ein Tötungsbeweggrund, der nach allgemeiner sittlicher Wertung auf tiefster Stufe steht, durch hemmungslose, triebhafte Eigensucht bestimmt und deshalb besonders verwerflich, ja verächtlich ist (hier: Tötung der Ehefrau als Hindernis eines Liebesverhältnisses)."

130 BGH vom 2.2.2000 – 2 StR 550/99.

131 BGH vom 8.8.2001 – 2 StR 504/00.

132 Die Kritik an dieser de facto „Nachvollziehbarkeitsprüfung" der Motive durch den Richter, der seine sittliche Würdigung stellvertretend für die Allgemeinheit abgibt, (vgl. nur Gerhard *Wolf*, Mörder oder Totschläger, in: Festschrift für Schreiber, 2003, S. 519, [525 f.]) ist zutreffend und wurde bereits an verschiedenen Stellen der Arbeit dargestellt. Eine Änderung der Rechtsprechung ist jedoch auf absehbare Zeit nicht zu erwarten und daher sollte an dieser Stelle lediglich die Unvereinbarkeit altruistischer Motivation mit der Bejahung der Motivgeneralklausel de lege lata gezeigt werden.

tiven Attributen ausgestattete und mit einem erhöhten Schuldgehalt verbundene Einstellung darstellt, wird somit auch im Bereich der niedrigen Beweggründe bestätigt. Ebenso wie bei den explizit im Gesetz aufgeführten Beweggründen sollte eine Bejahung der Motivgeneralklausel bei altruistischer Motivation unterbleiben, will man nicht die Leitprinzipien der Mordmerkmalskonzeption konterkarieren[133].

[133] In der Schweiz findet sich – über die bloße Ablehnung der Verwerflichkeit hinaus – im Bereich der politisch motivierten Tötungen auch die Diskussion, ob derartigen Taten die privilegierende Wirkung des *„achtungswerten Beweggrundes"* im Sinne des Art. 64 SchweizStGB zuteil werden kann. In einer Entscheidung des Schweizerischen Bundesgerichts heißt es: *„Der Beschwerdeführer verlangt erneut, es sei ihm* [...] *der Strafmilderungsgrund des achtungswerten Beweggrundes im Sinne von Art. 64 StGB zuzubilligen. Er habe sich nach Feststellungen der Vorinstanz von einer ehrlichen, gesellschaftskritischen Überzeugung und von idealistischen Beweggründen leiten lassen* [...]" (BGE 104 IV, S. 245). *„Wenn auch nicht persönlich betroffen, habe er aus altruistischem Antrieb, aus Solidarität mit Opfern eines totalitären Regimes und persönlichen Freunden gehandelt"*. *„Er sei vom Bestreben nach einer besseren Welt und nach Freiheit ausgegangen"* (BGE, aaO, S. 246).

Diese Umstände wurden dem Täter als „achtungswerte Beweggründe" zugute gehalten, und sie trugen maßgeblich zu seiner Strafmilderung bei. *„In der Tat hätte die Strafe bei völligem Fehlen achtungswerter Beweggründe bedeutend schwerer sein müssen"*, BGE, a.a.O., S. 247.

IV. Die Berücksichtigung verfassungsgerichtlicher Vorgaben bei der Fernzielproblematik

1. Einleitung

Die Qualifikationsabwehr im Bereich der politisch motivierten Tötungen muss jedoch nicht auf die Hervorhebung des Unterschiedes zwischen altruistischer und egoistischer Motivation beschränkt bleiben. Darüber hinaus ist eine Privilegierung des politisch motivierten Täters auch über die Berücksichtigung der Fernziele denkbar.

Begonnen werden soll dieser Abschnitt mit einem Zitat aus einem Urteil des BVerfG:

Es würden die *„inhärenten Grundsätze der Verhältnismäßigkeit und des schuldangemessenen Strafens verletzt, wenn der Richter die Augen vor dem wesentlichen Unterschied zwischen eigennützigem und gemeinwohlorientiertem Handeln verschließt. Wenn der Gesetzgeber die Strafbarkeit* [...] *von sittlichen Wertungen abhängig macht, dann darf der Richter bei der konkreten Abwägung den eigentlichen Anlass und das alleinige Motiv der Tat als einen der wichtigsten Umstände für eine solche Wertung nicht außer acht lassen*“[134].

Diese Ausführungen könnten daher nahe legen, das gemeinwohlorientierte politische Handeln nicht als niedrig im Sinne des § 211 Abs. 2 anzusehen, sondern vielmehr die altruistische Motivation täterfreundlich zu berücksichtigen.
Das Urteil erging jedoch nicht im Zusammenhang mit der Motivgeneralklausel des § 211, sondern bezog sich vielmehr auf die Berücksichtigung von Fernzielen im Rahmen der Verwerflichkeitsklausel der Nötigung. Die vom Verfasser eingesetzte Klammer enthielt daher auch ursprünglich die Worte: *„in § 240 Abs. 2 StGB*“.
Auch stammen diese Sätze nicht aus der das Urteil tragenden Richteransicht, sondern aus der Feder der vier – wegen Stimmengleichheit im Senat gemäß § 15 Abs. 4, S. 3 BVerfGG – überstimmten Richter. Auch die das Urteil tragende Begründung weist jedoch auf die Pflicht des Strafrichters hin, altruistische Fernziele grundsätzlich positiv zu berücksichtigen[135].

Nicht nur anhand der Nötigung lässt sich zeigen, dass die Fernziele des Täters im Hinblick auf den Unrechtsgehalt der Tat nicht wertungsneutral sind, sondern

---

[134] BVerfGE 73, 206, [258].
[135] Vgl. BVerfGE 73, 206, [261].

vielmehr bei der strafrechtlichen Würdigung des Täterverhaltens eine entscheidende Rolle spielen[136].
So kann die Abwendung größeren Übels als Fernziel unter Umständen zu einer Rechtfertigung nach § 34, die Tötung mit dem Fernziel der Geldmehrung zu einer Verurteilung wegen Habgier im Sinne des § 211, oder die Verfolgung sozialer Zwecke etwa im Bereich der Vermögensdelikte zu einer Strafmilderung führen[137].

2. Die Heranziehung von verfassungsgerichtlichen Vorgaben aus dem Bereich der Fernzielberücksichtigung bei Nötigungen

Wie einleitend gezeigt, ist die Problematik der Fernzielberücksichtigung auch aus dem Bereich der Nötigung bekannt.
Bezüglich der Berücksichtigung politischer Fernziele existiert im Bereich des § 240 Abs. 2 – häufig vor dem Hintergrund der Frage nach der Strafbarkeit von Sitzblockaden – nicht nur einschlägige Literatur[138], sondern auch eine ausführliche höchstrichterliche Rechtsprechung[139].
Unter Berücksichtigung der dem Mordmerkmal der niedrigen Beweggründe innewohnenden besonderen Verwerflichkeit der Gesinnung stellt sich daher die Frage, ob nicht gegebenenfalls die Ausführungen des BVerfG über die ebenfalls an der Sozialethik orientierten Verwerflichkeitsklausel des § 240 Abs. 2 im Hinblick auf die politische Motivation *in ihren Grundsätzen* übernommen werden können.

Dabei sollen nicht etwa die Unterschiede der beiden Verwerflichkeitskonzeptionen ausgeblendet werden. Ziel ist vielmehr die Beantwortung der Frage, ob die Vorgaben des BVerfG im Sinne einer allgemeingültigen Äußerung bezüglich der täterfreundlichen Berücksichtigung altruistischer Motivation im Rahmen von wertenden Tatbeständen zu verstehen sind und sich damit über den Anwendungsbereich des § 240 Abs. 2 hinaus auch auf die Motivgeneralklausel des § 211 erstrecken.
Insbesondere soll durch diese intendierte Heranziehung nicht verdrängt werden, dass sich im Bereich der Sitzblockadenproblematik zudem verfassungsrechtliche

---

[136] Vgl. dazu *Reichert-Hammer*, a.a.O., S. 75 ff.

[137] Zum Ganzen *Reichert-Hammer*, a.a.O., S. 67. Es zeigt sich bereits anhand dieser Beispiele, dass Fernziele sowohl auf Tatbestands-, Rechtfertigungs- und Strafzumessungsebene Berücksichtigung finden und dabei strafschärfende, strafmildernde oder strafausschließende Wirkung entfalten können.

[138] Vgl. u. a. *Ermer*, Politisch motivierte Sitzblockaden als Problem der strafbaren Nötigung, 1987; *Reichert-Hammer*, a.a.O.; *Bergmann*, Das Unrecht der Nötigung, 1983; *Günther*, Strafrechtswidrigkeit und Strafrechtsausschluss, 1983.

[139] Vgl. BGHSt 34, 71; BVerfGE 73, 206; BGHSt 35, 270.

Fragen im Bereich der Grundrechte der Art. 5 und 8 GG ergeben. Ein unter Umständen vom grundrechtlichen Schutz umfasster „*Beitrag zum Meinungskampf in einer die Öffentlichkeit wesentlich berührenden Frage*"[140], an den etwa bei Sitzblockaden gegen Atomkraftwerke oder militärische Einrichtungen zu denken ist, kommt bei politisch motivierten Tötungen nicht in Betracht.

Eine Heranziehung der Fernzielerwägungen des § 240 Abs. 2 bei der Motivgeneralklausel des § 211 setzt dabei eine grundlegende systematische Vergleichbarkeit der beiden Verwerflichkeitskonzeptionen voraus.
Daher soll zunächst der Regelungsgehalt der zwei Verwerflichkeitsprüfungen miteinander verglichen werden, bevor auf den jeweiligen Rekurs auf sittliche Maßstäbe eingegangen wird. Anschließend wird die Frage nach der deliktssystematischen Einordnung des § 240 Abs. 2 zu klären sein.
Die dogmatische Absicherung der intendierten Grundsatzheranziehung ist dabei – worauf bereits *Roxin* nachdrücklich hingewiesen hat[141] – gerade im sensiblen Bereich der sittlichen Rückbindung des Strafrechts von entscheidender Bedeutung.

Gegen die Heranziehung von systematischen Erwägungen, die im Rahmen des § 240 Abs. 2 eine Rolle spielen, könnte zunächst der unterschiedliche Regelungsgehalt der beiden Verwerflichkeitsprüfungen sprechen.
Bei dem Mordmerkmal der niedrigen Beweggründe geht es durch die Hervorhebung der „besonderen" sozialethischen Verwerflichkeit um eine systematische Abgrenzung zur „einfachen" Verwerflichkeit des Tötungsunrechts beim Totschlag[142]. Das Verdikt der besonderen Verwerflichkeit soll daher nur ausgesprochen werden, wenn das Tötungsunrecht erheblich höher wiegt als der (fiktive) „Normalfall".
Die Frage der Verwerflichkeit dient daher der Abgrenzung im Bereich der schwersten Individualkriminalität.
Im Rahmen der Sitzblockadenproblematik des § 240 Abs. 2 dient die Verwerflichkeitsklausel hingegen der Unterscheidung zwischen Verhaltensweisen, die noch nicht strafwürdig erscheinen und Handlungen, die aufgrund ihres erhöhten Grads sittlicher Missbilligung von der Gesellschaft im Hinblick auf ein soziales Zusammenleben nicht hingenommen werden können und daher mit Strafe zu ahnden sind[143]. § 240 Abs. 2 erhält somit in diesem Zusammenhang am unteren und § 211 am oberen Rand der Strafwürdigkeit Bedeutung.

---

[140] Vgl. BVerfGE 73, 206, [258].

[141] *Roxin* JuS 1964, 373.

[142] Vgl. zum Beispiel Schönke/Schröder-*Eser*, § 211 Rn. 1.

[143] Schönke/Schröder-*Eser*, § 240 Rn. 16; *Günther*, Festschrift für Baumann, 1992, S. 216. Vgl. auch BGH 18, 391; *Dreher* MDR 88, 20; *Ermer*, a.a.O., S. 120 f.; *Kreuzer* NJW 70, 670; *Kühl* StV 87, 126; *Schlüchter* NStZ 84, 301 f.

Entscheidend für die systematische Vergleichbarkeit dieser beiden Normen kann jedoch nicht der Grad der sittlichen Missbilligung zwischen § 211 und § 240 Abs. 2 sein. In den Mittelpunkt der Betrachtung muss vielmehr die Bedeutung der Verwerflichkeitsklauseln im Hinblick auf den jeweils durch sie abzugrenzenden graduellen Regelungsunterschied treten.
Bei dieser Funktionsbetrachtung der verschiedenen Verwerflichkeitsbegriffe ist festzustellen, dass beide dazu dienen, einen relativ erhöhten von einem als Normalfall angesehenen Fall (respektive „einfachen" Grad) sozialethischer oder sittlicher Missbilligung abzugrenzen.
Trotz der unterschiedlichen Strafwürdigkeitsniveaus geht es daher jeweils nur um einen relativ engen – aber entscheidenden – Grad des Ausmaßes der sittlichen Tatmissbilligung. Die Abgrenzungs*funktion* der beiden Normen ist daher zumindest in ihren Grundsätzen systematisch vergleichbar.

Neben der Abgrenzungsfunktion müsste jedoch zumindest auch die Abgrenzungs*art* vergleichbar sein. Parallelen könnten sich dabei aus der sittlichen Rückbindung ergeben.
Bei § 240 Abs. 2 wird die inhaltliche Ermittlung des Grads der *„sozialethischen Missbilligung"* im Rahmen einer Zweck-Mittel-Relation vorgenommen[144]. Beide Verwerflichkeitsprüfungen basieren auf dem Rekurs auf (außerrechtliche) sittliche Maßstäbe.
Die sozialethische Missbilligung bzw. die *„Sozialwidrigkeit"* bei § 240 Abs. 2 ist dabei ebenso als moralisches Werturteil zu verstehen wie die *„sittlich tiefste Stufe"* bei § 211[145]. Folgerichtig treten bezüglich dieses sittlichen Rekurses auch bei beiden Normen die gleichen (Legitimitäts-)Probleme und entsprechenden Kontroversen auf[146]. Somit sind die Verwerflichkeitskonzeptionen zumindest auch im Hinblick auf das *Abgrenzungskriterium* systematisch miteinander vergleichbar.

---

[144] BGH 17, 332; vgl. auch die Nachweise bei Schönke/Schröder-*Eser*, § 240 Rn. 17.

[145] Im Hinblick auf die Unterscheidung von Sozialwidrigkeit und bloßer Moralwidrigkeit, wie sie etwa bei *Roxin* zu finden ist, vgl. JuS 1964, 373, sei in diesem Zusammenhang noch kurz auf den grundlegenden Unterschied und die Bedeutung für diese Untersuchung hinzuweisen: Sozialwidrigen Handlungen gehen notwendigerweise mit (Individual-) Rechtsgutbeeinträchtigungen einher. Bei Moralwidrigkeiten ist dies gerade – häufig aufgrund eines tatbestandsausschließenden Einverständnisses oder einer Einwilligung, zum Beispiel bei § 228, nicht der Fall. Beeinträchtigt werden lediglich etwaige gesellschaftliche Moralvorstellungen, vgl. *Roxin*, a.a.O., S. 378 ff.

[146] In Frage gestellt werden auch im Rahmen des § 240 Abs. 2 immer wieder die Vereinbarkeit der Norm mit dem Bestimmtheitsgrundsatz, die Rechtmäßigkeit des sittlichen Rekurses, etwaige Konkretisierungsmöglichkeiten und die Verbindlichkeit sittlicher Maßstabe vor dem Hintergrund gesellschaftlichen Wandels, vgl. zum Ganzen Schönke/Schröder-*Eser*, § 240 Abs. 2 m. w. N.

Über die grundsätzliche systematische Vergleichbarkeit der Verwerflichkeitsprüfungen im Hinblick auf ihre Funktion und das Abgrenzungskriterium hinaus stellt sich jedoch in deliktssystematischer Hinsicht die Frage, ob die bei § 211 auftretende sozialethische Verwerflichkeit mit der von einem großen Teil der Literatur[147] als *spezielle Rechtfertigungsregel* aufgefassten Verwerflichkeitsklausel des § 240 Abs. 2 verglichen werden kann.
Für die Einordnung der Verwerflichkeitsklausel als speziellen Rechtfertigungsgrund spreche dabei neben dem Wortlaut des § 240 Abs. 2 auch ein grundlegendes systematisches Argument: Begreife man § 240 Abs. 2 als Tatbestandskorrektur, dessen Sinn und Zweck darin liege, die weit gefassten Tatbestände des Abs. 1 einzuschränken, so entfalle beim Vorliegen von (normalen) Rechtfertigungsgründen bereits der Tatbestand.
Mit diesem Argument sieht ein Teil der Literatur § 240 Abs. 2 daher vielmehr als einen Maßstab, mit dem festgestellt wird, ob im Rahmen einer gesamtwertenden Betrachtung Rechtswidrigkeit vorliegt oder nicht[148].
Die Gegenauffassung, die § 240 Abs. 2 als *„Ergänzung des Tatbestandes"*[149] bzw. als *„tatbestandsregulierendes Korrektiv"*[150] auffasst, verweist darauf, dass es vom Gesetzgeber nicht beabsichtigt gewesen sei, zunächst jeden Zwang als tatbestandliche Nötigung zu qualifizieren und die Korrektur erst durch eine Art *„negativ gefassten Rechtfertigungsgrund"*[151] des Abs. 2 vorzunehmen[152].
Diese Ansicht ist vorzuziehen. Freiheitsbeeinträchtigungen, die außerhalb der *„Verwerflichkeitszone"* des Abs. 2 liegen, sind schon tatbestandlich keine Nötigungen. Mit dieser Einordnung als nicht verwerflich ist jedoch noch kein Urteil über die Rechtmäßigkeit der Handlung gefällt, da – wie *Eser* zutreffend feststellt – *„nicht ohne weiteres Recht von Unrecht, sondern die Straftat von nichtstrafwürdigen Gesetzesverstößen abgegrenzt wird"*[153].
Aus diesem Grund geht auch das angesprochene systematische Argument der Gegenmeinung fehl, da durch die deliktssystematische Einordnung der Verwerflichkeitsklausel als Tatbestandskorrektiv die grundsätzliche Trennung von Tatbestand und Rechtswidrigkeit nicht berührt wird, sondern lediglich Verhaltens-

---

147 So BGHSt 2, 194, [196]; BGHSt 35, 270, [276]; BVerfGE 73, 207, 257; *Bergmann*, a.a.O., S. 175 ff.; *Günther*, a.a.O., S. 323; *Müller-Dietz* LdR 8/1100 f.; *Offenloch* JZ 88, 15; LK-*Schäfer*, § 240 Rn. Rn. 66; *Schmidhäuser*, BT II, 46.

148 Vgl. BGHSt 2, 194, [196]; BGHSt 35, 270, [276]; BVerfGE 73, 207, 257; *Bergmann*, a.a.O., S. 175 ff.; *Günther*, a.a.O., S. 323; *Müller-Dietz*, a.a.O., 8/1100 f.; *Offenloch* JZ 88, 15; LK-*Schäfer*, a.a.O., Rn. Rn. 66; *Schmidhäuser*, a.a.O., 46.

149 Schönke/Schröder-Eser, a.a.O., Rn. 16.

150 So etwa das BVerfG, vgl. BVerfGE 73, 238, [253].

151 So *Gössel*, BT I, S. 229.

152 Zum Ganzen vgl. Schönke/Schröder-*Eser*, a.a.O., Rn. 240.

153 Schönke/Schröder-*Eser*, a.a.O., Rn. 16.

weisen aus dem Tatbestand ausgeklammert werden, die keinen erhöhten Grad sittlicher Missbilligung aufweisen.

Sieht man einmal von den Forderungen nach einer Typenkorrektur ab, bei der eine Berichtigung des als zu weit oder zu eng empfundenen Tatbestandes erfolgen soll – und damit bereits der tatbestandkorrektive Charakter bezeichnungsimmanent ist – so wird jedoch auch bei der isolierten Betrachtung des Mordmerkmals der niedrigen Beweggründe der korrektive Einfluss deutlich.
Nicht zuletzt aufgrund der uneinheitlichen Anwendung und der daraus resultierenden Unvorhersehbarkeit der strafrechtlichen Reaktion im Rahmen der Motivgeneralklausel stellt die vorzunehmende *„Gesamtwürdigung“* unter Berücksichtigung *„sämtlicher Umstände des Einzelfalls“*[154], wie sie vom BGH vorgenommen wird, nichts anderes dar als eine Annäherung an die Literatur, indem eine Quasi-Typenkorrektur auf Mordmerkmalsebene vorgenommen wird.
Sowohl bei § 240 Abs. 2 als auch bei der Motivgeneralklausel des § 211 wird somit der Tatbestandskorrekturcharakter der Verwerflichkeitskonzeptionen deutlich. Auch in deliktssystematischer Hinsicht sprechen daher keine Gründe gegen die Einbeziehung der grundsätzlichen Erwägungen, die im Rahmen der Fernzielproblematik des § 240 Abs. 2 erörtert werden, in die Diskussion um die Berücksichtigung der intentionalen Motivformen bei den niedrigen Beweggründen.

3. Die höchstrichterliche Rechtsprechung zur Berücksichtigung von Fernzielen bei § 240 StGB

Nach der Feststellung, dass gegen die grundsätzliche Übertragbarkeit von Wertungen, die im Bereich des § 240 Abs. 2 eine Rolle spielen, auf die Motivgeneralklausel des § 211, erfolgt an dieser Stelle ein Überblick bezüglich der höchstrichterlichen Rechtsprechung, die im Zusammenhang mit der Berücksichtigung von Fernzielen ergangen ist.

Der BGH nahm erstmals im Jahr 1986 explizit zur Fernzielproblematik bei Sitzblockaden Stellung. Der 2. Senat stellte in einem Beschluss fest, dass die Frage nach der Berücksichtigung von Fernzielen durch das im Jahr 1969 ergangene „Läpple-Urteil“[155] – in das überwiegend die Nichtberücksichtigung von Fernzielen gedeutet wurde – nicht präjudiziert sei[156].

---

[154] BGH NJW 96, 471; BGH NStZ 99, 129; BGH StV 01, 228 alle m. w. N.
[155] BGHSt 23, 46.
[156] BGHSt 34, 71, [78].

Dem Fernziel sei vielmehr im Rahmen des Verwerflichkeitsurteils – und damit für die strafrechtliche Unrechtsbeurteilung – Bedeutung beizumessen[157]. Wie bereits *Reichert-Hammer* feststellt, vermeidet der 2. Senat jedoch aufgrund der fehlenden Entscheidungserheblichkeit die Festlegung, welches *Gewicht* dem Fernziel bei der Abwägung der verschiedenen zu berücksichtigenden Faktoren und Interessen beizumessen ist[158].

Im Jahr 1986 beschäftigte sich das BVerfG erstmals mit der Problematik der Sitzblockade[159]. In einer Entscheidung, die mit vier zu vier Stimmen erging, stellte das Gericht die Verfassungsmäßigkeit der Auslegung des Gewaltbegriffs durch die Gerichte fest und äußerte sich überdies zu der Frage nach der Berücksichtigung von Fernzielen im Rahmen des § 240 Abs. 2.
Nach der das Urteil tragenden Auffassung von vier Richtern sei der „*Strafrichter bei der Verwerflichkeitsprüfung von Verfassungs wegen nicht gehalten, die Fernziele der Demonstranten zu berücksichtigen. Dem Grundsatz der Verhältnismäßigkeit und dem Gebot schuldangemessenen Strafens wird vielmehr auch durch eine Einbeziehung der Fernziele und Tatmotive in die Strafzumessung Genüge getan, wie das in den angegriffenen Entscheidungen geschehen ist und zu niedrigen Strafen geführt hat*“[160].
Die vier überstimmten Richter wiesen – wie eingangs dieses Abschnittes bereits zitiert – hingegen darauf hin, dass die von den Demonstranten verfolgten Ziele schon bei der Anwendung der Verwerflichkeitsklausel berücksichtigt werden müssen. Bezüglich der Prüfung, ob eine Nötigungshandlung als verwerflich zu missbilligen sei, „*werden die der Verwerflichkeitsklausel inhärenten Grundsätze der Verhältnismäßigkeit und des schuldangemessenen Strafens verletzt, wenn der Richter die Augen vor dem wesentlichen Unterschied zwischen eigennützigem und gemeinwohlorientiertem Handeln verschließt. Wenn der Gesetzgeber die Strafbarkeit in § 240 Abs. 2 StGB von sittlichen Wertungen abhängig macht, dann darf der Richter bei der konkreten Abwägung den eigentlichen Anlass und das alleinige Motiv der Tat als einen der wichtigsten Umstände für eine solche Wertung nicht außer acht lassen*“[161].

Alle acht Richter sprachen sich somit für die generelle Berücksichtigung der Fernziele aus und nahmen dabei explizit Bezug auf die positive Berücksichtigung altruistischer Motivation[162]. Lediglich bezüglich der deliktssystematischen Einordnung der Beachtung gemeinwohlorientierter Fernziele – Berücksichti-

---

157 BGHSt 34, 71, [78].

158 Vgl. *Reichert-Hammer*, a.a.O., S. 29.

159 BVerfGE 73, 206

160 BVerfGE 73, 206, [261].

161 BVerfGE 73, 206, [258].

162 Dazu auch *Reicher-Hammer*, a.a.O., S. 31 ff.

gung bei der Verwerflichkeitsklausel oder erst auf der Strafzumessungsebene – bestand Dissens.

Die nach dem Urteil des BVerfG im Vordringen begriffene Rechtsprechung, die das Vorliegen altruistischer Motivation bereits auf der Verwerflichkeitsebene des § 240 Abs. 2 berücksichtigte, wurde jedoch durch den BGH 1988 gestoppt[163].
Der 1. Senat des BGH wandte sich dabei ausdrücklich gegen die von vier Verfassungsrichtern erhobene Forderung, die Fernziele bereits bei der Verwerflichkeitsklausel des § 240 Abs. 2 zu berücksichtigen[164]. Der BGH führt dazu aus: *„Dem Grundsatz der Verhältnismäßigkeit wird durch die Pflicht zur Gesamtabwägung bei der Beurteilung der Rechtswidrigkeit und zur strafmildernden Berücksichtigung von Motiven, die die Schuld geringer erscheinen lassen, in ausreichender Weise Rechnung getragen"*[165].
Zuvor hatten bereits die von der Union geführte Bundesregierung und die Mehrheitsfraktionen im Parlament signalisiert, dass sie nicht bereit waren, die sich durchsetzende Linie der Rechtsprechung zu akzeptieren. Zu diesem Zweck veranlasste der Bundesjustizminister „*Vorarbeiten für eine gesetzliche Klarstellung*" zu treffen, mit der sichergestellt werden sollte, dass „*ungeachtet der jeweiligen Fernziele von Sitzblockierern derartige Aktionen als strafwürdiges Unrecht und als Nötigung geahndet werden*" können[166].
Wie *Reichert-Hammer* feststellt, war die Frage „*also nur noch, durch wen diese Klarstellung* [der Nichtberücksichtigung von Fernzielen] *erfolgen sollte*".
Der 1. Senat des BGH kam somit dem Gesetzgeber in verfassungsrechtlich bedenklicher Weise zuvor, indem er sich über die Rechtsprechung des 2. BGH-Senats hinwegsetzte, ohne den Großen Senat gemäß § 132 GVG zur Sicherung einer einheitlichen Rechtsprechung anzurufen[167].

Das BVerfG erhob in darauf folgenden Entscheidungen bezüglich der Fernzielberücksichtigung auf der Strafzumessungsebene keine grundlegenden Bedenken. In den beiden weiteren Senatsentscheidungen zu Sitzblockaden, BVerfGE 92, 1 und BVerfGE 104, 92, wird lediglich festgestellt, dass die altruistische

[163] BGHSt 35, 270.

[164] Vgl. zur gesamten Entwicklung *Küpper/Bode* Jura 1993, 187, [191 ff.]; *Reichert-Hammer*, a.a.O., S. 36 ff.

[165] BGHSt 35, 270, [283].

[166] Bericht über die Stellungnahme des Bundesjustizministers zum Beschluss des BGH, in: Recht 1988, S. 46. Vgl. zum Ganzen auch *Reichert-Hammer*, a.a.O., S. 36 ff.; *Miebach* NStZ, 1988, 130, [132] und *Frankenberg*, StV 1987, 395, [397].

[167] So auch *Reichert-Hammer*, a.a.O., S. 37.

Motivwürdigung durch die Tatgerichte vorgenommen und daher nicht zu beanstanden sei[168].

4. Konsequenzen aus der Fernzielproblematik des § 240 StGB für die Motivgeneralklausel des § 211 StGB

Anhand der Untersuchung über die Fernzielproblematik bei § 240 hat sich gezeigt, dass eine grundlegende Übereinstimmung darin besteht, altruistische Fernziele täterfreundlich zu berücksichtigen.
Ob man nun mit *Horn* die Fernzielberücksichtigung nur als Maßstab für das individuelle Quantum an Schuld des einzelnen Täters ansieht, oder wie *Krey* eine Stärkung des Rechtsfriedens darin erblickt, wenn derartige Motive erst auf der Strafzumessungsebene berücksichtigt werden, oder der hier vertretenen Ansicht folgt, die bereits eine Beachtung der Fernziele im Rahmen der Verwerflichkeitsprüfung favorisiert, spielt im Hinblick auf die grundsätzliche Einigkeit bezüglich der positiven Berücksichtigung gemeinwohlorientierten Handelns keine Rolle.

Den verschiedenen Auffassungen liegt vielmehr der grundlegende Gedanke der Unterscheidung zwischen „*eigennützigem und gemeinwohlorientiertem Handeln*“[169] und die Erkenntnis zugrunde, dass „*der Richter bei der konkreten Abwägung den eigentlichen Anlass und das alleinige Motiv der Tat als einen der wichtigsten Umstände für eine solche Wertung nicht außer acht lassen*“[170] darf.

Aufgrund der systematischen Nähe der beiden Verwerflichkeitskonzeptionen und der Vergleichbarkeit der altruistischen Fernziele erscheint es daher widersinnig, das altruistische Motiv im Bereich der niedrigen Beweggründe im Gegensatz zu § 240 unberücksichtigt zu lassen und es auf eine Stufe mit den egoistischen Tötungsmotivation zu stellen.
Die Vorgaben des BVerfG zur täterfreundlichen Berücksichtigung von altruistischen Fernzielen sind daher vielmehr als ein übergreifendes Prinzip zu verstehen, das bei generalklauselartigen Tatbeständen, die anhand einer sittlichen Wertung die Motivation des Täters beurteilen, Anwendung zu finden hat.

---

[168] Vgl. etwa BVerfGE 104, 92 [114].
[169] BVerfGE 73, 206, [258].
[170] BVerfGE 73, 206, [258].

V. Die Privilegierungstradition des Überzeugungstäters als Qualifikationsabwehr

1. Einleitung

Über die systematische Unvereinbarkeit der politischen Motivation mit den niedrigen Beweggründen hinaus stellt sich zudem – auf einer grundsätzlicheren Ebene – die Frage nach der Qualifikationsabwehr aufgrund der Rechtsfigur des Überzeugungstäters.

Wie im historischen Abschnitt dieser Arbeit bereits dargelegt, konzentrierte sich die Frage nach der rechtlichen Würdigung politischer Motivation lange Zeit auf die Feststellung der Tätergesinnung. Für den Fall, dass der Täter nicht aus *„ehrloser Gesinnung"* gehandelt hatte, war etwa im RStGB von 1871 für die Verbrechen des Hoch- und Landesverrats die nicht entehrende Festungshaft – später auch als *„Einschließung"* bezeichnet – vorgesehen[171]. Zweifelhaft bleibt jedoch die Übertragbarkeit der rechtspolitischen Diskussion bezüglich der Ehrhaftigkeit der Gesinnung bei der Privilegierung politischer Straftäter in die heutige Zeit. Angesichts der Wandelbarkeit der Verfassungsordnungen und des territorialen Bestandes der Staaten im 19. Jahrhundert wurden die den Staat schützenden Normen und auch die Verletzung dieser Normen ethisch wertneutral ausgestaltet[172]. Das Privileg der Festungshaft wurde daher auch konsequenterweise nur für die Staatsverbrechen vorgesehen und nicht für die gegen den Staat gerichteten Verletzungen der allgemeinen Strafgesetze[173]. Versagt wurde diese Privilegierung lediglich denjenigen, die aus *„ehrloser Gesinnung"* handelten, womit jedoch keine Anweisung an die Gerichte verbunden war, die politischen Ziele des Täters zu bewerten, auch wenn dies immer wieder in der Praxis geschah[174]. Die Verfassungsordnung der Bundesrepublik Deutschland versteht sich jedoch nicht nur als *wehr*-, sondern auch als *wert*haft[175]. Dies betont auch das BVerfG, wenn es ausführt, dass sich *„in den Grundrechtsbestimmungen des Grundgesetzes* […] *aber auch eine objektive Wertordnung* [verkörpert], *die als verfassungsrechtliche Grundentscheidung für alle Bereiche des Rechts gilt"*[176]. Zudem wird

---

[171] Vgl. dazu ausführlich Seite 29 ff.

[172] Dazu *Grünwald*, in: Politisch motivierte Kriminalität – echte Kriminalität?, S. 32; *Würtenberger* NJW 1986, 2281 f.; *Reichert-Hammer*, Politische Fernziele und Unrecht, 1990, S. 109.

[173] *Grünwald*, aaO, S. 33.

[174] *Schünemann*, in: Politisch motivierte Kriminalität – echte Kriminalität?, S. 70 f.; *Grünwald*, aaO, S. 33.

[175] Vgl. *Grünwald*, aaO, S. 33; *Reichert-Hammer*, aaO, S. 109.

[176] BVerfGE 7, 198, [198].

der Staat nicht mehr als *„eine von mehreren gleichwertigen Organisationsformen“*[177] aufgefasst, sondern vielmehr als eine auf Dauer ausgelegte Ordnung. Weil jedoch auch der strafrechtliche Staatsschutz auf diesen beiden Grundannahmen basiert, muss eine Privilegierung politischer Straftäter unter dem früher vertretenen Gesichtspunkt der Wert*neutralität* der verletzten Normen ausscheiden[178].

Es sorgte jedoch nicht nur die Neugestaltung der Staatsschutzdelikte dafür, dass sich etwaige Privilegierungsforderungen für politische Straftäter auf eine andere strafrechtliche Ebene verlagerten, sondern auch die Einführung der Einheitsstrafe und die damit verbundene Trennung von der Freiheitsstrafe und einer (erhöhten) sittlichen Schuld machen eine Privilegierung auf der Straf*arten*ebene fortan unmöglich. Wie *Grünwald* zutreffend bemerkt würde eine derartige Privilegierung zudem auch den *„diskriminierenden Charakter der „normalen“ Freiheitsstrafe betonen“*[179] und wäre daher nicht geeignet, eine angemessene Differenzierung herbeizuführen.

Die Frage nach der Privilegierung muss sich jedoch nicht auf die Frage nach der Ehrlosigkeit und einer privilegierender Strafart beschränken.

Radbruch ist es zu verdanken, dass bei der Diskussion um die Berücksichtigung politischer Motivation das normative Element der Ehrlosigkeit durch das psychologische der Überzeugung ersetzt wurde. Über die klassischen Staatsschutzdelikte hinaus können dadurch auch die subjektiv politischen Delikte in die Betrachtung einfließen[180]. Wie bereits eingangs gezeigt[181], konnten sich die Vorschläge *Radbruchs* jedoch nicht durchsetzen. Die von ihm vertretene Gleichwertigkeit der individualistischen Haltung mit der staatlichen Wertordnung wurde immer wieder als *„Zersetzung der staatlichen Machtsouveränität“*[182] verstanden und verworfen[183].
Radbruchs Forderungen gingen jedoch nicht so weit, wie sie die Schärfe ihrer Zurückweisungen vermuten lassen. Basierend auf dem (rechts)philosophischem Standpunkt des Werterelativismus, gelangte *Radbruch* zu der Überzeugung, dass der Staat zwar mit aller Schärfe gegen den Überzeugungstäter als *„Gegner“*

177 *Grünwald*, aaO, S. 33.
178 Vgl. auch *Grünwald*, aaO, S. 33.
179 *Grünwald*, aaO, S. 35.
180 So auch *Schünemann*, aaO, S. 71.
181 Vgl. oben Seite 33 ff.
182 *Wolf* ZStW 46, 206, [S. 217].
183 Dazu ausführlich oben Seite 33 ff.

vorgehen könne[184], dieser jedoch nicht als *„sittlich Haltloser"* gebessert werden dürfe[185]. Der Überzeugungstäter stelle der in der Staatsgewalt verkörperten eine andere geschlossene Überzeugung entgegen, die aufgrund der generellen Nichtvorschreibbarkeit von Gerechtigkeitsvoraussetzungen keinesfalls Gegenstand eines sittlichen Tadels sein dürfe[186].

Abgesehen von den grundsätzlichen Einwänden gegen den im Neukantianismus verwurzelten Werterelativismus und der damit einhergehenden Annahme der apriorischen sittlichen Überlegenheit des Staates wurde von *Radbruchs* Kritikern auch immer wieder auf das Gebot der Selbsterhaltung des Staates gerade in Anbetracht von inneren und äußeren Krisen verwiesen, die eine Privilegierung unmöglich machten[187].

Zudem wurde von verschiedenen Seiten die Differenzierung zwischen Überzeugungs- und Gewissenstäter betont und eine privilegierende strafrechtliche Behandlung lediglich in eng umgrenzten Anwendungsbereichen dem Gewissenstäter zugebilligt.

Diese Faktoren führten dazu, dass die im 19. Jahrhundert zum Teil vehement geforderte Privilegierung des politisch motivierten Täters zunehmend an Bedeutung verlor, und sich die Diskussion - wie bereits an anderer Stelle dargelegt[188] – auf die Ebene der Gewissensentscheidungen nach Art. 4 GG verlagerte[189]. Unter einer Gewissensentscheidung versteht das BVerfG *„jede ernste sittliche, d.h. an den Kategorien von „Gut" und „Böse" orientierte Entscheidung* [...], *die der einzelne in einer bestimmten Lage als für sich bindend und unbedingt verpflichtend innerlich erfährt, so dass er gegen sie nicht ohne ernste Gewissensnot handeln könnte"*[190].

Obwohl in erster Linie religiöse Gewissensentscheidungen die Diskussion in den vergangenen Jahre prägten, erscheint es jedoch an der Zeit, einige Ansätze

---

184 Dies zeigt sich bei *Radbruch* auch im Rahmen der Bewertung von politisch motivierten Tötungen, vgl. dazu oben Seite 167 ff.

185 Vgl. dazu bereits *Radbruch*, Einführung in die Rechtswissenschaft, 2. Aufl., 1911, S. 73.

186 Vgl. etwa *Radbruch* in ZStW 44, S. 36 ff. = GRGA Band 8, S. 131.

187 Vgl. *Wolf*, aaO, S. 217; *Finger*, GS 1926, S. 84; *Höpler*, Gutachten, in: Verhandlungen des 34. DJT, Band I, S. 58 ff.; *Kohlrausch*, Leitsätze, in: Verhandlungen des 34 DJT, Band II, S. 353; *Nagler*, GS 1927, S. 58 ff.; *Bader*, in: Niederschrift der Großen Strafrechtskommission 3, S. 61 f.; *Krille*, ebenda, S. 54; *Lange*, ebenda, S. 61; vgl. auch die amtliche Begründung zum Entwurf 1962, S. 547 f.

Weitere Kritik folgte von *Noll* ZStW 78, 644; vgl. auch Protokoll des Sonderausschusses Strafrecht, S. 2117 und den Bericht *Friedrichs* in ZStW 78, 731.

188 Vgl. oben Seite 45 ff.

189 So auch Schünemann, aaO, S. 89, der kritisiert, „dass die Privilegierung des Gewissenstäters im wesentlichen auf die religiösen Sektierer beschränkt bleiben soll".

190 BVerfGE 12, 45, [55].

Radbruchs mit der noch älteren Privilegierungstradition politischer Täter zu verbinden, um zumindest für den Bereich der politisch motivierten Tötungen eine Qualifikationsabwehrstrategie zu entwickeln.

2. Die Unmöglichkeit der Differenzierung zwischen Überzeugungs- und Gewissenstäter bei politisch motivierten Tötungen vor dem Hintergrund der Schuld

Der entscheidende Grund, warum der Überzeugungstäter im Strafrecht nur selten eine konsequente privilegierende Berücksichtigung fand, ist die Trennung der Ebenen *Überzeugung* und *Gewissen*. Diese Differenzierung beruht dabei nicht zuletzt auf der vermeintlichen Erkenntnis, dass politisches Handeln nur ganz ausnahmsweise dem Bereich der echten Gewissensentscheidungen zuzurechnen sei und es dabei vielmehr um Zweckmäßigkeitsentscheidungen gehe, die nicht dem Kernbereich von Gut und Böse angehörten[191]. Entscheidend ist somit primär der qualitative Unterschied zwischen Überzeugung und Gewissen, der sich mittelbar auch auf den Grad der persönlichen *Verpflichtung* zur Tat – und damit auf die Schuld - auswirkt.

Die Überlegung, die dieser Differenzierung zugrundeliegt, wird bei *Bopp* deutlich, der darauf hinweist, dass die Politik in den Augen vieler Menschen ohnehin als ein eher moralwidriges Geschäft erscheine[192]. Diese Feststellung erscheint zwar gerade zu Zeiten einer zunehmenden Politikverdrossenheit und Pauschalkritik an der Moral der politischen Klasse heute zutreffender denn je, sie führt dennoch am Kern des Problems vorbei. Maßgeblich für die systematische Einordnung der Tätertypen kann nicht das kollektive – und damit von Extremen bereinigte – Selbstverständnis einer nur bedingt politischen Gesellschaft sein, sondern die Frage nach der strafrechtlichen Würdigung der individuellen Motivation muss sich am handelnden Subjekt selbst orientieren. Entscheidend ist dabei die persönliche Einschätzung des Täters über die qualitative Einordnung seines Verhaltens im Hinblick auf die Bedeutung für seine Persönlichkeit und der daraus resultierende Grad des persönlichen Verpflichtetseins zu der Tat. Diese „Qualität" des Handelns und das Maß an Verbindlichkeit, die den Täter aufgrund einer autonomen Wertentscheidung zum Handeln veranlassen, können nicht anhand einer objektiven Einordnung zu einer allgemeinen Moralkategorie bestimmt werden, sondern ausschließlich über die Vorstellungen des Täters.

Gerade im Bereich der politisch motivierten Tötungen – bei denen der Täter einerseits stets das Risiko der Verurteilung zu einer langjährigen Haftstrafe eingeht und andererseits in manchen Fällen im Stadium der Tatausführung selbst eine Gefährdung seiner körperlichen Unversehrtheit und seines Lebens in Kauf nimmt, um seine Ziele zu verwirklichen – wird die elementare Bedeutung des

---

191 So resümierend *Schünemann*, aaO, S. 89.

192 *Bopp*, aaO, S. 48.

Politischen für den Kernbereich der Täterpersönlichkeit deutlich. Darüber hinaus wird bei der Tötung die hohe Tötungshemmschwelle durch die politische Motivation überwunden.
Mag es daher auch zweifelhaft sein, ob etwa im Rahmen einer vom Einzelnen als „Event" angesehenen – aber dennoch politisch motivierten – Sitzblockade der Kernbereich einer die Person wesentlich berührenden Frage von Gut und Böse betroffen ist, so muss diese elementare Bedeutung jedoch in Anbetracht der Tragweite, Schwere und Konsequenzen der Taten zumindest bei politisch motivierten Tötungen festgestellt werden. Eine Unterscheidung zwischen Überzeugungs- und Gewissenstäter ist daher im Bereich der politisch motivierten Tötungskriminalität nicht nur unzweckmäßig, sie stellt vielmehr ein Instrument der Beliebigkeit dar, empirisch widerlegte Kategorien von Handlungsqualität und persönlichem „Verpflichtetsein" des Täters zur Tat aufzustellen[193].
Die Aufhebung dieser Tätertypendifferenzierung eröffnet vielmehr im Bereich der Schuld die Möglichkeit einer abgestufen – und damit der Lebenswirklichkeit entsprechenden – Berücksichtigung der Konfliktlage des Täters. Mit anderen Worten: Die Bandbreite denkbarer Tatschuld, die vom inneren Konflikt des Täters abhängig ist, wird nicht durch den beliebig wählbaren Trennungspunkt (Überzeugung/Gewissen) in rechtlich unterschiedlich zu behandelnde Kategorien geteilt, sondern ermöglicht die genaue privilegierende Berücksichtigung der jeweiligen Konfliktslage[194].

3. Das „Wohlwollensgebot" des BVerfG und die gefährlichkeitsorientierten Kompensierungsversuche durch Teile von Rechtsprechung und Literatur

Die Aufhebung der Differenzierung zwischen Überzeugungs- und Gewissenstäter findet sich jedoch nicht nur vereinzelt im Schrifttum, sondern auch in der Rechtsprechung. Wird auch in den meisten dieser Entscheidungen nicht explizit auf die Gleichwertigkeit dieser Tätertypen hingewiesen, so ist dennoch vielerorts eine privilegierende Brücksichtigung politisch motivierter Täter erkennbar, die sich von dem Begriffspaar Überzeugung und Gewissen gelöst hat und sich lediglich auf der Ebene der Schuld mit dem inneren Konflikt des Täters auseinandersetzt.

Von entscheidender Bedeutung für die Berücksichtigung von Gewissenstaten auf der Strafzumessungsebene ist zunächst eine Entscheidung des BVerfG aus dem Jahr 1968:
„Das Grundrecht der Gewissensfreiheit gewährt nicht nur subjektive Rechte, sondern ist zugleich eine wertentscheidende Grundsatznorm (vgl. BVerfGE 21,

---

193 In diesem Sinne auch *Schünemann*, aaO, S. 87 ff.

194 Zur näheren Begründung dieser verminderten Schuld vgl. unten Seite 241 ff.

362 [371 f.] mit weiteren Nachweisen), und zwar höchsten verfassungsrechtlichen Ranges, die bei Staatstätigkeit jeder Art -- auch bei der Strafzumessung im Strafverfahren -- Wertmaßstäbe setzende Kraft entfaltet und Beachtung verlangt. Dieses Grundrecht wirkt sich hier aus als allgemeines "Wohlwollensgebot" gegenüber Gewissenstätern. Seine Auswirkung im einzelnen und die sich aus ihm ergebenden verfassungsrechtlichen Grenzen für den Strafanspruch des Staates kann nur die Prüfung im Einzelfall ergeben, wobei jeweils die Bedeutung für die Ordnung des Staates und die Autorität des gesetzten Rechtes auf der einen und die Stärke des Gewissensdruckes und die dadurch geschaffene Zwangslage auf der anderen Seite in Betracht zu ziehen sind."[195]

Das „*allgemeine Wohlwollensgebot*" des BVerfG wurde auch immer wieder in verschiedenen höchstrichterlichen Urteilen hervorgehoben. Das BayObLG führte 1980 aus: „*Für die Strafzumessung muss daher gelten: ein Zurücktreten generalpräventiver Gesichtspunkte und ein Strafmaß, das im unteren Bereich des gesetzlichen Strafrahmens* […] *bleibt und seine Rechtfertigung im Wesentlichen in dem Gedanken der Rechtsbewährung findet. Nur eine solche Strafe wird den Erfordernissen von BVerfGE 23, 127 (134) = NJW 1968, 979 gerecht, wonach die Bedeutung der Tat für die Rechtsordnung gegenüber der Stärke des Gewissensdrucks und der dadurch geschaffenen Zwangslage abzuwägen ist* […].[196]" Auch das OLG Stuttgart entschied 1992, dass sich das Grundrecht der Gewissensentscheidung „*als „allgemeines Wohlwollensgebot" gegenüber Gewissenstätern, deren Verhalten auf einer achtbaren, durch ernste innere Auseinandersetzung gewonnenen Entscheidung beruht (BVerfGE 23, 127, [134])*", auswirke[197].

Die weitreichendste und ebenfalls von einem Einheitslösung bei Überzeugungs- und Gewissenstäter ausgehende Berücksichtigung politischer Motivation findet sich jedoch bei *Schünemann*, für den unter Umständen auch eine Strafrahmenmilderung in Betracht kommt, die den „*Täter aus Pflichtüberzeugung in der gleichen Situation wie der vermindert Schuldfähige des § 21*" einordnet[198]. Auch moderatere Stimmen in der Literatur konstatieren jedoch, dass „*Überzeugungstäter* […] *aber im Rahmen der Strafzumessung anders behandelt werden* [können], *weil und insoweit ihre Überzeugung achtenswert ist*"[199].

---

[195] BVerfGE 23, 127, [134].

[196] BayObLG NJW 1980, 2424.

[197] OLG Stuttgart NJW 1992, S. 3251.

[198] Vgl. etwa *Schünemann*, aaO, S. 99.

[199] Schönke/Schröder-*Stree*, § 46, Rn. 15 m. w. N.

Die Judikatur der Strafgerichte hielt jedoch den verfassungsgerichtlichen Vorgaben bezüglich des generellen „*Wohlwollensgebots*“ beim Gewissenstäter immer wieder die straferhöhende Gefährlichkeit beziehungsweise die Uneinsichtigkeit des zu seinen Taten getriebenen Gewissens- und Überzeugungstäters entgegen[200].
Diese Privilegierungskompensation findet sich auch bei *Gribbohm*, der darauf hinweist, „*dass die Willensstärke des Täters, die – für sich betrachtet – ebenso wie die damit verbundene Hartnäckigkeit und Uneinsichtigkeit für eine gesteigerte Schuld sprechen könnte, durch ein achtenswertes politisches, sittliches oder religiöses Motiv an strafzumessungsrechtlicher Relevanz verliert und ausgeglichen wird* [...][201].
Der Weg der Kompensation anhand gefährlichkeitsorientierter Merkmale begegnet jedoch in zweierlei Hinsicht durchgreifenden rechtlichen Bedenken. Einerseits umgeht eine derartige Saldierung die eindeutigen Vorgaben des BVerfG, das ein allgemeines „*Wohlwollensgebot*“ bei Gewissenstätern als Auswirkung des Grundrechts der Gewissensfreiheit anmahnte. Die Intention des BVerfG, nämlich die Klarstellung der privilegierenden Wirkung von Gewissenstaten auf der Strafzumessungsebene, wird durch den Kunstgriff der Betonung von „*Hartnäckigkeit und Uneinsichtigkeit*“ konterkariert. Gerade jene Attribute sollen sich demnach paradoxerweise strafschärfend auswirken, die elementare Bestandteile einer Gewissensentscheidung darstellen.
Andererseits ist die von manchen Gerichten unterstellte gesteigerte Gefährlichkeit des Gewissens- und Überzeugungstäters im Sinne einer erhöhten Rückfallgefahr zumindest im Bereich der politisch motivierten Tötungen eine bloße Vermutung. Richtig ist zwar, dass nicht nur die Apellfunktion der Strafnorm, sondern vor allem die ihr zugrunde liegenden Wertentscheidungen von diesem Tätertyp in Frage gestellt werden, dennoch ist – soweit ersichtlich – kein Fall bekannt, in dem ein bereits wegen eines politisch motivierten Tötungsverbrechens Verurteilter erneut einschlägig straffällig wurde[202]. Ausgehend von der unbewiesenen Prämisse der erhöhten Rückfallgefährlichkeit und der systemati-

[200] Vgl. nur BayObLG MDR 1976, 946; NJW 1980, 2424, 2425.

[201] LK-*Gribbohm*, § 46 Rn. 88. In vielen Fällen wurde jedoch auch die Dominanz der Gefährlichkeits- und damit Rückfallüberlegungen deutlich. Die Saldierung führte somit zu einer Strafschärfung, vgl. dazu *Schünemann*, aaO, S. 79 m. w. N.

[202] Es existieren keine Daten bezüglich der einschlägigen Rückfallgefahr bei politisch motivierten Straftätern. Festzuhalten bleibt lediglich, dass die einschlägige Rückfallquoten im Bereich der schweren Tötungskriminalität (§ 211 und § 212) sehr gering sind. Aufgrund der relativ geringen Ausgangszahlen schwanken die in unterschiedlichen Rückfalluntersuchungen ermittelten Werte um die 2 %, vgl. *Kaiser*, Kriminologie, § 59, Rn. 13; ausführlich auch *Rode/Scheld*, Sozialprognose bei Tötungsdelikten, 1986, S. 40 ff.) *Wulf* geht von einer einschlägigen Rückfallquote von 1-3 % aus, vgl. *Wulf*, Kriminelle Karriere von Lebenslänglichen, 1979.

schen Umgehung des vom BVerfG geforderten „Wohlwollensgebots“ auf der Strafzumessungsebene kann daher keine Privilegierungskompensation erfolgen.

4. Die Konsequenzen aus den gewonnenen Erkenntnissen für die strafrechtliche Bewertung politisch motivierter Tötungen

Vor dem Hintergrund des allgemeinen Wohlwollensgebots und der damit verbundenen Privilegierungskonzeption für den Überzeugungstäter ist jedoch im Hinblick auf die absolute Strafandrohung des § 211 Abs. 1 zu klären, inwieweit eine Schuldminderung überhaupt berücksichtigt werden kann.

Bezüglich des allgemeinen Wohlwollensgebots soll jedoch zunächst festgehalten werden, dass sich die daraus abzuleitende Strafmilderung in den Fällen der politisch motivierten Tötungskriminalität nicht aus der in Art. 4 GG statuierten Gewissensfreiheit, sondern unmittelbar aus dem verfassungsrechtlich verankerten Schuldprinzip ergibt. Der Rückgriff auf Art. 4 GG ist verwehrt, weil durch die Gewissensfreiheit aufgrund des in den Art. 18 und 21 Abs. 2 GG niedergelegten Prinzips der *wehrhaften Demokratie* nicht die verfassungsfeindliche Betätigung geschützt ist[203].

Die Allgemeingültigkeit der Privilegierungskonzeption des BVerfG, die sich etwa auch aus der Fernzielproblematik bei der Nötigung herauslesen lässt, beschränkt das Wohlwollensgebot jedoch konsequenterweise nicht nur auf den Anwendungsbereich des Art. 4 GG, sondern vielmehr auf die generelle abweichende Überzeugung, die sich positiv bei der Schuldzumessung wiederfinden müsse[204].

Vom Gesetzeswortlaut her lässt § 211 Abs. 1 keine Schuldzumessungserwägungen auf der Straffolgenseite zu.

Es eröffnen sich daher grundsätzlich zwei unterschiedliche Möglichkeiten. Einerseits ist an die von der Rechtsprechung entwickelte – jedoch im Bereich der niedrigen Beweggründe noch nicht zur Anwendung gekommene – Rechtsfolgenlösung zu denken, andererseits könnte die Schuldminderung des Überzeugungstäters auch bereits auf der Tatbestandsebene – im Sinne einer restriktiven Mordmerkmalsauslegung – berücksichtigt werden.

a) Die Anwendung der Rechtsfolgenlösung des BGH

Wie bereits an anderer Stelle ausgeführt[205] hat sich die Rechtsprechung für die so genannte Rechtsfolgenlösung entschieden und damit in Fällen, bei denen

---

203 *Schmitt-Glaeser*, Missbrauch und Verwirkung von Grundrechten im politischen Meinungskampf, 1968, S. 123.

204 Vgl. BVerfGE 73, 206, [261].

205 Vgl. dazu oben Seite 136 ff.

außergewöhnlich schuldmindernde Umstände vorliegen, die Absolutheit der Rechtsfolge des § 211 Abs. 1 aufgehoben. Die Entscheidung des BGH für die Rechtsfolgenlösung läßt somit den Mordvorwurf bestehen, um im Bereich der Strafzumessung eine (höhere) Einzelfallgerechtigkeit zu gewährleisten.

Ob die vom BVerfG geforderte restriktive Handhabung des Mordtatbestandes jedoch durch die Anwendung der Rechtsfolgenlösung erreicht werden kann, erscheint verfassungsrechtlich bedenklich[206]. Der BGH unterläuft dabei im Wege der richterlichen Rechtsschöpfung den expliziten Willen des Gesetzgebers, indem er die zwingende Rechtsfolge des § 211 Abs. 1verwirft und nach einer allgemeinen Strafzumessungsvorschrift greift[207].

Eine derartige „*richterliche Rechtsschöpfung*“[208] ist jedoch contra legem[209]. Das BVerfG führte über die Grenzen richterlicher Rechtsfortbildung aus: „*Der Richter darf einem nach Wortlaut und Sinn eindeutigen Gesetz nicht durch "verfassungskonforme" Auslegung einen entgegengesetzten Sinn geben*“[210]. Der Wortlaut des § 211 Abs. 1 wird jedoch vom BGH ad absurdum geführt, indem für besonders gelagerte Fälle die ausdrückliche Strafvorgabe des Gesetzgebers übergangen wird.

Wie bereits von Teilen der Literatur zutreffend festgestellt, nimmt der Große Senat für seine Entscheidung zudem auch „*zu Unrecht den verfassungsgerichtlichen Auftrag des BVerfGE 45, 187, 276 in Anspruch*“[211].

Das BVerfG mahnte lediglich die restriktive Auslegung des Mord*tatbestandes* an. Nur der Tatbestand solle um „*der Verhältnismäßigkeit zwischen Straftatbestand und absoluter Strafandrohung*“ willen *enger* ausgelegt werden[212]. Die Möglichkeit der Heranziehung des § 49 wird vom BVerfG – im Gegensatz zu anderen Möglichkeiten – nicht in Erwägung gezogen oder als etwaige Option für den BGH eröffnet, sondern der Auftrag der Verfassungsrichter bezieht sich ausschließlich auf die restriktive Auslegung des Tatbestandes, die sich auch im Wege einer Typenkorrektur vollziehen könne[213].

---

[206] Dazu *Bruns* JR 1981, S. 362; *Rengier* NStZ 1984, 22; *Jähnke*, Festschrift für Spendel, 1992, S. 537; vgl. auch OLG *Bamberg* NJW 1982, S. 1715 jeweils m. w. N. *Hassemer* spricht von der „*Auflösung richterlicher Gesetzesbindung in dem sozialen Gestaltungsakt der Strafzumessung*“, *Hassemer* JZ 1983, S. 968.

[207] Vgl. *Bruns* JR 1981, 362.

[208] GSSt BGH 30, 105, [121].

[209] Vgl. LK-*Spendel*, § 336 Rn. 62; *ders.* JR 1983, 271.

[210] BVerfGE 8, 28, [28].

[211] *Tröndle/Fischer*, § 211 Rn. 17.

[212] BVerfGE 45, 187, [276].

[213] BVerfGE 45, 187, [276].

Zur Erreichung einer höheren Einzelfallgerechtigkeit ist daher nur die restriktive Auslegung des Mord*tatbestands* geeignet und nicht die *„richterliche Rechtsschöpfung“* contra legem, und damit als Verstoß gegen die Gewaltenteilung[214].

b) Die restriktive Auslegung des Mordtatbestandes

Das Gebot der restriktiven Handhabung des § 211 beschränkt sich nicht nur auf die vom BVerfG explizit genannten Mordmerkmale der Heimtücke und der Verdeckungsabsicht, sondern ist vielmehr als generalisierende Aufforderung an die Strafgerichte zu verstehen, die gesamten Mordmerkmale enger auszulegen. Das BVerfG hob lediglich die beiden für die Entscheidung relevanten Mordmerkmale hervor, ohne jedoch die anderen auszuschließen, indem es die *„verfassungskonforme restriktive Auslegung des § 211 StGB, insbesondere der Mordmerkmale „heimtückisch“ und „um eine andere Straftat zu verdecken“* anmahnte[215].

Die privilegierende Berücksichtigung politischer Motivation kann nach den Vorgaben des BVerfG bei § 211 somit entweder im Rahmen einer Gesamtbetrachtung (Typenkorrektur) oder unmittelbar auf der Ebene der Mordmerkmalsauslegung erfolgen.

aa) Die restriktive Auslegung des Mordtatbestandes im Wege der Gesamtbetrachtungslehre

Die grundsätzliche Bejahung des Mordmerkmals der sonstigen niedrigen Beweggründe im Bereich der politisch motivierten Tötungen und die anschließende Verneinung des Mordtatbestandes auf der Grundlage einer Gesamtbetrachtung erscheint insbesondere im Bereich der sonstigen niedrigen Beweggründe widersinnig. Ohne auf die Rechtsfiguren der unterschiedlichen Gesamtbetrachtungsvorschläge und ihre jeweiligen Voraussetzungen näher einzugehen, erscheint eine derartige Vorgehensweise in erster Linie den tatbezogenen Merkmalen der 2. Mordmerkmalsgruppe vorbehalten. Eine abschließende Gesamtbetrachtung erscheint darüber hinaus etwa auch im Bereich der Habgier denkbar, weil gerade dort keine Prüfung der Fernziele des Täters, wie etwa die intendierte Zuwendung des Geldes an Bedürftige, vorgenommen wird.

Bei der Motivgeneralklausel der sonstigen niedrigen Beweggründe ist dies jedoch anders. Die Beweggründe des Täters, die den alleinigen Anknüpfungspunkt der Schuld darstellen, werden bereits eingehend und unter allen Aspekten

---

214 Kritisch auch Tröndle/Fischer, § 211 Rn. 2 c: „Noch weniger Klarheit brachte GrSenBGH 30, 105, der [...] (sich zu Unrecht auf BVerfG 45, 187 berufend) Mord bejahte, aber anstelle der absoluten Folge des I in „richterlicher Rechtsschöpfung“ contra legem die Anwendung des § 49 I Nr. 1 dekretierte.“

215 BVerfGE 45, 187, [261].

im Rahmen einer „*Gesamtwürdigung*“ untersucht und bewertet, und es wäre daher widersinnig, einem „*sittlich auf tiefster Stufe*“ stehenden Verhalten, welches „*geradezu verachtenswert*“ erscheint, im Wege einer erneuten Gesamtbetrachtung die „*besondere Verwerflichkeit*“ abzusprechen.
Das Gebot der restriktiven Handhabung des Mordtatbestandes kann daher im Bereich dern sonstigen niedrigen Beweggründe ausschließlich über eine engere Auslegung des Mordmerkmals selbst erfolgen.

bb) Die restriktive Auslegung des Mordmerkmals

Die Motivgeneralklausel stellt ein komplexes Schuldmerkmal dar, bei dem im Wege einer „Gesamtbetrachtung“ die Beweggründe des Täters einem sittlichen Verwerflichkeiturteil unterworfen werden. Aus der fehlenden Möglichkeit, schuldangemessene Abstufungen auf der Strafzumessungsebene vorzunehmen – und der Nichtanwendbarkeit der Gesamtbetrachtungslehre – sind vor dem Hintergrund der gebotenen restriktiven Merkmalsauslegung alle schuldsteigernden- und schuldmindernden Umstände direkt bei der Mordmerkmalsprüfung zu berücksichtigen, sofern sie nicht gesonderte Elemente der Schuld (wie etwa §§ 20 und 21, § 35 oder der Verbotsirrtum) darstellen. Begreift man die Schuld als unrechtes Handeln trotz normativer Ansprechbarkeit[216], so stellt sich beim Gewissens- und Überzeugungstäter aufgrund des psychischen Drucks die Frage nach der Nähe zum entschuldigenden Notstand gemäß § 35. Der entschuldigende Notstand regelt dabei einen äußeren Notstand, während sich der Gewissens- und Überzeugungstäter in einem inneren Notstand befindet[217]. Aufgrund dieser psychologischen Vergleichbarkeit wird von einigen Stimmen auch die analoge Anwendung des § 35 auf die Gewissenstaten vertreten[218]. Dies wird zum einen damit begründet, „*dass der Verlust des ewigen Lebens, der bei einem Handeln gegen das eigene Gewissen drohe, der Bedrohung des diesseitigen Lebens, auf die § 35 Rücksicht nehme, gleichzustellen sei*“[219]. Zum anderen wird darauf hingewiesen, dass ein Handeln gegen das eigene Gewissen die Persönlichkeit des Täters zerstöre[220].
Schünemann rückt den Gewissens- und Überzeugungstäter gar in die Nähe des § 21, weil die Einschränkung der Möglichkeit des Andershandelns einen

[216] An dieser Stelle wäre eigentlich eine nähere Auseinandersetzung mit der Schulddogmatik geboten, die aber eine eigene Monographie erfordern würde und daher nur in aller Kürze angerissen wird.

[217] So zutreffend *Roxin*, AT I, § 22 Rn. 100.

[218] *Peters* JZ 1966, S. 457; *v. Burski*, Die Zeugen Jehovas, die Gewissensfreiheit und das Strafrecht, 1970, S. 112; *Stratenwerth*, AT, Rn. 618.

[219] So zusammenfassend *Roxin*, der diese Auffassung jedoch nicht teilt, vgl. *Roxin*, aaO, Rn. 101.

[220] So *Stratenwerth*, aaO, Rn. 618.

Schuldminderungsgrund darstelle, *„der sich in einer entsprechenden Milderung der Strafe niederschlagen muss“*[221].
Auch Autoren, die diesen Forderungen nach der umfassenden (privilegierenden) Berücksichtigung von Gewissens- und Überzeugungstaten grundsätzlich ablehnend gegenüberstehen, betonen jedoch, dass der innere Konflikt auf der Ebene der Strafzumessung berücksichtigt werden müsse[222]. Das BVerfG hat sich im Grundsatz ebenfalls für die privilegierende Berücksichtigung des inneren Konflikts auf der Straftzumessungsebene ausgesprochen[223].
Das BVerfG mahnte zudem – wie bereits ausgeführt[224] – die privilegierende Berücksichtigung politischer Fernziele durch die Gerichte bei § 240 an. Der Strafrichter sei zwar bei der Verwerflichkeitsprüfung von Verfassungs wegen nicht gehalten, die Fernziele der Demonstranten zu berücksichtigen (so jedoch die vier wegen Stimmengleichheit im Senat gemäß § 15 Abs. 4, S. 3 BVerfGG überstimmten Richter), spätestens auf der Strafzumessungsebene müsse die privilegierende Einbeziehung der politischen Fernziele erfolgen[225]. Diese Privilegierungsforderung resultiert dabei nicht aus dem inneren Konflikt des Täters, sondern direkt aus dem (altruistischen) politischen Motiv selbst und tritt somit als weiterer Schuldminderungsgrund hinzu.
Zusammenfassend lässt sich daher feststellen, dass der Entscheidung BVerfGE 45, 187 im Bereich der niedrigen Beweggründe nur dann ausreichend Rechnung getragen wird, wenn die Überzeugung und der daraus resultierende innere Konflikt des Täters unmittelbar bei der Prüfung des Mordmerkmals privilegierend berücksichtigt werden.
Mit dieser Privilegierung werden weder die Normen des Staates relativiert noch sein eigener legitimer Schutz in Frage gestellt, sondern lediglich der innere Konflikt des Täters vor dem Hintergrund des Schuldgrundsatzes anerkannt. Ein Bekenntnis zum Werterelativismus ist damit jedoch nicht zwangsläufig verbunden, sondern ausschließlich zur konsequenten Umsetzung des Schuldgrundsatzes, der besagt, dass die angedrohte Strafe in einem gerechten Verhältnis zur Schwere der Tat und – vorliegend entscheidend – zum Maß der Schuld des Täters zu stehen hat[226].

---

221 *Schünemann*, aaO, S. 97.

222 Vgl. etwa Roxin, aaO, Rn. 103: „Wer sich aufgrund einer entgegenstehenden Überzeugung über das Gesetz hinwegsetzt, ist also auf jeden Fall strafbar; „die Gesinnung, die aus der Tat spricht“ (§ 46 II), kann also nur bei der Strafzumessung berücksichtigt werden“ oder Schönke/Schröder-Stree, § 46, Rn. 15: „Überzeugungstäter können aber im Rahmen der Strafzumessung anders behandelt werden, weil und insoweit ihre Überzeugung achtenswert ist.“

223 Vgl. BVerfGE 73, 206, [261].

224 Vgl. dazu oben Seite 227 ff.

225 BVerfGE 73, 206, [261]. Dazu ausführlich oben Seite 227 ff.

226 BVerfGE 20, 323 [331]; 25, 269, [286]; 27, 18, [29]; 45, 187,[259 f.].

Der auf einer anderen Ebene liegende Diskurs über die Frage der apriorischen sittlichen Überlegenheit des Staates wird daher nicht berührt.

Die Privilegierung des Gewissens- und Überzeugungstäters hat daher konsequenterweise auch in den Fällen zu erfolgen, in denen die Allgemeinheit das Ziel terroristischer Anschläge darstellt[227].

Bei der zufälligen Auswahl von Unbeteiligten als Anschlagsziel scheidet zunächst ein gemeinwohlorientiertes Handeln aus, da den Bürgern ein Gemeinwohlinteresse an der gegebenenfalls eigenen Tötung vom Täter nicht ernstlich unterstellt werden kann. Vielmehr lässt die Willkür bei der Opferauswahl – und die darin enthaltene Instrumentalisierung Unbeteiligter als „Druckmittel" gegenüber der Staatsmacht – die Attentäter auch im pluralistischen Gemeinwesen in ihrer Gesinnung zu Recht isoliert. Die Verachtung und die Abscheu gegenüber derartigen Taten ist – im Sinne der *„allgemeinen sittlichen Wertung"* – allgegenwärtig und von einem derart breiten interkulturellen Konsens getragen, dass die Annahme der „sittlich tiefsten Stufe" in kaum einem Fall naheliegender erscheint als bei den terroristischen Attentaten gegen unbeteiligte Bürger.

Terroristische Attentäter handeln jedoch auch – beziehungsweise gerade – aus tiefster innerer Überzeugung. Bei den Anschlägen vom 11. September 2001 war diese Überzeugung sogar derart stark ausgeprägt, dass die Attentäter zur Selbstopferung bereit waren. Gescheiterten Selbstmordattentätern eine Privilegierung mit dem Hinweis auf eine nicht ausreichend ernst gemeinte Gewissensentscheidung zu verwehren, erscheint daher aufgrund der beabsichtigten Selbstaufopferung verfehlt.

Die Privilegierung terroristischer Attentäter hat jedoch auch dann zu erfolgen, wenn keine Selbstaufopferung erfolgt, die Tat jedoch auf einer ernsten sittlichen – an den Kategorien „Gut" und „Böse" orientierten – und für den Täter mit einem inneren Konflikt verbundenen Entscheidung basiert.

Im Zusammenhang mit dem Bombenanschlag auf die Berliner Diskothek „La Belle" im Jahr 1986 bejahte der BGH jedoch – im Gegensatz zum Tatgericht – die niedrigen Beweggründe: *„Wer aus terroristischen Motiven gezielt an der politischen Auseinandersetzung unbeteiligte Dritte durch einen Sprengstoffanschlag tötet, handelt aus niedrigen Beweggründen"*[228]. Im Vordergrund stehe die *„zufällige, unterschiedslose und deshalb willkürliche Auswahl von unbeteiligten Menschen als Opfer"*, die eine Einstufung der Motivation als „niedrig" rechtfertige[229].

---

[227] Vgl. dazu oben Seite 73 ff.

[228] BGH, Urteil v. 24.6.2004 – 5 StR 306/03.

[229] BGH, a.a.O., S. 18. Zustimmend auch NK-*Neumann*, § 211 Rn. 41, MK-*Schneider*, § 211 Rn. 83.

Zudem sei der regelmäßig verheerend wirkende unkontrollierbare Einsatz von Bomben oder Minen von vornherein eklatant menschenverachtend[230].
Abgesehen von dieser Annahme, die auf einer systemwidrigen Vermischung von objektiven und subjektiven Mordmerkmalen beruht, ist dem BGH darin zuzustimmen, dass die ergebnisorientierte Motivationsbetrachtung isoliert die Annahme niedriger Beweggründe nahelegt. Eine etwaige Kompensation durch die Figur des Überzeugungstäters oder die politische Motivation an sich wurde jedoch nicht einmal angedacht[231].

Das Landgericht hatte eine Tötung aus niedrigen Beweggründen verneint, weil *„das politische Motiv* [...] *dieses Mordmerkmal [nicht] ausfüllen" könne, „zumal hierbei dem Bewertungspluralismus Rechnung zu tragen*" sei[232].
Dieser zutreffende Hinweis auf den Bewertungspluralismus findet sich auch bei *Geilen*, der zahlreiche Beispiele für journalistische und gesellschaftliche Symphatien gegenüber der RAF aufzählt[233].
Die *„allgemeine Ansicht*", die in der Definition des Mordmerkmals zu finden ist, stellt sich in Anbetracht der zahlreichen Beispiele von divergierenden Meinungen in der pluralistischen Gesellschaft zu politischen Tötungen immer wieder als bloße Fiktion heraus. Dem Landgericht ist daher in diesem Punkt zuzustimmen.

---

230 Vgl. auch BGHSt 40, 218, [232]; 44, 204, [209].

231 Dies mag auch daran liegen, dass die Täter im vorliegenden Fall lediglich auf Anweisung ihrer politischen Führung handelten. Das Vorliegen einer eigenen Überzeugung wäre unter Umständen nur schwer festzustellen gewesen. Sollte dies der Fall sein, und die Urteilsbegründung des BGH deutet an verschiedenen Stellen darauf hin (vgl. etwa UA S. 18 ff.), so wird – wie auch in anderen Entscheidungen angedeutet (vgl. BGH vom 8.8.2001 – 2 StR 504/00) – deutlich, dass im Vordergrund nicht immer die sittliche Bewertung der Tätermotivation, sondern vereinzelt auch das Werturteil über die Tat an sich steht.

232 UA S. 356, 357, zitiert nach BGH vom 24.6.2004 – 5 StR 306/03.

233 Vgl. *Geilen*, aaO, S. 630 ff. Einen Überblick über diese Problematik, die sich insbesondere vor dem Hintergrund der terroristischen Gewalttaten der RAF Ende der siebziger Jahre stellte, findet sich auch bei *Musloff*, Terrorismus im öffentlichen Sprachgebrauch, 2004, S. 4 ff. und *Stöffel*, Die Wechselwirkung von Terrorismus und innerer Sicherheit in der Bundesrepublik Deutschland der 70er Jahre, 2002, S. 54 ff., die insbesondere auf die Sympathisantendebatte und die Mescalero-Affäre eingeht, vgl. dazu auch *Böll*, in Der Spiegel: „Mord beginnt beim bösen Wort", Heft 41/1977, S. 40 ff. Über die unterschiedlichen gesellschaftlichen Reaktionen auch *Korte*, Der Standort der Deutschen, 1990, S. 59 ff. und *Fetscher*, Terrorismus und Reaktion, S. 98 ff. Vgl. auch *Müssig*, Mord und Totschlag, S. 295.

Zur gesellschaftlichen Einschätzung bezüglich der strafrechtlichen Behandlung von Terroristen auch *Matz/Schmidtchen*, Analysen zum Terrorismus, Band 4, Gewalt und Legitimität, 1983, S. 243.

Die Privilegierung des Gewissens- und Überzeugungstäters hat sich somit beim Vorliegen aller Voraussetzungen auch auf die Täter terroristischer Anschläge zu erstrecken. Die niedrigen Beweggründe sind daher auch in derartigen Fällen abzulehnen.
Dieses zunächst seltsam anmutende Resultat wird jedoch aufgrund der Eigenart terroristischer Anschläge durch objektive Strafschärfungserwägungen wieder kompensiert. Wenn auch die Bejahung der Heimtücke oder der Gemeingefährlichkeit der Mittel in vielen Fällen von Unabwägbarkeiten und Zufällen abhängig ist[234], so legt eine Mehrfachtötung zumindest im Bereich des Totschlags regelmäßig eine Anwendung des § 212 Abs. 2 nahe[235].
Nach Ansicht des BGH setzt ein besonders schwerer Fall des Totschlags, der die Verhängung lebenslanger Freiheitsstrafe rechtfertigt, voraus, *„dass das in der Tat zum Ausdruck kommende Verschulden des Täters außergewöhnlich groß ist. Es muß ebenso schwer wiegen wie das eines Mörders. Hierfür genügt nicht schon die bloße Nähe der die Tat oder den Täter kennzeichnenden Umstände zu einem gesetzlichen Mordmerkmal, hier zu den Merkmalen der Heimtücke und der niedrigen Beweggründe. Es müssen vielmehr schulderhöhende Momente hinzukommen, die besonders gewichtig sind (BGH NJW 1982, 2264, 2265). Die Frage, ob das der Fall ist, kann nur unter Berücksichtigung der Gesamtheit der äußeren und inneren Seite des Verbrechens beantwortet werden. Dazu gehört, daß die Gründe, die den Täter zu seiner Tat bewogen haben, sorgfältig bewertet (BGH NJW 1981, 2310) und schuldmindernde Gesichtspunkte berücksichtigt werden (BGH NStZ 1984, 311 f.).“*[236]
In Bezug auf Mehrfachtötungen führt der BGH aus, dass darin *„ein bedeutsames Erschwerungsmerkmal“* des *„verbrecherischen Handelns“* liege, das die Annahme des § 212 Abs. 2 rechtfertige[237].
Das Tötungsunrecht terroristischer Anschläge wäre demnach in vielen Fällen nicht als Mord, sondern als besonders schwerer Fall des Totschlags einzuordnen. Ein derartiger Urteilstenor, der die Tat nicht als Mord „brandmarkt“, ist nur schwer vermittelbar, aber unausweichlich, will man nicht die Grundsätze einer konsequenten dogmatischen Auseinandersetzung mit dem Tatbestand des Mordes im Bereich der terroristischen Anschläge aushebeln. Mit anderen Worten: Die Einordnung als Totschlag beruht nicht auf einer Sympathie für die abscheulichen terroristischen Anschläge, sondern auf den Unzulänglichkeiten des § 211 Abs. 2, derartige Taten als Mord zu erfassen.

---

[234] Vgl. dazu oben Seite 19 ff.

[235] Diese „Privilegierungskompensation“ stellt dabei nicht die grundlegende privilegierende Berücksichtigung des Gewissens- und Überzeugungstäters in Frage. Die Motivation bleibt isoliert betrachtet schuldmindernd. Lediglich das Hinzutreten eines objektiven Schulderschwerungsgrundes führt in der Gesamtbetrachtung zu einem kompensativen Schuldurteil.

[236] BGH vom 07.08.1986 – 4 StR 371/86.

[237] BGH vom 17.11.1987 – 1 StR 550/87.

Endergebnis

Im Ergebnis lässt sich festhalten, dass der Straftatbestand des Mordes ungeeignet ist, politisch motivierte Tötungen stringent zu erfassen.
Aufgrund der unzulänglichen Möglichkeiten der objektiven Mordmerkmale, derartige Taten konsequent zu erfassen, hängt eine Verurteilung wegen Mordes häufig von der Motivgeneralklausel der „sonstigen niedrigen Beweggründe" ab, deren Feststellung jedoch im Rahmen von politisch motivierten Tötungen abzulehnen ist.

Das Mordmerkmal der „sonstigen niedrigen Beweggründe" ist von einer derartigen Unbestimmtheit gekennzeichnet, dass es weder den Gerichten noch der Literatur gelungen ist, ihm die erforderlichen Konturen zu verleihen.
Die erheblichen Differenzen in der Rechtssprechung – sowohl auf vertikaler als auch auf horizontaler Instanzenebene – belegen die mangelnde Konkretisierung des Merkmals.
Die Feststellung oder Ablehnung des Mordmerkmals hängt im Ergebnis nicht von fest umschriebenen Auslegungsgrundsätzen ab, sondern von der Motivgewichtung, die von Gericht zu Gericht verschieden ist. Insbesondere die signifikant unterschiedliche Bewertung des Merkmals durch die einzelnen Strafsenate des Bundesgerichtshofs verdeutlicht, dass nicht nur ein Verstoß gegen den verfassungsrechtlichen Bestimmtheitsgrundsatz des Art. 103 Abs. 2 GG vorliegt, sondern auch eine Gefahr für das verfassungsrechtliche Gebot der Einheitlichkeit der Rechtsprechung und für die Rechtssicherheit besteht.

In Ermangelung einer Konkretisierungsmöglichkeit der niedrigen Beweggründe de lege lata und der zwangsläufigen Schwächen im Bereich der Rechtsgleichheit und Rechtssicherheit bei anderen Modellen, die immer wieder auf eine moralische Bewertung hinauslaufen, ist de lege ferenda zu wünschen, dass auf dieses moralisierende Mordmerkmal gänzlich verzichtet wird.

Solange die Motivgeneralklausel jedoch weiterhin Bestandteil des strafrechtlichen Lebensschutzes ist, muss es ihr verwehrt bleiben, politische Motivation als sonstigen niedrigen Beweggrund zu erfassen. Die Verneinung des Mordmerkmals der „sonstigen niedrigen Beweggründe" lässt sich für die politische Motivation dabei auf mehreren und von einander unabhängigen Ebenen begründen:

1. Die Analyse der explizit in § 211 Abs. 2 aufgeführten niedrigen Beweggründe, die Mordlust, das Töten zur Befriedigung des Geschlechtstriebs, die Habgier und die Ermöglichungs- und Verdeckungsabsicht, die beide von der ganz herrschenden Lehre zutreffend auch als Unterfall der niedrigen Beweg-

gründe angesehen werden, setzen alle eine zutiefst egoistische Motivation des Täters voraus. Der Täter verabsolutiert seine eigenen materiellen, sexuellen oder ideellen Interessen in egozentrischer Weise, während er gleichzeitig dem Opfer das Lebensrecht abspricht, um seine Ziele zu erreichen. Diese egozentrische bzw. solipsistische Einstellung fehlt jedoch gerade bei den politisch motivierten Tötungen, da politisches Handeln auch immer dazu dient, soziale bzw. gesellschaftliche Ziele zu verwirklichen, die zumindest im Interesse einer Gruppe stehen. Politische Motivation beinhaltet daher stets eine altruistische Komponente.
Dieser selbstlose Aspekt des Politischen, der insbesondere bei den Selbstmordattentaten deutlich zutage tritt, verbietet es, die politische Motivation auf eine Ebene mit den explizit in § 211 genannten niedrigen Beweggründen, deren Essenz gerade die egoistische Interessenverwirklichung ist, zu stellen.
Auf diese grundlegende Unterscheidung zwischen Egoismus und Altruismus wird auch in anderen Bereichen des Strafrechts immer wieder hingewiesen. So betont etwa das BVerfG, dass bei der Verwerflichkeitsprüfung im Rahmen der Nötigung die „politischen Fernziele des Täters" Berücksichtigung finden müssten. Auch andere Gerichte heben die Höherwertigkeit politischen gegenüber egoistischen Handelns hervor. Diese Wertung beschränkt sich dabei jedoch nicht nur auf die Fälle politischen Protests am Rande der Strafwürdigkeit, wie etwa bei den Sitzblockaden, sondern sie ist vielmehr als allgemeines Wohlwollensgebot gegenüber politischer Motivation zu verstehen, das alle Formen politischer Artikulation einbezieht.

2. Die Frage nach der privilegierenden Berücksichtigung des inneren Konflikts des politischen Überzeugungstäters, hatte sich im Laufe der Zeit stets an den unterschiedlichen Konzeptionen der Tötungsdelikte zu orientieren. Die Privilegierungsebenen verschoben sich dabei nicht selten, wie auch ein Blick in die deutsche Vergangenheit zeigt:

§ 211 des RStGB von 1871 orientierte sich am Merkmal der „Überlegung". Hatte der Täter die Tötung mit „Überlegung" ausgeführt, so war er unabhängig von seiner Motivation wegen Mordes zu verurteilen. Die damalige Fassung des § 211 war somit viel stärker entpolitisiert als die heute geltende Neufassung von 1941. Die Frage der privilegierenden Berücksichtigung politischer Motivation beschränkte sich im Kaiserreich und der Weimarer Republik zwangsläufig auf die Frage der „Ehrenhaftigkeit" des Motivs, die unter Umständen zu einer nicht entehrenden Festungshaft, der so genannten Einschließung, führen konnte.
Erst Radbruch ersetzte dieses aus der mittelalterlichen Ständeordnung resultierende normative Element der „Ehrenhaftigkeit" durch das psychologische der „Überzeugung". Eine Verurteilung wegen Mordes blieb dem politisch motivierten Täter aufgrund der Konzeption des alten § 211 zwar nicht erspart, aber der

Staat sollte kein Recht dazu haben, den politischen Täter zu bessern, weil dieser seine Tat aus sittlicher Überzeugung heraus begangen hatte und der Staat keine apriorische sittliche Überlegenheit für sich beanspruchen konnte.
Mit der Schaffung der Einheitsfreiheitsstrafe in den 60er Jahren des vergangenen Jahrhunderts entfiel die Möglichkeit der privilegierenden Berücksichtigung politischer Motivation auf der Straf*arten*ebene. Die radbruchsche Figur des Überzeugungstäters geriet langsam in Vergessenheit und die strafrechtliche Berücksichtigung innerer Konflikte beschränkte sich schon bald auf religiös motivierte Gewissenstaten.

Mit dieser Arbeit sollte der Versuch unternommen werden, eben diese Privilegierungstradition des Überzeugungstäters wieder aufzugreifen und von dem engen Anwendungsbereich der Gewissenstaten zu lösen und auf die Tatbestandsebene des Mordmerkmals der niedrigen Beweggründe zu übertragen.
Dies erscheint nicht zuletzt vor dem Hintergrund der vom BVerfG 1977 angemahnten restriktiven Auslegung des Mordtatbestandes angebracht. Eine derartige Korrektur kann dabei schon praktisch nur auf der Tatbestandsebene vorgenommen werden, weil keine Möglichkeit besteht, die Motivation auf der Strafzumessung- oder Strafartenebene zu berücksichtigen.
Die politische Überzeugung, das Gefühl, zu der Tat berechtigt oder gar verpflichtet zu sein, hat daher im Ergebnis dazu zu führen, dass das Mordmerkmal der niedrigen Beweggründe bei politischer Motivation zu verneinen ist, will man nicht die inhärenten Grundsätze des Schuldprinzips verletzen.

Mit dieser Privilegierung werden weder die Normen des Staates relativiert noch sein eigener legitimer Schutz in Frage gestellt, sondern lediglich der innere Konflikt des Überzeugungstäters vor dem Hintergrund des Schuldgrundsatzes anerkannt. Ein Bekenntnis zum Werterelativismus ist damit nicht zwangsläufig verbunden, sondern ausschließlich zur konsequenten Umsetzung des Schuldgrundsatzes, der besagt, dass die angedrohte Strafe auch in einem gerechten Verhältnis zur Schwere der Schuld des Täters zu stehen hat.

3. Über diesen eher rechtstheoretischen Ansatz hinaus lässt sich jedoch auch eine Qualifikationsabwehrstrategie auf einer praktischeren Ebene begründen.
Diese dritte Ebene rückt ein Merkmal der gängigen Definition der niedrigen Beweggründe in den Mittelpunkt der Betrachtung, nämlich die „allgemeine Ansicht“, der zufolge die Beweggründe auf sittlich tiefster Stufe zu stehen haben.
Gerade diese „allgemeine Ansicht“ existiert vor dem Hintergrund des Bewertungspluralismus’ im Bereich der klassischen Attentate jedoch meist nicht, sondern stellt sich immer wieder als bloße Fiktion heraus. Die erste Generation der RAF konnte sich etwa auf eine relevante Minorität der Gesellschaft berufen, die

sich in Symphatisierungsaktionen und einer weit verzweigten, halblegalen Unterstützer-Logistik äußerte.
Die Mescalero-Affäre um die „klammheimliche Freude" nach den tödlichen Schüssen auf Generalbundesanwalt Buback, der Besuch Jean-Paul Sartres in Stammheim bei Andreas Baader und die eindrucksvolle Verteidigerliste der ersten Generation der RAF belegen diesen partiellen gesellschaftlichen Rückhalt.
Ein derartiger gesellschaftlicher Rückhalt ist jedoch wohl nur im Bereich der politisch motivierten Tötungen an ausgewählten Repräsentanten des Staates zu erwarten. Terroristischen Anschlägen, die sich gegen die Allgemeinheit richten – wie z.B. die Anschläge vom 11. September, London, Madrid oder im Irak und Afghanistan – bleibt diese potenzielle Zustimmung grundsätzlich verwehrt. Die Verachtung und die Abscheu gegenüber derartigen Taten ist – im Sinne der „allgemeinen sittlichen Wertung" – allgegenwärtig und von einem breiten interkulturellen Konsens getragen, dass die Annahme der „sittlich tiefsten Stufe" in kaum einem Fall nahe liegender erscheint als bei den terroristischen Anschlägen gegen unbeteiligte Bürger.
Die Privilegierung des politischen Motivs hat jedoch auch in diesen Fällen über die Berücksichtigung der altruistisch motivierten Überzeugungstat zu erfolgen. Kompensiert wird diese Privilegierung im Ergebnis jedoch häufig durch objektive Strafschärfungserwägungen, die auf der Mehrfachtötung beruhen und zumindest im Fall der terroristischen Anschläge eine Anwendung des § 212 Abs. 2 nahe legen.

Das Tötungsunrecht terroristischer Anschläge ist demnach in vielen Fällen nicht als Mord, sondern als besonders schwerer Fall des Totschlags einzuordnen. Ein derartiger Urteilstenor, der die Tat nicht als Mord „brandmarkt", ist nur schwer vermittelbar, aber unausweichlich, will man nicht die Grundsätze einer konsequenten dogmatischen Auseinandersetzung mit dem Tatbestand des Mordes im Bereich der terroristischen Anschläge aushebeln. Mit anderen Worten: Die Einordnung als Totschlag beruht nicht auf einer Sympathie für die abscheulichen terroristischen Anschläge, sondern auf den Unzulänglichkeiten des § 211 Abs. 2, derartige Taten als Mord zu erfassen.

Materialien und Quellen

I. Gesetze und Gesetzesentwürfe

Radolfzeller Halsgerichtsordnung von 1506, in: Eberhard Schmidt, Die Maximilianischen Halsgerichtsordnungen für Tirol (1499) und Radolfzell (1506) als Zeugnisse mittelalterlicher Strafrechtspflege, Schloss Bleckede a. d. Elbe, 1949

Constitutio criminalis Carolina: *Die peinliche Gerichtsordnung Kaiser Karl V von 1532*, Textausgabe Stuttgart, 1996

BayerStGB 1813: *Strafgesetzbuch für das Königreich Baiern von 1813*, Textausgabe Goldbach, 1986

WürttStGB 1839: *Strafgesetzbuch für das Königreich Württemberg von 1839*, in: E. F. Hufnagel, Strafgesetzbuch für das Königreich Württemberg vom 15. Mai 1839 und die damit in Verbindung stehenden Gesetze, nebst erläuternden Bemerkungen, Goldbach, 2003

PreußStGB 1851: *Strafgesetzbuch für die Preußischen Staaten von 1851*, Textausgabe Goldbach, 2004

NorddStGB 1870: *Strafgesetzbuch für den Norddeutschen Bund von 1870*, Textausgabe Goldbach, 1997

RStGB 1871: *Strafgesetzbuch für das Deutsche Reich von 1871*

E RStGB 1919: *Entwurf eines Allgemeinen Deutschen Strafgesetzbuchs*, in: Wilhelm Kahl, Gegenentwurf zum Vorentwurf eines deutschen Strafgesetzbuches, Goldbach, 1997, S. 63 ff.

E RStGB 1922: *Entwurf eines Allgemeinen Deutschen Strafgesetzbuchs*, in: Richard Schmidt, Grundriss des Deutschen Strafrechts, Goldbach, 1998

E RStGB 1925: *Entwurf eines Allgemeinen Deutschen Strafgesetzbuchs nebst Begründung*, in Schubert/Regge, Quellen I, Band 1, S. 199 ff.

E RStGB 1927: *Entwurf eines Allgemeinen Deutschen Strafgesetzbuchs*, in Schubert/Regge, Quellen I, Band 1, S. 437 ff.

E RStGB 1930: *Entwurf eines Einführungsgesetzes zum Allgemeinen Deutschen Strafgesetzbuch und zum Strafvollzugsgesetz 1930*, in: Materialien zur Strafrechtsreform, Band 7, herausgegeben vom Bundesminister der Justiz, Bonn 1954

AE StGB: *Alternativentwurf eines Strafgesetzbuches*, vorgelegt von Baumann et al., Tübingen, 1966

II. Sonstige Materialien und Quellen

Bundesminister der Justiz, *Stellungnahme des Bundesjustizministers zum Beschluss des BGH*, Recht 1988, S. 46, 1988

Bundesministerium des Inneren (Hrsg.), *Verfassungsschutzbericht*, 2004

Bundesministerium des Innern/Bundesministerium der Justiz (Hrsg.), *Erster periodischer Sicherheitsbericht der Bundesregierung*, Berlin, 2001

Deutscher Juristentag (Hrsg.), *Gesamtregister 1960 - 2004*, Freudig, Stefan (Hrsg.), München, Beck 2006

Deutscher Bundestag (Hrsg.), Drucksache 13/4830, *Antwort der Bundesregierung auf die Kleine Anfrage - Vollzug der lebenslangen Freiheitsstrafe und Reform der Tötungsdelikte im Strafgesetzbuch*, 13. Wahlperiode

Friedrich-Ebert-Stiftung/amnesty international/Terre des femmes (Hrsg.), *Bericht der Fachtagung „Verbrechen im Namen der Ehre“*, Berlin, 2005

Kivinnoforum (Hrsg.), *Honour Related Violence European Resource Book and Good Practice*, Stockholm, 2005

Kommission "Staatsschutz"(Hrsg.), *Bericht der Kommission "Staatsschutz" zum Definitionssystem Politisch motivierte Kriminalität* , Meckenheim, 14.03.2001

Ministerium des Inneren des Landes Brandenburg (Hrsg.), *Bilanz zur Extremismusbekämpfung 2001*, Potsdam, 05.02.2002

Niederschriften über die Sitzung der Großen Strafrechtskommission, *Deutschland Bundesrepublik: Bundesministerium d. Justiz, Teil: Bd. 1. Grundsatzfragen., 1. - 13. Sitzung*, 1956

Niederschriften über die Sitzung der Großen Strafrechtskommission, *Deutschland Bundesrepublik: Bundesministerium d. Justiz, Teil: Bd. 3. Allgemeiner Teil., 26. - 37. Sitzung*, 1958

Sächsisches Staatsministerium des Innern/Landesamt für Verfassungsschutz Sachsen (Hrsg.), *Verfassungsschutzbericht des Freistaates Sachsen*, 2003

Vereinte Nationen (Hrsg.), *Resolution der Generalversammlung vom 15.12.1997 RES/52/164*, 1997

Vereinte Nationen (Hrsg.), *Resolution der Generalversammlung vom 09.12.1999 RES/54/109*, 1999

Literaturverzeichnis

Albrecht, Peter-Alexis, *Das Dilemma der Leitprinzipien auf der Tatbestandsseite des Mordparagraphen*, JZ 1982, S. 697

Albrecht, Peter-Alexis, *Die Vergessene Freiheit*, Berlin, Berliner Wissenschafts-Verlag, 2003

Albrecht, Peter-Alexis, *Kriminologie, Eine Grundlegung zum Strafrecht*, 3. Aufl., Frankfurt, C.H. Beck, 2005

Alternativkommentar zum Grundgesetz, *Kommentar zum Grundgesetz für die Bundesrepublik Deutschland, Band 2, Art. 38 – 146*, Neuwied, Luchterhand, 1989

Altvater, Gerhard, *Rechtsprechung des BGH zu den Tötungsdelikten*, NStZ 2005, 22.

Altvater, Gerhard, *Rechtsprechung des BGH zu den Tötungsdelikten*, NStZ 1998, S. 344

Alwart, Heiner, *Der Begriff des Motivbündels im Strafrecht - am Beispiel der subjektiven Rechtfertigungselemente und des Mordmerkmals Habgier*, GA 1983, S. 433

Ambos, Kai, *Anmerkung zu BGH NStZ 1999, 396*, NStZ 1999, 404

Annan, Kofi, *Abschlusserklärung des VN-Generalsekretärs*, 'Internationales Gipfeltreffen über Demokratie, Terrorismus und Sicherheit' in Madrid, 11.03.2005

Arndt, Adolf, *Die Revision des Strafgesetzbuches durch Beseitigung der Vorschriften nationalsozialistischen oder militaristischen Ursprungs*, SJZ 1947, Sp. 219

Arzt, Gunther, *'Gekreuzte' Mordmerkmale? Zur Tragweite des § 50 II StGB*, JZ 1973, S. 681

Arzt, Gunther, *Die Delikte gegen das Leben*, ZStW 83 (1971), S. 1

Arzt, Gunther, *Die Einschränkung des Mordtatbestandes – Anmerkung zur jüngsten Rechtsprechung des Bundesgerichtshofs*, JR 1979, S. 7

Arzt, Gunther/Weber, Ulrich, *Strafrecht, besonderer Teil: Lehrbuch*, Bielefeld, Gieseking, 2000.

Aust, Stefan, *Der Baader-Meinhof-Komplex*, München, Goldmann, 1998

Badura, Peter, *Staatsrecht: systemat. Erl. d. Grundgesetzes für d. Bundesrepublik Deutschland*, München, Beck, 1986

Badura, Peter, *Handbuch des Staatsrechts der Bundesrepublik Deutschland. - Heidelberg: Müller, Teil: Bd. 7., Normativität und Schutz der Verfassung -*

internationale Beziehungen, 1993
Bakker Schut, Pieter H., *Stammheim: der Prozeß gegen die Rote Armee Fraktion*, Bonn, Pahl-Rugenstein, 1997
Baltzer, Christian, *Die geschichtlichen Grundlagen der privilegierten Behandlung politischer Straftäter im Reichsstrafgesetzbuch von 1871,* Bonn, 1966
Baumann, Jürgen, *Alternativ-Entwurf eines Strafgesetzbuches AT*, Tübingen, Mohr (Siebeck), 1969
Bay, Christian/Welker, Charles, *Civil Disobedience,* Black Rose Books, 1975
Beckmann, Heinrich, *Verfassungsrechtliche Grenzen staatlichen Strafens*, DRiZ 1977, S. 110
Beckstein, Günther, *Der Gewissenstäter im Strafrecht und Strafprozessrecht*, Erlangen, 1975
Behme, Thomas, *Samuel von Pufendorf: Naturrecht und Staat: eine Analyse und Interpretation seiner Theorie, ihrer Grundlagen und Probleme*, Göttingen, Vandenhoeck und Ruprecht, 1995
Beisheim, Carsten E., *Eigennutz als Deliktsmerkmal im Strafrecht*, Wien, Lang, 1994.
Bergmann, Alfred, *Das Unrecht der Nötigung: (§ 240 StGB)*, Berlin, Duncker und Humblot, 1983
BGH-Rechtsprechung Strafrecht, (herausgegeben von den Richtern des Bundesgerichtshofs), Losebl.-Ausg., Heymann, Köln, Stand 01/2006
Binding, Karl, *Bibliothek des deutschen Strafrechts: Meister der Moderne*, Goldbach, Keip
Blasius, Dirk, *Geschichte der politischen Kriminalität in Deutschland: (1800 - 1980)*, Frankfurt am Main, Suhrkamp, 1983
Blei, Hermann, *Strafrecht BT* 2, 12. Aufl., München, Beck, 1983
Bockelmann, Paul, *Strafrecht BT 2*, 1. Aufl., München, Beck, 1977
Bockelmann, Paul, *Bemerkungen über das Verhältnis des Strafrechts zur Moral und zur Psychologie*, 1968.S. 252 Gedächtnisschrift für Radbruch, 1968
Böckenförde, Ernst-Wolfgang, *Die Organisationsgewalt im Bereich der Regierung: Eine Untersuchung zum Staatsrecht d. Bundesrepublik Deutschland*, Berlin, Duncker Humblot, 1964
Böll, Heinrich, *Mord beginnt beim bösen Wort*, Der Spiegel, Heft 41/1977, S. 40
Bopp, Ulrich, *Der Gewissenstäter und das Grundrecht der Gewissensfreiheit*, Karlsruhe, Müller, 1974
Bracher, Karl Dietrich, *Die Auflösung der Weimarer Republik: e. Studie zum Problem d. Machtverfalls in d. Demokratie*, Düsseldorf, Droste, 1978
Bresser, Paul, *Handbuch der forensischen Psychiatrie. - Berlin, Heidelberg, New York: Springer, Teil: 2., Die forensischen Aufgaben der Psychiatrie, der*

Sachverständige, Gutachten und Verfahren, 1972

Brocker, Lars, *Anmerkung zu BGH vom 26.2.1993 - 3 StR 207/92*, NStZ 1994, S. 33

Brocker, Lars, *Die politisch motivierte Tötung und § 211 Abs. 2 StGB*, RuP 1992, S. 211

Brocker, Lars, *Die Tötung des politischen Gegners und § 211 Abs. 2 StGB*, JR 1992, S. 13

Brockhaus Enzyklopädie, *Band Nr. 17*, Leipzig, Brockhaus, F A, 2005

Bruhal, Thomas/Bortfeld, Matthias, *Terrorismus und Selbstverteidigung - Voraussetzungen und Umfang erlaubter Selbstverteidigungsmaßnahmen nach den Anschlägen vom 11. September 2001*, VN 05/2001, S. 161

Bruns, Hans-Jürgen, *Richterliche Rechtsfortbildung oder unzulässige Gesetzesänderung der Strafdrohung für Mord? Eine Besprechung des Beschlusses des Großen Senats des BGH vom 19.5.1981 - GSSt 1/81*, JR 1981, S. 358

Burckhardt, Walter, *Kommentar der schweizerischen Bundesverfassung vom 29. Mai 1874*, Bern, Stämpfli, 1931

Burski, Ulrich von, *Die Zeugen Jehovas, die Gewissensfreiheit und das Strafrecht*Freiburg i. B., 1970

Busch, Richard, *Über die vorsätzliche Tötung*, 1957, Festschrift für Rittler, S. 287

Conen, Peter, *Die vorsätzlichen Tötungsdelikte im Entwurf eines Strafgesetzbuches StGB E 1962*, Berlin, 1965

Crämer, Thomas, *Ursprung sozialen Altruismus': politikwissenschaftliches Experiment und evolutionstheoretischer Erklärungsansatz*, 2001

Dahm, Georg, *Todesstrafe und Tätertyp nach der Strafgesetznovelle vom 4. September 1941*, DR 1942, S. 401

Dahm, Georg, *Der Tätertyp im Strafrecht*, Leipzig, 1940

Davy, Ulrike, *Terrorismusbekämpfung und staatliche Schutzgewährung*, ZAR 2/2003, S. 49

Degenhart, Christoph, *Staatsrecht I. Staatsorganisationsrecht*, Heidelberg, Neckar, Müller, C F, 2005

Doubek, Katja, *Lexikon der Attentate*, Zürich, Piper, 2003

Dreher, Eduard, *Anmerkung zu BGH MDR 1956, 498*, MDR 1956, S. 499

Dreher, Eduard, *Beratungen des Sonderausschusses Strafrecht, S. 601*, Deutscher Bundestag, 4. Wahlperiode 1961 - 1965

Dreher, Eduard, *Zwanzig Thesen zum Thema ziviler Ungehorsam und Sitzblockaden*, MDR 1988, S. 19

Ebert, Udo/Kühl, Kristian, *Das Unrecht der vorsätzlichen Straftat*, Jura 1981, S. 225

Eisenhardt, Ulrich, *Deutsche Rechtsgeschichte*, München, 1995

Engisch, Karl, *Zum Begriff des Mordes*, GA 1955, S. 161

Ermer, Thomas, *Politisch motivierte Sitzblockaden als Problem der strafbaren Nötigung*, München, VVF, 1987

Eser, Albin, *Die Tötungsdelikte in der Rechtsprechung seit BGH - GSSt 1/81 bis Ende Juni 1983*, NStZ 1983, S. 433

Eser, Albin, *Die Tötungsdelikte in der Rechtsprechung zwischen BVerfGE 45, 187 und BGH - GSSt 1/81*

Eser, Albin, *Empfiehlt es sich, die Straftatbestände des Mordes, des Totschlags und der Kindestötung (§§ 211 [Paragraphen zweihundertelf] bis 213, 217 [zweihundertdreizehn zweihundertsiebzehn] StGB) neu abzugrenzen?: Für d. 53. Dt. Juristentag*, München, Beck, 1980.

Eser, Albin, *Strafrecht. - München: Beck, Teil: 1., Schwerpunkt allgemeine Verbrechenselemente*, 1980

Eser, Albin, *Resozialisierung in der Krise? Gedanken zum Sozialisationsziel des Strafvollzuges*, Festschrift für Peters ,1984, S. 503

Fabricius, Dirk, *Anmerkung zu BGH, Urteil vom 7.10.1994 - 2 StR 319/94*, StV 1996, S. 209

Fabricius, Dirk, *Bespr. BGH Urt. v. 12.1.1994 - 3 StR 633/93*, StV 1995, S. 637

Felchlin, Peter, *Das politische Delikt: Entwicklung, Problematik u. Wandel im Auslieferungsrecht*, Zürich, Schulthess, Polygraphischer Verl., 1979

Feldmann, Elliot, *Economic Self-Interest and Political Behavior*, American Journal of Political Science, Vol. 26, No. 3, August 1982, p. 443

Fetscher, Iring, *Terrorismus und Reaktion*, Frankfurt am Main, Büchergilde Gutenberg, 1978

Finker, Kurt *Die militärischen Wehrverbände in der Weimarer Republik*, ZfG 14 (1966), S. 357

Ford, Franklin L., *Der politische Mord: von der Antike bis zur Gegenwart*, Reinbek bei Hamburg, Rowohlt, 1992

Frank, Reinhard, *Das Strafgesetzbuch für das Deutsche Reich*, Frankfurt am Main, Keip, 1975

Franke, Dietmar, *Politisches Delikt und Asylrecht*, Königstein/Ts., Athenäum, 1979

Frankenberg, Günther, *Anmerkung zu OLG Düsseldorf StV 1987, 393*, StV 1987, S. 395

Freisler, Roland, *Gedanken über das Gesetz zur Änderung des Reichsstrafgesetzbuches*, DJ 1941, S. 929

Friedlander, Robert A., *Terrorism*, Encyclopedia of Public International Law, Band 9 (1986), S. 371

Frommel, Monika, *Die Bedeutung der Tätertypenlehre bei der Entstehung des § 211 StGB im Jahre 1941*, JZ 1980, S. 559

Gallagher, Noel, *Definitely Maybe*, Manchester, 1994

Gallas, Wilhelm, *Zum gegenwärtigen Stand der Lehre vom Verbrechen*, ZStW 67 (1955), S. 1

Gallas, Wilhelm, *Zur Struktur des strafrechtlichen Unrechtsbegriffs*, Festschrift für Bockelmann, 1979, S. 155

Geilen, Gerd, *Analoge Anwendung des § 49 Abs. 1 Ziff. 1 bei absolut angedrohtem 'Lebenslänglich'*, JK 1982 StGB § 211/10

Geilen, Gerd, *Zur Entwicklung und Reform der Tötungsdelikte - Bemerkungen zum Stand der Diskussion*, JR 1980, S. 309

Geilen, Gerd, *Das politische Attentat als "Mord"? - Tatbestandsprobleme des § 211 StGB im Spiegel des Terrorismus*, Festschrift für Bockelmann, 1979

Geppert, Klaus, *'Habgier' im Rahmen eines Motivbündels*, JK 1989 StGB § 211/17

Gerkan, Oliver von, *Niedrige Beweggründe als Mordmerkmal*, Heidelberg, 1998

Gintis, Herbert, *Game Theory Evolving*, Princeton University Press 2000, p. 248

Gleispach, Graf Wenzel von, *Abschnitt: Tötung*, in Gürtner: Das kommende deutsche Strafrecht, Besonderer Teil, 2. Aufl., Berlin 1936, S. 371

Göppinger, Hans, *Tötungsdelikte: Bericht über d. XX. Tagung d. Ges. für d. Gesamte Kriminologie vom 4. - 6. Oktober 1979 in Köln*, Stuttgart, Enke, 1980

Görlitz, Axel, *Handbuch Politikwissenschaft: Grundlagen - Forschungsstand - Perspektiven*, Reinbek bei Hamburg, Rowohlt, 1987

Gössel, Karl Heinz, *Strafrecht - besonderer Teil, Band 2, Straftaten gegen materielle Rechtsgüter des Individuums,* Heidelberg, Müller, 1996

Gössel, Karl Heinz, *Überlegungen zur Reform der Tötungsdelikte*, DRZ 1980, 281

Grasberger, Ulrike, *Die (mangelnde) Eignung der Mordmerkmale zur Festlegung besonders strafwürdiger Fälle*, MSchrKrim 1999, S. 147

Grau, Fritz/Krug, Karl/Rietzsch, Otto, *Deutsches Strafrecht, Erster Band*, Berlin, 2. Aufl., 1943.

Grewe, Wilhelm, *Zum Begriff der politischen Partei*, Festgabe für Erich Kaufmann - Recht und Gerechtigkeit, 1950

Grimm, Friedrich, *Politische Justiz, die Krankheit unserer Zeit: 40 Jahre Dienst am Recht, Erlebnis u. Erkenntnis*, Oldendorf, Schütz, 1974

Gropp, Walter, *Die Mitglieder des Nationalen Verteidigungsrates als 'Mittelbare Mit-Täter hinter den Tätern'?*, JuS 1996, S. 13

Gropp, Walter, *Grundfälle zu den Tötungsdelikten*, JuS 1996, S. 13

Grünwald, Gerald, *Aspekte der Bewertung politischer Straftaten*, 1978, in: de Boor: Politisch motivierte Kriminalität-echte Kriminalität?, Köln, 1978, S. 20

Guckenheimer, Eduard, *Der Begriff der ehrlosen Gesinnung im Strafrecht: Ein Beitr. zur strafrechtl. Beurteilung polit. Verbrecher*, Hamburg, W. Gente, 1921

Güde, Max, *Beratungen des Sonderausschusses Strafrecht, S. 600*, Deutscher Bundestag, 4. Wahlperiode 1961 - 1965

Gumbel, Emil Julius, *Vier Jahre politischer Mord*, Berlin-Fichtenau, Verlag d. Neuen Gesellschaft, 1922

Gumbel, Emil Julius/Jacob, Berthold/Falck, Ernst, *"Verräter verfallen der Feme": Opfer, Mörder, Richter 1919-1929*, Berlin, Malik-Verlag, 1929

Günther, Hans-Ludwig, *Mordunrechtsmindernde Rechtfertigungselemente - Ein Beitrag zur Konkretisierung unverhältnismäßiger Grenzfälle des § 211 StGB*, JR 1985, S. 268

Günther, Hans-Ludwig, *Strafrechtswidrigkeit und Strafunrechtsausschluss: Studien zur Rechtswidrigkeit als Straftatmerkmal u. zur Funktion d. Rechtfertigungsgründe im Strafrecht*, München, Heymann, 1983

Günther, Hans-Ludwig, *Verwerflichkeit von Nötigungen trotz Rechtfertigungsnähe*, Festschrift für Baumann , 1992, S. 213

Haffke, Bernhard, *Tiefenpsychologie und Generalprävention: e. strafrechtstheoret. Unters.*, Aarau, Frankfurt am Main, Sauerländer, 1976

Hall, Karl, *Über die Teilnahme an Mord und Totschlag*, Festschrift für Eb. Schmidt, 1971, S. 343

Hälschner, Hugo, *Das gemeine deutsche Strafrecht systematisch dargestellt, Band II*, Bonn, 1881

Hannack, Ernst-Walter, *Zur Problematik der gerechten Bestrafung nationalsozialistischer Gewaltverbrecher*, JZ 1967, S. 297-303; 329-338

Hassemer, Winfried, *Anmerkung zu BGH vom 2.8.1983 – 5 StR 503/83*, JZ 1983, S. 968

Hassemer, Winfried, *Die Mordmerkmale, insbesondere 'heimtückisch' und 'niedrige Beweggründe' - BGHSt 23, 119*, JuS 1971, S. 626

Hassemer, Winfried, *Symbolisches Strafrecht und Rechtsgüterschutz*, NStZ 1989, S. 553

Hassemer, Winfried, *Generalprävention und Strafzumessung*, in Hassmer/Lüderssen/ Naucke, Hauptprobleme der Generalprävention, Frankfurt am Main, Metzner, 1979, S. 43

Heine, Günter, *Mord und Mordstrafe: Grundmängel der deutschen Konzeption und rechtsvergleichende Reformüberlegungen*, GA 2000, S. 304

Heine, Günter, *Tötungsdelikte*, in: Luchterhand: Ergänzbares Lexikon des Rechts, Ordner 4, Gruppe 8 b - Strafrecht

Heine, Günter, *Tötung aus "niedrigen Beweggründen": eine erfahrungswissenschaftlich-strafrechtsdogmatische Untersuchung zur Motivgeneralklausel bei Mord*, Berlin, Duncker, 1988

Heinitz, Ernst, *Der Überzeugungstäter im Strafrecht*, ZStW 78 (1966), S. 61

Heintze, Hans-Joachim, *Ächtung des Terrorismus durch das Völkerrech*, in: Frank/Hirschmann: Die weltweite Gefahr - Terrorismus als internationale Herausforderung, 2002, S. 76

Heintzeler, Gerhard/Schmid, Wilhelm, *Das Bild des Tyrannen bei Platon: Ein Beitr. zur Geschichte d. griech. Staatsethik*, Stuttgart, W. Kohlhammer, 1927

Herren, Rüdiger, *Die Gesinnung im Rahmen der vorsätzlichen Tötungsdelikte, insbesondere beim Mord: Strafrechtl. u. kriminolog. Aspekt = La mentalité dans le cadre des délits de meurtre*, Basel, Verl. f. Recht u. Gesellschaft, 1966

Herzog, Thomas, *Terrorismus: Versuch einer Definition und Analyse internationaler Übereinkommen zu seiner Bekämpfung*, Paris, Lang, 1991

Herzog, Felix, Hiltwein, Jörg, Oldigs, Dirk/Schey, Matthias, *Die strafrechtliche Verantwortlichkeit von Todesschützen an der innerdeutschen Grenze*, Heidelberg, Müller, Jur. Verl., 1993

Hesse, Konrad, *Grundzüge des Verfassungsrechts der Bundesrepublik Deutschland*, Heidelberg, Müller, 1995

Hillmayr, Heinrich, *Roter und weisser Terror in Bayern nach 1918: Ursachen, Erscheinungsformen u. Folgen d. Gewalttätigkeiten im Verlauf d. revolutionären Ereignisse nach d. Ende d. Ersten Weltkrieges*, München, Nusser, 1974

Hippel, Wolfgang von, *Zum Problem des Widerstands gegen rechtswidrige Machtausübung*, in: Arth. Kaufmann, Widerstandsrecht, Darmstadt, Wissenschaftliche Buchgesellschaft, 1972

Hirsch, Hans Joachim, *Der Streit um Handlungs- und Unrechtslehre, insbesondere im Spiegel der Zeitschrift für die gesamte Strafrechtswissenschaft*, ZStW 94 (1982), S. 240

Hirsch, Hans-Joachim, *Zum Spannungsverhältnis von Theorie und Praxis im Strafrecht*, Festschrift für Tröndle, 1989, S. 19

Höffe, Otfried, *Aristoteles, Politik*, Berlin, Akad.-Verl., 2001

Hoffman, Bruce, *Terrorismus - der unerklärte Krieg: neue Gefahren politischer Gewalt*, Bonn, BpB, 2002

Holler, Manfred J./Illing, Gerhard, *Einführung in die Spieltheorie*, Tokio, Springer, 1996

Holtzendorff, Franz von, *Das Verbrechen des Mordes und die Todestrafe:*

Criminalpolit. u. psycholog. Untersuchungen. Hrsg. auf Grundlage öffentl. in Berlin u. München gehaltener Universitätsvorträge., Frankfurt am Main, Keip, 1970

Holtzendorff, Franz von, *Die Psychologie des Mordes*, Frankfurt am Main, Keip, 1970

Huber, Ernst Rudolf, *Dokumente zur deutschen Verfassungsgeschichte. - Stuttgart: Kohlhammer, Teil: Bd. 2., Deutsche Verfassungsdokumente 1851 – 1900*, 1986

Jäger, Herbert, *Strafrecht und psychoanalytische Theorie*, Festschrift für Henkel, 1977, S. 125

Jagusch, Heinrich, *Die Rechtsprechung des Obersten Gerichtshofs für die Britische Zone zur vorsätzlichen Tötung*, SJZ 1949, Sp. 324

Jakobs, Günther, *Anmerkung zu BGH vom 4.7.1984 – 3 StR 199/84*, JZ 1984, S. 996

Jakobs, Günther, *Anmerkung zu BGH vom 26.7.1994 - 5 StR 98/94*, NStZ 1995, S. 26

Jakobs, Günther, *Niedrige Beweggründe bei Mord und die besoneren persönlichen Merkmale in § 50 II und III StGB*, NJW 1969, S. 489

Jakobs, Günther, *Strafrecht, allgemeiner Teil: die Grundlagen und die Zurechnungslehre*, New York, de Gruyter, 1993

Jasper, Gotthard, *Der Schutz der Republik: Studien z. staatl. Sicherung d. Demokratie in d. Weimarer Republik 1922 - 1930*, Tübingen, Mohr (Siebeck), 1963

Jászi, Oscar/Lewis, John D., *Against the Tyrant: The Tradition and Theory of Tyrannicide*, Free Press, 1957

Jescheck, Hans-Heinrich, *Die Rechtsprechung des Bundesgerichtshofs in Strafsachen*, GA 1956, S. 97

Jescheck, Hans-Heinrich, *Lehrbuch des Strafrechts: allgemeiner Teil*, 2. Aufl., Berlin, Duncker, 1972.

Jescheck, Hans-Heinrich/Triffterer, Otto, *Ist die lebenslange Freiheitsstrafe verfassungswidrig?: Dokumentation über d. mündl. Verhandlung vor d. Bundesverfassungsgericht am 22. u. 23. März 1977*, Baden-Baden, Nomos-Verlagsgesellschaft, 1978

John, Richard, *Entwurf mit Motiven zu einem Strafgesetzbuche für den Norddeutschen Bund*, Berlin, Verlag von Guttentag, 1868

Kahl, Wilhelm, *Gegenentwurf zum Vorentwurf eines deutschen Strafgesetzbuches*, Goldbach, Keip, 1997

Kaiser, Günther, *Kriminologie – Ein Lehrbuch*, Heidelberg, Müller, 1996

Kargl, Walter, *Gesetz, Dogmatik und Reform des Mordes (§ 211 StGB)*, StraFO 2001, S. 368

Kargl, Walter, *Zum Grundtatbestand der Tötungsdelikte*, JZ 2003, S. 1141

Katholnigg, Oskar, *Strafgerichtsverfassungsrecht: Kommentar zu den allgemeinen und den die Strafrechtspflege regelnden Vorschriften des Gerichtsverfassungsgesetzes, des Einführungsgesetzes zum Gerichtsverfassungsgesetz und des Gesetzes zur Wahrung der Einheitlichkeit der R*, München, Heymann

Kaufmann, Arthur, *Strafrechtspraxis und sittliche Normen*, JuS 1978, S. 366

Kaufmann, Armin, *Zum Stande der Lehre vom personalen Unrecht*, Festschrift für Welzel, 1974, S. 393

Kaufmann, Arthur, *Gustav Radbruch: Rechtsdenker, Philosoph, Sozialdemokrat*, Zürich, Piper, 1987

Kimminich, Otto, *Asylrecht und Auslieferung*, AnwBl. 1985, S. 416

Kirchgässner, Gebhard, *Homo oeconomicus: das ökonomische Modell individuellen Verhaltens und seine Anwendung in den Wirtschafts- und Sozialwissenschaften*, Tübingen, Mohr, 1991

Kirchheimer, Otto/Gurland, Arcadius R. L., *Politische Justiz: Verwendung jurist. Verfahrensmöglichkeiten zu polit. Zwecken*, Berlin, Luchterhand, 1965

Kissel, Otto Rudolf, *Gerichtsverfassungsgesetz: Kommentar*, München, Beck, 2001

Kohl, Hans-Helmut/Siemes, Jochen, *Den Opfern einen Namen geben*, Dokumentation der Frankfurter Rundschau und des Tagesspiegels vom 14.9.2000

Köhler, Michael, *Urteilsanmerkung zu BGH 5 StR 711/79 vom 27.11.1979*

Kohlrausch, Eduard/Lange, Richard, *Strafgesetzbuch mit Erläuterungen und Nebengesetzen*, Berlin, de Gruyter, 1950

Korte, Karl-Rudolf, *Der Standort der Deutschen: Akzentverlagerungen der deutschen Frage in der Bundesrepublik Deutschland seit den siebziger Jahren*, Köln, Verl. Wiss. u. Politik, 1990

Kothe, Peter, *Vorlage, Richterrecht und Anspruch auf gesetzlichen Richter*, DÖV 1988, S. 284

Krahl, Matthias, *Die Rechtsprechung des Bundesverfassungsgerichts und des Bundesgerichtshofs zum Bestimmtheitsgrundsatz im Strafrecht (Artikel 103 Absatz 2 GG)*, New York, Lang, 1986

Kretschmer, Ernst, *Medizinische Psychologie*, Leipzig, G. Thieme, 1943

Kreuzer, Arthur, *Anmerkung zu OLG Celle NJW 1970, 206*, NJW 1970, 670

Kreuzer, Arthur, *Sind Menschenfresser Mörder? – Die Tötungsparagrafen des Strafrechts müssen reformiert werden*, in: DIE ZEIT vom 05.02.2004, Nr. 7

Kreuzer, Arthur, *War es Mord? – In Frankfurt/Main beginnt ein neuer Prozess gegen den „Rotenburger Kannibalen". Eine juristische Analyse*, in: ZEIT online vom 11.01.2006

Krey, Volker, *Strafrecht - Besonderer Teil, Band 1*, Stuttgart, Kohlhammer, 1998

Krey, Volker, *Strafrecht, besonderer Teil. - München: Beck, Teil: 2., Delikte gegen die Person und die Allgemeinheit*, Stuttgart, Kohlhammer, 2005

Kröber, Hans-Ludwig, *Die Hirnforschung bleibt hinder dem Begriff strafrechtlicher Verantwortlichkeit zurück*, in: Geyer: Hirnforschung und Willensfreiheit, 2004, S. 105

Kropotkin, Peter, *Unterredung mit Lenin sowie andere Schriften zur russischen Revolution*, Hannover, 1980

Krüger, Gabriele, *Die Brigade Ehrhardt*, Hamburg, Leibniz-Verl., 1971

Kühl, Kristian, *Sitzblockaden vor dem Bundesverfassungsgericht*, StV 1987, S. 122

Küpper, Georg, *Neuere Entwicklung zur Nötigung durch Sitzblockaden*, Jura 1993, S. 187

Lackner, Karl, *Anmerkung zu BGH GSSt NStZ 1981, 344*, NStZ 1981, S. 348

Lackner, Karl/Kühl, Kristian, *Strafgesetzbuch: mit Erläuterungen*, 25. Aufl., München, Beck, 2004

Lampe, Ernst-Joachim, *Das personale Unrecht*, Berlin, Duncker, 1967

Lang-Hinrichsen, Dietrich, *Der Überzeugungstäter in der deutschen Strafrechtsreform*, JZ 1966, S. 153

Lange, Richard, *Die Schuld des Teilnehmers, insbesondere bei Tötungs- und Wirtschaftsverbrechen*, JR 1949, S. 165

Langer, Winrich, *Das Sonderverbrechen: e. dogmat. Untersuchung z. Allgemeinen Teil d. Strafrechts*, Berlin, Duncker, 1972

Le Courtois, *Des actes de gouvernement*, Poitiers, 1899.

Leipziger Kommentar, *Strafgesetzbuch, Bd. 5., §§ 185 bis 262*, Berlin, De Gruyter, 1988

Leisner, Walter, *Urteilsverfassungsbeschwerde wegen Nichtvorlage bei Abweichung*, NJW 1989, S. 2446

Lempp, Reinhart, *Jugendliche Mörder: e. Darst. an 80 vollendeten u. versuchten Tötungsdelikten von Jugendlichen u. Heranwachsenden*, Bern, Stuttgart, Wien, Huber, 1977

Lersch, Philipp, *Aufbau der Person*, München, J. A. Barth, 1970

Liman, Paul, *Der politische Mord im Wandel der Geschichte: E. histor. psycholog. Studie*, Berlin, A. Hofmann Comp., 1912.

Liszt, Franz von, *Verbrechen und Vergehen wider das Leben: Körperverletzung*, Berlin, Liebmann, 1905

Liszt, Franz von, *Lehrbuch des deutschen Strafrechts*, Frankfurt am Main, Keip, 1985

Löwy, Michael, *Che Guevara*, Frankfurt am Main, isp-Verl., 1987

Lüderssen, Klaus, *Kriminalpolitik auf verschlungenen Wegen: Aufsätze zur Vermittlung von Theorie u. Praxis*, Frankfurt am Main, Suhrkamp, 1981

Lüderssen, Klaus, *Ändert die Hirnforschung das Strafrecht?*, in: Geyer: Hirnforschung und Willensfreiheit 2004, S. 98

Lullies, Stefan, *Das Problem der Tötungshemmung beim Mörder*, Berlin, Duncker, 1971

Maatz, Kurt Rüdiger/Wahl, Bernhard, *Die Verminderung der Schuldfähigkeit infolge Alkoholisierung*, Festschrift aus Anlass des fünfzigjährigen Bestehens des BGH, 2000, S. 531

Maihofer, Werner, *Stichwort: Politische Kriminalität*, in: Meyers großes Handlexikon, 1975

Mangoldt, Hermann von/Klein, Friedrich/Starck, Christian, *Kommentar zum Grundgesetz - Band 1 und 2*, München, Vahlen, 2005

Matz, Ulrich/Schmidtchen, Gerhard, Analysen zum Terrorismus, Band 4: Gewalt und Legitimität, Bonn, 1983

Mauch, Hans-Joachim, *Nationalistische Wehrorganisationen in der Weimarer Republik: zur Entwicklung u. Ideologie d. 'Paramilitarismus'*, Bern, Lang, 1982

Maurach/Schroeder/Maiwald, *Strafrecht, Besonderer Teil. - Heidelberg: Müller, Teil: Teilbd. 2., Straftaten gegen Gemeinschaftswerte*, 1991

Meier, Bernd-Dieter, *Strafrechtliche Sanktionen*, Tokio, Springer, 2001

Merleau-Ponty, Maurice, *Humanismus und Terror*, Frankfurt am Main, Syndikat, 1976

Mettgenberg, Wolfgang, *Die Attentatsklausel im deutschen Auslieferungsrecht*, Tübingen, Mohr, 1905

Meyer-Goßner, Lutz, *Strafprozessordnung, Gerichtsverfassungsgesetz, Nebengesetze und ergänzende Bestimmungen*, München, Beck, 2004

Mezger, Edmund, *Tatstrafe und Täterstrafe*, ZStW 60 (1941), S. 353

Mickel, Wolfgang W., *Handlexikon zur Politikwissenschaft*, Bonn, Bundeszentrale für Polit. Bildung, 1986

Miebach, Klaus, *Anmerkung zu OLG Stuttgart NStZ 1988, 129*, NStZ 1988, S. 130

Miehe, Olaf, *Ein Ausbruch, der nichts einbrachte*, JuS 1996, S. 1000

Mühlbauer, Stefan, *Die Rechtsprechung des Bundesgerichtshofs zur Tötungshemmschwelle*, Münster, Lit, 1999

Müller-Dietz, Heinz, *Mord, lebenslange Freiheitsstrafe und bedingte Entlassung*, Jura 1983, S. 568

Müller-Dietz, Heinz, *Persönliche Freiheit*, in: Luchterhand: Ergänzbares Lexikon des Rechts, Ordner 3, Gruppe 8 a - Strafrecht

Münchener Kommentar zum Strafgesetzbuch, *Band 3, §§ 185 - 262 StGB*, München, Beck, 2003

Münkler, Herfried, *Demaskierung der Macht: Niccolò Machiavellis Staats- und Politikverständnis*, Baden-Baden, Nomos-Verl.-Ges., 2004

Musloff, Andreas, *Terrorismus im öffentlichen Sprachgebrauch*, Beitrag zur Konferenz 'Terrorismus und innere Sicherheit in der Bundesrepublik der 1970er Jahre', Universität Bielefeld, 2004

Müssing, Bernd, *Mord und Totschlag – Vorüberlegungen zu einem Differenzierungsansatz im Bereich des Tötungsunrechts*, Carl Heymanns Verlag, Köln, 2005

Müssing, Bernd, *Normativierung der Mordmerkmale durch den Bundesgerichtshof?*, in: Festschrift für Hans Dahs, Dr. Otto Schmidt Verlag, Köln, 2005, S. 117

Nagel, Irmela, *Fememorde und Fememordprozesse in der Weimarer Republik*, Wien, Böhlau, 1990

Neumann, Ulfrid, *Anmerkung zu BGH vom 19.10.2001 - 2 StR 259/01*, JR 2002, S. 471

Neumann, Ulfrid, *Gustav Radbruchs Beitrag zur Strafrechtsreform*, KJ 2004, S. 432

Neumann, Ulfrid, *Mord und Totschlag - Argumentationstheoretische Erwägungen zum Verhältnis von §§ 211 und 212 StGB*, Festschrift für Lampe, Berlin, 2003, S. 643

Neumann, Ulfrid, *Zur (Nicht)-Reform der lebenslangen Freiheitsstrafe*, in: Frankfurter Kriminalwissenschaftliche Studien, Bd. 69, Irrwege der Strafgesetzgebung, Institut für Kriminalwissenschaften und Rechtsphilosophie, Frankfurt am Main, 1999, S. 389

Neusel, Werner, *Höchstrichterliche Strafgerichtsbarkeit in der Republik von Weimar*, Frankfurt (am Main), Athenäum-Verlag, 1972

Noll, Peter, *Der Überzeugungstäter im Strafrecht*, ZStW 78 (1966), S. 63

Noll, Peter, *Begriff und Funktion der guten Sitten im Strafrecht*, Festschrift zum 150jährigen Bestehen des Oberlandesgerichts Zweibrücken, 1969, S. 206

Nomos-Kommentar zum Strafgesetzbuch, Herausgegeben von Kindhäuser, Urs/Neumann, Ulfrid/Paeffgen, Hans-Ulrich, 2. Auflage, Baden-Baden, Nomos, 2005

Oehler, Dietrich, *Der objektive Zweckmoment in der rechtswidrigen Handlung*, Berlin, Duncker Humblot, 1959

Offenloch, Werner, *Zur rechtlichen Bewertung der Blockade von Militäreinrichtungen*, JZ 1988, S. 12

Otto, Harro, *Die Mordmerkmale in der höchstrichterlichen Rechtsprechung*, Jura 1994, S. 141

Otto, Harro, *Mordlust*, JK 1987 StGB § 211/15

Otto, Harro, *Neue Entwicklungen im Bereich der vorsätzlichen Tötungsdelikte*, Jura 2003, S. 612

Otto, Harro, *Straftaten gegen das Leben*, ZStW 83 (1971), S. 39

Otto, Harro, *Grundkurs Strafrecht. - Berlin : de Gruyter Recht, Teil: Die einzelnen Delikte*, 1995

Paeffgen, Hans-Ulrich, *Einmal mehr - Habgier und niedrige Beweggründe*, GA 1982, S. 255

Papacharalambous, Charis, *Das politische Delikt im legalistischen Rechtsstaat: Beitrag zu einer Theorie der illegalen politischen Kommunikation*, Paris, Lang, 1991

Papadatos, Pièrre-Achille, *Le délit politique*, Genf, 1954

Peters, Karl, *Bemerkung zur Rechtsprechung der Oberlandesgerichte zur Wehrersatzdienstverweigerung aus Gewissensgründen*, JZ 1966, S. 457

Pfeiffer, Gerd, *Karlsruher Kommentar zur Strafprozessordnung und zum Gerichtsverfassungsgesetz: mit Einführungsgesetz*, München, Beck, 2003

Pieroth, Bodo/Görisch, Christoph, *Was ist eine „Religionsgemeinschaft"*, JuS 2002, S. 937

Pieroth, Bodo/Schlink, Bernhard, *Staatsrecht II – Grundrechte*, Heidelber, C. F. Müller, 2004

Pikart, Eberhard, *Deutschland Gebiet unter Alliierter Besatzung: Boldt im Oldenbourg-Verl., Teil: Bd. 5., Ausschuss für Grundsatzfragen*, 1993

Plato, *Der Staat: griechisch-deutsch = Politeia*, Zürich, Artemis und Winkler, 1999

Quattrone, George/Tversky, Amos, *Contrasting Rational and Psychological Analyses of Political Choice*, American Political Science Review, Vol. 82, No. 3, September 1988, p. 719

Radbruch, Gustav, *Der politische Mord*, SJZ 1948, Sp. 311 = GRGA Band 9, S. 336

Radbruch, Gustav, *Der Überzeugungsverbrecher*, ZStW 44 (1926), S. 34 = GRGA Band 8, S. 131

Radbruch, Gustav, *Einführung in die Rechtswissenschaft*, 2. Aufl., Leipzig, Quelle & Meyer, 1913 = GRGA Band 1, S. 97

Radbruch, Gustav, *Staatsnotstand, Staatsnotwehr und Fememord*, Justiz, Heft 5, 1929 = GRGA Band 8, S. 198

Radbruch, Gustav, *Der innere Weg: Aufriss meines Lebens*, Göttingen, Vandenhoeck Ruprecht, 1961 = GRGA Band 16, S. 167

Raith, Werner, *Politische Morde: 17 Fälle des 20. Jahrhunderts*, Göttingen, Verl. Die Werkstatt, 1996

Reichert-Hammer, Hansjörg, *Politische Fernziele und Unrecht: ein Beitrag zur Lehre von der Strafrechtswidrigkeit unter besonderer Berücksichtigung der Verwerflichkeitsklausel des § 240 Abs. 2 StGB*, Berlin, Duncker und Humblot, 1991

Rengier, Rudolf, Anmerkung zu BGH vom 2.8.1983 – 5 StR 503/83, NStZ 1984, S. 21

Rengier, Rudolf, *Strafrecht - Besonderer Teil II*, 7. Aufl., München, Beck, 2006

Renner, Edmund, *Mathematisch-statistische Methoden in der praktischen Anwendung*, Hamburg, Parey, 1981

Revitch, Eugene/Schlesinger, Louis, *Murder: Evaluation, Classification and Prediction*, in: Drapkin/Viano: Victiomology, 1975

Rieß, Peter, *Zur Abgrenzung von Mord und Totschlag*, NJW 1968, S. 628

Rietzsch, Otto, *Gesetz zur Änderung des Reichsstrafgesetzbuchs*, in: HansNeubert und Reinhard Pfundtner: Das neue deutsche Reichsrecht, Loseblattsammlung, Band II b 61 bis Schluss, c; Band II c 6, S. 169-189

Rode, Irmgard/Schell, Siegfried, *Sozialprognose bei Tötungsdelikten*, Berlin, Springer, 1988

Rohe, Karl, *Politik: Begriffe und Wirklichkeiten*, Köln, Kohlhammer, 1994

Rohracher, Hubert, *Einführung in die Psychologie*, Wien, Urban und Schwarzenberg, 1984

Rote Armee Fraktion, *Texte und Materialien zur Geschichte der RAF*, Berlin, ID Verlag, 1979

Roth, Gerhard, *Wir sind determiniert*, in: Geyer (Hrsg.): Hirnforschung und Willensfreiheit, 2004, S. 218

Roxin, Claus, *Verwerflichkeit und Sittenwidrigkeit als unrechtsbegründende Merkmale im Strafrecht*, JuS 1964, S. 373

Roxin, Claus, *Strafrecht, Allgemeiner Teil, Bandd 1, Grundlagen, der Aufbau der Verbrechenslehre*, 4. Aufl., München, C.H. Beck, 2006

Rudolphi, Hans-Joachim/Horn, Eckhard/Samson, Erich, *Systematischer Kommentar zum Strafgesetzbuch*, Berlin, Luchterhand, Stand 01/2006

Rüping, Hinrich, *Zur Problematik des Mordtatbestandes*, JZ 1979, S. 617

Rüping, Hinrich, *Grundriss der Strafrechtsgeschichte*, 2. Aufl., München, Beck, 1991

Sabrow, Martin, *Der Rathenaumord: Rekonstruktion einer Verschwörung gegen die Republik von Weimar*, München, Oldenbourg, 1994

Saliger, Frank, *"Niedrige Beweggründe" bei "grundloser Tötung"? Anmerkung zu BGH, Urteil vom 19. Oktober 2001*, StV 2003, S. 38

Saliger, Frank, *Zum Mordmerkmal der Verdeckungsabsicht*, ZStW 109 (2002), S. 302

Sannemüller, Ursel/Ullrich, S./Pillmann, Frank/Draba, S. und Marneros, Andreas, *Tötungsdelikte - soziodemographischer Hintergrund der Täter und tatspezifische Merkmale*, Archiv f. Krim 1999, S. 65

Sartre, Jean-Paul, *Politische Schriften*, Bd. 6, in: Gesammelte Werke in Einzelausgaben, Hamburg, Rowohlt, 1995

Sax, Walter, *Der Grundtatbestand bei den Tötungsdelikten und beim Delikt der Abtreibung*, ZStW 64 (1952), S. 393

Schaffstein, Friedrich, *Die unechten Unterlassungsdelikte im System des neuen Strafrechts*, Festschrift für v. Gleispach, 1936, S. 70

Schafheutle, Josef, *Beratungen des Sonderausschusses Strafrecht, S. 537*, Deutscher Bundestag, 4. Wahlperiode 1961 - 1965

Schick, Wolfgang, *Bestimmtheitsgrundsatz und Analogieverbot*, Festschrift für Walter, 1986, S. 625

Schlüchter, Ellen, *Zum "Minimum" bei der Auslegung normativer Merkmale im Strafrecht*, NStZ 1984, S. 300

Schmalenbach, Kirsten, *Der internationale Terrorismus*, NZWehrR 2000, S. 15

Schmid, Eberhard, *Anmerkung zu OGH SJZ 1949, Sp. 559*, SJZ 1949, Sp. 559

Schmidhäuser, Eberhard, *Gesinnungsmerkmale im Strafrecht*, Tübingen, Mohr (Siebeck), 1958

Schmidhäuser, Eberhard, *Zum Mordmerkmal der Habgier: Bemerkungen über ein Urteil des Hanseatischen Oberlandesgerichts Hamburg*, Festschrift für Reimers, 1979, S. 445

Schmidhäuser, Eberhard, *Strafrecht, besonderer Teil: Grundriss*, Tübingen, Mohr, 1983

Schmidhäuser, Eberhard, *Strafrecht, allgemeiner Teil: Studienbuch*, Tübingen, Mohr, 1984

Schmidt, Eberhard, *Die Maximilianischen Halsgerichtsordnungen für Tirol (1499) und Radolfzell (1506) als Zeugnisse mittelalterlicher Strafrechtspflege*, Schloss Bleckede a.d. Elbe, Meissner, 1949

Schmidt, Eberhard, *Aufbau und Auslegung der Tötungsdelikte - Zur Lehre von den Tötungsdelikten*, DRZ 1949, S. 198

Schmidt, Eberhard, *Einführung in die Geschichte der deutschen Strafrechtspflege*, Göttingen, 1983

Schmidt, Rolf, *Grundrechte sowie Grundzüge der Verfassungsbeschwerde*, 8. Aufl., Bremen, 2006

Schmidt-Leichner, Erich, *Das Gesetz zur Änderung des Reichsstrafgesetzbuches vom 4.9.1941 und die Durchführungsverordnung vom 24.9.1941*, DR 1941, S. 2145

Schmitt, Carl, *Der Begriff des Politischen: Text von 1932 mit einem Vorwort und drei Corollarien*, Berlin, Duncker, 1996

Schneider, Hartmut, *Anmerkung zu LG Passau, Urteil vom 15.1.2004 - Ks 101 Js 7109/03*

Schomburg, Wolfgang/Lagodny, Otto, *Internationale Rechtshilfe in Strafsachen: Kommentar zum Gesetz über die internationale Rechtshilfe in Strafsachen (IRG) sowie Erläuterungen zu den wichtigsten europäischen Rechtshilfeübereinkommen (Europarat, EU, Schengen)*, München, Beck, 1998

Schöneburg, Volkmar, *Radbruch, Gustav: Gesamtausgabe. - Heidelberg: Müller, Teil: Bd. 19., Reichstagsreden*, 1998

Schönke, Adolf, *Anmerkung zu KG Berlin NJW 1950, 237*, NJW 1950, S. 237

Schönke, Adolf/Schröder, Horst, *Strafgesetzbuch: Kommentar*, 27. Aufl., München, Beck, 2006

Schroeder, Friedrich-Christian, *Grundgedanken der Mordmerkmale*, JuS 1984, S. 275

Schroeder, Friedrich-Christian, *Der Schutz von Staat und Verfassung im Strafrecht: Eine systemat. Darstellung, entwickelt aus Rechtsgeschichte u. Rechtsvergleichung*, München, Beck, 1970

Schroeder, Friedrich-Christian, *Die Carolina: d. Peinl. Gerichtsordnung Kaiser Karls V. von 1532*, Darmstadt, Wissenschaftliche Buchgesellschaft, 1986

Schulin, Ernst, *Walther Rathenau: Repräsentant, Kritiker u. Opfer seiner Zeit*, Göttingen, Zürich, Frankfurt am Main, Musterschmidt, 1979

Schünemann, Bernd, *Politisch motivierte Kriminalität*, in: de Boor: Politische Kriminalität-echte Kriminalität?, Köln, 1978, S. 49

Schünemann, Bernd, *Nulla poena sine lege?: Rechtstheoret u. verfassungsrechtl. Implikationen d. Rechtsgewinnung im Strafrecht*, Berlin, New York, de Gruyter, 1978

Schünemann, Bernd, *Methodologische Prolegomena zur Rechtsfindung im Besonderen Teil des Strafrechts*, Festschrift für Bockelmann, 1979, S. 117

Schutz, Alfred, *Der sinnhafte Aufbau der sozialen Welt: eine Einleitung in die verstehende Soziologie*, Frankfurt am Main, Suhrkamp, 1987

Schwalm, Georg, *Heimtücke und achtenswerter Beweggrund*, MDR 1957, S. 260

Sears, David/Funk, Carolyn, *The Role of Self-Interest in Social and Political Attitudes Advances in experimental Psychology*, Vol. 24, S. 1

Seidl-Hohenveldern, Ignaz, *Kombattantenstatus für Terroristen*, NZWehrR 1973, S. 81

Selle, Dirk von, *Zur Strafbarkeit des politisch motivierten Tötungsverbrechens*, NJW 2000, S. 992

Sellkens, Winnie/Wilde, Michael, *Rechtsextremistische Straftaten - ein Schattenbericht*, 2001.

Sessar, Klaus, *Rechtliche und soziale Prozesse einer Definition der Tötungskriminalität*, Freiburg/Breisgau, Max-Planck-Inst. für Ausländ. u. Internat. Strafrecht, 1981

Siefer, Werner/Weber, Christian, *Ich – Wie wir uns selbst erfinden*, Frankfurt am Main/New York, Campus Verlag, 2006

Singer, Wolf, *Ein neues Menschenbild? Gespräche über Hirnforschung*, Frankfurt am Main, Suhrkamp, 2003

Singer, Wolf, *Verschaltungen lgen uns fest: Wir sollten aufhören, von Freiheit zu sprechen*, in: Geyer (Hrsg.): Hirnforschung und Willensfreiheit, S. 30

Siol, Joachim, *Mordmerkmale in kriminologischer und kriminalpolitischer Sicht: eine Untersuchung anhand von Gerichtsurteilen*, Göttingen, Schwartz, 1973

Sohm, Stefan, *Die Instrumentalisierung des Völkerrrechts zur Bekämpfung des internationalen Terrorismus - Versuch einer Definition und Analyse der völkerrechtlichen Übereinkommen zu seiner Bekämpfung*, Humanitäres Völkerrecht Nr. 04/1994, S. 164

Sontheimer, Kurt, *Antidemokratisches Denken in der Weimarer Republik: Die polit. Ideen d. dt. Nationalismus zwischen 1918 u. 1933*, München, Nymphenburger Verl.-Handl., 1962

Sowada, Christoph, *Strafrecht und Überzeugungstäter*, JR 1996, S. 232

Sowada, Christoph, *Zur Strafbarkeit wegen Mordes bei strafvereitelungsfremdem Verdeckungszweck*, JZ 2000, S. 1035

Spendel, Günter, *„Heimtücke" und gesetzliche Strafe bei Mord*, JR 1983, S. 269

Spross, Joachim, *Die Unrechts- und Strafbegründung bei dem Überzeugungs- und Gewissenstäter: ein quellenhistorischer, philosophischer, staats- und strafrechtlicher Entwurf*, Baden-Baden, Nomos-Verl.-Ges., 1992

Starbatty, Joachim , *Klassiker des ökonomischen Denkens. - München: Beck, Teil: Bd. 1., Von Platon bis John Stuart Mill*, 1989

Stein, Torsten/Meiser, Christian, *Die Europäische Union und der Terrorismus*, Die Friedens-Warte, Nr. 76 (2001), S. 33

Stern, Klaus, *Das Staatsrecht der Bundesrepublik Deutschland, Band 1: Grundbegriffe und Grundlagen des Staatsrechts, Strukturprinzipien der Verfassung*, 2. Aufl., München, Beck 1984

Sternberger, Dolf, *Drei Wurzeln der Politik*, Frankfurt am Main, Suhrkamp, 1984

Stock, Ulrich, *Zur Abgrenzung von Mord und Totschlag*, SJZ 1947, Sp. 529

Stöffel, Susanne, *Die Wechselwirkung von Terrorismus und innerer Sicherheit in der Bundesrepublik Deutschland der 70er Jahre*, Tübingen, 2002

Stooss, Carl, *Die Grundzüge des Schweizerischen Strafrechts, II. Band*, Basel 1892

Stooss, Carl, *Schweizerisches Strafgesetzbuch - Vorentwurf mit Motiven*, Basel, 1894

Stratenwerth, Günter, *Anmerkung zu BGH JZ 1958, 544*, JZ 1958, 545

Stratenwerth, Günter, *Strafrecht, allgemeiner Teil*, 5. Aufl., Köln, Heymann, 2004

Stratenwerth, Günter, *Zur Funktion strafrechtlicher Gesinnungsmerkmale*, Festschrift für v. Weber, 1963, S. 171

Stratenwerth, Günter, *Schweizerisches Strafrecht, Teil: 1. Straftaten gegen Individualinteressen*, Bern, Stämpfli, 1973

Stuberger, Ulf G., *"In der Strafsache gegen Andreas Baader, Ulrike Meinhof, Jan-Carl Raspe, Gudrun Ensslin wegen Mordes u.a. [und anderem]": Dokumente aus d. Prozess*, Frankfurt am Main, Syndikat, 1977

Süß, Frank, *Vom Umgang mit dem Bestimmtheitsgebot*, in: Vom unmöglichen Zustand des Strafrechts, Frankfurt Institut für Kriminalwissenschaften, 1995, S. 207

Thomas, Sven, *Die Geschichte des Mordparagraphen - eine normgenetische Untersuchung bis in die Gegenwart*, Bochum, Studienverlag Brockmeyer, 1985

Tröndle, Herbert/Fischer, Thomas, *Strafgesetzbuch und Nebengesetze*, 53. Aufl., München, Beck, 2006

Vogel, Joachim, *Einflüsse des Nationalsozialismus auf das Strafrecht*, ZStW 115 (2003), S. 6

Wachenfeld, Friedrich, *Die Begriffe von Mord und Totschlag sowie vorsätzlicher Körperverletzung mit tödlichem Ausgange in der Gesetzgebung seit der Mitte des 18. Jahrhunderts : ein Beitrag zur vergleichenden Geschichte der Strafgesetzgebung*, Nachdr. der Ausg.: Marburg, 1890, Goldbach, Keip, 1996

Wagner, Joachim, *Politischer Terrorismus und Strafrecht im Deutschen Kaiserreich von 1871*, Hamburg, v. Decker, 1981

Walzer, Michael, *Just an unjust war - A moral argument with historical illustrations*, 1992

Wasek, Andrzej, *Zur Problematik der Beziehung zwischen Strafrecht und Moral*, ZStW 99 (1987), S. 288
Wassermann, Rudolf et al., *Radbruch, Gustav: Gesamtausgabe. - Heidelberg: Mülle, Teil: Bd. 9., Strafrechtsreform*, 1992
Weber, Max, *Gesammelte politische Schriften*, München, Drei-Masken-Verl., 1921
Weber, Hartmut-Michael, *Die Abschaffung der lebenslangen Freiheitsstrafe: für eine Durchsetzung des Verfassungsanspruchs*, Baden-Baden, Nomos-Verl.-Ges., 1999
Weber, Max, *Politik als Beruf*, Frankfurt am Main, Büchergilde Gutenberg, 1999
Weber, Ulrich/Mitsch, Wolfgang/Baumann, Jürgen, *Strafrecht: allgemeiner Teil*, 11. Aufl., Bielefeld, Gieseking, 2003
Weiß, Dietmar, *Die Problematik der Verdeckungsabsicht im Mordtatbestand: eine Untersuchung insbesondere aus historischer und rechtsvergleichender Sicht*, Berlin, Duncker, 1997
Welzel, Hans, *Zur Thematik der Tötungsdelikte*, JZ 1952, S. 73
Welzel, Hans, *Das deutsche Strafrecht: Eine systemat. Darstellung*, Berlin, de Gruyter, 1969
Wiggershaus, Rolf, *Die Frankfurter Schule. Geschichte - Theoretische Entwicklung - Politische Bedeutung*, München, dtv, 2001
Witt, Olaf, *Das Mordmerkmal 'grausam'*, Aachen, Shaker, 1996
Woesner, Horst, *Moralisierende Mordmerkmale*, NJW 1978, S. 1025
Woesner, Horst, *Neuregelung der Tötungstatbestände*, NJW 1978, S. 1025
Wolf, Erik, *Das künftige Strafensystem und die Zumessungsgrundsätze*, ZStW 54 (1935), S. 544
Wolf, Gerhard, *Mörder oder Totschläger?*, in: Strafrecht, Biorecht, Rechtsphilosophie - Festschrift für Hans-Ludwig Schreiber, Heidelberg, 2003, S. 519
Wulf, Bernhard, *Kriminelle Karriere von Lebenslänglichen*, München, Minerva, 1979

Zielke, Oliver, *Politische Motivation als niedriger Beweggrund im Sinne des § 211 Abs. 2 StGB*, JR 1991, S. 136
Zimmerl, Leopold, *Der politische Überzeugungsverbrecher im neuen Staat*, DJZ 1934, Sp. 1442
Zinn, Georg, *Der politische Mord*, SJZ 1948, Sp. 141

Anhang

I. Auszug aus dem Strafgesetzbuch für die Preußischen Staaten vom 14.04.1851

Fünfzehnter Titel
Verbrechen und Vergehen wider das Leben

§ 175

Wer vorsätzlich und mit Ueberlegung einen Menschen tödtet, begeht einen Mord, und wird mit dem Tode bestraft.

Neben der Todesstrafe ist zugleich auf Verlust der bürgerlichen Ehre zu erkennen, wenn der Mord an einem leiblichen Verwandten der aufsteigenden Linie oder an dem Ehegatten begangen wird.

§ 176

Wer vorsätzlich, jedoch nicht mit Überlegung, einen Menschen tödtet, begeht einen Todtschlag, und soll mit lebenslänglichem Zuchthaus bestraft werden.

II. Auszug aus dem Strafgesetzbuch für das Deutsche Reich von 1871

Sechszehnter Abschnitt
Verbrechen und Vergehen wider das Leben

§ 211

Wer vorsätzlich einen Menschen tödtet, wird, wenn er die Tödtung mit Ueberlegung ausgeführt hat, wegen Mordes mit dem Tode bestraft.

§ 212

Wer vorsätzlich einen Menschen tödtet, wird, wenn er die Tödtung nicht mit Ueberlegung ausgeführt hat, wegen Todtschlages mit Zuchthaus nicht unter fünf Jahren bestraft.

III. Auszug aus dem Vorentwurf zu einem Deutschen Strafgesetzbuch, Berlin 1909

16. Abschnitt
Verbrechen und Vergehen gegen das Leben

§ 212

Wer vorsätzlich einen Menschen tötet, wird, wenn er die Tötung mit Überlegung ausgeführt hat, wegen Mordes mit dem Tode, bei mildernden Umständen mit lebenslänglichem Zuchthaus oder Zuchthaus nicht unter zehn Jahren bestraft.

§ 213

Wer vorsätzlich einen Menschen tötet, wird, wenn er die Tötung nicht mit Überlegung ausgeführt hat, wegen Totschalgs mit Zuchthaus nicht unter zwei Jahren, bei mildernden Umständen mit Gefängnis nicht unter einem Jahr bestraft.

IV. Gesetz zum Schutz der Republik vom 21. Juli 1922

Der Reichstag hat das folgende Gesetz beschlossen, das mit Zustimmung des Reichsrats hiermit verkündet wird:

I. Strafbestimmungen zum Schutze der Republik

§ 1

[1] Wer an einer Vereinigung oder Verabredung teilnimmt, zu deren Bestrebungen es gehört, Mitglieder der republikanischen Regierung des Reichs oder eines Landes durch den Tod zu beseitigen, wird mit Zuchthaus nicht unter fünf Jahren oder mit lebenslangem Zuchthaus bestraft.

[2] Ist in Verfolgung dieser Bestrebungen eine Tötung begangen oder versucht worden, so wird jeder, der zur Zeit der Tat an dieser Vereinigung oder Verabredung beteiligt war und ihre Bestrebungen kannte, mit dem Tode oder mit lebenslangem Zuchthaus bestraft.

§ 2

Wer an einer Geheimverbindung der im § 128 des Strafgesetzbuchs bezeichneten Art teilnimmt, wird mit Zuchthaus bestraft, wenn die Verbindung eine im § 1 Abs. 1 genannte Bestrebung verfolgt.

§ 3

Der Teilnehmer an einer in den §§ 1, 2 bezeichneten Vereinigung, Verabredung oder Verbindung bleibt straffrei, wenn er der Behörde oder der bedrohten Person von dem Bestehen der Vereinigung, Verabredung oder Verbindung, von den ihm bekannten Mitgliedern und ihrem Verbleibe Kenntnis gibt, bevor in Verfolgung der Bestrebungen der Vereinigung, Verabredung oder Verbindung eine Tötung begangen oder versucht worden ist.

§ 4

Dem Teilnehmer an einer in den §§ 1, 2 bezeichneten Vereinigung, Verabredung oder Verbindung steht gleich, wer die Vereinigung oder Verbindung oder einen an der Verabredung Beteiligten mit Rat oder Tat, insbesondere mit Geld unterstützt.

§ 5

[1] Wer von dem Dasein einer in den §§ 1, 2 genannten Vereinigung, Verabredung oder Verbindung oder von dem Plane, eine im § 1 genannte Person zu töten, Kenntnis hat, wird mit Zuchthaus, bei mildernden Umständen mit Gefängnis nicht unter drei Monaten bestraft, wenn er es unterläßt, von dem Bestehen der Vereinigung, Verabredung oder Verbindung, von den ihm bekannten Mitgliedern, ihrem Verbleib oder von der geplanten Tötung und der Person des Täters der Behörde oder der bedrohten Person unverzüglich Kenntnis zu geben.

[2] Diese Vorschrift findet keine Anwendung, wenn die Anzeige von einem Geistlichen in Ansehung dessen, was ihm bei Ausübung der Seelsorge anvertraut worden ist, hätte erstattet werden müssen. Straffrei bleiben Verwandte auf- und absteigender Linie, Ehegatten und Geschwister, wenn sie sich nach Kräften bemüht haben, den Täter von der Tat abzuhalten, es sei denn, daß die Unterlassung der Anzeige eine Tötung oder einen Tötungsversuch zur Folge gehabt hat.

§ 6

Wer einen anderen begünstigt (§ 257 des Strafgesetzbuchs), der eine im § 1 Abs. 1 genannte Person vorsätzlich getötet oder zu töten versucht hat oder der an einer solchen Tat teilgenommen hat, wird mit Zuchthaus bestraft.

§ 7

[1] Mit Gefängnis von 3 Monaten bis zu 5 Jahren wird, soweit nicht andere Vorschriften eine schwerere Strafe androhen, bestraft:

1. *wer gegen Mitglieder der republikanischen Regierung des Reichs oder eines Landes einen Angriff auf Leib und Leben (Gewalttätigkeit) begeht oder mit einem anderen verabredet, oder wer zu einer solchen Gewalttätigkeit auffordert;*
2. *wer einen anderen, der als Mitglied einer republikanischen Regierung des Reichs oder*

eines Landes durch eine gegen ihn gerichtete Gewalttätigkeit getötet worden ist, öffentlich oder in einer Versammlung beschimpft oder verleumdet;

3. *wer öffentlich oder in einer Versammlung ein Verbrechen gegen § 1 oder Gewalttätigkeiten, die gegen Mitglieder der republikanischen Regierung des Reichs oder eines Landes begangen worden sind, verherrlicht oder ausdrücklich billigt, wer solche Taten belohnt oder den Täter oder Teilnehmer begünstigt (§ 257 des Strafgesetzbuchs);*
4. *wer an einer geheimen oder staatsfeindlichen Verbindung (§§ 128, 129 des Strafgesetzbuchs), die die Bestrebung verfolgt, die verfassungsmäßig festgestellte republikanische Staatsform des Reichs oder eines Landes zu untergraben, teilnimmt, oder sie oder im Dienste ihrer Bestrebungen ein Mitglied mit Rat und Tat, insbesondere mit Geld unterstützt;*
5. *wer sich einer geheimen oder staatsfeindlichen Verbindung (§§ 128, 129 des Strafgesetzbuchs) anschließt, die selbst oder deren Mitglieder unbefugt Waffen besitzen;*
6. *wer ein bis dahin verheimlichtes Waffenlager in Eigentum oder Gewahrsam hat und es unterläßt, der Behörde von dem Aufbewahrungsort unverzüglich Kenntnis zu geben; dem Waffenlager steht ein Munitionslager, ein Geschütz, ein Minenwerfer oder Flammenwerfer, ein Maschinengewehr oder eine Maschinenpistole gleich.*

[2] In besonders schweren Fällen ist die Strafe Zuchthaus.

[3] Neben der Freiheitsstrafe ist auf Geldstrafe bis zu fünf Millionen Mark zu erkennen.

V. Gesetz zum Schutz der Republik vom 25. März 1930

Der Reichstag hat das folgende Gesetz beschlossen, das mit Zustimmung des Reichsrats hiermit verkündet wird:

§ 1

[1] Wer an einer Verbindung oder Verabredung teilnimmt, die Verbrechen wider das Leben bezweckt oder als Mittel für andere Zwecke in Aussicht nimmt, oder wer eine solche Verbindung unterstützt, wird mit Gefängnis nicht unter drei Monaten bestraft.

[2] Nach diesen Vorschriften wird nicht bestraft, wer der Behörde oder dem Bedrohten so rechtzeitig Nachricht gibt, daß eine Verfolgung der Bestrebungen der Verbindung oder Verabredung beabsichtigtes Verbrechen wider das Leben verhindert werden kann.

§ 2

[1] Wer von dem Bestehen einer im § 1 genannten Verbindung oder Verabredung oder von dem Plane oder dem Vorhaben, eine Person zu töten, glaubhafte Kenntnis erhält und es unterläßt, von dem Bestehen der Verbindung oder Verabredung, von dem Plane oder dem Vor-

haben und von den ihm bekannt gewordenen Beteiligten der Behörde oder dem Bedrohten rechtzeitig Anzeige zu machen, wird mit Gefängnis bestraft.

[2] Ein Geistlicher ist nicht verpflichtet, anzuzeigen, was ihm bei Ausübung der Seelsorge anvertraut worden ist.

[3] Wer eine Anzeige unterläßt, die er gegen Verwandte auf- und absteigender Linie, Ehegatten oder Geschwister erstatten müßte, ist straffrei, wenn er sich ernstlich bemüht hat, sie von der Tat abzuhalten oder den Erfolg abzuwenden, es sei denn, daß es zu einer Tötung oder einem Tötungsversuche gekommen ist, die bei rechtzeitiger Erstattung der Anzeige hätten verhindert werden können. Unter denselben Voraussetzungen ist ein Rechtsanwalt, Verteidiger oder Arzt straffrei, der nicht anzeigt, was ihm bei Ausübung seines Berufs anvertraut worden ist.

§ 3

[1] Wer gegen den Reichspräsidenten oder gegen ein Mitglied der Reichsregierung oder einer Landesregierung einen Angriff auf Leib und Leben (Gewalttätigkeit) begeht, wird, soweit nicht andere Vorschriften einen schwerere Strafe androhen, mit Gefängnis nicht unter drei Monaten bestraft.

[2] Wer eine solche Gewalttätigkeit mit einem anderen verabredet oder, nachdem sie begangen worden ist, belohnt, wird mit Gefängnis bis zu drei Jahren, jedoch nicht unter einem Monat, bestraft.

VI. Gesetz zur Änderung des Reichsstrafgesetzbuchs vom 4. September 1941

§ 2

Die Strafvorschriften über Mord und Totschlag (§§ 211, 212 des Strafgesetzbuchs) erhalten folgende Fassung:

a) „§ 211

[1] Der Mörder wird mit dem Tode bestraft.

[2] Mörder ist, wer aus Mordlust, zur Befriedigung des Geschlechtstriebs, aus Habgier oder sonst aus niedrigen Beweggründen, heimtückisch oder grausam oder mit gemeingefährlichen Mitteln oder um eine andere Straftat zu ermöglichen oder zu verdecken, einen Menschen tötet.

[3] Ist in besonderen Ausnahmefällen die Todesstrafe nicht angemessen, so ist die Strafe lebenslanges Zuchthaus."

b) „§ 212

[1] Wer einen Menschen vorsätzlich tötet, ohne Mörder zu sein, wird als Totschläger mit lebenslangem Zuchthaus oder mit Zuchthaus nicht unter fünf Jahren bestraft."

VII. Kurt Tucholsky: Der sympathische Mörder (1928)

„Wenn in Deutschland jemand jemanden gemordet hat, dann spielt sich vor Gericht etwas sehr Merkwürdiges ab. „In Erwägung aller Tatumstände..." Das sieht so aus:
Das Leben des Angeklagten wird vor Gericht aufgerollt. Gut – das kann zum Verständnis der Tat sehr nützlich sein. Aber wer einmal dabei gewesen ist, wie nun eine Armee Zeugen aufmarschiert, die erfreut die Gelegenheit benutzen, „ihre Einstellung bekannt zu geben" – wer da weiß, wie Phase für Phase vor einem Forum von Kleinbürgern im Talar schulmeisterlich geprüft wird, dem grauts. Was nicht in das ziemlich enge Blickfeld dieser Richter fällt, gilt nicht – das: „Ist das in ihren Kreisen so üblich?" enthält bereits die ganze maßlose Überheblichkeit des Burschenschafters. Ein Mörder hat sympathisch zu sein.
Niemand kann sich von dem Eindruck befreien, den ein andrer Mensch auf ihn macht – und das ist auch mitunter recht gut so; es gibt Leute, die für andre eine gute Witterung haben. Aber es ist doch nicht richtig, daß in großen Prozessen, bei denen es um Leben und Tod geht, „unsympathische" und „sympathische" Züge gesammelt werden, die nachher von Staatsanwalt und Verteidiger, für eine Lesebuchwelt zurechtgemacht, mit Emphase vorgetragen werden. Es ist das eine Verkennung der Aufgaben des Gerichts.
Ein abgelegtes Staatsexamen berechtigt noch nicht zur Abgabe sittlicher Werturteile. Ganz besonders in einer Zeit, wo eben diese Urteile einen so sehr schwankenden Boden bekommen haben – Herr Landgerichtsdirektor Schultze soll mir nicht mitteilen, wie ich zu werten bin. Er soll das Gesellschaftsschädliche meines Tuns erhellen, meine Tat so klar legen, wie möglich ist, und soll dann nach dem Gesetz eine Strafe verhängen, die die Gesellschaft schützt. Besserung? Ein anständiger Richter, der auch nur einmal ein Gefängnis oder ein Arbeitshaus besichtigt hat, wird das Wort nicht ohne Lächeln aussprechen können. Strafe? Wir sind nicht befugt, zu strafen – und ganz besonders nicht, wenn die Auswahl der Strafenden nach so engen und einseitigen Grundsätzen vor sich geht. Schutz – allenfalls. Der Mensch ist nicht gut.
Er ist aber auch kein Demonstrationsobjekt für abgenutzte Ideologie – und die Gutachten vieler Gerichtsärzte, besonders in der Provinz, die Urteilsbegründungen so vieler Strafkammern strotzen von Klassendünkel, Enge, Vorgestrigkeit. ..."

FRANKFURTER KRIMINALWISSENSCHAFTLICHE STUDIEN

Band 1 Peter Böning: Die Lehre vom Unrechtsbewußtsein in der Rechtsphilosophie Hegels 100 S., 1978.

Band 2 Wolfgang Schneider: Kriminelle Straßenverkehrsgefährdung (§ 315c Abs. 1 Ziff. 2, Abs. 3 StGB). Eine kriminologische und strafrechtliche Untersuchung zur Problematik dieser Verkehrsstraftaten unter Berücksichtigung ausländischer Rechte. 342 S., 1978.

Band 3 Lothar Kuhlen: Die Objektivität von Rechtsnormen. Zur Kritik des radikalen labeling approach in der Kriminalsoziologie. 178 S., 1978.

Band 4 Günther Grewe: Straßenverkehrsdelinquenz und Marginalität. Untersuchungen zur institutionellen Regelung von Verhalten. 148 S., 1978.

Band 5 Dieter Haberstroh: Strafverfahren und Resozialisierung. Eine Studie über Verstehen und Nicht-Verstehen, über Verstanden-Werden und Nicht-Verstanden-Werden und deren Bedingungen in der Hauptverhandlung. 202 S., 1979.

Band 6 Thomas Vogt: Die Forderungen der psychoanalytischen Schulrichtungen für die Interpretation der Merkmale der Schuldunfähigkeit und der verminderten Schuldfähigkeit (§§ 51 a.F., 20, 21 StGB). 182 S., 1979.

Band 7 Andreas Michael: Der Grundsatz in dubio pro reo im Strafverfahrensrecht. Zugleich ein Beitrag über das Verhältnis von materiellem Recht und Prozeßrecht. 214 S., 1981.

Band 8 Ilias G. Anagnostopoulos: Haftgründe der Tatschwere und der Wiederholungsgefahr (§§ 112 Abs. 3, 112 a StPO). Kriminalpolitische und rechtssystematische Aspekte der Ausweitung des Haftrechts. 1984.

Band 9 Helga Müller: Der Begriff der Generalprävention im 19. Jahrhundert. Von P.J.A. Feuerbach bis Franz v. Liszt. 1984.

Band 10 Frowin Jörg Kurth: Das Mitverschulden des Opfers beim Betrug. 1984.

Band 11 Martin J. Worms: Die Bekenntnisbeschimpfung im Sinne des § 166 Abs. 1 StGB und die Lehre vom Rechtsgut. 1984.

Band 12 Jong-Dae Bae: Der Grundsatz der Verhältnismäßigkeit im Maßregelrecht des StGB. 1985.

Band 13 Helmut Fünfsinn: Der Aufbau des fahrlässigen Verletzungsdelikts durch Unterlassen im Strafrecht. 1985.

Band 14 Christoph Krehl: Die Ermittlung der Tatsachengrundlage zur Bemessung der Tagessatzhöhe bei der Geldstrafe. 1985.

Band 15 Walter-Hermann Kiehl: Strafrechtliche Toleranz wechselseitiger Ehrverletzungen - Zur ratio legis der §§ 199, 233 Strafgesetzbuch -. 1986.

Band 16 Matthias Krahl: Die Rechtsprechung des Bundesverfassungsgerichts und des Bundesgerichtshof zum Bestimmtheitsgrundsatz im Strafrecht (Art. 103 Abs. 2 GG). 1986.

Band 17 Patrick Carroll Campbell: § 220a StGB. Der richtige Weg zur Verhütung und Bestrafung von Genozid? 1986.

Band 18 Winfried Hassemer (Hrsg.): Strafrechtspolitik. Bedingungen der Strafrechtsreform. 1987.

Band 19 Felix Herzog: Prävention des Unrechts oder Manifestation des Rechts. Bausteine zur Überwindung des heteronom-präventiven Denkens in der Strafrechtstheorie der Moderne. 1987.

Band 20 Astrid Michalke-Detmering: Die Mindestanforderungen an die rechtliche Begründung des erstinstanzlichen Strafurteils. Zur Auslegung des § 267 StPO. 1987.

Band 21 Lothar Kuhlen: Die Unterscheidung von vorsatzausschließendem und nichtvorsatzausschließendem Irrtum. 1987.

Band 22 Michael Buttel: Kritik der Figur des Aufklärungsgehilfen im Betäubungsmittelstrafrecht (§ 31 BtMG). 1988.

Band 23 Matthias Kögler: Die zeitliche Unbestimmtheit freiheitsentziehender Sanktionen des Strafrechts. Eine vergleichende Untersuchung zur Rechtslage und Strafvollstreckungspraxis in der Bundesrepublik Deutschland und den USA. 1988.

Band 24 Klaus Lüderssen/Cornelius Nestler-Tremel/Ewa Weigend(Hrsg.): Modernes Strafrecht und ultima-ratio-Prinzip. 1990.

Band 25 Jürgen Taschke: Die behördliche Zurückhaltung von Beweismitteln im Strafprozeß. 1989.

Band 26 Daniela Westphalen: Karl Binding (1841-1920). Materialien zur Biographie eines Strafrechtsgelehrten. 1989.

Band 27 Sigrid Jans: Die Aushöhlung des Klageerzwingungsverfahrens. 1990.

Band 28 Dimitris Spirakos: Folter als Problem des Strafrechts. Kriminologische, kriminalsoziologische und (straf-)rechtsdogmatische Aspekte unter besonderer Berücksichtigung der Folterschutzkonvention und der Pönalisierung der Folter in Griechenland. 1990.

Band 29 Stephan Moll: Strafrechtliche Aspekte der Behandlung Opiatabhängiger mit Methadon und Codein. 1990.

Band 30 Stefan Werner: Wirtschaftsordnung und Wirtschaftsstrafrecht im Nationalsozialismus. 1991.

Band 31 Xanthi Bassakou: Beiträge zur Analyse und Reform des Absehens von Strafe nach § 60 StGB. 1991.

Band 32 Rainer Runte: Die Veränderung von Rechtfertigungsgründen durch Rechtsprechung und Lehre. Moderne Strafrechtsdogmatik zwischen Rechtsstaatsprinzip und Kriminalpolitik. 1991.

Band 33 Olaf Hohmann: Das Rechtsgut der Umweltdelikte. Grenzen des strafrechtlichen Umweltschutzes. 1991.

Band 34 Klaus Jochen Müller: Das Strafbefehlsverfahren (§§ 407 ff. StPO). Eine dogmatisch-kriminalpolitische Studie zu dieser Form des schriftlichen Verfahrens unter besonderer Berücksichtigung der geschichtlichen Entwicklung – zugleich ein Beitrag zum StVÄG 1987. 1993

Band 35 Sang-Don Yi: Wortlautgrenze, Intersubjektivität und Kontexteinbettung. Das strafrechtliche Analogieverbot. 1991.

Band 36 Birgit Malsack: Die Stellung der Verteidigung im reformierten Strafprozeß. Eine rechtshistorische Studie anhand der Schriften von C. J. A. Mittermaier. 1992.

Band 37 Rüdiger Schäfer: Die Privilegierung des "freiwillig-positiven" Verhaltens des Delinquenten nach formell vollendeter Straftat. Zugleich ein Beitrag zum Grundgedanken des Rücktritts vom Versuch und zu den Straftheorien. 1992.

Band 38 Cornelius Nestler-Tremel: AIDS und Strafzumessung. 1992.

Band 39 Christine Gutmann: Freiwilligkeit und (Sozio-)Therapie – notwendige Verknüpfung oder Widerspruch? 1993.

Band 40 Walter Kargl: Der strafrechtliche Vorsatz auf der Basis der kognitiven Handlungstheorie. 1993.

Band 41 Jürgen Rath: Zur strafrechtlichen Behandlung der aberratio ictus und des error in objecto des Täters. 1993.

Band 42 Martin Fischer: Wille und Wirksamkeit. Eine Untersuchung zum Problem des *dolus alternativus.* 1993.

Band 43 Regina Harzer: Der Naturzustand als Denkfigur moderner praktischer Vernunft. Zugleich ein Beitrag zur Staats- und Rechtsphilosophie von Hobbes und Kant. 1994.

Band 44 Helmut Pollähne: Lockerungen im Maßregelvollzug. Eine Untersuchung am Beispiel der Anwendung des nordrhein-westfälischen Maßregelvollzugsgesetzes im Westfälischen Zentrum für Forensische Psychiatrie (Lippstadt). 1994.

Band 45 Hans-Joachim Leonhardt: Rechtsmittelermessen der Staatsanwaltschaft. Eine Gegenüberstellung von § 296 StPO mit Nummern 147 und 148 Richtlinien für das Strafverfahren und das Bußgeldverfahren (RiStBV). 1994.

Band 46 Rolf Grünebaum: Zur Strafbarkeit des Therapeuten im Maßregelvollzug bei fehlgeschlagenen Lockerungen. 1996.

Band 47 Barbara Bialas: Promille-Grenzen, Vorsatz und Fahrlässigkeit. 1996.

Band 48 Christine Pott: Die Außerkraftsetzung der Legalität durch das Opportunitätsdenken in den Vorschriften der §§ 154, 154a StPO. Zugleich ein Beitrag zu einer kritischen Strafverfahrensrechtstheorie. 1996.

Band 49 Wolfgang Köberer: *Iudex non calculat.* Über die Unmöglichkeit, Strafzumessung sozialwissenschaftlich-mathematisch zu rationalisieren. 1996.

Band 50 Institut für Kriminalwissenschaften Frankfurt a.M. (Hrsg.): Vom unmöglichen Zustand des Strafrechts. 1995.

Band 51 Petra Kamberger: Treu und Glauben (§ 242 BGB) als Garantenstellung im Strafrecht? 1996.

Band 52 Anastassios Triantafyllou: Das Delikt der gefährlichen Körperverletzung (§ 223a StGB) als Gefährdungsdelikt. (Zugleich ein Beitrag zur Dogmatik der Gefährdungsdelikte). 1996.

Band 53 Norbert Kissel: Aufrufe zum Ungehorsam und § 111 StGB. Grundrechtlicher Einfluß bei der Feststellung strafbaren Unrechts. 1996.

Band 54 Susanne Ehret: Franz von Liszt und das Gesetzlichkeitsprinzip. Zugleich ein Beitrag wider die Gleichsetzung von Magna-charta-Formel und Nullum-crimen-Grundsatz. 1996.

Band 55 Stefan Braum: Geschichte der Revision im Strafverfahren von 1877 bis zur Gegenwart. Zugleich eine Kritik der Kontinuität politischer Macht im Recht. 1996.

Band 56 Katja Diel: Das Regreßverbot als allgemeine Tatbestandsgrenze im Strafrecht. 1997.

Band 57 Christoph Koller: Die Staatsanwaltschaft – Organ der Judikative oder Exekutivbehörde? Die Stellung der Anklagebehörde und die Gewaltenteilung des Grundgesetzes. 1997.

Band 58 Frank Schößler: Anerkennung und Beleidigung. Rechtsgut und Strafzweck des § 185 StGB. 1997.

Band 59 Regina Engelstädter: Der Begriff des Unfallbeteiligten in § 142 Abs. 4 StGB. Zugleich eine Kritik an aktuellen Zurechnungslehren. 1997.

Band 60 Jörg Reinhardt: Der Ausschluß und die Ablehnung des befangen erscheinenden Staatsanwaltes. 1997.

Band 61 Jens Christian Müller-Tuckfeld: Integrationsprävention. Studien zu einer Theorie der gesellschaftlichen Funktion des Strafrechts. 1998.

Band 62 Peter Maria Rohe: Verdeckte Informationsgewinnung mit technischen Hilfsmitteln zur Bekämpfung der Organisierten Kriminalität. Zugleich eine rechtsvergleichende Analyse der polizeilichen Abhörbefugnisse in den U.S.A. 1998.

Band 63 Dirk Fabricius: Was ein Lehrbuch lehrt ... Eine exemplarische Untersuchung von Jakobs *Strafrecht – Allgemeiner Teil*. 1998.

Band 64 Stefan Sinner: Der Vertragsgedanke im Strafprozeßrecht. 1999.

Band 65 Sebastian Schattenfroh: Die Staatsphilosophie Giovanni Gentiles und die Versuche ihrer Verwirklichung im faschistischen Italien. 1999.

Band 66 Athanassia Dionyssopoulou: Der Tatbestand der Geldwäsche. Eine Analyse der dogmatischen Grundlagen des § 261 StGB. 1999.

Band 67 Klaus von Lampe: *Organized Crime*. Begriff und Theorie organisierter Kriminalität in den USA. 1999.

Band 68 Christian Hanssen: "Trennung der Märkte". Rechtsdogmatische und rechtspolitische Probleme einer Liberalisierung des Drogenstrafrechts. 1999.

Band 69 Institut für Kriminalwissenschaften und Rechtsphilosophie Frankfurt a.M. (Hrsg.): Irrwege der Strafgesetzgebung. 1999.

Band 70 Konstantinos Chatzikostas: Die Disponibilität des Rechtsgutes Leben in ihrer Bedeutung für die Probleme von Suizid und Euthanasie. 2000.

Band 71 Bettina Wirmer-Donos: Die Strafrechtstheorie Karl Christian Friedrich Krauses als theoretische Grundlage des spanischen Korrektionalismus. 2001.

Band 72 Christine Löw: Die Erkundigungspflicht beim Verbotsirrtum nach § 17 StGB. 2001.

Band 73 Florian Ufer: Der Verwertungswiderspruch in Theorie und Praxis. Prozessuale Obliegenheiten des Verteidigers und ihre Bedeutung für die Rechtsposition des Beschuldigten. 2002.

Band 74 Katja Melzer: Psychisch kranke Straftäterinnen. Frauen im Maßregelvollzug. 2001.

Band 75 Gregor Kuntze-Kaufhold: Lebenswelt und Unparteilichkeit. Kriterien für eine Rechtsanwendungslehre am Beispiel der Analyse von fünf Hauptverhandlungen in Strafverfahren. 2002.

Band 76 Iris Kristina Passek: Die erstinstanzliche Zuständigkeit der Oberlandesgerichte in Staatsschutzstrafsachen. Historische Entwicklung und aktuelle Probleme. 2002.

Band 77 Michael Krebs: Die Weisungsgebundenheit des Staatsanwalts unter besonderer Berücksichtigung des rechtstatsächlichen Aspekts. 2002.

Band 78 Kerstin Degenhardt: Europol und Strafprozeß. Die Europäisierung des Ermittlungsverfahrens. 2003.

Band 79 Domenico Siciliano: Das Leben des fliehenden Diebes: Ein strafrechtliches Politikum. 2003.

Band 80 Marc Colussi: Produzentenkriminalität und strafrechtliche Verantwortung. 2003.

Band 81 Thilo Lars Hild: Grenzen einer strafrechtlichen Regulierung des Kapitalmarktes. Eine kriminalrechtliche Untersuchung von Börsengängen und Aktienhandel in Deutschland und den USA. 2004.

Band 82 Philipp Rau: Schweigen als Indiz der Schuld. Ein Vergleich des deutschen und englischen Rechts zur Würdigung des Schweigens des Beschuldigten. 2004.

Band 83 Alexandra Pfeiffer: Die Regelung der Lebendorganspende im Transplantationsgesetz. 2004.

Band 84 Elena Fischer: Recht auf Sterben?! Ein Beitrag zur Reformdiskussion der Sterbehilfe in Deutschland unter besonderer Berücksichtigung der Frage nach der Übertragbarkeit des Holländischen Modells der Sterbehilfe in das deutsche Recht. 2004.

Band 85 Jörg Ziethen: Grundlagen probabilistischer Zurechnung im Strafrecht. 2004.

Band 86 Stefanie Schork: Ausgesprochen schuldig. Dogmatische und metadogmatische Untersuchungen zum Schuldspruch. 2005.

Band 87 Claudia Schubert: Verbotene Worte? Versuch einer Neubestimmung im Umgang mit rassistischen Äußerungen jenseits des Strafrechts. 2005.

Band 88 Ulfrid Neumann / Cornelius Prittwitz (Hrsg.): Kritik und Rechtfertigung des Strafrechts. 2005.

Band 89 Denis Basak: Die Zuständigkeitsregeln internationaler Strafgerichte und Art. 101 GG. Zum Verhältnis der deutschen Strafgerichtsbarkeit zu den Internationalen Tribunalen für Jugoslawien und Ruanda sowie zum Ständigen Internationalen Strafgerichtshof. 2005.

Band 90 Hsiao-Wen Wang: Der universale Strafanspruch des nationalen Staates. Eine Untersuchung über das Weltrechtsprinzip im Internationalen Strafrecht. 2005.

Band 91 Leonie Frenz: Faktizität des Rechts in der forensischen Psychiatrie. Eine Untersuchung im LKH Moringen. 2005.

Band 92 Eva-Maria Unger: Schutzlos ausgeliefert? Der Europäische Haftbefehl. Ein Beispiel für die Missachtung europäischer Bürgerrechte. 2005.

Band 93 Marcus Bastelberger: Die Legitimität des Strafrechts und der *moralische Staat*. Utilitaristische und retributivistische Strafrechtsbegründung und die rechtliche Verfassung der Freiheit. 2006.

Band 94 Marc Reiß: Rechtliche Aspekte der Präimplantationsdiagnostik. Unter besonderer Berücksichtigung der Rechte der von einem Verbot betroffenen Paare. 2006.

Band 95 Alexander Kolz: Einwilligung und Richtervorbehalt. 2006.

Band 96 Vasco Reuss: Eine Kritik der juristischen Vernunft. Rezeptionsversuche der Negativen Dialektik Adornos für die Dogmatik des Strafrechts. 2007.

Band 97 Lutz Eidam: Die strafprozessuale Selbstbelastungsfreiheit am Beginn des 21. Jahrhunderts. 2007.

Band 98 Christiane Rüdiger: Schutzinteresse und Deliktsstruktur der „Bestechungsdelikte“ (§§ 331 ff. StGB). 2007.

Band 99 Urte Eisenhardt: Das nemo tenetur-Prinzip: Grenze körperlicher Untersuchungen beim Beschuldigten. Am Beispiel des § 81a StPO. 2007.

Band 100 Institut für Kriminalwissenschaften und Rechtsphilosophie Frankfurt a. M. (Hrsg.): Jenseits des rechtsstaatlichen Strafrechts. 2007.

Band 101 Nils Möckelmann: Die rechtliche, psychiatrische und gesellschaftliche Beurteilung jugendlicher Straftäter in der jüngeren deutschen Geschichte. Eine Analyse anhand zweier Strafverfahren mit Gutachten des Psychiaters Ernst Rüdin aus den Jahren 1915/1917 unter Berücksichtigung der Entwicklungen bis zur Gegenwart. 2007.

Band 102 Alexa Albrecht: Zur Erosion der Menschenrechte im demokratischen Rechtsstaat. Reaktionen der Systeme und der Zivilgesellschaft. 2007.

Band 103 Dirk Lange: Die politisch motivierte Tötung. 2007.

Band 104 Ulfrid Neumann / Cornelius Prittwitz (Hrsg.): „Personale Rechtsgutslehre“ und „Opferorientierung im Strafrecht“. 2007.

www.peterlang.de

Peter Lang · Europäischer Verlag der Wissenschaften

Ulfrid Neumann / Cornelius Prittwitz (Hrsg.)

Kritik und Rechtfertigung des Strafrechts

Frankfurt am Main, Berlin, Bern, Bruxelles, New York, Oxford, Wien, 2005.
193 S.
Frankfurter kriminalwissenschaftliche Studien.
Verantwortlicher Herausgeber: Ulfrid Neumann. Bd. 88
ISBN 978-3-631-53204-1 · br. € 29.80*

Die Frage nach Legitimation und Grenzen staatlicher Strafe stellt sich unter den Bedingungen der Europäisierung und Globalisierung des Strafrechts und der Strafrechtswissenschaft in neuer Weise. Die Antworten können nicht mehr in den nationalen Traditionen der einzelnen Rechtskulturen, sie müssen in dem Bemühen um grenzüberschreitend konsensfähige Argumente gefunden werden. Dieser Band will dazu einen Beitrag leisten. Strafrechtler aus Italien, Spanien und Deutschland erörtern Probleme aus den Themenbereichen Strafrechtswissenschaft und Strafrechtspolitik, Rechtfertigung der Strafe, Alternativen zum Strafrecht, Zukunft des Strafrechts und Strafrecht und Risikogesellschaft. Die Beiträge gehen auf eine in Toledo veranstaltete Tagung zum Thema *Crítica y Justificación del Derecho Penal en el Cambio de Siglo* zurück, in deren Mittelpunkt die Auseinandersetzung mit der Strafrechtskritik der *Frankfurter Schule* des Strafrechts stand.

Aus dem Inhalt: *Winfried Hassemer*: Einleitende Bemerkungen · *Massimo Donini*: Demokratische und wissenschaftliche Methode einer Verbindung von Strafrecht und Politik · *Andrew von Hirsch*: Die Existenz der Institution Strafe: Tadel und Prävention als Elemente einer Rechtfertigung · *Ulfrid Neumann*: Alternativen zum Strafrecht · *Lothar Kuhlen*: Die Zukunft des Strafrechts · *Felix Herzog*: Risikogesellschaft, Risikostrafrecht, Risikoregulierung – Über das Strafrecht hinausweisende Perspektiven · *Cornelius Prittwitz*: Risikogesellschaft und Strafrecht · *Claus Roxin*: Schlussbericht

Frankfurt am Main · Berlin · Bern · Bruxelles · New York · Oxford · Wien
Auslieferung: Verlag Peter Lang AG
Moosstr. 1, CH-2542 Pieterlen
Telefax 00 41 (0) 32 / 376 17 27

*inklusive der in Deutschland gültigen Mehrwertsteuer
Preisänderungen vorbehalten

Homepage http://www.peterlang.de